Philosophy and History of Early Childhood Education

개정증보판

유아교육사조

유아교육의 역사와 철학

Philosophy and History of Early Childhood Education

곽노의 · 김윤희 · 김혜영

위대한 교육사상가들의 개인적인 삶이 힘들고 어려웠지만 그들이 품은 이상과 신념을 위해 혼신의 힘을 다한 것을 부각하려 하였다. 이를 통해 독자들이 다양한 시대적 여건과 대내외적 문제들 속에서도 자신만의 길을 걸어가며, 고민했던 교육사상가들의 삶의 태도를 발견하길 바랐다.

문음사
도서출판

머리말

유아에 대한 관점이 이제는 아동중심적인 입장으로 발전되어 유아의 권리나 의사를 존중해 주는 장면이나 상황을 많이 접할 수 있다. 옛날 천동설과 지동설의 대립이 있기 이전의 유아관은 성인 지향적인 가치관들이 지배적이었으며 유아를 축소된 성인으로 대하였기 때문에 그들을 교육시킨다기보다는 기존 사회에 동화되도록 훈련하였다고 할 수 있다.

그간 현대 교육의 흐름은 발달 심리학 및 인지 심리학의 실험 결과를 바탕으로 인간 성장에 관한 새로운 가설들이 발표되면서, 인간을 기능적이고 수단적인 관점에서 접근하여 인간 능력을 개발하려는 움직임도 있어 왔다. 그러나 이러한 교육관으로만 교육의 본질을 논하기에는 한계가 있다. 이에 우리는 언제나 교육의 본질에 대해 성찰하고, 위대한 교육사상가들의 교육철학을 깊이 이해함으로써, 교육의 본질을 추구하려는 노력을 다해야 할 것이다.

플라톤과 아리스토텔레스는 교육철학의 바탕을 놓았으며, 근대 교육의 시조라 할 수 있는 코메니우스는 모성교육을 강조하면서 어머니가 어린이 양육에 많은 영향을 미친다고 주장하여 유아교육에도 새로운 장을 열었다. 자연주의 교육의 주창자인 루소는 교육은 미래를 위한 준비 교육이 아니라 현재 생활 자체를 위한 교육이어야 하며, 어린이의 현재의 자연적 경향성이 존중되고 흥미와 요구에 부합하는 교육이어야 한다고 하였다.

페스탈로치는 씨앗이 적절한 환경만 주어지면 하나의 나무로 성장할 수 있는 잠재 능력을 가지고 있다는 점에서 인간을 나무에 비유하면서, 가르친다는 것은 인간에게 균형 있는 환경을 마련해 줌으로써 마치 나무가 빛을 적당하게 쬐이지 못하면 비틀어지듯, 인간의 성장이 왜곡되지 않도록 인간의 도덕적, 지적, 신체적 역량들이 균형 있고 조화롭게 발달되고 통합되도록 하여야 한다고 하였다. 어린이들의 아버지 프뢰벨은 인간교육을 자연적 개화개념으로 파악하면서 단순한 외부적 지식 전달에 반대하고 내부로부터의 조화로운 성장을 강조하였고 몬테소리는 인간에 내재한 생명의 발현에 초점을 두어 아동존중사상을 정립하였다.

이 책을 집필하면서 추구하는 목표는 이 시대 교육의 방향을 바르게 설정할 수 있는 교육철학의 지주를 놓아 시대정신에 맞게, 오늘을 살면서 내일을 짊어질 유아들에게 보다 낭만적이고 환상적인 꿈을 키울 수 있는 교육의 터를 형성해 주려는 데 주안점을 두었다.

우리가 배우려는 위대한 교육사상가의 이론이나 철학 등이 당대에 있어서는 신선한 충격을 주거나, 배척을 당하는 경우도 있었다. 심지어 그들의 저작들이 금서가 되거나 불태워지기도 하였다. 그러나 진리는 생명력이 있어 이들이 꿈꾸었던 이상과 아이디어들이 현대 유아교육 현장에서 아동중심교육관으로 적용되어 가고 있지만 아직도 제대로 실현되고 있다고 하기에는 부족한 것이 사실이다.

"오늘의 많은 사상들은 과거에 이미 만들어졌다. 과거의 교육사조를 이해한다면 미래의 교육의 흐름은 충분히 예측할 수 있다. 따라서 현재의 우리가 가르치고 있는 교수를 어떻게 실행해야 하는지를 아는 데 도움이 된다. 교육자가 해야 하는 일과 교육적 실행에 대하여 통찰하게 되므로 교육적 신념을 갖게 된다. 교육철학과 신념이 있는 교육자는 시류에 영합하지 않고 교육의 뿌리를 발견하고 탐구하고 분석하면서 유아교육 전문가로서의 사명과 역할을 시대정신에 맞게 창조적으로 수행하게 된다. 이런 교사들에 의하여 교육이 정화되고 개혁되어 나간다"고 역설하는 것이다.

그리고 위대한 교육사상가들의 대를 잇는 후계자인 여러분과 우리는 그들이 꿈꾸었던 교육의 이상을 실현해야 할 사명을 띠고 이 땅에 태어난 교육자로서 그 길을 용기 있게, 함께 나아갑시다하고 힘주어 말한다. 똑같은 뜻의 말을 졸저(拙著)를 읽어주시는 독자분들에게도 두 손 모아 간절한 마음으로, 머리 숙여 감사와 존경을 표하면서 호소한다.

이 책은 기존 유아교육 사조를 기반으로 현대 사상가들의 이론을 추가하여 개정판으로 집필된 것이다. 특히, 20세기 심리학과 유아교육의 핵심적 이론의 토대를 형성한 스키너(Skinner), 피아제(Piaget), 비고츠키(Vygotsky)와 같은 주요 학자들의 사상을 조명하고 있다. 또한, 현대 유아교육에 중요한 영향을 미치고 있는 철학자인 마르틴 부버(Buber)와 질 들뢰즈(Deleuze)의 사상을 새롭게 탐구함으로써, 만남을 통한 관계적 실존의 변화를 강조하는 실존주의와 후기구조주의의 철학적 관점을 반영하였다. 이러한 접근을 통해 독자들은 유아교육 철학의 시대적 연속성을 이해하고, 현대 유아교육과정의 변화의 그 배경에 대한 통찰을 얻을 수 있을 것이다. 아무쪼록 이 책이 유아교육의 역사와 철학에 대하여 관심이 있는 교사와 학생, 그리고 교육행정가나 학부모 등을 비롯한 이 분야를 연구하려는 모든 분들에게 도움이 되는 기초자료가 되기를 간절히 바란다.

본 책은 철학적 개념을 평이하게 표현하려고 하였으며, 위대한 교육사상가들의 개인적인 삶이 힘들고 어려웠지만 그들이 품은 이상과 신념을 위해 혼신의 힘을 다한 것을 부각하려 하였다. 이를 통해 독자들이 다양한 시대적 여건과 대내외적 문제들 속에서도 자신만의 길을 걸어가며, 고민했던 교육사상가들의 삶의 태도를 발견하길 바랐다. 모든 어려움 속에는 더 큰 깨달음과 가능성이 숨겨져 있듯, 이 책이 시간의 연속성에서 질문하고 사색할 수 있는 유아교육의 역사·철학 도서가 되길 바란다. 끝으로 이 책이 세상이 나올 수 있도록 출판해 주신 문음사 장후녕 대표이사님께 감사를 드린다.

2025. 1.
저자 일동

차 례

제Ⅲ장 중세의 유아교육

제Ⅳ장 르네상스 시대의 유아교육

제Ⅴ장 17세기의 유아교육

차 례

제Ⅵ장 18세기의 유아교육

제Ⅶ장 19세기의 유아교육

제Ⅷ장 20세기의 유아교육

제Ⅸ장 현대의 유아교육

차 례

제X장 우리나라의 유아교육

제 I 장

그리스의 유아교육

1. 그리스의 유아교육

가. 시대적 배경

고대 그리스(Ancient Greece)란 그리스의 역사 가운데 기원전 1100년경부터 기원전 146년까지의 시대를 일컫는다. 기원전 1100년경은 미노스 문명(Minoan Civilization, B. C. 3650~1170), 키클라데스 문명(Cycladic Civilization, B. C. 3300~2000), 그리고 미케네 문명(Mycenean Civilization, B. C. 1600~1100)으로 특징지어지는 에게 문명(Aegean Civilization, B. C. 3650~1100), 즉 그리스 청동기 시대가 끝나고 그리스 암흑기(B. C. 1100~750 또는 B. C. 1200~800)가 시작되던 때로, 도리스인의 침입이 있었다고 보는 때이다. 기원전 146년은 코린토스 전투로 고대 로마가 그리스를 정복한 때이다. 일반적으로 그리스 고전기(Classical Greece, B. C. 510~323)를 고대 그리스의 대표적인 시대로 본다.

고대 그리스 사람들은 동족 의식을 가지고 부분적으로 결합을 이루었으나, **폴리스**를 중심으로 하는 독립성이 강하여 통일된 국가를 형성하려는 뜻이 없었고 필요시 여러 폴리스들 간에 동맹을 맺는 형식을 취하였다. 이러한 **도시국가** 체제는 당시 세계의 다른 여러 지역에서는 거대한 제국 또는 왕국이 형성되었던 것과는 다른 그리스만의 독특한 특징이다. 이러한 특징은 헬레니즘 시대(Hellenism, B. C. 334~323) 이후의 그리스(B. C. 323~146)까지 유지되었다.

보통 고대 그리스는 서구 문명의 기틀을 다지고 서남아시아와 북아프리카 전역의 문화에 큰 영향을 준 풍부한 문화를 남긴 것으로 평가받는다. 그리스문화는 로마제국에도 큰 영향을 끼쳤으며, 로마인들은 지중해 지역과 유럽에 그리스문화를 발전하여 퍼뜨렸다. 고대 그리스 문명은 언어, 정치, 교육 제도, 철학, 과학, 예술에 크나

큰 업적을 남겼고 이 지역들에서 후대에 큰 영향을 끼쳤는데, 특히 이슬람 황금시대(9~13/15세기)와 서유럽 르네상스(14~16세기 말)를 촉발시킨 원동력이 되었다. 또 18세기와 19세기 유럽과 아메리카에서 일어난 다양한 신고전주의 부활운동에서도 영감을 주는 원천이 되었다.

고대 그리스의 대표적인 국가형태로서 폴리스(polis)는 정신문화의 다양성과 풍요를 이루게 하는 근원이 되었으며, 가장 큰 폴리스는 **스파르타**와 **아테네**이다. 그리스교육은 자유를 용납하지 않는 복종의 교육인 스파르타교육과 자유를 기조로 발전한 아테네교육으로 발달했다.

고대 그리스에서의 교육은 시민이 되기 위해서 반드시 필요한 것으로 여겨졌다. 정규교육과 비정규교육은 사회적 지위에 따라 받는 교육의 내용이나 교육의 수준이 천차만별이었으며, 각 지역마다 교육자의 가치관에 따라 교육방식과 내용에서 차이가 나타났다. 일반적으로 고대 그리스 사회에서 정규 교육의 대상은 남성에게만 한정되었고, 여성, 노예, 외국인 등은 교육의 수혜를 받을 수 없었다.

1) 스파르타교육

스파르타는 사회기관 전체의 교육적 기능을 강조함.

스파르타교육은 서기 1세기 플루타크가 쓴 영웅전 중에 리쿠르구스전이 있는데 리쿠르구스(Lycurgus)는 스파르타의 전설적인 입법자이며 교육의 내용과 방법도 이 제도를 바탕으로 하고 있다. 스파르타교육은 그리스어로 군사의 훈련을 의미하는 말인 **아고게(agoge)**, 즉 강건한 신체와 투철한 애국심을 지니고 조국을 위해 자신의 목숨을 버릴 수 있는 무사교육이었다. 교육의 대상도 지배계급인 스파르티아테스(Spartiates)의 자녀이었으며, 참정권이 없고 병역과 납세의 의무만 가진 평민인 페리오코이(Periokoi)나 제3계급인 헬로트(Helots)는 노예로서 교육의 대상에서 제외되었다.

스파르타의 교육제도는 라쿠르고스 이후 귀족적인 원로원과 모든 자유민으로부터 구성된 민주적인 의회에 의해서 통치되었으며 한 명의 교육장(파이도노무스, Paedonomus)과 몇 명의 보좌관이 임명되었다.

스파르타에서 태어난 신생아는 지역의 장로들에게 검사를 받아야 하는데, 만일 허약한 아이로 판정되면 저절로 죽도록 내버려 두거나 농노들에게 넘겨주었다. 이 검사에 합격한 신생아는 7세까지는 가정에서 어머니의 손에 양육되다가 그 이후에는 가정의 통제에서 지역사회아 국가의 통제로 이관되었다. 교육내용은 체육과 음악이었다. 스파르타의 교육은 도시국가라는 사회제도에 의해 교육의 성격과 조직이 결정되었다. 도시국가에 충성, 봉사하는 일이 곧 가치 있는 일이었으며 그것이 교육의 목적이 되었다. 스파르타의 교육은 사회전체기 학교라고 할 정도로 사회기관의 교육적 기능이 크게 강조되었다. 전체주의적 교육방식을 채택한 스파르타인들은 건강한 유아에게만 양육의 기회를 제공하였다(주영흠, 1995).

7세 후에는 가정으로부터 떨어져 파이도노무스의 보좌관 감독 하에 지내게 된다. 아이들은 공동숙소에서 자고 공동식탁에서 식사를 하고 이렌(Iren)의 명령에 따라 짐승을 사냥하고 종교적 의식적인 합창·무도에 참가하였으며 여가의 대부분을 교육의 주요 수단이었던 체조연습에 보낸다. 이와 같이 7세부터 18세까지는 거의 군대의 병영생활 같이 지낸다(한기언, 1980).

18세로부터 20세까지의 소년은 이렌의 무리 속에 들어가 무술의 연습이나 군사상의 연습에 종사했다. 그들은 10일마다 엄격한 시험을 받았으며 또한 많은 시간 후임병을 지도했다. 20세부터 30세까지의 훈련은 실전과 거의 다름이 없었으며 평시에는 스파르타의 농노인 헬로트(Helots)을 희생물로 하여 연습을 행하였다. 이와 같이 20세부터 30세에 이르는 10년간은 현역병으로 복무해야 했다. 30세가 되면 비로소 성인이 되고 결혼을 하게 되는데 공역은 여전히 남아 있었다. 50세가 되어 비로소 은퇴를 하고 자기 생활을 즐길 수가 있었다(한기언, 1980).

플루다크는 스파르타의 교육을 이렇게 묘사하였다. "스파르타 사람들의 교육은 성인이 될 때까지 계속되는 것이었다. 어느 누구도 그가 원하는 대로 자유롭게 살 수는 없었다. 모두가 마치 병영에서처럼 **국가에서 규정**하고 그에게 확실하게 부여한 생활형식과 공동체의 최선을 위한 그 자신의 일거리를 가지고 있었다. 그가 어떤 연령에 있든지 간에 누구나 독자적인 인간이 아니라 조국에 속한 인간임을 의식하고 있었다. 모두가 마치 일벌처럼 전체의 부분이 되어서 지배자의 주위를 둘러싸고 있었다. 그리하여 마치 사랑에 흠뻑 빠진 부부처럼 자아로부터 해방되어 전적으로 조국에만 속해 있기를 원하였다." 플루다크가 묘사하고 있는 이러한 내용은 우리에게 잘 알려져 있는 스파르타의 엄격한 신생아 선별과 군사훈련을 통하여 다시 확인되고 있다. 스파르타에서는 국가가 정하는 훈련을 거치지 않은 사람은 그 누구도 시민으로서의 권리를 가질 수 없었으며, 국가로부터 토지를 할당받을 수도 없었다. 스파르타에서는 성인들의 생활뿐만 아니라 아동의 생활도 모든 세부사항에 이르기까지 직·간접적으로 국가의 통제를 받았다.

스파르타교육의 가장 큰 특징은 여성에 대한 교육이었다. 그리스의 다른 도시국가 여성은 가정의 울타리에서 외부 세계와 격리되어 자랐으며 가사에 관계되는 것 이외에는 교육을 받을 수도, 교육을 받지도 않았다. 그러나 스파르타인들은 교육을 실용적인 목적으로 인식했기 때문에 여성들이 집 밖에서 자유롭게 생활하도록 했고, 용감하고 의지 굳은 남자아이의 어머니로서 부족함이 없도록 남자와 거의 다름 없는 훈련을 받았다. 여자아이들은 그들 전용의 운동장에서 남자아이들이 하는 것과 똑같이 뛰고 달리고 공놀이를 하고 원반을 던지고 씨름하고 노래하고 춤추는 것을 배웠다. 남자와 다른 점이 있었다면, 그것은 오직 제대에 소속되지 않고 운동이 조금 덜 격렬했다는 것뿐이었다.

2) 아테네교육

아테네교육의 특징을 리히텐슈타인은 스파르타와 비교하여 "**자유로운 힘의 놀이의 원리**"라고 표현하였다. 이는 인간 개개인이 지니고 있는 신체적, 정서적, 지적 능력이 자유롭게 발휘되고 이를 즐기는 교육을 말하며, 이러한 교육에 국가의 권위는 국가생활의 윤리적이고 사회적인 기초로서 영향을 줄 뿐이다. 아테네는 기원전 7세기에 이미 학교가 있었고 기원전 480년 페르시아 전쟁 끝 무렵에는 그 수효가 매우 증가하였다.

아테네의 교육은 기원전 594년에 솔론(Solon, B. C. 639~559) 집정관이 제정한 **솔론 법**에 따라 이루어졌다. 솔론은 민주제의 창설자로서 균형 있는 정책과 선한 정치를 구현하는 국가를 이루려 했다. 따라서 그 교육 역시 자유주의적 성격을 가진 민족성과 인간생활을 배경으로 하여 발달하였다. 그러므로 아테네교육은 인간성의 다양성에 능력을 가진 조화된 인간을 이상으로 한다. 솔론의 법은 어린이와 청소년의 도덕적 건강을 관리하는 것을 사회적 청소년 보호규정의 첫째로 삼았다.

아테네는 솔론법전에 근거하여 교육의 책임과 중심을 가정에 둠.

교육과정의 중심은 체육과 음악이었다. 플라톤에 의하면 체육과 음악교육은 국가의 의무였다. 그러나 이를 법률로 제정하여 강요하거나 국가적으로 통제하지는 않았다. 스파르타의 소년은 '군인 시민'이 되도록 훈련된 반면에, 아테네의 소년은 전쟁을 위해서만이 아니라 평화를 위해서도 훈련 받았다.

그리하여 스파르타의 교육에서는 특정한 형태의 체육이 으뜸가는 관심사였지만, 아테네의 학교에서는 체육과 함께 가장 포괄적인 의미에서의 음악을 교육했으며, 체육마저도 아테네의 정교한 심미적 감각에 맞게 수정되어 교육되었다. 아테네의 아동은 7세 정도에 음악학교(Didas Caleum)에 들어가서 문자를 배우기 시작한다. 글을 읽을 수 있게 되면, 곧 아이는 호메로스(Homeros, B. C. 800~750) 시의 부분으로 받아쓰기 한 것을 자신의 독본으로 하여 그 시를 공부하고 암기한다. 그 후에 아이는 교사 앞에서 자신이 외운 부분을, 인물의 동작을 극적으로 표현하면서 암송한다. 좀 더 나이가 들면 아이는 음악을 공부하기 시작하면서 노래와 하프 연주를 배운다. 이 때 아이는 악기 연주를 그 자체만으로 배우는 것이 아니라 자신이 부르는 노래에 반주를 할 수 있도록 배우며, 하프를 배우는 것과 함께 서정시도 동시에 배운다. 음악학교에서의 교육기간은 아동의 능력과 배경적 조건에 따라 다르지만 대체로 14세까지였다.

14세 혹은 16세를 넘은 자들은 고등교육이 이루어졌다. 그들은 신체적 발달을 위해 공설체육관에 다니기도 하고 지적발달을 심화하기 위해 아이스킬로스(Aischylos, B. C. 525~456), 소포클레스(Sopuocles, B. C. 496~406)의 비극도 배웠다.

아테네에는 공설체육관이 3개 있었다. 아카데미(the academy)가 가장 오래된 것이다. 리숨(the lyceum)은 페리크레스(Pericles)에 의하여 기원전 5세기에 수립되었다. 이것은 당시의 민주적 풍조를 반영하여 상인과 직공 가운데서 시민권을 획득한 계층을 위해서 마련된 것이었다. 또 하나는 시노사제스(the cynosarges)로 시민권을 갖지 못한 사람이 주로 이용했다.

군사훈련은 교육의 최종단계로서 18세가 된 시민계급 청년들이 받았던 것이다. 2년간의 군복무를 마치면 완전한 시민이 되었으며 기원전 4세기에는 스파르타가 침공함으로써 아테네는 방위상 군사훈련을 의무적으로 하였다(한기언, 1980).

기원전 500~479에 일어난 페르시아 전쟁 이후 아테네는 전 그리스의 정치적·경제적 중심지가 되었다. 아테네문화의 원숙과 퇴폐의 전환기에 사상이 뚜렷하고 위대한 교육자와 교육사상가들이 배출되었다. 그것은 소크라테스(Socrates, B. C. 470~399), 플라톤(Platon, B. C. 428~348), 아리스토텔레스(Aristotles, B. C. 384~322) 등이며, 그들의 진지한 사색은 후세의 교육사상의 원형으로서 초시대적인 가치를 갖게 되었다.

아테네는 **직접 민주주의**의 체제를 유지하였으며, 비교적 개방적인 국가였다. 기원전 594년에 집정관 솔론(Solon, B. C. 639~559)은 평민에게도 참정권을 부여하고 토지소유를 허용하는 등 공정한 사회체제를 유지하기 위해 일대 개혁을 단행하였다. 그 이후 아테네의 교육을 비롯한 정치, 경제, 사회, 문화 등은 솔론 법전을 중심으로 발전되었다. 아테네교육은 개인의 자유를 허용하고 신체와 정신을 조화롭게 결합시켜 교양인을 양성해 나갔다. 아테네는 가정을 소중하게 생각하였으며, 교육의 책임과 중심을 가정에 두었다.

아테네의 교육은 곧 고대 그리스 세계에서 스파르타와 크레타를 제외한 전 지역에서 행해진 교육을 의미하는 것일 만큼, 당시에 보편적인 교육이었다. 사실상, 아테네의 교육은 진보적인 그리스교육의 가장 전형적인 형태인 것이다.

이러한 교육적 풍조는 그 시대를 대표하는 플라톤과 아리스토텔레스를 통해서 구체적인 교수방법과 교육관으로 적립되어서 **서양교육사의 시조**가 되었을 뿐만 아니라, 근대와 현대까지 **사상의 기반**을 수립하는 것에 기여하여 교육적 함의와 의의를 가진다.

나. 초창기의 교육사조

고대 그리스에서 아테네의 군사적 성장을 겁낸 여러 다른 폴리스는 스파르타를 중심으로 아테네에 대항하는 펠로폰네소스 동맹을 결성했다. 두 세력 사이에 30년까지 계속된 펠로폰네소스 전쟁(B. C. 431~404)에서 참패한 아테네는 정치의 혼미 속에 빠졌다. 그 후 그리스의 폴리스 세계는 붕괴의 길을 걷게 되고 마침내 그리스의 황금시대가 극적으로 종식되었다. 소크라테스(B. C. 470~399)는 이성론에 입각하여 보편적 진리를 인정하였고, 만인이 어떻게 살아야 할 것인가 하는 보편적 덕을 다루었으며, 자기 스스로 이런 도덕적인 삶을 실천하였다.

'인간은 만물의 척도'

소크라테스의 교육사상은 '인간은 만물의 척도'라는 프로타고라스(Protagoras)의 기본명제에서 출발하고 있다. 지와 행의 일치를 믿었던 소크라테스는 누구든지 참을 알면서 악을 결심하지는 않는다고 보았다. "무지의 자각(I only know that I know nothing)"을 통하여 보편적 진리에 도달할 것을 촉구한 소크라테스는 아테네의 법정에서 진리를 인식한 자는 도덕적 인간이라는 일관된 신념을 토로하고, 반도덕성에 대한 경고의 행동으로서 기꺼이 죽음을 맞이하였다. "곤란한 일은 죽음을 벗어나는 것이 아니다. 악을 벗어나는 것이 훨씬 더 곤란한 일이다. 악은 죽음보다 더 빨리 달리기 때문이다."라는 주장을 계속하면서 태연히 독배를 마시고 죽음을 맞이한 것은 소크라테스의 영원한 휴머니티에 대한 신념을 여실히 보여 주는 것이다.

소크라테스는 지식은 감각에서 얻어지고 감각은 사람에 따라 다르기 때문에 보편타당한 진리는 없다는 프로타고라스의 말을 더 깊이 이해하여서 사람은 누구나 보편타당한 진리를 품고 있으나 다만 그것을 깨닫지 못할 따름이라고 생각했다. 결국에는 교육의 궁극목표는 도덕적이고, 교육이란 결국 선한 인간을 만드는 것이라고 할 수 있다. 이를 정리하자면 첫째, 애지자로서의 지식을 강조하였다. 둘째, 보편적인 지식으로서 실제적, 도덕적인 면에 가치를 두었다. 셋째, 교육은 지식만이 아니라 사고력의 발전을 목적으로 하였다. 넷째, 교사는 정신적 활동을 자극하는 일을 하여야 한다. 다섯째,

지식을 습득하는 과정은 대화, 경험, 그리고 반성이다.

소크라테스의 문하생이었던 플라톤은 연구와 저술생활을 활발히 하였다. 소크라테스는 플라톤과 대화의 대부분에서 주요한 인물로 등장하는데 그에 기인되는 의견들이 얼마나 역사적인지를 자연스럽게 묻게 된다. 대체로 플라톤의 탁월성을 극적인 예술가로 강조하는데 이어 19세기의 저자들은 소크라테스라는 인물은 플라톤 자신의 신념들의 표현을 위한 편리한 대변자로서만 역할했다는 견해를 취하였다(Curtis, et al., 1953).

플라톤은 『국가론』을 통해 개인은 조직적인 사회생활에의 참여를 통해서만 자신의 인간적인 발전을 실현시킬 수 있다고 보는 그리스 사상의 독특한 면을 대표하고 있다. 그러므로 그는 국가도 하나의 인간과 같은 유기적 존재라고 하면서, 개인들의 단순한 집합체가 아니라 분업의 원리에 의해 조직된 유기체로 보았다.

인간의 본성은 욕망, 의지, 이성이며 각각 절제, 용기, 지혜의 덕으로 표현된다.

플라톤은 인간의 본성(human nature), 즉 정신적 의식구조는 세 가지 요소로 구성되어 있다고 하였다. 첫째는 욕망(appetite), 둘째는 의지(will), 셋째는 이성(reason)이다. 이성은 종합적으로 이해하고 지도하는 기능이며 지혜를 통해 덕으로 나타난다. 그런데 플라톤은 그의 이데아론에서 욕망과 의지는 육체의 기능에 속하지만 이성은 다른 범주에 속하는 것으로서 다른 세계에서 이미 존재하였던 것으로 보았다. 이처럼 욕망, 의지, 이성이 모여 인간을 형성하며 그것들은 곧 절제, 용기, 지혜를 통해 덕으로 표현된다.

플라톤의 주장에 의하면, 훌륭한 국가를 구성하기 위해서는 훌륭한 인간이 되는 데 필요한 덕과 똑같은 덕이 필요하다는 것이다. 따라서 이렇게 성립되는 덕은 제각기 국가를 구성하고 있는 생산자 계층, 군인 계층, 통치자 계층에 필요한 덕이 된다.

플라톤에게 18세부터 20년 동안 사사한 아리스토텔레스가 플라톤이 세상을 떠난 후 독자적인 사상을 펼쳐 나간다.

플라톤의 제자 아리스토텔레스는 감각적 경험이 이데아를 자극한다고 하였다.

아리스토텔레스에 의하면 관념, 즉 **이데아를 일으키는 것은 감각적 경험**이다. 감각적 경험에 의해 자극된 이데아는 유사성, 대비, 인접 및 빈도의 법칙에 따라 다른 이데아를 자극한다. 철학의 인식론에서는 이런 법칙들을 이용해서 이데아들 사이의 관계를 설명하는 것을 결합주의(associationism)라고 부른다. 아리스토텔레스는 학자로서는 처음으로 『영혼론』(*De Anima*)를 저술했는데, 교육심리학의 기초를 닦았다는 점에서 높이 평가될 수 있다.

2. 대표적인 유아교육사상가

가. 소크라테스(Sokrates, B. C. 470~399)

1) 생애와 업적

Sokrates, B. C. 470~399

소크라테스는 조각가인 아버지와 산파를 어머니로 가진 평민의 가정에서 태어났다. 그는 길거리에서 누구와도 구별없이 대화하는 것을 즐겼다.

그는 인간정신 속에 깃들고 있는 Arete(덕 : 탁월함)가 나올 수 있도록 함으로써 산파의 역할을 하였으며, 또한 **인간 속에 잠재적으로 내재하고 있는 아레테(Arete)**을 선명하게 부각시키려고 노력한 점에서 아버지 조각가의 역할을 하였다고 볼 수 있다(이정복, 1982). 그가 저서를 남기지 않았기 때문에 오늘날 그가 가르친 내용이 정확히 어떤 것인지 인지하기 어려움이 있다. 분명한 것은 그는 역사와 더불어 점점 더 발견되어가는 사람이라는 것이다.

그는 소피스트들의 가르침과 활동을 비판하고 넘어섰으며, 철학을 하늘에 있는 신들에 대한 관심으로부터 인간에 대한 관심으로 끌어내려 인간의 마음속에 심은 사람이다. 그가 철학하는 참된 모습을 삶으로 보여주었기에, 오늘날 많은 철학자들이 소크라테스의 모습을 닮아 있다. 어떤 이들은 소크라테스를 비아냥거리기도 하고, 그의 제자 플라톤은 소크라테스를 대화자로 표현했다. 심지어 그의 아내 크산티페(Xanthippe)는 악처의 원형으로 역사에 남아 사람들의 손가락질을 받지만, 사실 크산티페의 눈으로 본 소크라테스는 아테네 거리를 서성이며 오가는 사람들에게 끊임없이 질문을 던지고, 자신과 세 아이들을 등한시하며 빵 대신 명성만 가지고 집으로 돌아오는 가장이었을 것이다. 여하튼 소크라테스는 "내가 인간들과 주로 밖에서 교제를 나누려 하는 것은 이 여편네 때문일세, 나는 이 여자를 견뎌내기 보다는 모든 다른 인간들과 지나는 것이 훨씬 더 편하다는 것을 잘 알고 있네."라는 말을 남기며 자신의 처를 오래도록 많은 사람들의 입에 오르내리게 하는 결과를 낳았다(오인탁, 1993).

2) 소크라테스의 사상과 교육활동

소크라테스가 차지하고 있는 교육에 대한 의미 중 중요한 것 두가지를 꼽자면, '인간 개개인의 영혼을 위한, 윤리적 실존을 위한 염려보다 영혼에 대한 관심의 우위'를 강조하였다는 것과 '소크라테스에 의해 길러진 제자들을 통해 그가 얼마나 탁월한 교사였는가'에 대한 것이다. 소크라테스는 실제로 자신이 쓴 책이 존재하지 않지만, 그에 의해 길러진 제자들이 그가 얼마나 훌륭한 교사였는지를 증명해주는 그와의 대화, 또한 그로부터 받은 가르침에 관하여 기록한 내용을 통해 그를 알 수 있다(오인탁, 1993).

소크라테스에게 교육의 목적은 일차적으로 인간 개개인의 영혼을 염려며 염려로부터 잠자고 있는 영혼에서 분별력과 진리를 깨우치는 일이다. 이러한 의미에서 그는 도덕적인 지혜를 무시하는 교육은 망상에 불과하며 진정한 교육의 의미를 담고 있기 어렵다고 하였다.

여기서 교육은 소피스트들에게 있어서처럼 유용한 시민으로서의 자질을 부여하는 일이다. 이는 정치적인 수완을 기르는 훈련이 아닌, 인격적 존재로서 인간의 해심을 지향하면서 인간의 실현을 꾀하는 일로 드러난다(오인탁, 1994).

소크라테스는 Delphoi 신전의 벽면에 쓰여 있는 "네 자신을 알라(Gnothi Seauton)"라는 교훈을 그의 표어로 하고 자신이 아무것도 모르는 자라는 입장에 서서 잠자고 있는 영혼을 일깨우는 교육의 참된 방식으로 대화의 형식을 사용하였다. 이와 같은 방법을 이루고 있는 것들은 반어법(反語法, Ironie), 대화술(對話術, Dialektik), 산파술(産婆術, Meutik)이다. 반어는 무지(無地)의 지(知)로부터 참된 질문들에 대한 근거를 도출하기 위하여 자신의 견해를 내세우지 않고 유보하는 일을 말한다. 대화술은 서로 대화를 나누는 대상에게 끊임없이 난해한 질문(aporia)들을 던짐으로서 상대방의 결단을 요구하는 대화의 기술이다. 마지막으로 산파술은 지식을 전달하거나 일방적으로 주입하는 방식이 아닌, 질문을 통하여 스스로가 생산적 사고를 하도록 하는 방법, 즉 산파가 산모를 도와 산모 스스로 아이를 출산하듯 스스로가 사고할 수 있도록 옆에서 조력하는 역할을 하게 된다(오인탁, 1994).

소크라테스 독배

3) 소크라테스의 유아교육론

소크라테스는 교사로서의 삶을 산 사람이었다. 그는 서양의 교육사에서 가장 교육하는 인간의 가장 순수한 모습을 지니고 있다. 가르침 자체를 자신의 소명으로 인식하고 그것을 깊이 지니며 교육을 생활로 실천한 최초의 교사라고 할 수 있다. 그는 인간에게 바른 생활과 영혼에 대한 올바른 인식에 대한 필요성을 느끼고 이를 실천하며 살았다. 이는 오늘날 유아 교사들에게 가장 필요한 덕목일 수밖에 없다. 교사가 단지 일정시간 유아를 가르치거나 맡아주는 역할에 머무는 것이 아닌, 한 인간에 대한 순수한 관심과 그가 스스로 바른 생각을 할 수 있도록 옆에서 산파의 모습으로 자극시켜 줄 수 있는 참된 유아 교사는 소크라테스로부터 모델링 할 수 있을 것이다.

또한 소크라테스가 자신을 무지한 자(der Nicht-Wissender)이라고 표현한 것 또한 유아 교사가 지녀야 할 덕목 중 하나이다. 유아에게 자신이 알고 있는 것을 전달하는 방식이 아닌, 하나의 인격체로서 유아에게 다양한 질문과 스스로 확산적 사고를 할 수 있도록 옆에서 좋은 자극을 주는 교사는, 다양한 상식과 방법을 일방적으로 지시하는 교사와는 다르다. 돈을 받고 지식을 팔았던 소피스트들을 비판한 소크라테스는 정신의 본질에 대한 이해를 가지고 있었기에 자신이 가진 규범을 검토 없이 다른 이에게 주입하는 것은 위험한 일이라고 정의하였다. 오늘날 일방적인 지시와 훈육이라는 명목 하에 많은 아이들에게 자신의 것만을 주입하는 유아 교사들에게 경종을 울리는 그의 사상은 오늘날 많은 교육가들이 잊지 말아야 할 덕목이다.

나. 플라톤 (Platon, B. C. 428 ~ 348)

1) 생애와 업적

Platon, B. C. 428 ~ 348

플라톤은 기원전 428년에 아테네에서 정치적으로 오랜 명성을 가진 부유한 귀족 집안의 아들로 태어났다. 당시 아테네를 통치하던 30인 참주 가운데 한 사람인 크리티아스(Critias, B. C. 460~403)는 그의 외삼촌이다. 이런 인연에 더하여 정치에 대한 열정을 갖고 있던 플라톤은 정치계에 입문하려는 생각을 진지하게 고려했다. 그의 아버지 아리스톤(Ariston, B. C. 888~888)은 코드로스(Kodros, B. C. 888~888) 왕조의 혈통을 물려받았으며 어머니는 솔론(Solon, B. C. 639~559)의 후예였다. 특히, 그의 의붓아버지는 페리클레스(Pericles, B. C. 495~429)와도 관계를 맺고 있었다. 페리클레스는 아테네 역사상 위대한 시기에 이름을 남겼으며, 아테네에서 꽃피운 "민주주의"의 성립에 많은 영향을 끼친 인물이다.

페리클레스와 "민주주의"

플라톤의 어린 시절에 대해서는 별로 알려진 바가 없다. 따라서 우리는 그가 당시 그리스 청년들의 정상적인 교육, 즉 읽기 및 쓰기, 그리고 시민들에 대한 연구를 했다고 짐작할 수 있을 뿐이다. 플라톤은 한때 희곡을 쓰기도 한 문학 지망생이었다. 플라톤의 저작들은 매우 문학적인 색채를 보이고 있고, 그의 문학적 재능을 대화편 곳곳에서 확인할 수 있다. 그의 몇몇 작품, 예컨대 『향연』과 같은 것은 철학적 고전으로뿐만 아니라 문학적 명저로도 널리 읽히고 있다. 20세 되던 해에 소크라테스와 운명적인 만남을 갖게 된다. 그를 만난 이후 정치나 문학의 경력을 추구하는 대신, 플라톤은 자신의 일생을 철학에 바치기로 결심한다.

플라톤이 성장한 기간은 기원전 403년까지 계속된 펠로폰네소스 전쟁(Peloponnedian War) 중이였다. 이 전쟁은 아테네의 민주주의와 스파르타의 제한된 과두적 부족제 간의 싸움으로, 아테네가 패배함으로써 페리클레스가 그렇게 많이 애썼던 연방제의 붕괴를 가져왔다.

아테네의 몰락 후 스파르타식의 과두정치적 개혁이 뒤따랐다. 스파르타의 점령군의 후원으로 30인이 독재정권을 세웠다. 그 결과 공포와 전제정치가 계속되었으나, 국외로 도망갔던 민주파가 국내로 들어와 내란을 일으키고, 또 국론에 분열이 생김으로써 약 8개월 만에 타도되고, 민주헌법이 다시 부활되었다. 그러나 그러한 민주주의 아래 소크라테스는 기원전 399년 불경죄와 젊은이들을 고의로 선동하고 타락시킨다는 죄목으로 사형을 당하였다. 그가 크리티아스와 가깝게 지낸 것이 민주파의 오해를 샀던 것이다. 소크라테스의 죽음은 민주주의에 대한 플라톤의 태도를 근본적으로 바꾸어 놓았다.

소크라테스의 사형

약 30세경부터 소크라테스 아래에서 철학적 연구를 시작했으며, 정치가로서의 꿈을 키워 왔던 플라톤은 소크라테스의 사형을 계기로 큰 충격을 받고, 정치에 염증을 느꼈으며, 그 자신의 말대로 당시의 추악상으로부터 관심을 멀리하였다.

철학이 배제된 정치에 염증, 국외로 피신

> 철학자들이 왕이 되거나 이 세상의 왕들과 제후들이 철학의 정신과 권능을 소유하고 정치적 위대성과 철학적 지혜가 하나로 만날 때까지 그리고 다른 사람을 배척하려는 일상적인 우리의 본성이 제거될 때까지 각국은 악을 피할 수 없으며 결코 안정되지 못할 것이다. 또한 내 생각에는 인류도 그렇게 될 것이다. 그리고 나면 우리와 이와 같은 국가만이 소생할 가능성이 있고 대낮의 환한 빛을 보게 될 것이다.
>
> 『국가론』중에서

소크라테스의 죽음으로 플라톤은 아테네의 정치·문화에 환멸을 느끼고 10여 년간 지중해 구석구석을 비롯해 이집트, 소아시아 반도 등지로 여행하면서 그곳의 철학적·종교적 사상들을 접하고 인간과 사회에 대한 주의 깊은 관찰을 했다. 이러한 철학적 방랑의 흔적을 그의 대화편 도처에서 찾아볼 수 있다. 플라톤의 대화편들은 인간 본성의 다양하고 깊은 모습에 대한 예리하고 풍부한 통찰력을 보여 준다. 그는 인간의 삶과 사고의 다양성, 그리고 풍부함을 모두 자신의 철학적 사고의 소재로 삼았다. 플라톤은 자신의 주저 『국가론』에서 서로 상이한 철학적 사고와 종교적 사상들을 날줄과 씨줄로 엮어, 웅장한 철학적 교향악을 연주해 내고 있다.

철인정치가

플라톤은 정치적 목적 때문에 40세 때(B. C. 389~388)에 시실리아를 방문하였다. 기원전 367년, 시라큐스(Syracuse)의 디오니시우스 I세가 죽자 당시 28세이던 젊은 참주 디오니시우스 II세를 철인정치가로 훈련시켜달라는 요청에 따라 시라큐스로 가서 철인왕을 만들려는 이상을 실현하려고 하였지만 끝내 실패했다. 재차 방문한 361년에도 아무런 소득도 없이 아테네로 돌아왔다. 그러나 거의 20년이 지난 후에 임종을 맞을 때까지도 그는 여전히 아테네의 여러 곳과 자신이 기원전 388년 세운 아카데미아(Akademia)에서 완벽한 철인왕을 찾는 희망을 버리지 않고 죽을 때까지 가르쳤다. 만일 플라톤이 정치적으로 성공을 거두었다면 아카데미아의 성공은 물론이고 불후의 저작들이 완성되었을 지는 의문이다.

아카데미아 설립

아카데미아는 원래 플라톤의 집 이름이었다는 주장도 있고, 영웅 아카데모스를 모신 근처에 세웠으므로 거기에서 따왔다는 주장도 있으며, 단순히 아테네 근교의 숲 이름이라는 설도 있다. 아카데미아는 529년 비잔틴(Byzantine)제국의 황제 유스티니아누스 1세(Justinian I)에 의해서 폐쇄되기까지 916년간 지속되었다. 이 '대학'의 목적은 그의 국가론에 요약된 바와 같이 철인통치자가 되도록 새로운 유형의 정치가들을 훈련하는 것이다. 플라톤은 소크라테스의 사명을 계승 발전하는 최선의 방법이기도 했으며 자신의 정치적 이상에 대한 좌절로 인해 교육과 철학에 전념하게 되였다. 그의 대화편 '메논'은 아카데미아의 교재였다. 여기에서는 소크라테스가 강조한 아레테(arete, 덕)가 높이 평가되었고, 피타고라스의 비오스(Bios, 생명)가 회상되었고, 교수와 학습의 공동체가 생활공동체의 모습으로 실현되었다. 아카데미아에는 외국 학생도 몰려왔다. 플라톤은 스승 소크라테스의 정신을 받들어 학생들로부터 수업료를 받지 않았다고 한다.

정치개혁의 시도가 좌절된 이후 플라톤의 철학은 좀 더 이론적인 경향을 보였으며, 그는 주로 학생교육과 연구·저술에 전념하다가 기원전 348년 80세를 일기로 세상을 떠났다.

플라톤은 스승인 소크라테스와는 달리 생전에 많은 책을 저술하였다. 플라톤의 저작들은 거의 완전하게 보존되어 왔으며, 그가 남긴 책들은 거의 대부분 대화체로 되어 있는데, 첫째는 젊은 시절에 쓴 『이온』(*Ion*), 『히피아스』(*Hippias*), 『프로타고라스』(*Protagoras*), 『변명』(*Apologia*), 『크리톤』(*Kriton*), 『라케스』(*Laches*), 『카르미데스』(*Charmides*), 『리시스』(*Lysis*), 『유티프론』(*Euthydemos*)과 『고르기아스』(*Gorgias*) 등이 있고, 둘째, 시실리아 여행(B. C. 389~388)을 마친 후에 『메넥세노스』(*Menexenos*), 『메논』(*Menon*), 『유티데모스』(*Euthyhron*), 『크라틸로스』(*Kratylos*), 『파이돈』(*Phaidon*), 『향연』(*Symposion*), 『국가론』(*Politeia*)과 『파이드로스』(*Phaidros*) 등을 집필했다. 그리고 말년에는 『테에테토스』(*Theaetetos*), 『파르메니데스』(*Parmenides*), 『소피스테스』(*Sophistes*), 『폴리티코스』(*Politikos*), 『필레보스』(*Philebos*), 『티마이오스』(*Timaios*), 『크리티아스』(*Kritias*), 『법률』(*Nomoi*) 등의 책을 저술했다. '프로타고라스'에서 '법률'에 이르기까지 그의 대화편들에는 교육의 이념이 면면히 흐르고 있다(오인탁, 1994).

2) 교육사상과 업적

플라톤은 이상주의자이다. **이상주의**(idealism)는 **관념주의**라고도 한다. 이상주의에 따르면 이 우주의 궁극적 실재는 공간적 물질보다는 단지 관념으로서만 이해와 표현이 가능하다. 우리는 우리의 환경을 직접 알 수 없고 단지 간접적으로만 알 수 있으며, 물리적 세계는 바로 그 존재나 또는 적어도 그 조직적 형태를 위해 정신이나 영혼에 의존한다. 이상주의는 가치란 **실재**(reality)를 갖는다고 한다. 그러한 가치들은 공리적이거나 주어진 것이다. 그러한 가치는 내재적이거나, 외재적이지, 도구적이지 않다. 우리가 발견할 수 없는 진·선·미의 절대적 가치가 있는데, 플라톤은 이러한 것들을 형상 또는 관념의 원리로 설명하고 있다.

사람의 감각이나 경험을 초월하여 존재하는 절대적인 이데아

따라서 플라톤의 핵심이 되는 철학사상은 **이데아**(idea), 즉 관념에 있다. 이데아란 정신 또는 마음의 소산으로서 물질에 대립하는 말이다. 참된 실재, 궁극적인 실재는 이데아이며, 이것이야말로 영구불변의 진리이다. 이데아는 절대적인 존재로서 사람의 감각기관이나 **경험을 초월**하여 존재하는 것이다.

플라톤의 이데아는 비공간적, 무시간적이고, 변치 않는 어떤 것이며, 사고만이 접근할 수 있는 그런 어떤 것이다. 그렇다면 이 이데아는 어떠한 실재성을 가지고 있는가? 이 실재성이 감각적, 시간·공간적인 현실의 실재성이 아니라는 것은 분명하다. 그러나 이 이데아는 심리적인 현실도 아니다. 플라톤의 이데아는 현실적인 사고나 지식이 아니다. 이데아의 실재성(현실)은 오히려 일종의 관념적인 실재성이다.

관념적인 실재성

관념적인 실재성은 수학과 논리학의 타당관련을 다룰 때 어느 정도까지는 알 수가 있다. 2곱하기 2는 4라고 하는 명제와, 삼각형의 내각의 합은 2직각이라고 하는 명제 등은 세계의 어떤 권력을 가지고서도 취소할 수가 없다. 이런 명제들은 절대로 시간 속에 있는 것이 아니다. 언제부터 이 명제들이 타당하기 시작했으며,

또 만약에 세계가 없어져 버린다면, 이 명제들의 타당성이 중단되지 않겠느냐 하는 따위의 물음들은 아무런 의미 없는 물음들이다.

플라톤은 이데아는 경험이나 감각에 선행하는 것이라고 믿는다. **현상적인 사물**은 이데아로 구성되는 실제의 '그림자'에 불과하며, 일시적인 것이라고 주장한다. '둥글다'는 관념은 둥근 공이나 둥근 사과에서 얻어지는 것이 아니라, 그와 독립하여, 그에 앞서 존재하는 관념이다. 둥근 공이나 둥근 사과는 일시 있다가 없어지는 것이지마는, 둥글다는 관념은 영원히 남아 있는 이데아이다. 이것은 둥근 공이나 둥근 사과는 특정의 구체적인 것임에 반하여, 둥글다는 관념은 일반적이요, 보편적이기 때문이며, 전자는 후자에 대하여 하위적, 예속적인 존재에 지나지 않는다. 여기에서 정신세계의 우수성이 성립되는 것이라고 한다. 플라톤은 이 이데아들의 통합을 **'로고스'**(logos)라고 부른다. 로고스는 원래 말, 단어, 언어를 의미하였다. 그러나 후에 생각, 개념, 이성, 의미, 세계의 보편법칙이라는 다양한 의미로 발전하였다(오인탁, 1994).

이데아들의 통합인 로고스

이데아라고 하더라도 모두가 동일한 가치를 가지고 있는 것이 아니라 위계가 있다. 이 위계의 최상에 속하는 것은 선과 미와 진이요, 그 밑에 있는 것은 지혜, 절제 또는 중용, 용기 및 경건이며, 이에 대한 지식을 얻게 하는 능력을 지성이라고 하였다.

이데아의 위계에서 최상의 것은 선·미·진

플라톤의 철학사상과 교육사상을 이해하기 위한 **동굴의 비유**는 서구의 정신사에서 가장 유명하고, 가장 위대한 비유 중의 하나이다. 동굴의 비유는 철인의 도야 과정을 다루고 있으며, 인간의 본성을 교육과 무교육에 비추어 살펴보고 있다. 이해하기 위해서는 그가 든 '동굴의 비유'를 알아볼 필요가 있다. 플라톤은 동굴 안의 세계와 동굴 밖의 세계를 대조시킴으로써 **현상(現象**, appearance)의 세계와 **실재(實在**, reality)의 세계를 구분하고 있다. 이는 서양 철학사에서 가장 중요하고 주출적인 이분법을 이룬다. 플라톤의 견해로는 감각

교육의 의미를 동굴에 비유

적 경험에 기초하여 확립되는 상식적 세계란 인식론적으로나 존재론적으로나 가치론적으로 그림자의 세계에 불과하다. 실재 세계는 상식적 경험의 세계와는 별개로 존재한다는 것이 플라톤의 견해이다. 여기에서 동굴의 비유를 각색하면 다음과 같다.

> "옛날 땅 밑에 어떤 동굴이 하나 있었습니다. 그 동굴 안에는 어려서부터 쇠사슬에 묶여 살아온 사람들이 있었습니다. 그들은 쇠사슬 때문에 머리조차 뒤로 돌릴 수 없어 같은 자리에서 오직 앞만 보고 살 수 밖에 없었습니다. 그들은 칠흑 같은 어둠 속에서 그들 뒤, 높고 먼 곳에 있는 동굴 입구로부터 새어나오는 희미한 빛이 만들어 내는 그림자만 보고 살았습니다.
>
> 그들은 그림자밖에 볼 수 없었기 때문에 자신들이 보고 있는 것이 실재(實在)라고 믿고 있었습니다. 그림자를 다른 사람들보다 더 잘 구별하고 그 미묘한 차이를 식별할 수 있는 사람들은 자신이 더 실재(實在)를 정확하게 보고 있다고 뽐내면서 자랑하였습니다. 그러나 그 중 한 사람은 "저게 정말 진짜일까?", **"내가보고 있는 것이 실재(實在)일까?"** 라는 의문을 갖기 시작하였습니다.
>
> 그래서 그는 그림자를 있게 한 빛을 상상하면서 쇠사슬을 끊고 경사진 오르막을 통해서 그 빛의 세계로 나아가기 시작하였습니다. 동굴 입구가 가까울수록 밖으로 통하는 길은 점점 좁아지기 시작하였습니다. 벽은 날카로웠습니다. 이미 온 몸이 상처투성이가 되었고 점점 강하여 지는 빛으로 인하여 눈이 아팠습니다. 이제 그는 다시 동굴 안으로 도망치고 싶었습니다. 그러나 그림자를 있게 한 존재에 대한 호기심으로 그는 계속 동굴 밖, 빛의 세계로 기어올라갔습니다.
>
> 동굴밖에 이르자 모든 것이 무화(無化)된 느낌이 들었습니다. 그러나 차츰 지나면서 빛에 익숙해졌고, 사물들이 하나씩 눈에 들어오기 시작했습니다. 무엇보다도 그림자였던

> 자신이 하나의 실재(實在)였다는 것을 깨달았을 때 너무도 기뻤습니다. 그리고 이내 동굴 속에 갇혀 살고 있는 동료, 그림자를 실재라고 착각하면서 서로 자기가 더 잘났다고 정확하게 보고 있다고 자랑하면서 살고 있는 모습이 떠올랐습니다. 그들에 대한 연민과 안타까움으로 마음이 무거웠습니다.
>
> 동굴에 묶여 있는 사람들에게 내려가 여러분들이 보고 있는 것은 실재가 아니라 실재의 그림자라고 외쳤습니다. 그러나 이 말을 믿는 사람이 없었습니다. 오히려 "네가 밖에 나갔다오더니 눈이 삐었구나하면서 안약이나 사다 바르라."고 했습니다. 그러나 실재를 보고 온 이 사람은 이러한 비아냥과 질시에도 아랑곳 하지 않고 또 계속해서 여러분들이 보고 있는 것이 실재가 아니라 실재의 그림자라고 외쳤습니다. 그러자 동굴에 묶여 있는 사람들은 왜 조용하고 평온한 이 동굴을 소란케 하느냐 하면서 이 동굴의 안정과 질서를 위해서 저 놈을 죽이자고 하였습니다."

여기에서 동굴 밖에 나가 태양을 보고 실재를 깨달은 죄수는 선의 **형상(form)**을 바라본 사람이다. 그가 다시 동굴 속으로 들어가 동료를 구제하려는 장면은 플라톤의 의도가 교육을 염두에 두고 있다는 것을 나타내 준다. 거짓, 편견, 무지, 오류로부터 영원한 진리에로 안내하려는 것이 곧 교육의 과업인 것이다.

철인 통치를 위한 교육에의 관심

플라톤은 불가피하게 교육의 문제에 관심을 가지게 되었다. 왜냐하면 이성에 의한 통치를 하기 위해서는 이성을 기를 수 있는 교육이 먼저 이루어져야 하기 때문이다. 그래서 플라톤이 제기했던 질문은 '어떻게 하면 이상국가에 꼭 필요한 합리적 지식을 확실히 획득할 수 있는가'였다.

플라톤의 세 가지 계급

그래서 플라톤은 개개인이 자기 역할을 제대로 수행할 때 이상국가가 실현될 것이라 믿고 개개인의 역할에 따라 통치자·수호자·생산자 계급으로 나누어 제시하였다. 플라톤은 세 가지 계급으로 이루어지는 하나의 이상적인 사회를 구상하였으며 이러한 정치철학은 그의 교육철학을 뒷받침하고 있다. 그는 플라톤의 세 가지 계급 사람들은 인격, 흥미, 능력에 있어서 다르다고 지적했다. 생산자는 끝없이 욕망을 추구할 수도 있지만 통치자의 이성과 정신에 의해 통제되고, 수호자의 거친 기질은 통치자의 이성이 조절할 것이다. 이처럼 세 계급이 균형을 이룰 때 이상국가가 실현된다. 플라톤의 계급 체제가 아주 엄격한 것은 아니었다. 세 계급은 모두 형제이기 때문에 생산자도 수호자나 통치자의 기질을 갖고 태어날 수 있다고 플라톤은 생각했다. 마찬가지로 통치자 계급도 수호자나 생산자의 기질을 갖고 태어날 수 있었다. 그런 경우에는 계급 이동이 용인될 것이다.

교육의 목적은 각 개인의 자연적 능력 발현케 하는 것

교육의 목적은 각 개인의 자연적인 능력을 발견하고 그가 그 계급의 일원으로서 그 직책들을 능률적으로 수행함으로써 하나의 조화로운 공동체 속에서 선량한 시민이 되도록 훈련시키는 것이라고 말했다.

플라톤은 사람을 그 본질적인 특성에 따라서 세 종류로 구분하고 있다. 첫째, 사람의 행동이 감정(passion)에 의하여 지배되는 종류로서 이들은 노동에 적합하여, 생산자로서 국가를 유지하는 일을 맡는다. 둘째, 용기와 견인, 불발의 정신이 풍부한 자들로서, 수호자가 되어 국가를 방위하는데 적합한 종류이다. 셋째, 생래적으로 이성이 탁월한 인물로서, 국가를 통치하는 임무에 적당한 소질을 갖춘 계급이다. 국가의 정치는 이러한 지혜를 가진 철학자에 의하여 행해져야 한다.

그러나 몇몇 사람들이 지적하고 있는 것처럼 플라톤이 일부 계층만을 가르치는 교육을 주장한 것은 아니다. 플라톤은 대중들의 '파이데이아'(Paideia, 교육)를 여러 번 언급하고 있다. 또한 수호자를 위한 초기 교육단계의 여러 부분 역시 대중교육에 적용되는 것이 틀림없다. 왜냐하면 도시국가가 절제라는 덕 위에 서 있으려고 한다면, 그리고 피지배층을 철인왕의 지배에 따르게 하려면, 그 대중 역시 최소한으로나마 수호자처럼 도덕적으로 양육되지 않으면 안되기 때문이다. 따라서 음악과 체육의 교육은 모두에게 공통된 것이었다. 플라톤이 주장하는 정의란 어떤 의미에서 보면 특히, 자기 자신의 천성에 딱 들어맞는 것이라고 생각되는 것을 말하는 것이다.

공동생활, 공동탁아소

플라톤은 공동생활을 주장하였다. 모든 수호자들은 더 큰 집단으로부터 직접 제공되는 음식을 같이하면서 집단합숙소에서 함께 기거하여야 한다는 이 기본적인 생각은 당시의 스파르타인들의 생활 방식과 같은 것이다. 그러나 플라톤은 한 술 더 떠서 어떤 사유재산의 소유도 완전히 금하고, 아동은 태어나는 순간부터 공동탁아소에서 양육되어야 한다고 제시하였고, 이러한 제도에 여성도 포함시켰다. 개개인이 가지고 있는 장점에 관심을 가졌던 플라톤은, 여성들도 남성과 마찬가지로 적합한 보조자와 통치자를 뽑기 위해서 세워놓은 기준을 쉽게 만족시킬 수 있을 것이라고 지적하고 있다. 만약 여성들이 수호자집단에 속하게 되면, 그들은 가정에서의 전통적인 부녀자의 역할수행을 하지 못하게 된다. 현대의 우리들이나 당시의 그리스인들이 전통적으로 이해하고 있었던 결혼관이나 가정관이 모두 배격되고 있는 것이다. 다른 모든 것과 마찬가지로 아동들도 공동으로 소유하게 된다.

이러한 공동생활제도는 수호자들 간의 소유욕이나 시기심 또는 개인적인 이익을 완전히 배제하게 될 것이다. 한 개인의 이익이 아니라 모든 사람들의 이익인 것이다. 수호자들이 이렇게 혹독한 방식을 좋아하지 않을지도 모른다는 지적이 있다. 그러나 제대로 교육을 받았다면 수호자의 관심은 사회 전체 속의 한 계급의 행복에 있다기보다는 사회 전체의 행복을 증진시키는 데에 있을 것이라고 플라톤은 반박한다.

플라톤은 『국가론』의 후반부에서 주로 교육과 통치자 계급의 특성에 초점을 맞춘다. 통치자 계급이 임무를 잘 수행하기 위해서는 그

나름의 생활방식이 있어야 한다고 주장한다. 권력을 남용하여 공동체에 해를 끼칠 수 있는 유혹을 피해야 하기 때문이다. 통치자 계급은 늘 국가 전체의 이익을 염두에 두고 행동해야 하며, 자신의 이기적인 관심사에 따라 행동해서는 안 된다. 통치자 계급은 개인적 부나 재산을 갖지 않으며 가족에 얽매이지 않고 공동으로 생활한다. 플라톤은 국가가 단일공동체로서 기능하기 위해서는 통치자 계급이 바른 교육을 받고 특별하게 살아야 한다고 강조했다. 그렇지 않으면 금세 다른 국가들처럼 부패할 것이기 때문이다. 그리고 통치와 철학의 일치만이 국가를 부패와 몰락으로부터 구할 수 있다고 하였다.

플라톤은 철인을 기르기 위한 교육과정을 5단계로 제시하였다(오인탁, 1993).

플라톤의 철인의 교육과정 5단계

1단계는 '예비교육'으로 7세부터 9세까지 이루어진다. 예비교육의 목적은 어린이의 천부적 정신 능력과 신체 능력이 조화롭게 발달하도록 잘 다져주며, 국가 시민으로서 요청되는 기본적인 공동체 생활의, 다시 말하면 사회생활의 능력을 잘 가꾸어 주는 일이다. 교육과정에는 체육(달리기, 넓이 뛰기, 씨름, 수영, 말타기, 활쏘기, 창던지기, 검술, 원반던지기, 전술 행진하기, 진지 구성 연습 및 사냥 연습)과 음악(노래, 음율, 문학, 문법, 특히 읽기와 쓰기, 고전적 문인들의 작품을 기초적으로 학습하기)이 있다.

2단계는 '기초교육'으로 10세부터 16세까지 이루어진다. 기초교육은 실생활에 필요하고 유용한 지식을 가르치는 실천 중심의 교육으로 음악과 체육을 좀 더 집중적으로 가르치고, 이와 함께 시문학, 기하, 산술, 천문학의 기초를 다룬다. 기초교육이 끝나고 나면 1차 선발이 이루어지는데, 농부, 어부, 광부, 목수, 갖바치, 의사 등 생산직에 종사하는 여러 직업으로 나가게 된다.

3단계는 '1차 실습교육'으로 17세부터 20세까지 이루어진다. 주로 군사적 훈련을 하는데 국가 방위에 필요한 군사적 덕목과 능력이 집중적으로 다루어진다. 1차 실습교육이 끝나고 나면 2차 선발이 이루어지고 이들은 군인으로 선발된다.

4단계는 '전문교육'으로 20세부터 30세까지 이루어진다. 교육과정에는 문법, 수사학, 산술, 기하1, 기하2, 천문학, 화성학, 변증법이 있는데, 이를 다시 언어적 도야의 영역(문법, 수사학), 수학적 도야의 영역(산수, 기하1, 기하2, 천문학, 화성학), 철학적 도야의 영역(철학적 문답법 또는 변증법)으로 분류하였고, 각 영역마다 교과목을 순서대로 배웠다. 전문교육이 끝나고 나면 3차 선발이 이루어졌는데 고급 방위직, 중간 관리직으로 배출되었다.

마지막 5단계는 '2차 실습' 단계로 30세부터 50세까지 이루어졌다. 이때에는 철학적 문답법만 끊임없이 연습하고 통치의 여러 직책을 순회하면서 통치실습을 쌓았다. 이 단계를 성공적으로 이수한 자는 철인이 되어서 국가를 다스린다.

일반적으로 이상주의에서 내세우는 교육관을 정리하면 다음과 같다.

이상주의의 교육관

① 교육은 인간에게 **잠재**되어 있는 능력을 이끌어내서 계발하는 과정이다.
② 학습은 자신의 마음속에 현존하는 **진리**를 회상시킬 수 있도록 독려하는 탐구과정이다.
③ 교사는 도덕적, 문화적으로 한 전형이 되어야 하며, 인간 성장과 발전의 가장 **모범**적인 형태를 지닌 가치체계이어야 한다.

교사의 임무는 아동의 잠재된 진리를 회상하도록 이끌어내는 것.

따라서 이상주의에서는 교사의 임무는 지식을 주입하는 것이 아니라, 법률에 의하여 옳다고 명시되고 가장 오래되고 가장 공정한 자의 경험에 의하여 참으로 옳은 것으로 확인된 원리를, 아동으로부터 끌어내고 이를 향하여 지도하는 일이라고 생각하였다. 그는 장구한 세월에 걸친 지혜가 아동의 마음속에 잠재해 있으며, 이것은 교사의 숙련된 지도에 의하여 '재생'되는 것이라고 믿었던 것이다.

3) 유아교육론

플라톤에 따르면 교육이란 먼저 인간 영혼이 세계환경에 반응하는 일에 관심을 기울이는 것이다. 우리 인간의 신체가 그러하듯이 영혼도 필요한 영양분을 섭취해야 생존할 수 있다. 그러므로 교육은 영혼이 생존하는 한 정신적 삶에 필요한 영양분을 공급하기 위해 필요한 것이다.

플라톤이 주장한 유아교육의 목적은 좋은 국가를 위하여 좋은 인재를 양성하는 데 있으며, 이른바 '수호자'만이 공적 이익을 위하여 권력을 행사하는데 가장 적절한 사람이라는 것이다. 그들은 본질적으로 임무를 수행할 자질을 가졌으며, 가정의 영향이나 환경 때문이 아니라, 그 어린이의 유전적, 내면적 자질 때문에 수호자로 선출되어야 한다는 것이다. 교육을 받을 어린이는 금 또는 은의 인간이어야 하며, 그들만이 출생하면서 훈련을 받을 수 있고, 또 국가의 선을 위하여 적합하다는 것이다.

플라톤은 교육의 시기는 가급적 빨라야 하며, 교육의 방법은 어떠한 강제성도 띠지 말 것과, 시험에서 적성을 식별하여 수호자가 될 사람으로서 등록해야 한다는 것 등을 지적하고 있다. 그리고 신체적 훈련을 중요시하였으며 2~3년의 집중적인 신체훈련을 한 다음에 그 시험을 해야 한다고 말했다.

플라톤은 조기교육을 최종적으로 인간이 도달하게 될 철학자의 경지, 즉 진리에 다다르는 기초를 제공한다는 점에서 긍정적으로 보았다. 최종적인 철학자의 경지는 장기간의 교육적 경험을 요구한다. 아무리 뛰어난 지성의 소유자라도 단번에 이데아 세계, 즉 선과 진리의 경지에 들어갈 수 없다. 이처럼 선의 지혜는 개인이 감각을 벗어나 차츰차츰 더 높은 진리의 계단을 오르는 것처럼 서서히 자라나기 마련이다.

플라톤은 유전적 신념을 강하게 믿고 있었다. 특히, 이 유전적 힘은 개체의 지성 및 도덕성에 크게 작용한다고 보았다. 또한 인간의 본성 속에 내재한 이성은 적절하게 잘 계획된 교육만 제공된다면 스스로 발현된다고 보았다. 바람직한 덕목인 선은 유아기에 어린이들이 아름다움과 조화로운 것에 지속적인 관심을 가짐으로써 생겨날 수 있다고 믿었다. 선의 지혜가 개인 내에 쌓여가고, 선행이 형상화되는 등의 도덕적 사회화는 개인과 국가의 번영을 보장한다고 믿었다. 이러한 윤리, 도덕 의식은 유아기부터 시작된다고 보았다.

유전적 신념을 강하게 믿음.

플라톤에 의하면 놀이, 유희들, 신체적 훈련들과 이야기들은 10세까지의 모든 어린이에게 적합하다. 그들은 다음에는 7년을 전원의 환경에서 문법, 문학, 음악, 미술과 수학을 포함하는 이론적인 학과들과 체조에 몰두해야 한다.

유아들은 주로 스포츠, 게임, 놀이, 음악, 시 등과 접하게 하며, 만 6세가 되면 체조와 3R(읽기, 쓰기, 셈하기)의 기초 등이 첨가된다. 그리고 청년기에는 사고를 자극하고 이성을 연마하는 대표적 교과로 '수학'이 소개되며, 이 수학은 인간의 정신훈련의 핵심으로 여기고 있다. 그리고 아주 현명한 자만이 완전한 삶과 완전한 생활이 보증되는 이상적인 철학자가 지배하는 세상에서 계속 살게 될 것이다.

태어나서 첫 10년 동안의 교육은 주로 체육이다. 모든 학교는 반드시 체육관과 운동장을 갖춰야 한다. 놀이와 체육이 교육과정의 전부가 되어야 한다. 그러면 그 첫 10년 동안에 온갖 의약이 전혀 필요하지 않은 건강이 축적될 것이다. 그러나 경기와 체육뿐이라면 사람은 너무 한쪽으로 치우치게 될 것이다.

생후 10년까지의 교육은 체육과 음악이 적합함.

> "우리는 어떻게 하면 온화하면서도 동시에 매우 용감한 성질을 찾아낼 수 있는가? ― 왜냐하면 이 두 성질은 양립할 수 없는 것 같기 때문이다"……. 아마도 음악이 이 문제를 해결해 줄 것이다. 음악을 통해 영혼은 조화와 율동, 심지어 정의로운 성질까지도 배울 것이다. "조화를 이룬 성격을 가진 사람이 부정을 저지를 수 있을까? 글라우콘이여,

> 율동과 조화는 그 움직임에 우아함을 간직한 채 영혼의 은밀한 곳까지 파고들어 영혼을 만들기 때문에 음악적 훈련은 강력한 것이 아니겠는가?" 『국가론』중에서

음악과 인격의 기초

음악은 성격을 형성한다. 음악은 또한 감정과 성격을 세련시킬 뿐 아니라 건강의 유지와 회복에도 이바지하기 때문에 음악에는 가치가 있다.

음악과 선율은 영혼과 육체를 우아하고 건강하게 함.

음악과 선율은 영혼과 육체를 우아하고 건강하게 만든다. 그러나 과도한 음악은 과도한 체육과 마찬가지로 위험하다. 단지 체육인에 지나지 않는 사람은 야만인과 다름이 없고, 단지 음악가에 지나지 않는 사람은 바람직한 정도를 넘어서 감정적이고 유약하다고 생각하여 음악과 체육 이 두 가지는 반드시 결합되어야 한다고 주장했다.

음악이라는 용어는 음악 그 자체는 물론 문학에도 적용되는 교육을 말했으며, 플라톤은 습관적으로 이 말을 이런 뜻으로 사용하고 있다. 체육이라는 용어는 섭생과 신체훈련 전체를 말하는 것으로서, 도시국가의 관습에 따라 차이는 있었지만 신체적 건강과 체력의 연마를 목적으로 삼고 있었다.

이 두 가지 교육 중에서 넓은 의미에서의 '음악'은 명백히 '체육'보다 먼저 시작될 것이다. 왜냐하면 아이들은 신체훈련을 받기 이전부터 이야기를 들으며 자라기 때문이다. 플라톤의 교육체계에서 음악을 위해 동원되는 수단에는 문학, 본래적 의미에서의 음악, 그리고 다른 예술활동들(미술, 조각, 연극, 무용)이 다 포함된다. 이들 각각은 모두 나름대로 모종의 윤리적 특질을 표현하는 방식을 가지고 있고, 나름대로 귀나 눈을 통하여 이 윤리적 특질들을 영혼에 전달해 준다. 이 여러 가지 방법들 중에서 문학은 이야기와 시의 형태로 제일 먼저 등장한다.

따라서 교육의 수단으로서 문학에 대한 우선적인 질문은 그 형식에 관한 것이 아니라 내용에 관한 것이다. 또한 문학의 내용은 그것

은 아이들이 어른이 되어서도 간직하는 것이 바람직한 그런 것들이어야 할 것이다. 어린 시절의 교육은 인격의 기초를 닦는 것들이어야 하기 때문이다. 이 인격의 기초란 나이를 먹음에 따라 바꿔 버려야 할 것이 아니라, 성인이라는 구조물을 유도하고 그것을 지탱할 수 있는 것이어야 한다.

그가 보기에 인격의 기초적인 요소들이란, 다른 무엇보다도 아이들의 마음이 신의 참다운 본성이나 인간의 가장 신적인 요소들을 습관적으로 직면함으로써 길러지는 것들이다. 아이들은 자기보다 위대한 존재, 더 훌륭한 존재들이 이러이러한 방식으로 행동한다는 것을 믿으면서 자라도록 해야 하며, 그들의 본래적 모방 충동이 자신의 인격을 형성해 가는 데에 활용되도록 해야 한다. 플라톤에 의하면 교육은 반드시 문학과 함께 시작되어야 한다.

국가의 검열제도

이런 점에서 플라톤은 국가의 검열제도가 필요함을 주장하였다. 문장검열의 기본적인 목적은 거짓인 것을 아동에게 가르치지 못하게 하려는 데에 있다. 그리고 신들 사이에서 기만과 반목과 잘못을 저지르는 일이 다반사라고 생각하게끔 아동을 양육해서 생기는 도덕적 효과에 대해서도 관심을 두고 있다. 만약 신들도 그러한 행동에 빠진다고 생각된다면 어떻게 인간들이 그러한 행동을 겁내고 피할 수 있다는 말인가. 아동을 다룰 때 중요한 것은, 그들이 어린 한 사실상 어떻게 이해하는가에 있는 것이지 어리지 않을 때처럼 어떻게 이해해야 하는가에 있는 것이 아니다.

동화가 아동의 태도발달 및 습관형성에 영향

플라톤은 동화가 아동의 태도 발달과 습관 형성에 심대한 영향을 미친다는 점을 지적하였다. 아동이란 자기에게 본보기로 제시되는 것을 무턱대고 받아들이며, 비록 그들에게 제시된 영웅들이 허구적인 것이라 해도 존경하고 매력을 느껴 그 영웅들의 행동 유형을 따르려 하는 경향이 있다고 믿었다. 그래서 "이 모방행동들은 어릴 때부터 하게 되며, 점차 습관이 되고 장차 사고와 언어와 행동의 형성에 영향을 미친다는 것을 확실히 알아야 하네."라고 언급하고 있다.

"아동은 무엇이 비유적인 것이고 무엇이 그렇지 않은가를 구별할 수 없네. 그러나 무슨 생각이든 그 시기에 마음속에 자리잡게 되면 잊을 수도 바꿀 수도 없는 것이라네. 우리가 그들에게 처음으로 들려 줄 이야기가 덕에 관한 공정한 학습이 이루어지도록 꾸며졌는지 아닌지를 최선을 다해 주시해야 하는 것은 바로 이러한 이유 때문이라네."

플라톤은 교육방식으로 놀이를 중요시했다.

교육의 기초과목들은 …… 어릴 적부터 가르쳐야 하지만, 강요되어서는 안 된다. 왜냐하면 자유인은 지식획득에 있어서도 자유인이어야 하기 때문이다. …… 강제에 못이겨 습득된 지식은 기억되지 않는다. 그러므로 강요하지 말고, 오히려 **초기교육은 일종의 오락**이어야 한다. 이렇게 하는 것이 어린이의 타고난 소질을 알아내는 데 더욱 유리할 것이다.

『국가론』중에서

음악은 단지 음악으로 그쳐서는 안 된다. 음악은 수학, 역사, 과학의 무미건조한 내용에 매력적인 형식을 마련해 주는데 이용되어야 한다. 그러나 싫어하는 사람에게도 이 과목들을 강요할 필요는 없다. 어느 한계 안에서는 자유로운 정신이 존중되어야 한다.

플라톤이 놀이에 관심을 가졌던 것은 두 가지 이유에서였다. 먼저, 아동의 천성이 무엇인가를 나타내 주는 '그들의 **내적인 즐거움**에 몰입하기 위하여 자발적으로 선택하는 활동'이라는 의미로 '**놀이(paidia, 파이디아)**'라는 말을 사용하였는데 이것은 아동을 천성에 따라 두 집단 중 한 집단에 배치시키려는 플라톤의 의도에 들어맞았기 때문이다. 다음으로 '게임'과 같은 의미로 '놀이'할 때처럼, 학습을 가능한 한 즐겁게 하기 위해서였다(Barrow, 1976).

"이집트에서는 아주 어린아이가 일정한 양의 사과나 꽃뭉치를 큰 집단과 작은 집단에 나누어주는 것에 관한 문제를, 아주 재미있고 즐겁게 배울 수 있게끔 산수놀이로 고안했습니다. …… 그들은 금과 은과 구리 그리고 이와 비슷한 재료로 만들어진 여러 가지가 섞여 있는 접시들을 나누어 주게 하는 게임을 즐기게 하는데 …… 이러한 방식으로 그들은 산수의 기초적인 응용방식을 아동의 놀이에 섞어 놓은 것입니다."

『법률』중에서

그러나 플라톤이 강제성을 피하는 놀이를 강조하는 방법을 주장한다고 해서, 감정과 식견 형성 및 습관 형성을 위해 사회생활에 필요한 어떤 훈육도 경험시키지 않는다고 한 것은 아니다.

남녀 평등적 교육과정

플라톤은 남녀 간에 차별을 두지 않았다. 소년들과 마찬가지로 소녀들도 그들 자신을 자유롭게 표현하도록 격려되어야 하며, 그래서 그들의 진실한 인격과 소질을 나타내야 한다고 했다. 소녀들은 가볍게 수정한 소년들과 같은 교육과정을 가져야 한다. 그러나 실제적인 실행에 있어서 아테네 사람들은 보통, 소녀들은 가정에서 부모에 의한 교육으로 제한하였다.

4) 소크라테스와 플라톤

플라톤은 사랑을 주제로 다룬 『향연』을 제외하고는 대부분의 저서들이 하나의 주제가 아니라 다양한 주제를 다루고 있다. 예를 들자면, 『국가론』만 하더라도 현대 학문에 있어 어느 특정 분야의 책이라고 규정할 수 없는 것이다.

플라톤은 소크라테스와의 만남을 통하여 영원한 것을 추구하고 사랑하게 되었다.

소크라테스와의 해후는 그의 생과 사상에 결정적인 영향을 주었다고 하겠다. 그에게 있어 소크라테스는 모든 철학하는 것의 기반이었고 출발점이었다. 플라톤은 소크라테스와의 만남을 통하여 하나의 결정적인 영향을 받았다. 그것은 플라톤을 영속적으로 지배한 것이었는데 바로 영원한 것을 추구하고 사랑하는 일이었다. 변화하는 것들보다 불변하며 완전한 것을 사랑하는 사명이 그를 지배했고 그것이 그의 모든 저작에 면면히 흐르고 있다.

그의 모든 저작은 철학자 소크라테스를 우리들에게 그대로 제시하고자 하는 노력의 소산이었다. 그는 그의 탁월한 시적 재능을 발휘하여 그가 사랑했던 철학자를 참으로 감동적으로 표현했다.

플라톤의 저작을 통하여 궁극적으로는 그리스시대의 사람들의 생활상을 보는 것이 아니라 바로 우리 시대의 사람들과 나 자신을 바라보게 되는 것이다.

야스퍼스(Karl Jaspers, 1883~1969)는 플라톤 연구에서 소크라테스-플라톤 관계가 플라톤의 철학에 세 가지 중요한 결과를 낳았다고 지적했다(곽노의·홍순정, 2003)

① 플라톤은 철학자에 대한 사상을 정립했다.
② 대화 속에서는 주로 소크라테스로 하여금 말하게 했고 더 나아가서 소크라테스도 자기 생각보다는 신화의 얘기를 끌어들이려 했다.
③ 소크라테스-플라톤 관계는 개인의 고립을 없애 주었다.

소크라테스-플라톤 관계는 철학사상 단 한번 있는 사건으로서 통일성과 이중성(duality)을 훌륭하게 표현했다고 하였다. 두 사람은 분명한 차이를 보여 주면서도 확연하게 구별짓지 못하는 그러한 관계이다. 플라톤은 앞 시대의 철학자의 사상을 철저하게 해석하고 비판하고 수용하였다.

5) 국가론

『국가론』은 인간의 근원적인 질문을 던짐.

플라톤의 저서 중에서 가장 대표적인 저서를 선택하라면 주저 없이 『국가론』을 선택할 것이다. 『국가론』이 서양의 고전들 중에서 대표적인 지위를 차지하는 이유는 무엇인가? 그것은 아마도 인간이 생존하는 동안 영원히 해결할 수 없는 물음을 제기하였고 우리들로 하여금 불굴의 탐구정신을 갖도록 충동하기 때문이라고 대답할 수 있을지 모른다.

『국가론』은 플라톤의 나이 50세쯤인 기원전 375년을 전후하여 10년간에 걸쳐 집필한 것으로 보고 있다. 『국가론』의 주제가 무엇이냐고 물으면 우리들은 서슴치 않고 정의(Justice)라고 대답한다.

『국가론』은 철인통치를 염원하는 것이기 때문에 거의 법률이 생략되어 있다. 플라톤은 처음부터 끝까지 소크라테스를 사랑했고 그 안에서 살았던 사람이었다. "우리들은 플라톤이 먼저 표현하고자 한 것은 철학이 아니라 그가 실제로 바라본 철학자(소크라테스)이다."라고 말할 수 있다.

플라톤과 아리스토텔레스
라파엘로의 아테네학당에서

플라톤에게 있어서 선한 인간은 선한 시민이어야 하고 또한 선한 시민은 선한 인간이어야 하는 것이었다. 선을 많이 알면 알수록 선하게 되는 것이다. 그러므로 이러한 선을 아는 사람이 최고의 통치권을 가져야 한다.

정의와 선

이 책에서 Glaucon은 세 가지 종류의 선을 제시하고 정의가 어디에 속하는지 소크라테스에게 물었다. 그는 건강과 같이 그 자체를 위해서도 좋고 결과를 위해서도 좋은 것들이라고 했다.

개인과 국가 간의 관계에서 어느 것을 플라톤이 강조하였는가에 따라서 플라톤관은 크게 달라진다. 이 문제에 대한 해답은 양자택일일 수가 없다. 왜냐하면 우리들은 플라톤에게서 이 두 요소를 동시에 볼 수 있기 때문이다. 즉, 자연상태에서의 교양인과는 국가 안에서 타고난 탁월성을 발휘하는 삶을 동시에 강조하고 있는 것이다.

플라톤은 철학사상의 대표적 이상주의자였다. 평화로운 나라에 불안과 전쟁이 찾아드는 이유를 그는 사치에서 찾고 있다. 수호자에게는 지혜를 사랑하고(philosophy) 기백이 있고(spirit), 민첩하고(swiftness), 힘이 있어야(strength)하는데 이것들은 양육되고 교육되어야 한다는 것이다. 플라톤은 체육보다는 음악교육이 선행되어야 한다고 말하고 인간사회에 악이 존재하는 것은 신 때문이 아니라 다른 원인에서 온다고 하였다. 젊은이는 또한 절제를 배워야 한다. 나이 많은 사람이 젊은 사람들을 통치하고 교육해야 한다는 것이었다. 수호자가 주의 깊게 관찰해야 하는 것은 바로 빈부라고 플라톤은 말한다. 아테네 도시국가를 이상적인 것으로 생각했을 것이다.

플라톤은 자기가 세운 국가는 선하고 완전하다고 말하고 거기에는 네 가지 덕, 즉 지혜, 용기, 절제, 정의가 있다고 하였다. 플라톤은 이 네 가지의 덕이 가장 중요한 것으로 생각한 것 같다. 개인의 영혼 안에서 지혜, 용기, 절제가 조화를 이루고 각 부문이 자기 할 일을 하고 자기 자신을 스스로 지배하고 주재한다면 개인이 무슨 일을 하건 정의에 따른다는 것이다. 지혜, 용기, 절제의 부분은 머리, 가슴, 배에 비유될 수 있는 것이다.

참다운 철학자

"참다운 철학자는 누구인가?" 참된 철학자는 진리 보기를 사랑하는 사람이라는 것이다. 철학자에게 어울리는 국가는 어떤 것이 있는가? 소크라테스는 분명히 철학자에 어울리는 나라는 하나도 없다고 지적했다. 플라톤은 지식을 가진 자는 그 지식을 사용하여 쓰도록 하지 않고 널리 사회를 위해 환원하도록 요청하고 있다. 플라톤은 통치자의 지위보다 더 좋은 자리가 있다는 것을 가정하고 있는 것이다. 그런 자리는 돈의 부자가 아니라 덕과 지혜에 있어 풍요한 사람이 통치하게 된다. 자기 자신 안에 선한 것을 갖지 못한 가난하고 굶주린 사람이 공적 일에서 돈을 벌고자 한다면 거기에는 지배자의 자리가 투쟁의 목표가 되어서 지배자 자신과 국가 전체가 망하게 된다. 플라톤은 정치적 야망의 생활을 경시하는 유일한 생활은 참된 철학의 생활이라고 말하고 있다. 철학자는 정치가의 생활보다 더 좋은 생활을 하고 있으므로 그들을 정치에 끌어들이는 것은 쉬운 일이 아니며, 그들은 마지못해 나올 수밖에 없다는 것이다.

플라톤의 이상국가

플라톤의 이상국가는 ① 여자와 어린이의 공유 ② 교육이 같아야 하고 전쟁과 평화의 추구도 공통적임 ③ 최선의 철학자와 전사가 왕이 되어야 함 ④ 사유재산의 소유금지라는 특성을 갖는다.

플라톤이 제시한 국가는 현존하지 않는 국가로서 '실현되어야 할 것'으로 그리고 있다. Glaucon이 듣고 있다가 이러한 사람은 바로 이상국가의 통치자를 가리키는 것이며 그러한 나라도 현실적으로 존재하지 않기 때문에 단지 형상으로서만 존재한다고 말하자 소크라테스는 다음의 말로 응답하고 제9권을 마무리 지었다.

> "그러나 생각건대 국가의 형상(form)을 보고 싶어하고 그것을 보면서 자기 안에 나라를 세우고 싶어하는 사람을 위하여 그것을 세운 것이네. 그러한 국가가 실제로 존재하든지 앞으로 존재할는지 하는 것은 문제가 되지 않네. 왜냐하면 그는 어떤 다른 국가가 아니라 우리가 세운 그러한 국가의 양식을 지향할 것이기 때문이네." 『국가론』중에서

실제로 오늘날의 통치자가 자신의 임기시작과 종료 시에 자기의 사유재산을 반대하는 당에 속한 공인회계사에 의해 점검 받는 제도는 플라톤사상의 부분적인 원용이기도 한 것이다.

정의와 덕은 가장 우선하는 윤리적 가치이며 지혜를 사랑함으로써 획득된다.

플라톤은 시는 영상과 관련이 있는 감정에 호소한다는 것을 기술하면서 신에게 드리는 송시와 선한 인간에 대한 찬양시만 허용된다고 말한다. 부, 명예, 권력, 시의 유혹을 받아서 정의와 덕을 등한시해서는 안 된다는 것이다. 플라톤에게 있어 예술은 높은 윤리적 가치를 지녀야 비로소 존재할 수 있는 것이었다.

한마디로 말하면 정의로운 사람은 이 세상에서나 사후에서나 크나큰 보상을 받는다는 것이다. 그러기 위해서도 사후의 생이 전제되어야 하고 따라서 영혼의 불멸을 주장하지 않을 수 없었다. 철학하는 것, 즉 지혜를 사랑하는 것이 이승에서나 저승에서나 모두 유익하다는 것을 신화를 통해 증명하고 있는 것인데, 독재자에 대한 징벌은 인상적이다.

다. 아리스토텔레스(Aristoteles, B. C. 384~322)

1) 생애와 업적

Aristoteles, B. C. 384~322

아리스토텔레스는 고대 세계의 학문적 체계를 세운 위대한 철학자이자 과학자이다. 형식 논리학의 창시자이고 또한 철학의 여러 분야에 걸쳐 그 내용을 풍부하게 했으며 과학에 있어서는 헤아릴 수 없을 정도의 공적을 가지고 있다. 아리스토텔레스의 사상에서 그의 개개의 이론보다 더 중요한 것이 있는데, 그것은 그의 업적의 토대가 된 합리적 접근이다.

그의 저서에는 인간생활과 사회의 여러 가지 국면이 사고나 분석의 적당한 대상이라고 하는 것이 잘 기술되어 있다. 즉, 천지 만물은 맹목적인 우연에 의해 지배되거나, 불가사의한 힘으로 통제되거나, 성장한 신의 변덕으로 제어되는 것은 아니며 삼라만상의 행동과 현상은 합리적인 법칙에 따라서 움직이며 존재하고 있다고 주장했다. 그러므로 결론을 끌어내기 위해서는 **경험적인 관찰과 합리적인 추론**의 양쪽을 활용해야 한다는 확신에 그는 입각하고 있었다.

그리고 그는 자연계의 여러 가지 현상에 대하여 체계적인 탐구를 하는 것이 인간에 있어 보람 있고 가치 있는 일이라는 신념을 확고히 했다. 이러한 태도는, 말하자면 전통주의, 미신, 신비주의에 반대하는 자세로서, 그 후의 서양 문명에 뿌리 깊은 영향을 미쳤다는 것은 다 아는 사실이다.

마케도니아의 사상과 깊은 관련

아리스토텔레스는 아테네 태생이 아니라 마케도니아에 인접한 칼기디케(Chalcidice) 반도의 작은 도시 스타기라(Sragira) 출신으로서 기원전 384년에 태어났다. 그의 아버지 니코마코스는 마케도니아 궁전의 의사로서 필리포스 2세의 아버지이자 알렉산드로스 대왕의 할아버지인 아뮌타스 2세의 시의였을 뿐만 아니라 의학과 자연과학에 관한 저술가였다. 당시의 관습에 따르면 아스클레피오스의 가문들은 의학 및 해부의 기술을 아들들에게 교육했기 때문에 아리스토텔레스는 집안의 관례에 따라 어릴 때부터 의술을 견습하였다. 그의 철학 속에 자연과학, 그리고 그중에서도 특히 생물학에 대한 관심이 표출되고 있는 것은 그의 철학사상 자체가 구체적 현실에 대한 관찰을 바탕으로 하고 있기 때문이라 할 수 있다. 아버지가 사망한 후 18세 때 플라톤의 아카데미아에 들어와서 플라톤이 죽을 때까지 20년간이나 머무른다. 이 시기에 그는 플라톤으로부터 사상적으로 깊은 영향을 받았으며 타고난 근면함과 탁월한 재능으로 인해 플라톤의 총애를 받았다. 그는 일생동안 그의 스승을 몹시 존경했다.

강의와 저술에 몰두

그는 기원전 343년경에 마케도니아 왕 필립의 초청으로 왕자 알렉산더의 가정교사로 부임했다. 여기에서 그는 국가제도와 정책 등을 연구하였다. 부왕이 죽고 알렉산더가 왕위를 계승하자, 기원전 335년에 다시 아테네로 돌아와서 자신의 학교인 라이시임(Lyceum)을 세우고 이곳에서 약 12년 동안 광범위한 연구와 강의, 그리고 저술에 몰두하였다. 라이시임은 후에 플라톤의 아카데미아와 함께 대학의 원형이 되었다. 아리스토텔레스가 이곳에서 제자들과 숲 속을 산책하면서 강의하고 토론하였기 때문에 사람들은 아리스토텔레스의 학파를 소요학파라고 불렀다. 아리스토텔레스는 이곳 라이시임의 방대한 서적은 물론이고 수많은 자료와 표본들을 수집하였는데 이에는 알렉산더 대왕의 후원이 컸다고 한다. 이 새로운 학교는 플라톤이 남긴 학교의 단순한 모방은 아니었다. 플라톤의 아카데미아에서 특히 수학, 사변철학 그리고 정치철학에 주력하였다면, 라이시임에서는 생물학을 비롯한 자연과학 역시 중요한 연구분야에 속했다.

기원전 323년에 알렉산드로스 대왕(Alexandros the Great, B. C. 356~323)의 사망이 전해지자 아테네에서는 반 마케도니아 운동이 일어나, 대왕과 오랜 연고가 있던 아리스토텔레스는 아테네 시민의 반감과 의혹의 대상이 되어 아테네에서 도망쳤다. 그러나 이곳으로 옮긴지 채 일년이 되지도 못한 다음 해인 기원전 322년에 칼키스(Chalcis)에서 병사했다.

아리스토텔레스가 쓴 책은 수백을 헤아릴 정도로 많다. 논리학(Logica) 분야에는 『범주론』(*Categoriae*), 『문장론』(*Perihermeneias*), 『분석론 전서』(*Analytica priora*), 『분석론 후서』(*Analytica posteriora*), 『변증법적 추리론』(*Topica*) 등이 있고, 과학(Naturalia)에 관한 것으로는 『자연일반론』(*De physico auditu*), 『영혼론』(*De anima*), 『동물의 역사』(*Historia animalium*) 등이 있다. 그 밖에도 『형이상학』(*Metaphysica*), 『니코마코스 윤리학』(*Ethic ad Nicoma chum*), 『에우데미우스 윤리학』(*Ethica ad Eudemium*), 『정치론』(*Politica*), 『시론』(*Poetica*), 『수사학』(*Rhetorica*) 등이 있다.

2) 교육사상과 활동

아리스토텔레스는 20년 동안이나 플라톤의 제자로서 학문을 수업하였지만, 그의 사상은 결국 플라톤과는 반대되는 지위에 선다. 만일 플라톤을 관념론의 선구자라 한다면, 아리스토텔레스는 그와 대립되는 실재론의 창시자라고 할 수 있다. 플라톤 철학을 보편적 형상철학이라고 규정한다면 아리스토텔레스 철학은 개체적 실제철학이라고 명명할 수 있다.

실재주의의 기본원리는 독립의 원리

아리스토텔레스는 실재주의자이다. **실재주의(realism)**는 이상주의에 대비되는 학설이다. 실재주의의 기본원리는 독립의 원리라 할 수 있다. 독립원리란 곧 물질 또는 진리의 독립적 존재를 말하는 것으로 즉, 우주는 사람과 관계없이 독립하여 존재한다는 것이다. 이상주의자 혹은 관념주의자들이 주장하는 것처럼 **외계는 정신 또는 관념의 그림자나 환상이 아니라 실제로 구체적으로 존재**하는 것이다. 우리가 보건 말건 알건 모르건, 우리가 원하건 원치 않건, 믿건 안 믿건, 물리적 자연적 사물과 현상은 사람의 정신과 독립하여 존재한다는 것이 실재론자의 입장이다(오천석, 1987).

실재주의에서 주장하는 기본전제는 다음과 같다(박의수 외, 1993).

> ① 우리는 다른 사물과 같이, 많은 사물들 속에 실재한 존재로서 세상에 있다.
> ② 사물은 우리의 희망이나 기호와는 관계없이 존재하며 사람들은 그것을 만들어서 사용한다.
> ③ 인간이 그의 이성으로 사물들에 대한 지식을 알아낼 수 있다.
> ④ 인간행동의 방향을 결정하는 요소들은 다른 사물에 대한 지식과 그들을 지배하고 있는 법칙과, 또 다른 사물들과의 상호 관계 등이다.

플라톤의 철학이 1차적으로 초자연적인 것과 천국에 집착하고 있다면, 아리스토텔레스는 자연적인 것과 현세에 더 큰 애착을 느끼고 있다. 아리스토텔레스는 그의 스승과는 달리 영원한 진리의 원칙을 해독하는 수단으로 관찰을 중요시하였다. 플라톤은 완전한 형태로서 이데아를 제시했지만 아리스토텔레스는 자연현상과 사회현상을 해석하는 데에 상식적인 관찰방법을 사용한다. 경험적인 관찰과 탐구를 통해 그는 **형상태**(actuality=form)와 **질료태**(potentiality=matter)로 연합 구성된 존재에 대한 형이상학적인 체계를 개발하고 있는데, 형상태는 완벽한 것인 반면에 질료태는 **완전해질 수 있는 가능성**을 말한다.

자연적인 것 현세적인 것 관찰 등을 중시함.

형태와 질료는 서로 분리할 수 없는 것이다. 내 앞에 놓여 있는 바로 이 '탁자'는 구체적인 개별적 대상이라고 말할 수 있는 것이다. 이 '탁자'의 형상은 그 '탁자'를 이루고 있는 질료로부터 독립적으로 존재하는 것은 아니다. 이 '탁자'의 형상은 어떤 부류의 질료 즉, 나무나 강판, 플라스틱 등의 질료와 얽혀 있지 않고서는 존재하지 못한다. 다시 말해서 아리스토텔레스에 있어 '형태와 형상은 플라톤의 이데아와는 달리 초월적인 것이 아니라, 개념에 의해서만 있는 존재'이다. 아리스토텔레스의 형상은 플라톤의 이데아처럼 관조적이며, 모든 변화와 생성에서 벗어나 있는 것이 아니라, 구체적인 대상의 본질적 성질로서 작용하고 있는 어떤 것이다. 따라서 아리스토텔레스적 견지에서는 질료와 형상은 함께 있어야만 실체일 수 있다.

아리스토텔레스에 있어 구체적인 사물은 질료와 형상으로 이루어진 것이다. 질료와 형상은 이 구체적인 사물의 구성요소이다. 이러한 사실에 비추어 형상은 질료 없이는 실제적인 것이 될 수 없다고 말할 수 있다. 이와 같이 형상이 질료 없이는 존재할 수 없지만, 그렇다고 해서 형상이 질료 때문에 존재하는 것은 아니다. 오히려 이 구체적인 개별적 대상은 본질(형상)로 말미암아 비로소 실체가 되는 것이다. 즉, 그 스스로 도저히 결정을 지니지 못한 질료는 형상을 통해서만 결정되고 그렇게 함으로서 존재하는 것이다. 아리스토텔레스에게 있어서는 보편적인 것이 반드시 특수한 것 속에 있으므로 형태도 바로 질료 안에 있는 것이다. 따라서 형태와 질료는 상대적인 개념이다. 아리스토텔레스는 구체적인 사물로부터 이데아를 독립적인 것으로 분리한 데 대해서 비난한다. 보편적인 것으로서의 이데아는 특수한 것에만 존재한다.

교육의 3체: 자연, 습관, 이성

아리스토텔레스의 교육의 기본구조는 '교육의 3체'라고 부르는 세 가지 요소로 구성된다.

> 인간은 세 가지 것들을 통하여 선하고 귀하게 된다. 이 세 가지 것들은 자연(physis), 습관(etos), 이성(logos)이다. 먼저 사람들은 어떤 다른 생명체가 아니라 인간으로 태어난다. 그리고는 몸과 마음이 일정한 고유특성들로 무장하게

> 된다. 많은 것들에 있어서 자연의 바탕은 변화된 습관을 통하여 통제되고 소용없게 된다. 왜냐하면 많은 것들에 있어서 자연의 성향들이 중립적이기 때문에 보다 나쁜, 또는 보다 좋은 성향들로 바꾸어지게 되기 때문이다. 다른 생명체들은 주로 그의 자연이 결정하는 대로 그렇게 살며, 소수의 생명체들은 습관의 영향 아래서 산다. 그러나 인간만은 이성을 통하여 살아간다. 왜냐하면 인간만이 이성을 가지고 있기 때문이다. 따라서 인간은 이러한 세 가지 것들을 서로 조화롭게 하지 않으면 안 된다. 왜냐하면 인간은 많은 것들을 그의 습관과 자연에 거슬러 행하며, 이러한 행동을 인간이 자신의 열이 놓은 말(이성)을 통하여, 디르게 행하는 것이 더 좋다고 확신하게 되었기 때문이다. 이러한 합리적 숙고를 통한 행동은 교육의 결과이다. 교육의 힘으로 인간은 부분적으로는 습관을 통하여, 부분적으로는 수업을 통하여 필요한 것을 배우게 된다. 『정치학』중에서

아리스토텔레스에 의하면 우리가 추구하는 궁극적 선은 행복(Eudaimonia)이다. 행복이란 어떤 상태를 가리키는 것이 아니라 어떤 활동을 가리키는 말이다. 일반적으로 '행복'이라고 번역되는 그리스어 '유다이모니아'는 오히려 잘 사는 것, 혹은 바람직하게 사는 것이라는 뜻에 더 가까운 말이다. 따라서 아리스토텔레스 교육의 궁극적 목적은 사람들로 하여금 행복한 삶을 살게 하는 것이다.

아리스토텔레스는 행복은 기본적으로 교육에 의해서 획득될 수 있는 것이라고 보았다. 그에 의하면 행복이란 정신적 활동 중에서 뛰어난 활동이다. 행복과 일치하는 뛰어난 인간의 활동은 어떤 수단적 활동이 아니라 그 자체로서 좋은 활동이다. 행복과 일치하는 뛰어난 인간의 활동은 어떤 수단적 활동이 아니라 그 자체로서 좋은 활동이어야 한다. 여러 가지 활동이 뛰어나고, 바람직하고 옳은 것이지만, 단지 두 가지의 활동만이 그 자체로서 가치 있는 것이다. 그 중 하나는 도덕적, 정치적 활동 혹은 덕 있는 활동이고, 다른 하나는 이

론적 활동이다. 이런 의미에서 관조적 삶은 교육의 궁극적 목적이다. 그러나 이것은 실천적 삶과 결합되어야 한다.

이렇게 본다면 교육의 궁극적 목적은 사람으로 하여금 뛰어난 활동을 하고 뛰어난 성품을 가진 사람이 되게 하는 것이다. 다시 말하면 그것은 행복을 구성하는 뛰어난 활동을 기꺼이 할 수 있는 사람을 기르는 것이다. 아리스토텔레스에게 있어서 교육의 문제는 덕(Arete)을 전수시키고 획득시키는 문제이다. 뛰어나다는 것이 무엇인지, 그리고 어떻게 사람으로 하여금 뛰어난 사람이 되게 만들 수 있는지가 아리스토텔레스가 가졌던 교육의 최우선의 관심사였다. 그리고 이것은 또한 정치의 목적이기도 하다. 정치가 하는 일은 백성들을 돌보고 백성들로 하여금 뛰어난 성품을 길러서 좋은 삶을 살게 하는 것이다.

인간의 본능이 나아가는 방향이 교육의 방향

아리스토텔레스는 어떤 객관적 선의 이념으로부터가 아니라, 교육하지 않으면 안 되는 생명체인 인간에게 내재되어 있는 것으로 확인되는 최종적 목적으로부터 교육을 파악하였다. 다시 말하면, 교육은 본질적으로 인간의 고유한 성취요 작품으로서, 인간은 본성에 있어서 그의 정신작용에 따라서 자연적 본능을 선으로, 공동체으로, 알려고 하는 인식의 의지로 고양시키는 존재이며, 이러한 과정을 동반하는 것이 교육이다(오인탁, 1994). 그러나 교육은 소질의 점진적 발휘에 맞추어 아래서부터 위로 계층적 단계의 질서에 따라서 제시된 목적을 하나하나 성취하여 가는 활동이다.

덕은 지식과 함께 자기통제의 연습을 통해 획득

소크라테스는 덕은 지식이라고 했는데 아리스토텔레스는 단순히 아는 것으로는 되지 않고 계속적인 자기통제의 연습을 통해서 비로소 자기 속에 있는 비이성적인 것을 통제할 수 있는 것으로 보았다. 그리하여 도덕성은 이성이 의지를 통제할 수 있을 때 획득되는 것이다. 이것은 단순히 아는 것만으로는 불가능하고 계속적인 행동을 통하여 하나의 습관이 되어야 한다.

아리스토텔레스는 인간의 모든 활동에는 활동 그 자체가 목적이

되는 경우와 그 활동의 성과가 목적이 되는 경우가 있다고 하면서 목적의 이원성을 강조하였다. 이에 따라 교육의 목적을 나누어 보면, 과정으로서의 교육 목적은, 첫째 건강한 신체의 단련, 둘째 좋은 습관의 형성, 셋째 지성의 도야에 있고, 결과로서의 교육목적은 "유덕하고 선하고 관조적인 생활, 즉 영속적으로 행복한 생활을 누리는 자유인 양성"에 있다고 할 수 있을 것이다.

한편, 아리스토텔레스는 교육의 공공성을 강조하였다.

교육의 공공성

> 국가 전체는 하나의 목적을 가지므로 교육도 하나이어야 하고 만인에게 똑같은 것이어야 한다. 또한 교육은 공공적으로 해야지 만인이 그들의 자녀를 따로따로 돌보고 그들이 가장 좋다고 생각되는 종류의 교육을 주는 오늘날처럼 개인적으로 해서는 안 된다. 왜냐하면 공공적 관심을 가지는 일에 있어서의 교육은 만인에게 똑같은 것이어야 하기 때문이다. 우리들은 시민들의 각자가 자기 자신에게 속해 있다고 생각해서는 안 된다. 그들은 모두 국가에 속해 있고 시민 각자는 국가의 하나의 부분이기 때문이다.
>
> 『정치학』중에서

아리스토텔레스에 의하면 한 국가의 교육체제는 모든 사람에게 동일한 것이어야 한다. 아리스토텔레스의 이 주장은 국가주의적 교육을 연상케 하지만 부모가 가르칠 방안은 마련하고 자기 자녀 이기적인 목적만을 고려하여 교육해서는 안 된다는 것을 강조하는 것이기도 하다. 국가는 하나의 공통의 목적을 가지고 있으며, 모든 시민은 국가에 속하고 각자는 국가의 일부분이기 때문에, 각 부분을 위한 준비는 전체를 위한 준비에 비추어서 조절되어야 한다.

3) 아리스토텔레스의 유아교육론

아리스토텔레스는 교육과정은 인간의 성장 발전의 형태에 맞추어져야 한다고 주장한다.

인간 발생의 순서를 고려한 교육

> 육체가 발생의 순서에 있어 정신에 선행하는 것과 같이 비이성적인 것이 이성적인 것에 선행한다. 그 증거로 분노, 의욕, 욕구는 아이들이 태어날 때부터 가지고 있지만 이성과 이해는 어린이들이 성장하면서 발달하는 것이다. 그러므로 육체에 대한 배려가 영혼에 대한 배려보다 선행해야 하며, 욕구적인 부분에 대한 배려가 뒤따라야 한다. 욕구에 대한 배려는 이성을 위해서, 육체에 대한 배려는 정신을 위한 배려이어야 함은 물론이다. 『정치학』중에서

아리스토텔레스는 놀이를 하는 과정을 한층 더 깊이 인식하여, 놀이는 유아에게 있어서 뿐만 아니라 인간 그 자체에 있어서 가장 본질적인 활동이라고 하였다. 이리하여 그의 유아교육론은 인간에 관한 깊은 통찰을 바탕으로 그의 폭넓은 인간론 속에 위치시키게 된 것이다. 아리스토텔레스는 놀이가 아이에게 있어서 중요한 의미를 가지며 불가결한 것은 그것이 인간활동의 가장 순수한 표현이기 때문이라고 보고 있다. 즉, 모든 인간활동 가운데에서 놀이는 놀이 그 자체에 의의와 목적이 있으며 공리성과 타산이 포함되지 않은 다른 모든 인간활동의 상징으로서 존재한다고 한다. 이처럼 아리스토텔레스의 놀이에 관한 사고방식은 아리스토텔레스가 인간 본연의 모습에 대한 폭넓고 깊은 통찰을 하고 있음을 보여주고 있다.

유아기의 과제는 놀이, 신체활동 도덕성

유아에게는 놀이와 육체적인 활동의 기회와 적절한 공부를 준비하기 위한 기회가 제공되어야 하며, 성인이 되기 전까지는 주로 적절한 가치관과 도덕적 성향을 계발해 주어야 한다. 14세 이전의 어린이들은 계속되는 학습을 위해서 기본적으로 셈하기, 읽기, 쓰기를 배워야 하며, 14세에서 21세까지는 산수, 사학, 천문학, 음악, 문법,

문학, 시, 수사학, 윤리, 정치학 등과 같은 지적인 과목을 배우고 21세 이후에는 더욱 전문화되고 세분화된 과목으로 생물학, 심리학, 논리학, 형이상학, 우주론 등의 과목을 다룰 것을 주장하고 있다.

어린이 양육을 위한 그의 지침은 실제로 옮길 수 있는 매우 구체적이고 현실적인 성격을 가지고 있다.

자유시민의 일반 남아는 공동의 교육을 받아야 한다.

그가 본 교육을 받을 대상은, 플라톤이 말하는 '금 또는 은의 인간'이 아니라, 당시의 현실과 마찬가지로 도시국가의 자유시민인 일반남아였다. 그는 이것을 자명한 사실로 보았다. 왜냐하면 도시국가의 시민은 국가의 주요한 힘이며 받침돌이기 때문에, 교육은 공공정책 사항이 되어야 하며, 어린이들의 양육은 국가가 규제해야 하고, 모든 어린이(모든 자유시민의 남아만을 뜻함)에게 똑같은 교육을 시켜야 한다는 것이다(김옥련, 1991).

아리스토텔레스는 유아기 아이들에게 있어서 가정과 사회환경의 침투력은 좋은 영향이든 나쁜 영향이든 간에 절대적인 것이라고 주장하면서 올바른 교육환경을 조성해야 한다고 보고 있다. 특히 가정교육의 중요성을 강조하였는데 가정교육을 통해 인간의 자연스런 본성이 건전하게 실현되고 난 후에야 여기에서 규범적인 정신이 생긴다는 것을 기대하고 있다.

아리스토텔레스는 어린이들은 7세가 될 때까지 가정에서 어머니 또는 유모의 양육을 받아야 한다고 주장했다. 그러나 이 유아기에서도 어린이에게 들려주는 동화나 놀이를 감시하고 그것이 도덕적인 미래의 시민으로 성장하는 데 적절한 것인지 아닌지를 확인하는 가정교사가 있어야 한다.

아리스토텔레스는 출생에서 5세까지는 주로 신체적인 배려를 강조하고 있다. 예를 들어, 술은 금한다든지 나이에 적합한 팔다리의 운동을 한다 등이다. 또한 영양섭취가 충분하도록 권고하고 있으며 추위에 길들게 하는 것이 건강과 군사훈련을 위해서도 좋다고 하였다.

5세부터는 충분한 운동을 시키되 그것은 오락을 통해 이루어져야 한다. 적합한 동화와 이야기를 들려주되 모방을 잘하는 시기이기 때문에 야비하고 수치스런 말을 배우지 않게 해야 하고 적절한 때는 처벌을 가해야 한다고 하였다. 또한 이 시기는 가정에서 양육되기 때문에 노예와 함께 있는 시간을 적게 해야 한다고 하였다. 그는 이처럼 세심한 주의를 기울여 유아교육의 환경을 정화해야 한다고 주장하고 있다.

아리스토텔레스는 실제 생활에서 얻는 경험의 중요성을 강조하였다.

실제 생활에서 얻는 경험의 중요성

> ……그러나 실생활에서 오는 경험과 행동에 의하여 진리는 참으로 고증된다. 이는 여기서 최후의 결정이 내려지기 때문이다. 그러므로 우리는 도달된 결론을 실제 생활의 실증에 직면시킴으로써 검토하지 않으면 안 된다. 만일 그 결론이 사실과 부합된다면 이를 수락하여도 좋다. 그러나 부합되지 않는다면 이는 단순한 이론에 불과하다는 결론을 내릴 수밖에 없다. 『정치학』중에서

아리스토텔레스는 지적활동에서 그 자체로 가치 있는 지식과 일에 유효한 지식이 있다고 할 때 전자의 것을 더 강조한다.

그 자체로서 가치가 있는 지식이 유용한 지식에 우선한다.

> 유용하거나 필요하기 때문이 아니라 자유롭고 고상하기 때문에 부모들이 자녀들을 가르쳐야만 하는 교육의 종류가 있음이 명백하다.…… 읽기, 쓰기의 경우와 같이 유용한 것일지라도 단순히 유용성 때문에 아동에게 가르쳐서는 안되며 그것들을 통하여 다른 많은 종류의 지식을 습득할 수 있기 때문에 가르쳐야 한다. 『정치학』중에서

아리스토텔레스의 주장 속에는 물론 플라톤의 영향을 받은 점이 있지만, 그는 결코 당시의 사회적 관습을 크게 초월하지 않았다. 예를 들면, 아리스토텔레스는 "남성은 선천적으로 우월하며 여성은 열등하다. 그러므로 남녀의 관계는 마치 주인과 노예의 관계와 같다. 그러므로 여자를 위한 교육은 가정생활을 준비시키는 것이면 족하다."며 여

자교육이 필요 없다고 보았고, 또 머리가 둔한 아들을 가진 부모가 자진해서 자기 아들을 낮은 사회적 역할을 맡도록 할 필요가 없다고 생각했다.

아리스토텔레스의 교육관은 인간의 자유화였다. 그는 현실을 바탕으로 하여 자기의 교육제도를 정착시킨다는 면에서는 플라톤보다 앞섰다고 할 수 있다. 그러나 그의 교육목표에는 비현실적인 면이 있었다. 예를 들면, 어린이에게 불가피하게 필요한 기능을 가르쳐야 하지만, 유용한 기능을 많이 가르쳐서는 안 된다는 것이다. 어린이에게 아무리 유용하더라도 무엇이든지 가르쳐주면, 결국 천박한 서민층에 가담하게 된다는 것이다. 또한 몸을 해치거나 기형화되는 일은 금해야 한다고 주장한다. 이것은 건전하고 아름다운 신체는 바로 건전하고 아름다운 정신을 가지게 된다는 그리스의 사고방식을 반영하는 것이라고 볼 수 있다. 또한 임금노동을 천한 것으로 보았다. 자유인은 어디까지나 학습과 국가의 과업에 몸을 바쳐야 한다고 보았기 때문이다. 그는 또한 전형적인 여성경시론자였다.

교육받은 자유인은 학습과 국가의 과업에 헌신해야 한다.

이상과 같이 그리스의 시대적 배경과 교육사로 대표적인 교육사상가들을 살펴보면 그리스인의 지성의 탁월성에 감탄하게 된다. 호메로스, 소크라테스, 플라톤, 아리스토텔레스, 알렉산드로스 등 수많은 인물들이 이를 대변해주고 있다. 그리스는 왜 망했을까?

이민족문화에 배타적이었으며 약자들에 대한 배려가 부족했다는데 있다는 견해가 설득력이 있다고 본다. 예를 들면, 스파르타인은 약자를 사회 일원으로 받아들지 않았음을 발견할 수 있었다.

제 II 장

고대 로마의 유아교육

1. 로마와 교육

가. 시대적 배경

Romulus와 Remus

로마는 기원전 1000년경 이탈리아-라틴족이 티베르 강 남부의 라티움(Latium)평원과 티베르 강 언덕에 세운 작은 도시국가에서 기원했다. 전설에 의하면 그리스가 트로이(Troy)를 멸망시켰을 때에 트로이의 영웅 아에네아스(Aeneas)는 왕 라티누스(Latinus)를 만났다. 라티누스는 아에네아스를 친구와 같이 대하여 주었고 그의 딸과 결혼을 시켰다. 이 두 사람 사이에서 로무루스(Romulus)와 레무스(Remus)라는 아들 쌍둥이가 태어났다. 이것을 좋지 않게 여긴 왕의 명령에 의해서 이 아기들을 티베르(Tiber) 강에다 버리게 되었다. 요람이 강기슭에 닿았고, 울고 있는 아기들을 암늑대 한 마리가 와서 젖을 먹여 그들을 양육했다. 그 후 아기들이 양치는 사람들에게 발견되었다. 로무루스는 성장해서 기원전 753년 로마의 창시자가 되었다. 이와 같은 이야기는 시인 베르킬리우스(Pulius Vergilius, B. C. 70~19)이 엮은 로마 서사시『아에네이드』(The Aeneid)에 나온다(한기언, 1980).

"모든 길은 로마로 통한다."

그리스의 뒤를 이어 독특한 사회로 발전한 로마는 기원전 272년 이탈리아 전체를 평정하고, 지중해로 나아가 동쪽은 메소포타미아, 서쪽은 스페인, 북쪽은 도나브와 라인강에서 남쪽은 아프리카 북안에 이르는 지역을 지배하는 대제국을 건설하였다. "모든 길은 로마로 통한다"라고 할만큼 융성하였던 로마제국은 서기 395년에 동·서로마로 분열되었고, 서기 476년에는 서로마 제국이 흉노와 게르만족의 침입으로 멸망하게 되었다.

로마의 정치형태는 왕정(B. C. 753~509)에서 공화정(B. C. 509~

정치적 능력이 뛰어난 로마인

27) 그리고 제정(B. C. 27~A.D. 476)을 거치는 동안 계급투쟁이나 무력 혁명에 의한 정치적 격변 없이 로마인들의 애국심과 정치적 수완에 의해서 해결되어 왔다.

기원전 6세기 말(B. C. 509쯤)에 로마의 귀족은 에트루리아 인인 국왕을 추방하고 공화정치를 세웠다. 공화정을 채택한 초기 로마 사회에서는 한 가족의 가장을 우두머리로 하여 작은 사회를 이루었고, 동일 혈족의 가속들이 모여 일종의 종교적 및 사회적 단위인 씨족(겐스, Gens)를 형성했고, 각기 10개의 쿠리아가 3개의 부족(트리부스, Tribus)을 구성했다.

로마는 이 세 부족에 의해 구성된 씨족 공동체 국가로 쿠리아 회의의 발언권이 절대적이었으며, 왕(Rex)의 권한은 제한되어 있었다. 로마인의 이름은 씨족 이름과 가족 이름을 붙여 불려졌다. 왕들의 실정이 거듭되자 원로원의 의원들은 508년 군주제를 폐지한 후 로마 공화정을 출범시켰다. 로마 공화국은 지중해를 석권하였으며, 유럽 대륙까지 팽창하였다. 로마 공화국은 기원전 27년까지 계속되었으며, 이후에는 황제의 절대 권력이 지배하는 로마제국이 등장하였다.

공화정권력은 원로원, 민회, 집정관이 공유

5백 년 동안 지속된 로마공화정은 복잡한 권력구조를 가지고 있었다. 공화정의 권력은 원로원, 민회, 집정관이 공유하였다. 원로원은 공화정에서 가장 안정된 권력기관이었다. 민회에서 표결된 법률을 인준하는 권한을 갖는 동시에 집정관에게 조언을 하는 기능도 가지고 있었다. 이러한 의미에서 로마공화정은 사실상 과두정부였다고 할 수 있다. 원로원 의원들의 임기는 종신이었으며, 법률의 집행권이 없이 단순히 권고하는 지위를 가지고 있었다. 그러나 원로원의 결정은 권위를 가지고 있어서 거의 받아들여졌다. 왕이 없어지면서 왕권이 집정관에게 넘어갔다. 집정관은 원로원이 지명한 사람 중 민회에 의해 매년 2명이 선출되었으며, 그 임기는 1년이었다. 사회구조는 귀족과 평민으로 구성되었으며, 어느 정도 서로를 견제할 수 있었다.

기원전 275년경에 로마는 이탈리아 반도를 통일하고 주변 지역을 정복하여 대제국을 건설하였고, 기원전 27년에는 로마제국으로서 세계에 군림하게 되었다. 제정시대는 공화정의 형태를 그대로 유지하면서 서서히 새로운 정치체제를 굳혀 갔다. 이러한 정치조직은 군주제·귀족제·민주제도의 요소를 합해서 운영한 제도라고 할 수 있다. 로마인은 정복자와 피정복자를 한 사회로 통합하는데 특별한 재능이 있었다. 그리하여 로마는 자신들이 정복한 헬레니즘의 문명을 수용하여 지중해 세계 전체에 헬레니즘 문명의 기반을 마련하였다.

로마인들은 사물의 효용성에 가치판단 기준을 둠.

로마인의 성격은 로마의 문화와 교육을 결정하는 데 있어서 중요한 요소로 작용하였다. 즉, 그리스인이 인문주의적이며 인간의 문화적 요구를 충족시키는 데 비중을 두어 철학, 문학 등과 같은 심미적이고 이상주의적인 문화를 발전시킨 데 비하여, 로마인은 현실적이고 공리적인 가치를 추구하여 일상생활에 중심을 둔 실용적인 문화를 발전시켰다. 또한 그리스인들은 사물의 조화, 통일, 합리성, 균형 등에 가치판단의 기준을 두었지만, 로마인들은 사물의 효용성에 가치판단의 기준을 두었다. 그리고 로마인들은 그리스인들처럼 정신적 행복, 관조적인 삶, 미적 즐거움, 지식행위 등과 같은 주관적인 면보다는 구체적이고 실제적인 면을 추구함으로써 현실생활을 질서있게 만들어 나갔던 것이다.

법률존중, 정의감 중시

로마가 건국 초기부터 정복사업을 통하여 제국을 유지·발전시켜 왔기 때문에, 다민족으로 구성된 사회를 유지시켜 나가기 위해서 교육을 통해서 법률을 존중하고, 사소한 일에도 증서에 의한 권리와 의무를 중시하도록 교육시켰고, 국가의 통합을 위해서 애국심과 정의감을 강조하였다.

또한 도덕적 가치를 중시하여, 신을 숭상하고 부모를 존대하였다. 로마의 가정은 가부장제에 의해 유지되었고, 가장은 가정의 중심일 뿐만 아니라 종교적 권위도 유지하고 있었다.

포에니 전쟁이후 그리스문화에 동화되기 시작함.

그러나 포에니 전쟁[1]에서 승리한 로마는 세계적 대국으로 발전하면서 종전의 대외정책에 변동을 일으켜 사회제도에서 많은 변화가 나타났다. 또한 그리스 점령 후 그리스문화를 깊숙이 받아들이고 접하게 되어, 로마 고유의 문화(근면·검약·애국심·정직·견인·실리적 생활지도)는 점점 없어지고 그리스문화에 동화되어, 그리스어는 교양 있는 로마인의 필수용어가 되고 호메로스(Homeros, B. C. 800~750)의 서사시인 일리아드와 오디세이아는 교양인의 상식으로 되었다.

로마 영토

공화정 말기의 로마는 점차 그리스의 문화를 수입하여 로마 고유의 문화를 잃어버리게 되었고, 향락과 퇴폐에 물들어 갔다. 정치에 있어서도 권력다툼의 수라장으로 변해 갔다. 즉, 그락쿠스(Tiberius Sempronius Gracchus, B. C. 163~133)가 살해되고, 삼두정치(B. C. 59~53)로 로마가 삼분되었으나 폼페이우스(Pompeius, B. C. 106~48), 크랏수스(Marcus Licinius Crassus, B. C. 115~53)는 사살되고 카이사르(Caius Julius Caesar, B. C. 100~44)도 이집트의 여왕(Cleopatra Ⅶ Philopator, B. C. 69~30)과 정략적 관계를 유지하며, 왕의 칭호를 얻으려 하였으나 원로원의 브루투스(Marcus Junius Brutus,

1) 포에니 전쟁은 B. C. 264~146에 걸쳐 1차 전쟁은 B. C. 264~241, 2차 전쟁은 B. C. 218~202, 3차 전쟁은 B. C. 149~146에 있었다.

B. C. 85~42)에 의해 암살되었다. 카이사르가 죽은 후 안토니우스(Marcus Antonius, B. C. 82~30), 옥타비아누스(Gaius Julius Caesar Octavianus, B. C. 63~A. D. 14), 레피두스(Marcus Aemilius Lepidus, B. C. ?~13)의 권력다툼은 제2의 삼두정치가 되고 네로(Claudius Caesar Augustus Germanicus Nero, A. D. 37~68)의 폭정 등에 의해서 로마 고유의 풍토는 말살되고 안일한 개인주의와 향락에 빠져 실제적이고 현실적인 도덕과 준법정신은 점차 사라지고 말았다.

1) 로마의 성격과 실용주의적 교육

로마인의 성격을 살펴보면 첫째로, 로마인은 모방성이 강하고 실제적이고 현실적인 민족이었다. 따라서 교육에 있어서도 그리스인과 같이 심미감을 구하기보다 실용성을 찾았다. 그렇기 때문에 '쓸모있는 사람'이 그들이 구하는 교육목표였다. 그들은 예로부터 실리주의적인 국민이라고 간주되고 있다.

둘째로, 로마인은 준법정신을 소중히 여기는 민족이었다. 로마에서 유명한 법학자가 배출된 것은 제정시대에 이르러서이며, 그들 법학자의 견해는 유스티니아스 시대에 만들어진 로마법 안에 수록되어 있다. 이야말로 로마문화의 유산인 것이다. 로마 청년들은 이러한 법률이 후일에 자기 생활의 실제적인 안내(案內)가 된다고 생각하여 암기하였다. 특히 '법은 그들의 시(詩)'라고까지 일컬어졌다.

셋째로, 로마인은 웅변을 좋아하는 변론적 국민이었다. 이것은 그들의 정치, 사회조직이 어떠한 일이나 자유토론에 의하여 결정되는 것에서 온 것이다. 그리하여 자유민에게는 웅변을 중히 여기는 습관이 형성되었으며, 이 웅변은 특히 제정시대 로마 교육에 중요한 목적이 되었다.

로마의 실용주의적 민족성은 교육면에도 강하게 영향을 미친 것으로 보여진다. 공화 이전의 로마에서는 그들의 교육에 대한 실용일

변도의 생각이 특히 뚜렷하게 나타나고 있으며 그 교육은 직접 가정생활과 정치생활에 대비하기 위한 것이었다. 당시는 아직 교육제도는 없었고 도덕교육이나 신체단련이나 음악이나 모두 가정에서 이루어지는 것이 당연한 것이었다. 이러한 점에서 로마인들의 가정교육은 당초부터 아이들에 대한 양친으로서의 교육적 의무를 충실히 하고 성실하게 하려는 책임을 느끼고 있었던 것이다. 따라서 양친은 매일 열심히 민족적 자존심, 정직, 용기, 근면, 충성, 조상숭배 당의 관념을 철저하게 교육시켰던 것이다.

로마인들은 일찍부터 로마가 언젠가는 세계를 지배할 것이라는 신념에 불타고 있었다고 하는데 그러기 위해 일가의 의무는 국가에 봉사하는 것이라고 생각하고 그 목적을 이루기 위해서는 로마정신에 상응한 씩씩한 어린이를 키우는데 전력을 다했다. 그러나 그들의 교육관은 어디까지나 실용주의적이었으며 직접 생활과 연결성이 없는 것에 대해서는 비교적 담담했었다. 따라서 직접 실용성이 없는 것은 거의 그 교육적 가치를 인정하지 않았다. 이러한 점에서 로마인들의 교육관이 그리스와는 아주 달랐던 것은 당연할 것이며 그들의 예술교육사조에서도 뚜렷이 볼 수가 있다.

교육사에서는 순수 로마 교육기와 그리스화 된 로마 교육기로 구분한다. 전자는 로마교육이 자기 민족의 순수성을 반영하고 유지하였던 공화정 시대였고, 후자는 로마교육에 대한 그리스교육의 영향이 현저했던 제정시대였다. 로마인들은 대단히 공리적이어서 삶의 가치나 기준을 실제적인 유용성에 두었다. 로마인의 입장에서 보면 그리스인들은 비현실적인 이상주의자였으며, 그리스인들의 관점에서 보면, 로마인들은 인생의 참맛을 모르는 완고한 현실주의자들이었다. 그리스에서는 철학이 꽃을 피웠고, 로마에서는 법률이 발달한 것도 이상주의자 또는 현실주의자로서 성향이 달랐기 때문이다.

2) 로마의 가정교육

초기 로마시대는 가정이 교육의 중심이었다. 로마인들은 가정에서 자녀들을 건강하게 양육하였으며, 로마사회를 유지하고 발전시켜 온 신이나 부모와 같은 앞선 세대를 존경하고 로마를 지탱해 온 로마법을 존중하게 만들었다. 따라서 로마의 청소년들은 주로 가정을 통하여 로마에 충성할 수 있는 도덕적 성격을 함양해 나갔다. 이들은 부모로부터 로마의 신화나 역사 속에서 등장하는 위대한 인물들에 관한 이야기를 직접 들으면서 자랐다. 이들은 영웅전기나 위인전기를 통해 그 속에서 나타나는 훌륭한 행동을 교훈으로 삼거나, 자기 아버지의 모습을 직접 보고 배움으로써 인격을 형성해 나갔다.

역사상 로마인들만큼 전기(biography)를 교육의 수단으로 잘 활용한 민족은 드물다. 로마의 청소년들은 이런 방식으로 경건성, 근엄함, 용기, 남성다운, 신중함, 정지성, 존경심 같은 덕목을 배웠다. 이처럼 초기의 로마교육은 대단히 실제적이었다.

가정은 로마 아이들의 교육이 이루어지는 활기찬 삶의 단위가 되었다. 신성한 결혼을 통해 탄생한 아들에게는 수도사의 복장을 착용할 수 있는 권리는 부여했지만, 여성은 남성의 손아귀에 두었다. 느슨한 형식의 결혼식도 있었다. 결혼이 남성의 자의에 따라 파기되지는 않았다. 법률적 관점에서 여성은 미성숙한 존재로 재산을 소유할 수 없었고, 유언을 남길 수 없었다. 하지만 가정에서는 대단한 존경을 받았다. 이 이야기는 여성의 존엄성을 침해하여 왕의 가족이 추방된 사실에 근거를 두고 있다. 최초의 이혼은 기원전 231년 대대적인 비난 속에 이루어졌다. 여성은 여기서 가장 완성된 의미에서의 교육자였다. 이처럼 결혼생활은 처음부터 법적 기초 위에 마련된 의식적으로 형성된 법 기관의 하나라 할 수 있었다. 베스타(Vesta)의 신성한 불을 지키는 정결한 미혼여성(Vestalin)의 법적 위치 또한 이와 비슷했다. 유죄선고를 받은 자가 그녀를 만나면 사형선고의 형을 감해주기도 했다. 아이를 가족 구성원의 일원으로 만드는 것은 탄생이 아니라 법적 행위를 통해서였다.

아버지는 법적으로 무제한적인 권력을 가지고 있으나, 어머니에게는 엄격한 관습에 의하여 아동교육의 전권을 주었다. 『클라리스 오라토리부스』(*Claris Oratoribus*)(28장)의 대화편에 다음과 같은 내용이 등장한다. 정숙한 여인으로부터 태어난 아들은 처음부터 대가를 지불하는 유모의 방으로 보내지는 것이 아니라, 어머니의 무릎과 젖가슴에서 양육을 받는다. 여성의 가장 큰 영광은 가정을 대표하며, 아동을 양육하는 것이다. 동시에 친척 가운데 나이 든 부인을 선택하여 가족의 아이들에게 실생활에 도움이 되는 고상한 관습을 교육시켰다. 아이들은 여기서 사악한 말을 하거나 나쁜 짓을 하는 것이 악하다는 것을 배웠다. 그녀는 신성함과 경건성을 지니고 있었으며, 진지한 일에만 몰두한 것이 아니라 아동의 휴식과 놀이를 지도하기도 했다. 이러한 '어머니 품 안의 교육'이라는 정신 속에 진정한 로마 가정의 긍지가 남아 있다. 아동 존중에 대한 최대 의무 또한 로마의 진정한 가정적 의미에 대한 하나의 표식이었다.

로마시대에는 더 이상 그리스시대에서와 같은 노예 출신의 교육자가 존재하지 않았다. 아이가 어머니의 감독에서 벗어나는 경우는 아버지의 직무실에 동행하는 경우가 유일하다. 그는 아버지로부터의 교육을 통하여 나중의 의무를 충분히 익히게 된다. 그는 보호자인 아버지가 법률적 정보를 얻기 위해 찾아온 손님을 환대하는 동안 그 자리에 함께 있었다. 고대 로마에서는 아버지가 긴 외출용 상의인 미성년 토가(Toga)를 입혀 아이를 의회에 데리고 들어갈 수 있었다. 찬양과 회상연설에서 그는 선조들의 명예를 지각했다. 충실한 가정생활, 법률 감각, 보호, 법률과 전술의 학문적 취급, 무사정신이 로마적인 삶의 일반적이고 공적인 사실이었다. 아이들은 이러한 분위기 속에서 성장했다.

교육에서 새로운 시기가 시작되는 것은 아이가 15세가 되어 미성년 토가를 벗고 정식으로 남성 성년 토가를 받게 되면서부터다. 그는 이제 단체에 가입하고, 공회에 참석하고, 유명한 법률학자와 관계를 맺게 되었다. 그는 또한 자신이 국가 행정의 일부분을 담당할 때까지 정치적 집회에 참석 했다.

이처럼 로마적인 삶 자체의 다양한 요소들이 교육적이었다. 이러한 교육은 단지 사회에서 행해야 할 특정한 일에 실천적으로 적용하는 것만을 의미하지는 않았다. 로마의 교육은 가족정신, 가족사, 벌률 질서, 국가 행정으로 구성된 역사의식과 밀접한 관련이 있다. 현재가 과거와 연결되어 있다는 의식이 곳곳에 퍼져 있었으며, 이것을 감사하게 받아들였다. 경건성, 연속성, 법률 감각은 이러한 예들에 속한다.

나. 왕정시대의 교육(B. C. 753~509)

가정을 통한 도덕적 시민생활 교육

먼저 왕정시대의 교육은 교육사적으로 특기할 만한 역사적 사실은 별로 없다. 산업의 기반이 농경이었기 때문에 가정과 일반사회가 유일한 교육의 장소였다. 따라서 교육은 부모의 시범을 통해서 생활양식을 배우고 훈련과 견문을 토대로 경험을 쌓는 도덕적 시민생활을 본의로 이루어졌다. 남자교육의 역점은 아버지를 통한 실제 습관·창의적 모방과 도덕, 준법정신 그리고 변론의 체득이었다. 여자는 어머니에게 일임되어 심정, 온화, 지엄에 역점을 두었다.

다. 공화정시대의 교육(B. C. 509~27)

이 시기의 교육은 로마가 기원전 146년에 그리스를 정복하기 이전까지의 교육을 말한다. 초기 공화국의 중요한 교육의 업무는 로마를 둘러싼 국가들에 대항하기 위한 군사교육이었다.

군사교육

공화정시대의 교육목적은 자신의 책임과 의무를 완수할 수 있는 시민, 용감하고 순종하는 군인의 양성이었다. 전체적인 교육의 틀은 군사교육이었으며, 선량한 시민의 양성 또한 군사교육의 범주에 포함되었으므로 전시에는 정복자가 되고 평시에는 선량한 노동자, 유능한 시민이 되게끔 훈련시켰다. 이러한 로마교육사는 전쟁사의 일부라 할 수 있다. 이러한 목적을 달성하는 데 있어서 일정한 도덕률이 요구되었는데, 가장 중요한 덕목으로는 경건과 복종, 부모에 대한 존경심을 들 수 있다.

전통을 진수하는 가정중심 교육

공화정시대의 로마교육은 두 가지 특징을 가지고 있었다. 첫째는 전통에 기초한 교육으로, 로마인이 생각했던 교육은 전통적인 생활방식을 전수하는 것이었다. 교육은 전통을 전수하는 행위이며, 교육받은 사람이란 전통에서 벗어난 행동을 하지 않는 사람이었다. 두 번째로는 가정이 초기 로마의 중요한 교육기관이었다는 것이다. 가정에서는 가장이 절대권을 가지고 모든 책임을 지고 교육을 담당했기에, 의도적 학교 교육은 체계화되지 못했다(성기산, 1993).

가정에서는 자녀들에게 올바른 행위와 사회적 의무 그리고 책임의식을 가르쳤다. 교육내용은 주로 12동판법[2]과 기본적인 읽기, 쓰기, 셈하기와 종교의식이었다. 남아는 농장에서 농경법을, 회의장이나 법원에 가서는 국사에 관한 실제적인 문제에 대한 토론을 실제생활을 통해서 배웠다. 그리고 여자아이들도 어머니로부터 예의범절과 국가에 대한 봉사 및 가사, 방직 등에 대해 배웠다. 이처럼 공화정시대 초기의 로마교육은 생활과 행동에 의한 교육으로서 민족적 덕성의 함양에 주력하였다. 이 시대의 교육은 주로 가정에서 이루어졌기 때문에 공교육으로서의 학교 교육은 없었다.

그러나 시민 가운데 가장이 자녀를 교육시킬 능력이 없는 가정은

---

2) 12동판법(the laws of twelve tables)은 서민의 권리를 옹호하기 위해 기원전 451년에 제정되어 국민생활 전반을 규제하였다. 이 법은 원래 귀족들이 관습법을 악용하여 평민에게는 불리하게 적용하는 행위를 금지시키기 위해 제정된 것이다. 이 법에는 평민에게도 민법상으로 귀족과 동등한 권리가 보장되었으며, 개인의 권리나 재산의 행사에 관한 분명한 보장을 명기하고 있다. 주요한 내용은 첫째, 자식에 대한 아버지의 권리. 둘째, 아내에 대한 남편의 권리. 셋째, 노예에 대한 주인의 권리. 넷째, 자유민 상호 간의 계약에 관한 권리. 다섯째, 소유권에 관한 개인 각자의 권리 등이다.

사숙에서 교육할 필요가 나타났고, 그리스문화가 로마에 들어온 이후에 초기 가정교육의 보완으로 사립초등학교인 루두스(Ludus)가 설립되었다. 루두스는 어린이들에게 읽기, 쓰기, 셈하기 등 기초능력을 가르쳤지만, 당시 로마 사회에서 교육의 주된 기능을 발휘했다기보다는 가정교육의 보조수단으로 인식되었을 뿐이었다.

그리스문화가 들어오면서 루두스가 설립됨.

라. 제정시대의 교육(B. C. 27 ~ A. D. 476)

제정시대는 기원전 27년 아우구스투스(Augustus, B. C. 63~A. D. 14)가 정권을 장악한 이후부터 시작된다. 이 시기는 로마의 전성기로, 안으로는 통치자의 독재권력이 견고해졌고, 밖으로는 로마사상 최대의 영토를 확보하였으나 개인주의적 경향을 드러내어 향락주의에 빠져들어 갔다.

로마는 기원전 146년에 그리스를 정복함으로써 학자와 노예, 책 등을 가지고 왔다. 이로 인하여 그리스의 교육과 사상에 많은 영향을 받았다.

이 시대에는 사회·문화·경제의 급격한 성장에 비해 가정교육과 사회교육의 기능이 분리·약화됨에 따라, 제정시대의 유명한 오현제 시대(96~180)[3]에는 관료제도가 수립되고 동시에 관학제도와 장학제도가 수립되어, 교육자에게 많은 사전을 베푸는 등 교육을 장려한 결과, 학교 교육이 크게 발달하였다. 당시의 교육정책은 학교설립을 정부에서만 하고 사립은 억제하는 정책이었다. 따라서 공화정시대의 가정중심의 부모교육은 학교중심 교육으로 전환하게 되었다.

관학제도, 장학제도 설립, 공립학교 교육을 장려함.

이 시대의 교육목적은 지적 발전에 중점을 두고 국가사회에 봉사

3) 오현제(五賢帝)시대
로마의 평화라고 이야기되는 시기의 다섯 명의 황제. 네르바(Marcus Cocceius Nerva, 재위 96~98), 트라야누스(Marcus Ulpius Trajanus, 재위 98~117), 하드리아누스(Publius Aelius Hadrianus, 재위 117~138), 안토니우스 피우스(Titus Aelius Hadrianus Antoninus Pius, 재위 138~161), 마르쿠스 아우렐리우스(Marcus Aurelius Antoninus, 재위 161~180). 로마의 평화와 번영의 시대를 의미한다(강상원, 2002).

도덕적이고, 교육과 연설에 능한 웅변가의 양성

할 수 있는 지적인 인간을 양성하는 데에 있었다. 즉, 도덕적이고 고도의 교육과 연설에 능숙한 웅변가를 기르는 것이었다. 그러기 위해서 덕성을 강조하였으며, 실제적이고 선량한 시민으로서의 교양을 주입시켰다. 그 구체적인 목적은 도덕적 성격, 넓은 교양, 자신 있게 말할 수 있는 능력 등 세 가지 요소를 포함하였다. 이와 같은 로마 제정시대의 교육목적은 웅변가를 양성하는 것을 이상으로 삼았다.

제정시대의 학교의 종류는 공화제 말기에 생성된 초등·중등·고등의 세 가지 종류이었고, 교육내용에 있어서는 다소 차이가 있었다.

루두스는 3R과 12동판법을 가르친 초등 사립학교

제정시대의 학교 교육은 주로 중등교육에 중점을 두었기 때문에 초등교육은 별다른 발전이 없었다. 그러나 초등교육기관인 루두스(Ludus School of the Literator)는 더욱 보급되어 6, 7세의 아동들에게 기초적인 읽기, 쓰기, 셈하기의 초보적 지식과 12동판법의 내용을 가르쳤다. 그리고 그리스어의 회화와 속기도 가르쳤지만 로마의 실용주의와 법중심 사고 때문에 정서 및 음악교육은 실시하지 않았다.

사립학교는 정부의 보조금을 받지 못했기에 학교관리와 운영은 아동들의 수업료에 의존했다. 또한 노예출신 교사가 많았기 때문에 사회적으로 중요한 교육기관으로 인식되지 못하였다.

중등교육기관으로 문법학교(Grammer School)가 존재했으며, 12~13세에서 14~15세까지의 아동을 대상으로 초등과정을 이수한 자를 교육했다. 공화정 때의 중등학교와 비교해서 많이 변화했다. 공화정에서는 호메로스(Homeros, B. C. 800~750)의 서사시인 일리아드(Iliad)와 오디세이(Odyssey)를 주요내용으로 했으나 제정 때는 고등교육의 예비과정으로서 7자유학과, 즉 3학(문법·수사학·논리학)과 4과(산수·기하·천문학·음악) 등의 다채로운 내용을 교수하였다. 문법은 현재보다도 광의적으로 해석되어 언어적 요소와 문학적 요소를 다 포함하고 문학에서는 시와 역사 등도 포함하고 있었다. 문법학교는 사립 중등학교이기는 하였으나 정부의 보조도 있고 내용도 충실하게 발전하였다.

문법학교는 고등교육을 받기 위한 예비과정이었으나 언어를 달리하는 2종의 학교로 존재하였다. 즉, 하나는 동방의 그리스문법과 문학의 연구를 위한 그리스문법학교(The School of Greek Grammer)이고, 다른 하나는 서방의 라틴문법과 문학의 연구를 위한 라틴문법학교(The School of Latin Grammer)이다.

중등 사립학교인 문법학교는 정부의 보조를 받고 발달함.

고등교육기관으로서 수사학교(Rhetoric School)와 철학학교(Philosophical School)가 있었다. 이런 학교들은 공화정 말기에 그리스로부터 도입되었으며 수사학교가 주종을 이루었다. 이들 학교는 정부의 많은 보조금과 적극적인 지원으로 손색없는 고등교육기관으로서 면모를 갖추게 되었다.

수사학교(Rhetoric School)는 공화정시대 말경 그리스에서 수입되었으나 제정시대에 와서 가장 인기 있는 고등교육기관이 되었다. 이 학교도 문법학교와 마찬가지로 서방에서는 라틴어의 수사를 중시하고, 동방에서는 그리스어의 수사가 중시되었다.

고등교육기관-수사학교

교육내용으로서는 수사학이 가장 중시되었고 교양으로 라틴어 그리스어와 문법 그리고 로마법(십이동판법, B. C.451~450 제정)은 물론 자연과학에 대해서도 교수하였다. 교육방법으로는 직접 토론회에 참가하여 웅변·변호 등의 현장을 참관하여 정치적 식견과 훈련을 쌓았다. 특히, 설득연설과 즉석연설, 그리고 로마법과 도덕적 원리에 관한 토론에 참관하는 것을 권장하였다. 수업연한은 학생들의 개인차에 따라 일정하지 않았다.

철학학교는 제정시대의 최고학부로서, 수사학교를 수료하고 진학하였다. 교과목으로는 윤리학·변증법·논리학·법학 등의 인문과학과 수학·물리학·의학·기계학 등 자연과학도 포함하였다. 가장 중요한 것은 윤리학이었으며 스토아(Stoa)학파의 사상이 우세하였다.

고등교육기관 최고학부-철학학교

제정시대에 이르면 문법학교와 수사학교의 수가 증가하여 모든 도시에서 볼 수 있었으나 모두 사립이었다. 그러나 누구나 다 학교를 설립할 의무를 가지고 있는 것이 아니며 생각에 따라서는 당시 학교 제도가 구비되어 있었다고 할 수가 없다. 한편 이러한 학교는 점점 황제나 도시로부터 보호를 받게 됨에 따라 그만큼 정부의 통제력이 증가하고 사립이라는 성격은 점차 없어지게 되었다. 이처럼 로마의 학교 교육이 제정시대에 들어와서 급속도로 발달하게 된 까닭은 로마 문화의 그리스화라는 시대적 특성도 있었지만, 보다 큰 이유는 로마의 제왕들이 교육에 대한 적극적인 지원과 관심을 보여 주었기 때문이었다. 로마황제는 대대로 교육에 흥미를 가진 자가 많아 교사에게 면세의 특권을 주고 교사의 봉급을 지불하기도 하였다.

황제들의 적극적 지지로 공공의 성격이 강화됨.

제Ⅲ장

중세의 교육

1. 중세의 교육

가. 시대적 배경

문화사적 중세는 아테네 대학 폐쇄 이후, 르네상스 전까지

유럽의 중세는 약 4~5세기경부터 14세기경까지로서 일반적으로 '서로마제국이 멸망한 때(476)부터 동로마제국이 몰락(1453)하여' 르네상스운동이 일어나기 시작한 15세기까지 약 1000년에 걸친 시기를 말한다. 그러나 이것은 정치사적인 구분이고, 문화사적으로는 529년 유스티아누스 황제에 의해 아테네 대학이 폐쇄된 때부터 시작하여 15세기 유립에 르네상스운동이 시작한 때까지를 말한다.

교육사에서는 중세를 전기와 후기로 나누어서 살피는데, 전기를 암흑시대(the dark age, 4~10세기), 후기를 세속중세시대(the world age, 10~14세기)로 구분해서 논하고 있다. 그러나 이 시기를 암흑시대라고 부르는 것은 문예부흥시대를 지나치게 강조하려는 데서 나온 편견이며 분명히 중세는 그리스와 로마의 찬란한 고전문화로부터 근대사회의 발전에 기초를 이루었다는 주장도 있다.

봉건적인 기독교 중심의 사회

중세사회의 특색은 정치면에서 지방분권시대를 형성하였고 경제면에서는 장원제도, 사회면에서는 봉건제도, 문화면에서는 기독교문화를 형성하였다는 데 있다. 그러나 좀 더 그 특색을 압축한다면 봉건사회와 기독교 지배의 사회라 할 것이다(곽노의·홍순정, 2003).

중세를 대표하는 것은 기독교사상이다. 즉, 신 중심 사상으로서 모든 것이 신의 섭리로서 설명되고 있기 때문에 학문은 신학의 범주내에서 연구되고 이를 토대로 종교교육제도, 수도원의 금욕주의 교육, 기사도교육이 주류를 이루고 있었다. 이는 자연과학적 학문의 연구, 관찰, 실험정신의 결여가 원인이기도 하였다.

그러나 중세의 사상이 기독교사상만으로 이루어진 것은 아니다. 기독교사상을 바탕으로 하여 그리스철학을 섭취함으로써 종합되고

신학과 철학의 근원적 조화를 추구함.

융합된 사상이다. 그러므로 중세사상은 계시에 의한 신앙적 진리를 절대적 진리로 확신하고 또한 이성이 따르는 철학적 진리를 인정하면서, 양자의 근본적인 귀일 또는 필연적인 조화를 예상한 것이다.

따라서 중세 교육사상에 영향을 미친 철학은 양분되어 교부철학과 스콜라철학으로 나누어진다. 교부철학은 기독교신학 형성시대에 교회를 육성한 교부들에 의해 논의된 철학으로서 2세기부터 7세기까지 수립된 것이다.

기독교 교리를 철학적으로 확립한 교부철학

기독교가 로마세계로 전파되어 헬레니즘과 접촉하게 되면서 기독교의 진리성을 철학적으로 해명하고 교회를 변호하여야 할 필요성이 대두되었다. 그러나 3세기에는 기독교의 헬레니즘화가 지나쳐 신앙의 경지를 높은 지식으로 대치해 보려는 그노시스파가 생겼고 반면에 이 같은 경향에 반대하고 신앙의 순수성을 수호하기 위해 철학을 배척해야 한다는 극단적 주장도 일어나 서로 대립하자 이 양극단을 물리치고 기독교를 이성으로 해명할 수 있는 범위 내에서 그리스철학을 수용하여 기독교신학을 체계화해야 할 시대적 요청이 일어나게 된 것이다. 이에 응한 최초의 신학자는 오리게네스(Origeness)이며, 위대한 교부 아우구스티누스(Augustinus, 354~430)를 통하여 기독교의 독자적인 역사철학과 신학이 수립되었다.

교리를 학문적으로 체계화하려고, 수도원에서 노력한 스콜라철학

중세 최고의 학문은 신학이었다. 기독교교리의 확립은 교부시대로 끝이 나고, 그 후는 주로 교리의 신학적인 체계화가 문제시되었다. 신학을 연구함에 있어 학자들은 그리스철학의 힘을 빌어 가톨릭교회의 교리를 이론적으로 설명하려고 하였다. 즉, 신앙과 이성의 조화를 꾀하려 한 것이다. 따라서 신학의 학문적 방법이 수립됨과 동시에 이성의 독자적인 능력이 자각되기 시작하였다. 이때 학문연구는 주로 교회나 수도원에 속한 스콜라(Schola)라는 학교에서 이루어졌기 때문에 스콜라철학이라는 말이 생겨나게 되었다. 스콜라철학은 본산학교와 수도원의 기관교육을 통해 승려가 교수에게서

받은 교육에 기원을 두고 있다. 이는 교회의 권위운동으로 시작되었으며 창시자는 안셀무스(Anselmus, 1033~1109)이고 토마스 아퀴나스(Thomas Aquinas, 1228~1274)는 아리스토텔레스 철학에 영향을 받아 신앙과 이성의 조화를 시키려 하였다.

중세사회의 특징과 변천

중세는 근대사회를 탄생시키기 위해 특수한 문화와 사회상태를 이룩한 시기로도 해석되어야 할 것이다. 이런 의미에서 다음 네 가지 요소로서 중세사회를 개관해 볼 수 있다.

첫째, 기독교의 성립과 발달이다. 미개한 게르만족의 교화와 교황권의 구축을 통해 강력한 기독교문화가 형성되었다.

둘째, 당시 유럽사회에 큰 충격으로 작용한 사라센문화의 성립이다. 극동지방에서 발흥한 사라센제국과의 인적, 물적 교류의 결과였다.

셋째, 봉건국가의 성립이다. 서로마제국을 멸망시킨 게르만족의 일파는 프랑크왕국을 세웠는데, 이 왕국의 통치자 칼 대제는 민족의 결속을 통하여 봉건국가를 성립시켰다. 이를 통하여 정치적으로는 봉건제도(feudalism)가, 경제적으로는 장원제도(manor system)가 이루어졌다.

넷째, 시민계급의 형성과 세속교육의 팽창이다. 1096년부터 약 200년에 걸쳐 실시되었던 십자군 원정의 실패는 교황권의 실추와 봉건제도의 몰락을 가져다 주었다. 이를 통해 중세사회의 양대 지배계급이었던 성직자와 귀족들의 권한은 약화되었으며, 새롭게 상공업에 종사하는 시민계급이 형성되었다. 이들은 새로운 힘인 자본의 축적을 통해 자신들의 권한을 확대시켜 나갔다. 세속교육의 확대도 이들 시민계급의 교육적 욕구를 충족시켜 주기 위한 하나의 방도가 되었다.

교회제도
장원제도
기사제도

결국 서구 중세사회는 교회제도를 통해 사회 윤리적 통솔의 근거를 마련해 나갔으며 장원제도를 통해서는 경제적 통솔의 근거를, 그리고 기사제도를 통해서는 정치적 통솔의 근거를 마련해 나갔다고 볼 수 있다. 이 세 가지 제도가 서로 융합되어 서구의 중세사회를 오랜 세월 동안 지탱해 주었다는 것이다.

나. 중세교육의 특징

1) 중세의 아동관

교육받지 않은 인간은 악하다.

중세기에는 인간은 본성적으로 선한 것이 아니라 악하다는 아동관을 견지하였다. 따라서 본성적으로 악한 어린이를 순종하고 복종을 하게 하기 위한 최적의 교육방법은 신체적 처벌이라고 여겼다. 특히, 여아들에게는 수녀원과 같은 곳에서의 격리와 은둔의 생활을 권장하였는데 이러한 모든 것들은 기독교적 교리에 입각한 것이다. 중세기의 기독교적 사회에서의 교육의 목적은 현실 사회생활의 적극적 삶을 준비하는 것이 아니라 기독교적 교리에 해당하는 신념, 희망, 자비, 그리고 겸손의 가치가 영혼 속에 가득한 삶을 준비하는데 있었다(Weber, 1969).

아동생명을 보호하려는 자선제도

그러나 중세 말기에는 기독교사상이 사회를 지배하면서도 아동도 영혼이 있는 존재이며 이들의 생명을 빼앗는 행위가 죄악이라고 생각하게 되었다. 이때부터 교회의 재원이나 시설을 이용하여 가난하거나 의지할 곳 없는 아동들을 보호하게 되었다. 그러나 이러한 아동보호는 개인의 욕구나 권리를 존중한다는 인격적인 차원이 아니라 동정적인 감정에 근거를 둔 종교적 자선행위였다.

중세에는 아동기에 대한 올바른 개념이 확립되어 있지 못하였다. 이는 아동을 경시하거나 혹은 버리고 돌보지 않았다거나 유아에 대한 애정이 없었다는 것이 아니라 아동기의 본성에 대하여 성인들의 특별한 인식이 부족하였다는 것을 말한다. 어린이의 복장은 어른들의 것과 동일하고, 어릴 때부터 어른의 활동에 참가해야 하는 등 성인들이 유아의 세계에 대한 개념이 없었다는 것을 의미한다. 이때에

'작은 어른'으로 이해되던 아동

는 우리가 지금 어린이에게 사용하고 있는 '아동'이란 어휘도 없었고 대개 젊은이(ilad)라는 용어가 어린이를 지칭하고 있었다.

2) 중세의 교육기관

충성된 기사를 기른 기사도 교육

중세는 기독교적인 형태가 지배하던 시대이다. 이때에는 봉건사회가 형성되어 고대의 로마제국과 같은 중앙집권적 관료정치체제가 붕괴되었으므로 관리양성기관으로서 학교는 그 존재 의미를 상실하였으며 봉건제도를 유지하는데 필수적인 충성된 기사를 양성하기 위한 기사도 교육이 성행하였다.

교회부설 학교와 도제교육제도

지적인 교육은 교회에 부설된 문답학교나 사원학교 또는 수도원학교 등에서 부수적으로 행하여졌다. 또한 거듭된 십자군 원정의 결과로 나타난 새로운 상공계급의 교육요청을 충족시키기 위하여 길드제도(Guild)를 통한 도제교육의 형식이 발달하게 되었다. 중세 밀기에 상공업의 발달로 인한 경제구조의 변화는 봉건사회를 쇠퇴시키고 자유도시를 발달시켰으며 새로운 시민계급을 형성케 되어 이런 사회변화는 사원학교나 도제교육의 규모를 확장시키게 되었다. 그 결과로 발생한 것이 볼로냐·파리·옥스퍼드 등 중세대학의 발달이다.

가) 교회학교

기독교는 그 이상과 목적을 달성하기 위하여 그 교육적 조직을 정비하였다. 즉 문답학교, 고등문답학교, 그리고 사원학교, 수도원학교가 그것이다. 이와 같이 기독교는 정비된 교육제도를 통해서 이교도를 교화하고 나아가 기독교화했기 때문에 오랫동안 중세의 정신계를 지배할 수 있었다.

나) 문답학교 (Cathechumenal School)

문답학교의 설립목적은 일반대중과 이교도를 기독교화하기 위한 교육기관으로 출발하였기 때문에 아직 세례를 받지 않은 자들에게 기독교교리를 이해시키기 위한 예비교육을 실시하는 것이었다. 그러므로 교육내용은 기독교교리의 문답에 관한 것과 기독교에 관한 간단한 지식이 대부분을 차지하였다. 수업연한은 처음에는 단기였으나 나중에는 2년 내지 3년으로 연장되었다. 이 학교에서는 읽기, 쓰기 등의 지식은 가르치지 않았고, 다만 교리문답만 가르쳤을 뿐이다.

다) 고등문답학교 (Catechetical School)

교회 지도자와 문답학교 교사의 양성

일명 문답교사학교라고도 한다. 고대 가톨릭교회시대(200~590) 초기에 일어났으며, 이 학교의 목적은 교회의 지도자와 문답학교의 교사양성이었다. 따라서 이 학교의 교육 정도는 상당히 높았다. 교육내용은 신학을 비롯하여 그리스철학, 수사학, 천문학, 문학 등이었다. 문답학교의 교사들에게는 기독교교리를 논증하고 옹호할 수 있는 이론적 기초가 필요했기 때문이다. 이 학교는 동방의 알렉산드리아, 로마, 아테네 등지에서 발달되었다. 그렇지만, 문답학교나 고등문답학교는 모두 초등학교나 중등학교의 구실을 하지 못하고, 순수한 기독교화를 위한 교육기관으로서만 존립하였다.

라) 본산학교 (Cathedral School, 사원학교)

고등교육-성직자의 양성 스콜라철학의 산지

주교나 감독이 거주하는 본산 소재지 교회에 설립된 학교였으므로 주교학교(bishop school) 또는 감독학교(episcopal school)라고도 한다. 이 학교는 중세의 기독교 학교 중에서 가장 수준 높은 고등교육기관이었으며, 교회의 지도자, 즉 성직자를 양성하는 것이 목적이었다. 고등한 수준의 신학, 그리스철학, 그리스문학, 예술 등이 교육내용으로 교수되었다. 특히, 중세에 발달된 스콜라철학(scholasticism)은 바로 본산학교의 교사(schoolman)들을 중심으로 이루어진 것이다.

기독교 교리의 기초교육

마) 수도원학교(Monastic School)

수도원은 1~2세기경 동방의 소아시아, 이집트 등지에서 먼저 시작되었으며 3~4세기경 유럽에 들어와 기독교도들에게 전파되면서 곳곳에 설립되기 시작하여 8~10세기에는 전성기를 이루었다. 기독교 수도원 운동의 창시자는 이탈리아의 성 베네딕트(Saint Benedict, 480~543)이다. 수도원 생활의 기본요소는 금욕주의(asceticism)이다. 육체적 욕망을 통제하여 덕을 닦고 순결(chastity), 청빈(poverty), 복종(obedience)을 이상으로 하였다.

기독교 수도원의 창시자는 성 베네딕트

수도원학교는 수도원의 이상을 배양하고 이를 전파하기 위해 수도원 내에 설립되었으며, 수도사양성을 주된 목적으로 삼았다. 그러나 수도원학교가 점차 중세사회에서 많은 영향력을 갖게 되면서 일반인을 위한 교양과정도 개설하게 되었다. 따라서 수도원학교에는 두 가지 과정이 있었다. 하나는 수도사를 양성하는 과정으로 내교(inner monastic school)라 하고 다른 하나는 일반인의 교양을 위한 과정으로 외교(outer monastic school)라고 하였다. 내교에서 수학하는 학생은 정원(interns)이라 하여 5~6세에서 15세 정도까지 교육시켰고 외교에서는 외원(externs)이라 하여 일반인의 자녀들을 받아들여 교육시켰다.

수도사 양성과정과 일반인 교양과정

이 두 과정에는 초등반과 고등반을 두었는데, 초등반에서는 읽기, 쓰기, 셈하기 등 3R's를 가르쳤으며 고등반에서는 7자유학과(seven liberal arts)를 가르쳤다. 7자유학과는 3학(trivium)과 4과(quadrivium)로 나누어지는데 전자는 문법, 수사학, 변증법 또는 논리학이며 후자는 산술, 기하, 음악, 천문학을 말한다. 원래 7자유학과는 그리스, 로마의 전통을 이어받은 것이지만 4세기 초 카펠라(Martianus Capella)에 의해 여러 가지 지식이 일곱교과로 통합됨으로써 이루어진 것이다.

초등반-3R고등반-7자유교과

따라서 대부분의 수도원학교도 수도원과 마찬가지로 대단히 엄격한 훈련과 단식, 고행 등 금욕생활을 강조함으로써 도덕적 도야를 매우 중시했다. 중세교육에 많은 영향을 미친 수도원학교는 11세기를 고비로 귀족화됨으로 일부는 타락해 훗날 종교개혁의 원인이 되기도 했다.

3) 세속교육의 발달

중세의 중반기까지는 거의 종교교육이 지배적이었으나 중반 이후 8세기 초 칼(Charles) 대제에서 시작하여 11~13세기 사이에 절정에 달한 기사교육과 십자군원정 이후의 세속시민교육 그리고 대학의 발달 등 세속적 인간형성의 교육이 이루어졌다.

가) 칼 대제 (724~914)의 문교정책

칼 대제는 몸소 모범을 보이고 기초교육과 학문을 장려했다.

칼 대제가 즉위하자, 그는 교육사업에 관심을 가지고 자기 자신의 교양을 위해서 세계 각국의 유명한 학자를 초빙하여 자기가 솔선수범하여 취학하고 동시에 국내 학풍을 장려하였다. 그의 교육적인 공헌은 다음과 같다.

나) 궁정학교 (Court School)

서기 782년에 영국의 유명한 요크(York) 본산학교의 석학 알퀸(Thomas Alcuin, 735~804)을 초청하여 궁중에 학교를 세우고 대제자신은 물론 왕후, 세 왕자, 세 왕녀, 그 밖에 여러 왕족과 같이 출석하여 교육을 받음으로써 학문장려를 솔선수범했다. 학과목은 문법, 수사, 논리(변증법), 산수, 천문, 신학 등 그리고 그리스어와 라틴어도 부활시켰다.

다) 교육의 일반적 보급 발달

읽기, 쓰기, 셈하기의 기초교육 보급

기독교의 포교와 아울러 일반서민의 교육을 장려해서 읽기, 쓰기, 셈하기의 기초교육을 보급했다.

라) 의무교육의 발포

그는 일반서민들에게 학문을 장려하는 정도에서 그치는 것이 아니라, '국민으로서 모든 아동은 교육받지 않으면 안 된다'라고 802년에 포고하였다. 이 포고가 실천에까지는 이르지 못했으나 세계 의무제도의 최초로써 주목할 만하다.

의무교육의 발포

마) 학문기예의 보호장려

칼 대제는 일반학문과 기예에 대해 이를 보호하고 장려했다. 즉, 로마명서 수집과 상고의 유적을 탐방하여 고대문화의 순수성을 채집하였다. 이와 같이 그가 세속교육의 보급을 위해 국민주의교육을 강조하여 의무교육제도를 포고한 것은 세계 최초이었으며, 이것은 교육사상적으로 매우 중요한 의미를 갖는 것이다.

4) 기사교육(Education Equestris)

봉건제도(feudalism)의 성립과 더불어 기사계급이 출현하고 이에 따라 그들 사이의 특유한 도덕, 즉 생활규범인 기사도(chivalry)가 확립되었다.

기사교육의 목적은 행위를 통한 기독교적 무인양성에 있다. 즉,

행위를 통한 기독교적 무인의 양성

① 용기, 충성, 관용, 예의, 공손, 자비의 정신을 행위로 보여주며,
② 약자와 부녀자들을 보호하고,
③ 매사에 정직하며,
④ 국가, 교회, 영주에 충성하는 것이 교육의 목적이었다.

기사교육의 내용과 방법은 다음과 같은 3단계로 이루어졌다.

제 1 단계 - 가정교육시기(1~7세): 출생에서 7~8세까지의 교육은 가정에서 행하여졌다. 이때의 교육은 도덕의 도야와 신체의 양호에 주력하여 순종의 미덕, 경건한 신앙, 그리고 예의의 훈련이다.

기사교육의 3단계와 입문식

제 2 단계- 궁정시기(7~14세): 시동(page or valet)으로서 영주의 저택이나 궁정의 단계로서 궁정생활의 예의작법을 배우는 한편, 점차 3R's의 초보, 라틴어, 프랑스어, 악기의 진법, 유희 등을 배운다. 그 밖에 신체적인 훈련으로 달리기, 권투, 씨름, 말타기, 수영 및 간단한 무기사용법을 배웠다.

제 3 단계- 시종시기(14~21세): 이때는 시종(squire or knappe or attendant)으로서 장래 기사의 경험을 쌓는 교육단계이다. 이때의 교육내용은 기사로서 실전에 필요한 7예(seven perfection), 즉 ① 말타기, ② 수영, ③ 활쏘기, ④ 검술, ⑤ 수렵, ⑥ 장기, ⑦ 시를 쓰고 읊는 것 이외에 음악, 무용 등을 배웠다.

교직자로부터 종교적 교육도 받으며 21세에는 교회의 지도자 앞에서 기사입문식을 거행한다.

5) 대학의 발달

중세 후반기 세속적 교육과 관련하여 주목할 만한 것 중에 하나는 대학의 성립과 발달이다. 1155년 황제 프리드리히 I세는 이탈리아의 법률교사와 학생들을 위한 학인의 특권을 보장하는 칙령(본문 첫 두 단어에 따라 authentica habira라고 불린다)을 반포했다. 이 법령은 하나의 공동체로 결성된 떠돌이 학생과 교사들을 보호하고 법적 근거가 되어 봉건제후나 교황청 및 도시정부로부터 교사와 학생들이 자율적인 교육과 학습권이 어느 정도 보장되었다. 이러한 조건에서 지시과 교육은 점점 더 교회의 목적에만 봉사하는 기능에서 벗어나기 시작하면서 마침내 '학자와 학생의 조합 또는 단체(Universitas Magistrorum et Scholarium)'가 그 형태를 드러냈다(김유경, 2014).

대학은 학자와 학생의 조합.

우니베르시타스(Universitas)는 12세기 유럽 전역에 걸쳐 나타난 상공인들의 조합을 본떠서 교수와 학생의 상호부조와 보호를 목적으로 조직된 것이었다(이주환, 2009). 오늘날 종합대학(university)라는 명칭은 이 말에서 나왔으며, 단과대학(college)라는 명칭은 이 조합의 구성원들인 학생들이 숙식하고 연구하는 기숙사(Collegium)에서 유래한 것이다. 당시의 학생들은 어떠한 사회적 제약 없이 누구나 어디에서든지 각 지방을 편입하면서 '학자와 학생의 조합'에 가입할 수 있었다. 일반적으로 중세대학에서 학생들은 일단 학예학부에서 7자유학과(라틴어, 문법, 수사학의 3학(trivium)과 기학, 산술, 천문, 음악의 4과(quadrivium))을 수학하고, 이어 상위에 3학부 중 하나로 진학하여 신학, 법학, 의학 등을 수학하였다(김유경, 2014).

서양에서 가장 오래된 대학은 이탈리아의 볼로냐(Bologna) 대학으로 1088년에 창설됐고 법학으로 유명하다. 그리고 이탈리아의 살레르노(Salerno 1057년,이곳은 오직 단일한 의학교로서만이 오래존속) 대학은 의학으로 유명하고, 프랑스의 파리(Paris,1150-1170년) 대학은 신학과 철학으로 유명하고, 후에 영국의 옥스퍼드(Oxford 1167년)와 케임브리지(Cambridge 1209년) 대학은 종합대학으로 출발하였다. 이들 대학들은 후에 설립된 대학들의 모범이 되었다 하여 모체대학(Mother University)라 부르기도 한다.

대학발달의 원인을 들면 스콜라 철학의 영향, 동·서 문화의 교류로 앞서 발달된 사라센의 지식흡수, 도시의 발달 등으로 인한 세속적 학문의 필요성, 중세 사사에 만족 못 한 학자들의 지적 탐구심의 발로 등을 들 수 있다. 중세의 대학이 후세에 미친 영향은 다음과 같다.

중세의 대학이 후세에 미친 영향

첫째, 중세대학은 지적 활동의 중심부가 되었기 때문에 제문제에 관한 언론의 자유가 발생하였다.

둘째, 중세대학은 고전문화의 계승자였다. 이에 따라 헬라문화가 서구문화의 기조가 되었고, 아라비아문화가 서양문화에 소개되었다.

셋째, 중세대학은 자유로운 학문의 연구기관이었기 때문에 문예부흥운동의 선구자적 역할을 하였다(곽노의·홍순정, 2003).

6) 시민교육의 발달

상공업중심의 신흥계급을 위한 조합학교

11세기에서부터 약 200년간 계속된 십자군 원정 등은 농촌경제체제를 산업경제체제로 바꾸어 놓았으므로 자연적으로 상공업중심의 자유경제체제를 이루게 되어 도시의 발달과 더불어 이 방면의 새로운 세력으로서 신흥계급이 나타나게 되었다. 더욱이 이들은 업종별 종합제도(guild)를 형성하여 직업의 이익과 발전을 촉진하는 데 성공하였다. 이들은 과거에는 서민계급이었으나 후에는 승려나 귀족계급과 맞서는 제3세력을 이루었다. 이들은 승려나 귀족계급과는 다른 교육, 즉 직업적이고 생산적인 현실적 교육을 필요로 했다. 이와 같은 필요에서 나타난 것이 조합학교(guild school)이다. 이 조합학교도 2종으로 되어 있는데, 하나는 대학준비를 위해서 경제적으로 부유한 자제들이 다니는 라틴중학교이고 다른 하나는 빈곤한 자제들이 다니는 직업학교이다.

직업교육 담당한 도제교육제도

이 밖에 시민학교로서 도시의 일반시민의 자제를 위한 세속적 교육기관이 있었고 비형식적인 교육기관으로 직업교육을 담당하던 도제교육제도(apprenticeship system)가 있었는데, 이것도 기사도교육과 같이 실생활을 통해 교육받았다.

이외에도 상류시민계급 자제를 위한 것으로 독일에서는 라틴어학교가, 영국에서는 문법학교(grammer school)와 공중학교(public school)가 생겼다. 이들은 사립으로 특히, 공중학교로 발전된 Winchester, Eton, Westminser 등은 현재까지 유명한 중등교육 기관이다. 이와는 달리 하류계급의 시민학교로서는 영국의 조합학교(Guild School), 독일의 독일어학교(Deutsche Schule), 습작학교(Schreib Schule) 등을 들 수 있다. 이러한 학교는 오늘날 초등학교의 전신이 되었다.

다. 교부철학과 교육

교부철학은 중세철학의 시작으로 예수의 시대로부터 성 아우구스티누스가 죽은 해인 430년까지로 헤아린다. 교부철학은 시기적으로 그리스 말기에 속하므로, 본래의 중세철학과는 거리가 있고 비기독교적인 헬레네철학과도 판이한 점을 지닌다. 교부철학은 초기 기독교와 헬레네철학의 결합으로 말미암아 철학보다는 오히려 신학의 측면에서 풍부한 결실을 맺을 수 있다. 초기의 기독교는 유대교적인 성격을 띠고 있었지만 그리스철학과의 연관성으로 헬레네적인 기독교의 성격을 지니고 있다. 이 새로운 종교는 온 인류에 대한 구원을 목적으로 하고 지식층에 호소하기 위하여 합리적인 교리를 확립해야 할 필요성이 있었다.

사도 바울(A. D. 7~67로 추정)은 예수가 인류를 구원할 능력이 있음을 수상하며 유대교가 지닌 도덕적 건전성과 일신교적 사상을 교주 예수에 관한 이론에 그대로 적용하였다. 또한 인간의 주권을 인정하지 않았으며 구원의 힘이 인간에게 있는 것이 아니라고 주장하며 종교적 원천에서 오는 계시와 권능을 말한 것으로 그리스철학의 합리주의적 경향과는 대조적인 것이다. 교부철학시대는 사도 바울과 아우구스티누스 사이로서 이 시대는 철학적 의의보다 신학적 의의가 더 큰 시기이다. 초기 기독교교리를 중심으로 한 대립은 그노시스파, 호교파, 교리문답학교에서 일어났다. 그노시스파는 지식이 신앙보다 앞선다고 주정하며 초월적 신과 직접 하나가 되었을 때 지식을 얻을 수 있고 영적인 존재만이 계시를 받을 수 있다고 주장한나. 육신을 가진 예수는 인간에 불과하며 신의 아들이 십자가에 못박히는 것은 신답지 못한 일이라며 모순이라고 말하였다. 그러나 그노시스파의 반기독교적 교리는 이단으로 취급되었다.

호교파는 이단으로부터 기독교의 정통 교리를 옹호하려는 입장에서 교리를 전개해 나갔다. 유스티누스는 그리스철학의 로고스와 기독교

교리를 화해시키고자 하여, 로고스는 신의 말씀이고 예수에 의해서 화신으로 나타났다고 주장하였다. 그러나 이와 같은 그리스 철학과 기독교교리를 조화시키려는 노력은 3세기에 들어서면서 점차 사라지고, 종교적 신앙만을 순수하게 지니려는 노력이 나타나게 되었다. 3세기의 교부들의 호교활동은 그리스철학의 영향을 벗어나지 못했으나, 3세기에 들어와서 신플라톤 철학에 의해 교리를 체계화하려는 노력이 나타나고 있었다. 이러한 노력은 알렉산드리아의 교리문답학교이며, 이 학교를 대표하는 사람은 오리게네스(185~254)였다. 오리게네스는 플로티누스의 일자와 같은 개념으로 신을 설명하며 신은 모든 존재를 초월한 영원불변하는 존재로 순수한 정신적 존재라고 말하였다.

그러나 신과 예수와의 관계에 대해서 확립된 교리가 필요하게 되며 여러 차례 걸친 종교회의가 이루어진다. 325년 니케아 종교회의에 예수의 인간성을 중시하는 아리우스파에 반대하여 신과 예수가 하나임을 주장하는 아타나시우스(295~373)의 등질론이 옳은 교리로 채택된다. 381년 콘스탄티노폴리스 종교회의에서 성부·성자·성신이 하나라는 삼위일체설이 확립된다.

교부 철학자들 가운데 가장 두드러진 인물은 아우구스티누스이다. 그는 원죄설로 기독교교리를 완성시킨 사상가로, 악이란 선에 대립하는 것이 아니라 실재의 결핍이라고 하였다. 이것은 신이 창조한 피조물은 신과 성질이 같아도 그것은 무에서 유로 생긴 것이기 때문에 불완전하며 잘 변하는 것이다. 그에 의하면, 인간은 본성에 의해서가 아니라 의지에 의해서 신의 주권에 반대한다. 인간은 자유의지에 의하여 신의 뜻을 거역하였으므로, 인간이 그 자신을 구원하는 것은 불가능하고, 인간의 구원은 오직 신의 은총에 의해서만 가능한 것이라고 보았다. 인간은 원죄를 범했기 때문에 어느 누구도 구원을 요구할 수 없으며, 구원은 오직 신의 뜻에 의하여 예정되어 있다고 말하였다.

라. 스콜라(Schola)철학과 교육

11세기 초 십자군 원정의 실패는 교회의 권위에 큰 손상을 입혔으며, 교황권이 실추되고 신앙의 맹목성이 도전을 받기에 이르렀다. 동서문화의 교류는 잠자는 유럽의 지성인들을 자극하여 이성에 눈을 뜨게 만듦으로 기독교 교리체계는 기초부터 흔들리게 된 것이다.

스콜라철학은 중세 후기 고등교육 역할을 한 '지적인 삶과 교육의 형태'

이처럼 교회가 위기에 처하게 되자 기독교교리의 우위성을 확보하고 기독교신앙의 정당성을 입증하기 위한 학문적 움직임이 나타나기 시작하였다. 이런 움직임이 다름 아닌 스콜라철학이다. 스콜라철학이란, 어떤 원리를 중심으로 한 하나의 학문세계를 가리키는 것이 아니라, 11세기부터 15세기까지 위세를 떨쳤던 지적인 삶과 교육의 형태(the type of intellectual life, and hence of education)에 붙여진 명칭이다. 이렇게 형성 발전된 스콜라철학은 대학의 형성 발전에 큰 영향을 미쳤으며, 중세시대 3~4세기 동안 고등교육의 기능을 담당하기도 하였다.

1) 교육목적

스콜라철학의 창시자는 캔터베리의 대주교였던 안셀무스(Anselmus, 1033~1109)이다. 그에 따르면, 신앙은 인식에 앞서 존재하는 것이므로 신앙은 이성에 선행하는 것이다.

종교적 지식을 철학적인 명제로 정리하여 신앙을 확고하게

결국 스콜라철학은 지적인 힘을 개발하여 종교적인 삶과 교회를 강화하자는 것이었기에, 신앙(faith)과 이성(reason)의 일치를 구하는 일에 전력을 다하였다. 이론에 의해 신앙을 변호하고, 철학에 의해 교회를 옹호하며, 논리에 의해 이단을 없애자는 것이 스콜라철학자들의 임무였다. 이들은 이성적 능력을 개발하고 종교적 지식을 철학적인 명제로 정리하여 신학을 하나의 학문으로 체계화시켜 나갔다. 그러므로 스콜라철학이 지향하는 교육의 목적은 신앙의 정당성

을 지지하기 위한 이성적 능력의 개발과 기독교적 지식의 체계화에 있었다.

2) 교육내용

기독교 신앙의 문제들을 논리적인 형태로 체계화

스콜라철학은 종교적 사고를 완전히 논리적 형태로 환원시켜 나갔다. 이런 작업은 본산학교의 신학교사들에 의해 이루어졌다. 주요관심사는 역시 기독교신앙의 정당화, 예정설, 삼위일체설, 자유의지문제, 성찬교리 등 교회교리와 관련된 것들이었다. 스콜라 연구문헌의 주된 내용은 따라서 교리를 적절한 철학적인 명제로 환원하여 조화로운 체계를 이루어서 정통적인 교회의 주장에 반대하는 의견에 해답을 제공하고 비정통적인 해석에는 논박하는 것이었다.

주요화제는 성찬에 관한 교리(the doctrine of transubstantiation) 같은 것이었으며, 토마스 아퀴나스의 『신학대전』(*Summa Theologica*)이 주요 교과서였다. 신학교사들은 이런 교과서를 연구하기 전에 논리학이나 변증법을 먼저 연구할 것을 요구하였으나 스콜라철학에서 다루는 교육의 내용은 추상적이고 비물질적인 것이었다.

3) 교육방법

형식적인 논리로써 분석하고 해석하는 교육방법

스콜라철학은 논리적으로 잘 조직된 교과를 사용하였다. 그러므로 문법과 같은 입문교과에서부터 가장 형식적인 논리가 채택되었다. 따라서 교육방법은 논리 분석적이었으며, 신학교사들이 사용한 교수방법은 대체로 두 가지이다. 첫째는 분석적 방법으로 논문이나 강의안을 주제(heads), 부제(subheads), 항목(subdivisions) 등으로 나누어 고찰하였다. 둘째는 보다 자유로운 방법으로서 강의시간에 하나의 명제가 진술되면 여러 가지 가능한 해석을 가한 후 가장 좋은 것을 선택하는 방법이다.

스콜라철학은 논리를 개발하고 지식을 체계화하는 등 인간 지식의 발달에 많은 기여를 하였지만, 때로는 논쟁을 위한 형식문제에 지나치게 집착하는 단점을 보여 주기도 하였다. 그리고 인간교육의 측면에서 보면 개인의 창의성이나 개성의 존중이라는 면에 대해서는 전혀 관심을 보이지 않았다.

그러나 과연 중세의 천 년은 교회권력에 의하여 인간이 억압받은 암흑시대이기만 한 것인가? 이 시기를 암흑시대라고 부르는 것은 문예부흥시대를 지나치게 강조하려는 데서 나온 편견이며 분명히 중세는 그리스와 로마의 찬란한 고전문화로부터 근대사회의 발전에 기초를 이루었다는 주장도 있다.

중세 전기에 교부철학자들과 중세 후기의 스콜라 철학자들에 의해서 어쩌 되었는 맹목적으로 신앙을 받아들이지 않고 이성의 토대 위에서 신학적 체계를 세우려 했다고 본다. 이를 위하여 학문의 자유가 어느 정도 보장된 대학이 설립되었고, 아우구스티누스와 토마스 아퀴나스 같은 어두움을 밝히는 별과 같은 존재가 중세에 있었다. 별은 어두운 곳에서 더욱 빛나는 법이다.

제IV장

르네상스 시대의 유아교육

1. 인문주의와 교육

가. 시대적 배경

기독교적 내세주의의 제약을 벗어나 인간본연으로 복귀하려는 사상

일반적으로 14세기부터 16세기까지의 시기를 르네상스 시대라고 부른다. '재생', '부활'의 뜻인 르네상스(Renaissance: rebirth) 운동은 중세의 기독교적 복음주의와 내세주의의 제약에서 벗어나 인간 본연으로 복귀하려는 사상을 말한다. 이는 십자군원정, 스콜라철학의 몰락, 동로마제국의 멸망, 인쇄술의 발달, 지리상의 발견 등의 외적 요소와 단테(Dante, 1264~1321), 페트리르카(Petrarch, 1304~1374), 보카치오(Giovanni Boccaccio, 1313~1375), 세르반데스(Miguel de Cervantes, 1547~1616), 초오서(Geoffry Choucer, 1343~1400), 스펜서(Edmund Spencer, 1552~1599), 에라스무스(Desiderius Erasmus, 1466~1538) 등과 같은 문인들의 인간의 순수한 자유동경과 고귀한 인간성 회복을 주장한 사상의 내적 요소의 영향을 받아 전개되어 갔다.

미켈란젤로의 다비드상

교회제도에 대한 맹목적인 복종과 권위주의에 대한 추종에서 벗어나 인간의 선천적인 모든 능력을 최대한 발전시켜 오직 인간본위의, 인간중심의 문화를 이룩하려는 운동이었다.

인간성의 발현을 중시하는 인문주의

이 시기에는 무엇보다 인문학(Studia Humanitatis)이 교육에 가장 큰 영향을 주었는데 '보다 정신적인 문학'으로서의 중세적 신학 대신에 '보다 인간적인 문학'으로서의 고대 그리스, 로마의 문학을 사랑하는 사람들, 즉 휴머니스트(Humanist)에 의해서 안내되었다. 이들은 인간의 본성인 인간성의 발현을 중시하였으므로 그들이 신봉하는 인간주의를 **인문주의(Humanism)**라고 한다.

1) 르네상스의 특징

르네상스의 최초의 중심지는 직물공업과 금융업으로써 번영한 피렌체이다. 금융업자 메디치(Medici)가가 절대군주로서 정권을 잡고 학문과 예술을 보호 장려한 까닭에 더욱 발달하였다. 16세기 초에는 로마가 중심이 되어 유리우스 2세, 레오 10세 등의 이른바 르네상스 교황이 나타나 예술을 진흥하였다.

르네상스 문예의 첫 번째 특징은 고대문화의 재생이다. 고전의 재발견은 14세기 중엽의 페트라르카(Petrarca, 1304~1374)에서 시작된다. 라틴의 고전작가를 찬미하고 고전의 형식을 모방한 많은 라틴문의 편지와 시를 쓰고 고전의 내용을 재현하는 데 힘썼다. 그와 동향이며 동시대 사람인 보카치오(Boccaccio, 1313~1375)도 라틴고전을 연구하는 동시에 그리스어 연구의 실마리를 열었다. 그리스의 망명학자인 크리솔로라스(Chrysoloras, 1350~1415)가 피렌체의 아카데미아(Academia Platonica)를 세운 뒤 이탈리아에 그리스 연구가 성행되었다(한기언, 1980).

두 번째 특징은 개성의 표현이다. 중세의 문화는 비개성적이며 유형적이었다. 이에 대하여 르네상스 문예는 개성의 표현에 힘써 개성의 성격·열정·욕망 등을 생생하게 그려내었다.

세 번째 특징은 현세의 존중과 인간성의 긍정이다. 곧, 신 중심의 중세에는 내세를 존중하고 인간의 모든 욕망은 억제되어야 한다 하여 금욕이 미덕으로 생각되었다. 이에 대하여 르네상스인은 내세보다 현제가 더 가치있는 것이라 생각하였고, 인간의 욕망은 결코 나쁜 것이 아니라, 인간자연으로서 마땅히 허용되어야 한다고 보았다. 이리하여 중세의 색채가 아직 농후하게 남아있던 시대의 단테(Dante, 1265~1321)도 신이나 성자가 아니라, 인간 베아트리체에서 진정한 미를 발견하였고, 보카치오의 데카메론(Decameron)에 이르러서는 아낌없이 삶을 향락하고 청춘을 구가하고 있다.

네 번째 특징은 민족문학의 발달이다. 곧 자기 나라 국어를 존중하는 풍조가 일어나 문법이 연구되고 사전이 편찬되고 모국어에 의한 문예가 창시되었다. 단테의 신곡(Divina Comedia)·신생·향연 이나 보카치오의 데카메론은 모두 모국어인 이탈리아어로 쓰여 민족문학를 이끌게 되었다. 그 밖에 르네상스 문예운동의 선구자들로는 다음과 같은 사람들이 있다.

건축분야에서는 브루넬레스코(Brunellesco, 1377~1446), 브라만테(Bramante, 1444~1514) 등의 건축가이다. 최고의 걸작은 브라만테가 설계하고 미켈란젤로가 공사를 지두하여 지은 로마의 성 페드로(San Pietro) 대성당이다.

조각분야에서는 15세기에 기베르티(Ghiberti, 1378~1455), 도나텔로(Donatello, 1386~1466), 미켈란젤로(Michelangelo, 1475~1564) 등이 있다.

회화분야에서는 13세기 이미 치마부에(Cimabue 1240~1302), 지오토(Giotto, 1267~1337) 등이 나타나 르네상스회화의 선구가 되고 15세기에는 마사치오(Massccio, 1401~1428), 프라 앙젤리코(Fra Angelico, 1387~1455), 보티첼리(Botticelli, 1444~1576) 등이 나와 전성기를 맞이하였다(조좌호, 1980)

철학과 인문과학 분야에서도 고대철학이 부활되었다. 14~15세기에는 스토아 철학·에피크로스 철학이 부활되고, 피렌체에 아카데미아(Academia Platonia)가 생겨 플라톤 철학이 재생되어 그 신비적 범신론이 당시의 사람들에게 큰 영향을 끼쳤다. 르네상스 철학의 선구자는 독일에서 태어나 로마의 추기경이 된 니콜라우스 쿠사누스(Nicolaus Cusanus, 1401~1464)이다. 그는 지구구체설, 지동설을 믿고, 신과 인간을 사고의 세계에 있어서 분리하였다. 쿠사누스의 영향을 받고 다시 그 이론을 추진시킨 브루노(Giordano Bruno, 1548~1600)는 신은 자연 가운데 있으며, 모든 존재의 원인으로서 만물에 내재한다고 주장하였다. 그의 사상은 라이프니츠의 단자론, 스피노자의 범신론에 영향을 주고 있다. 브루노와 동시대인 캄파넬라(Campanella, 1568~ 1639)도 자연철학을 연구하고 자연 가운데 신이 존재한다고 주장하여 교회의 전통적 관념에 대립하였다. 16세기 초에는 피렌체에 마키아벨리(Machiavelli, 1469~1527)가 나타나 유명한 군주론을 저술하였다.

르네상스 시대의 자연과학 분야에서의 문제의 초점은 우주의 구성과 체계를 파악하는 데 있었다. 폴란드의 코페르니쿠스(Copernicus, 1473~1543)는 프톨레메오스의 체계에 의심을 품고 오랫동안 천제관측을 하며 지동설, 즉 지구가 태양의 주위를 회전하는 것이라고 주장하였다. 그의 학설은 독일의 케플러(Kepler, 1571~1630)에 의하여 수학적으로 증명되었고, 또 이탈리아의 갈릴레오 갈릴레이(Galileo Galilei, 1564~1642)에 의하여서도 입증되었다.

자연과학의 발전과 아울러 기술상의 진보도 현저하였다. 독일의 구텐베르크(Gutenberg, 1394~1468)가 활판인쇄술을 발명한 결과 저렴한 가격의 책이 나와 많은 사람에게 읽혀 문화의 보급 향상에 이바지하였다.

2) 인문주의사상

인문주의의 교육은 자연주의적 교육사상

르네상스의 근본사상인 인문주의의 교육은 인간주의를 교육이념으로 하는 자유교육이다. 구체적으로는 세 가지 형태, 즉 인문주의를 이념으로 하는 자유교양교육, 고전어교육을 강조하는 고전교육, 언어중심의 형식주의 교육인 키케로주의 교육으로 구분되어 발전되어 갔다. 이러한 인문주의 교육의 사상적 특색은 중세의 초자연주의적 교육사상에 반대되는 자연주의적인 인간생활을 기초로 하고 있다는 점에서 **자연주의(naturalism)**라고 할 수 있다.

자연주의, 언어주의, 개인주의, 미적 귀족주의의 특징을 갖는 인문주의의 교육은 초기의 개인적 인문주의와 후기의 사회적 인문주의로 분류된다. 개인적 인문주의는 풍부한 생활을 지향하고 개인적 교양 및 개인적 자유의 발전을 강조하며 자유교육으로서의 인문주의였다. 사회적 인문주의는 풍부한 생활을 준비하는 가장 좋은 수단으로서 사회적, 도덕적 혁신을 강조하는 형식적 인문주의였다.

개인적 인문주의는 국가 사회보다 개인의 발달, 개인의 행복을 더 우선 하였다. **교육의 목적은 개인의 교양을 중심으로 한 사고의 자유, 자기표현, 창조적 활동의 자유를 누릴 수 있는 인간형성**이었다. 교육내용은 신학 대신에 인문과목과 과학에 치중하였으며 그리스, 로마의 고전문화, 고전예술을 중심으로 라틴어, 도덕, 예의, 체유, 음악, 무용 등에 관련된 것이었다. 사회적 인문주의는 개인의 발달, 개성의 신장보다 국가사회의 발달을 우선하였다. 즉 개인의 완성보다 사회개혁과 인간관계의 개선을 목적으로 한 교육이었고 미적, 문화적인 교육보다 사회적, 종교적, 도덕적 교육을 강조하였다.

피렌체 전경

근대적인 유아교육사상의 발단은 바로 이 인문주의자들의 교육론에서 엿볼 수 있다. 가정에 있어서의 어린이교육의 중요성은 예로부터 강조되어 왔지만 이 시대는 그 강조점이 달랐다. 당시 북부 이탈리아 도시들은 주로 무역을 통해 번영했으므로 대상인들의 관심은 자신들의 사업이었으며 대를 이어 그 사업을 번영시키는 데 교육의 중점을 두었다. 좋은 후계자를 육성하기 위해서는 가정생활의 모든 면을 강조했으며 여기에 맞는 새로운 인간상의 형성을 유아기부터 추구하게 되었다.

육아법에서는 공포심을 없애고 어린이에 대한 애정과 이해가 강조되었다. 중세의 강제적이고 강압적인 양육법을 활기와 자발성의 성향을 일찍부터 억누르는 것으로 보았다. 유아는 처음에는 남아와 여아 모두 어머니의 영향력 밑에서 생활하다가 남아는 일정한 연령이 되면 아버지나 가정교사가 맡았다. 남아에 대한 훈련은 피로를 이겨내고, 야외활동에 흥미를 느끼며 자연과 친숙하게 하고 실천적 감각을 발전시키기 위하여 팔 다리와 전신의 움직임을 강조하였으며, 개성적인 성격이나 비굴한 행동을 막고, 자신감을 키우기 위하여 여러 가지 운동이 장려되었다.

가문의 명예·재산을 유지·운영할 인간의 개발

요약하면, 르네상스 시대의 가정교육에 있어서, 육아에 대한 관심은 어린이의 심신의 건강한 발달을 중요시하면서 공동체로서의 가문의 명예와 재산의 유지·운영을 대전제로 하는 인간개발이었다.

이 시기의 대표적 교육사상가는 페트라르카(Francesco Petrarca, 1304~1374), 비토리노(Vittorino da Feltra, 1378~1446), 에라스무스(Desiderius Erasmus, 1466~1536), 비베스(Juan Luis Vives, 1492~1540), 베르게리오(Paolo P. Vergerio, 1349~1428) 등이 있다.

3) 종교개혁기

14, 15세기의 이탈리아 중심의 르네상스 운동이 학문과 예술, 교육 등에 새로운 자각과 인간성 회복의 변혁을 일으키고 있을 즈음, 독일 중심으로 중세의 부정과 로마 가톨릭교회의 부패에 대한 도덕적·종교적 혁신운동인 종교개혁이 유럽인들의 정신세계를 뒤흔들어 놓고 있었다.

순수하고 진실한 신앙을 구하기 위하여 세속화되고 타락해 가는 가톨릭교회에 반항하여 마침내는 교육세력을 근간으로 하는 세계 국가적 조직을 부정하고 민족적 자각에 입각한 새로운 사회조직의 건설을 지향한 것이 종교 개혁이다.

교회의 부패에 대한 도덕적 혁신운동

종교개혁은 마틴 루터(Martin Luther, 1483~1546)가 로마교회의 면죄부 판매행위에 대한 95개조의 항의문을 제시함으로써 시작되어 교회나 교황의 분열, 상공업의 발전으로 말미암아 봉건체제 붕괴, 지나친 세금부과 등의 외적 요인과 오캄(William Occam, 1280 ~1347), 에크하르트(Johannes Eckhart, 1260~1327), 위클리프(John Wycliffs, 1324~1384), 후스(John Huss, 1372~1415) 등의 사상의 내적 요인에 영향을 입어 전 유럽으로 퍼져 나갔다.

전통신학보다 이성과 주관성을 강조

이는 전통적 신학보다는 이성을 강조했으며, 에크하르트 중심의 신비주의에서는 인간의 자율성, 주관성, 체험성을 내세워 당시 타락한 교회의 반성을 촉구했다. 결국 종교개혁운동은 신앙의 문제를 인간이 지니고 있는 내면성의 문제로 바꾸어 놓았으며 형식화된 허위허식을 불식하고 삶과 일치된 신앙을 강조한 것이라 할 수 있다(주영흠, 1995).

서민계급의 보통 교육 이념을 증진

르네상스 운동은 상업자본가 중심으로 일어나 귀족적이며 주로 고전감상을 통한 인격적 교양을 촉진시켰다면, 종교개혁운동은 생산업에 주로 종사하는 서민계급이 중심이 되어 평민적이며 도덕적이고 종교적 각성을 통해 일반민중의 교양을 함양시키고자 하여 보통교육의 이념을 증진시킨 것으로 보고 있다. 즉, 종교개혁운동은 근대초등보통 교육제도의 기초를 닦았다고 보고 있다(Eby, 1964).

나. 교육의 특징

재세례파의 작은 학교 운동

종교개혁기에 나타난 유아교육의 특색은 그 대표적인 사상가 중 루터의 교육관을 살펴보면 알 수 있다. 루터는 교육의 중요성을 종교적 입장에서 뿐만 아니라 세속적 입장에서도 강조하고 교육운영의 주체는 교회가 아니라 국가로 봄으로써(김옥련, 1987), 교육의 국가 책임론을 확립하였다. 그리고 남존여비의 교육관을 버리고 남녀가 평등하게 교육받아야 한다고 하였으며, 신앙심이 있는 인간인 동시에 직업이나 가정생활에서 자신의 의무를 다하는 성속(聖俗) 두 영역에 걸쳐서 사람을 교육해야 한다고 보았다.

한편 독일의 농민전쟁(1524~1525)이 끝나고 질서를 확립한 교회는 여러 종파를 이단으로 규정하여 박해를 하였는데 그 중에 재세례파(anabaptists)가 있었다. 어릴 때 세례를 받은 것은 무효라고 보고 성인이 되어 세례를 다시 받아야 한다는 이 종파는 '선의 공동체'라는 공동생활을 하였는데 다른 종파와는 달리 공동의 교육시설을 만들고 젖을 뗀 어린이는 '작은 학교(die kleine Schule)'에 입학시켜 5~6세까지 양육시켰다. 프로테스탄 제파에서는 체벌을 한 흔적이 있지만 재세례파에서는 사랑으로 교육하고 체벌을 금지시켰다.

대표적인 사상가로는 마틴 루터(Martin Luther, 1483~ 1546), 칼빈(Jean Calvin, 1509~1564), 녹스(John Knox, 1505~1572), 로욜라(Ignatius de Loyola, 1491~1556) 등을 들 수 있다.

제Ⅴ장

17세기의 유아교육

1. 감각적 실학주의와 교육

가. 시대적 배경

나. 실학주의 교육의 특징

2. 대표적인 유아교육사상가

가. 코메니우스(Johann Amos Comenius,1592~1670)

1. 감각적 실학주의와 교육

가. 시대적 배경

1) 실학주의 발전배경

과학적 실학주의

17세기에 들어와서 자연과학이 발달하고 **경험철학**(empiricism)이 영향을 끼침에 따라 사실과 자연과학을 중요시하게 되었는데 이러한 사조가 실학주의이다. 특히, 당시의 자연과학의 지식과 연구방법 등을 교육 속에 흡수시켜 인간생활을 향상시키려는 입장이 대두되었는데 이를 과학적 실학주의라고 한다. 교육의 이론 및 실제에 있어서는, 관념보다 사물을, 고전어 또는 고전문학보다는 자연과학적인 사물교과를 중요시하도록 영향을 주었다. 즉, **실학주의** 교육은 언어나 문학에 의한 인간의 도야보다도 사회제도나 자연현상을 연구의 대상으로 하며, 현실생활에 대한 구체적이며 실제적인 학습을 중심으로 실질도야를 중요시하는 교육적 주장인 것이다(차석기, 1988). 따라서 모든 지식은 감각을 통해서 얻어지기 때문에 교육은 감각기관의 훈련에 의존해야 한다는 것이다. 이는 인문주의와 대립하는 뚜렷한 경향으로 17세기 서구 교육의 성격을 잘 나타낸다.

감각훈련을 중시하는 실제적 학습

인문주의자들은 개별적이며 문학적이고 심미적인 목적달성에 노력을 하였고, 종교개혁자들은 사회적·정치적·도덕적 목적에 열중하였다면, 실학주의자들은 모든 현실에 대한 새로운 객관적 의미를 두는 데 관심이 있었다(홍순정·곽노의, 2003).

나. 실학주의 교육의 특징

실용적 지식의 존중

실학주의 교육은 첫째, 실용성과 실천성을 교육의 궁극적인 목표로 삼아 구체적 사물과 실용적 지식을 존중하였다. 둘째, 16세기까지의 신학과 고전어 및 고전중심의 교육과정에서 자연과학, 근대 외국어, 모국어 등의 교육과정을 중시했다. 셋째, 교육방법으로서는 암기나 기억보다는 이해와 경험을 요구하였고, 새 교수법으로 시청각교육이 중시되었다. 따라서 교육의 궁극적인 목적은 실생활이나 사물을 통해 우리에게 필요한 지식을 가르침으로써 유능한 인물을 양성하는 데 있었다.

실학주의의 유형은 인문적 실학주의(humanistic or verbal realism), 사회적 실학주의(social realism), 과학적 실학주의 또는 감각적 실학주의(scientific realism or sense realism)로 나누어 살펴볼 수 있다.

인문적 실학주의

인문적 실학주의 또는 언어적 실학주의의 교육내용은 낡은 문법적·형식적 언어교육에만 사로잡히지 않고, 고전의 중심사상을 그 내용으로 삼아 이것을 배워서 다시 실생활에 사용하는 것으로 사람들에게 사회에 대한 이해와 지식을 주어, 사회에 잘 적응시키는 데 있다(Butts, 1947). 인문적 실학주의는 실학주의의 선구로서 고전을 추구한다는 점에서는 인문주의와 같으나 인문적 실학주의는 고전을 배우되 실생활에서 이용하고 적용하려는 점에서 차이가 있다. 고전에 포함된 과학적, 역사적, 사회적 지식을 연구하는데 그 목표를 두었다.

대표적인 인문적 실학주의자는 라브레(Rabelais, 1483~1553), 밀튼(John Milton, 1608~1674) 등이 있다.

사회적 실학주의

사회적 실학주의는 고전을 통한 교육을 경시하고 사회생활의 경험을 중시하여 사교나 여행을 강조하였다(Wilds, 1921). 교육목적은 학자양성을 위함도 아니고, 도덕가 훈련을 위함도 아니고, 직업인을 만드는 것도 아니었다. 오로지 귀족 청년들로 하여금 세속사회에서 신사의 생활을 준비하도록 하는 데 그 목적이 있었다. 즉, 교육이란 전문가를 양성하기보다는 인간을 도야하는 것이다. 교육은 청소년에 유망하여 유쾌한 인생을 영위할 수 있는 판단력과 성품을 기르는 데 있다는 입장이다.

대표적인 사회적 실학주의자는 몬테뉴(Michael de Montaigue, 1533~1592)이며 그는 특히 '여행'의 교육적 효과를 강조했다.

과학적 실학주의(감각적 실학주의)

과학적 실학주의는 자연과학의 지식과 연구방법 등을 교육 속에 흡수시켜서 인간생활을 향상시키려는 입장이다. 감각적 직관을 가지고 교육의 기초로 감각을 삼으려 하는 교육사조이다. 이 실학주의는 우리들의 모든 지식은 감각을 통하여 얻어지므로, 교육은 감각기관의 훈련에 의존하여야 한다는 것이다. 그러므로 이 주의를 일명 감각적 실학주의(sense realism)라고도 한다. 과학적 실학주의에서의 교육방법은 실물관찰주의와 경험 및 실험을 강조하며, 교육은 자연의 질서에 따라야 한다고 한다. 또한 학습방법에서 교수는 자국어로 강의하여야 하며, 자연적 사물의 개념을 가르칠 때에는 귀납법을 사용하여야 한다고 한다. 현대 교육방법상의 원리인 하나의 직관교육 또는 시청각 교육의 선구를 이루고 있다. 대표적인 감각적 실학주의자는 영국의 말키스터(Richard Mulcaster, 1530~1611)와 체코의 코메니우스 등이 있다.

2. 대표적인 유아교육사상가

가. 코메니우스(Johann Amos Comenius, 1592~1670)

1) 생애와 업적

라틴어학교 헤르본 대학 하이델베르크 대학

체코(Czech)의 교육학자로서 실학주의를 크게 일으킨 17세기 최대의 교육자이며, **근대교육의 시조**라고 불리는 코메니우스는 보헤미아의 모라비아(Moraria)주에 있는 니브니체(Nivnitz)에서 하층 중간계급인 제분업자의 아들로 태어났다. 12세 되던 해에 그의 아버지가, 곧이어 어머니와 두 자매도 세상을 떠났다. 친척집을 전전하다가 16세가 되어서야 비로소 프레라우의 라틴어 학교에 입학하여 정규교육을 받을 수 있

Johann Comenius, 1592~1670

었으며 1612년에 낫소(Nassau) 헤르본(Herborn) 대학에서 신학과 철학을, 다시 1613년에 하이델베르크 대학에서 신학과 라틴어, 그리스어, 철학을 공부하였다. 이때, 라트케(W. Ratke), 비베스(J. L. Vives) 등으로부터 교수방법에 관하여 간접적인 영향을 받았다. 특히, 언어교육의 보다 효과적인 방법으로 라틴어 사용이 지배적이었던 당시, 교육은 반드시 자국어에 기초를 두어야 하고 언어교육의 첫 번째 주교재는 성경이어야 한다고 강조한 라트케의 영향을 많이 받았다.

고향학교의 교장 신교도 교단의 목사 30년 전쟁

1614년 모라비아로 돌아와 프레라우 학교의 교장이 되어 라트케의 교수방법을 실천하였다. 24세 때인 1616년 보헤미아 형제교단의 목사가 되었다. 이 교단은 종교개혁자인 요한 후스(Johann Huss, 1369~1415)에 의해 시작되었다. 보헤미아 왕국의 민중에게 큰 세력을 가지고 있던 '보헤미아 형제교단'의 목사로 일하다가 '**30년 전쟁**(1618~1648)' 중 아내와 외아들 그리고 서적, 원고와 전재산을 잃고 합스부르크가의 박해를 받아 29세 때 신교도라는 이유로 추방당하고 이때부터 도피와 은둔의 생활을 시작하게 되었다.

폴란드 김나지움의 교사로 『대교수학』을 저술함.

1628년 이후 13년간은 폴란드로 도망가서 리싸의 김나지움의 교사로 연구와 저작으로 생활했다. 이때에 그는 조국의 해방이 전 국민의 계몽에 기초하며, 모든 청소년을 조직적으로 그리고 효과적으로 교육하기 위해서 합리적인 학교교육제도를 조직하고, 학교에서 실시해야 할 합리적인 교육방법을 확립하는 것이 급선무인 것을 깨닫고 연구를 추진하였다. 그 연구의 성과는 그의 교육에 관한 체계적 저작으로 유명한 『대교수학』(*Didacitca Magna*, 1632)으로 발표되었다.

세계 평화주의자 이면서 교사

코메니우스는 30년 전쟁으로 말미암아 폴란드, 영국, 스웨덴 등을 전전하다가 1670년 암스테르담에서 생애를 마칠 때까지 세계평화주의자, 교사로서 생애를 보냈다. 그는 자신의 삶의 영역을 ① 교육학의 연구, ② 세계평화의 건설, ③ 범지학의 연구와 저술, ④ 예언의 실행을 위한 노력으로 서술하고 있다. 수많은 그의 저서 가운데 교육과 관련된 대표적인 것만을 소개하면 다음과 같다.

교육관련 저서

첫째, 『어학입문』(*Janua Linguarum Reserata*, 1631)은 라틴어 교수에 관한 교과서로 12개 종류의 유럽 각국어로 번역·보급되었으며 아시아 언어로까지 번역되었다.

둘째, 『어학최신교수법』(*Methodus Linguarum Novissimo*, 1648)은 언어교수론으로 언어는 사물과 병행해서 지도하여야 쉽게 그리고 효과적이고 빨리 습득할 수 있다는 원리에 입각해 내용이 잘 배열되어 있다.

셋째, 『대교수학』(*Didactica Magna*, 1632)은 두 가지 목적, 즉 라틴어를 쉽게 학습할 수 있는 방법을 제시하는 것과 보편교육의 토대를 형성해 줄 수 있는 모든 지식을 개관코자 하는 것이다(Sadler, 1969). 처음에 독일어로 쓰여졌던 것을 라틴어로 옮겨 출판하려고 하였으나 코메니우스가 죽은 지 3년 후에야 출판되었다. 이 저서는 세계 최초의 교육학서이고 "계통적 교육학의 아버지"라고 부르기도 하며, 또한 "교수대전"이라 불리기도 한다. 『대교수학』의 내용은 4편으로 구성되어 있다. 제1편에서는 일반수학이란 항목을 들어 교육의 본질과 목적을 논하였고, 제2편에서는 일반교수론에 대하여 논하였고, 제3편에서는 도덕 및 종교적 도야와 학교훈련을, 제4편에서는 학교계통에 대하여 논하고 있다. 이와 같이 광범위하고 체계적인 교육학서로서 그 내용면에서 현대적 가치를 지니고 있다.

넷째, 『범교육론』(*Pampaedia*)으로 1650년에 쓴 것으로 추정된다. 여기에는 전 삶을 포함하는 교육학적인 범교육의 계획이 포함되어 있다.

다섯째, 『세계도회』(*Orbis Sensualium Pictus*, 1658)는 라틴어 학습을 시작하는 초보를 위하여 고안하였다. 학생들의 지루함을 덜어주기 위하여, 그는 자세한 설명을 피하고 모든 주제를 조그마한 그림으로 설명하였다(Quick, 1987).

그 외에도 1633년, 여러 단계의 교육을 담당하는 교사들을 위한 안내서로 『유아학교』(*Informatorium*)를 출판했다. 이 책은 가족을 공공 교육제도에 있어서 중요한 요소로 등장시켰다는 점에서 그 의의가 크다. 또한 『어학입문지침』(*Janua Linguarum Reseratae Vestibulum*, 1633), 『범지학교』(*Schola Pansophia*, 1650), 『유희학교』(*Schola Pansophia,* 1650), 『코메니우스 교육학전집』(*J. A. Comenias Opera Didactica Omnia,* 1657) 등도 저술하였다.

2) 코메니우스의 사상과 교육활동

코메니우스의 사상은 철저하게 기독교적 세계관에 그 기초를 두고 있다. 그는 인간을 성경에 있는 것과 마찬가지로 하나님의 형상대로 지음을 받은 존재로 이해한다. 즉, 하나님은 자신의 특성을 그가 창조한 인간에게 심어 놓았다는 것이다.

내세의 준비를 위한 박식, 덕, 경건

코메니우스는 교육의 목적을 내세를 위한 준비에 있으며, 이 준비는 박식과 덕과 경건 등의 세 방향에서 이루어져야 한다고 하였다. 첫째, 지적인 도야로서 지식을 계발하며 모든 사물을 알기 위하여 노력하는 것, 둘째, 도덕적 도야로서 도덕을 실천하여 만물 및 스스로의 지배자가 되게 하는 것, 셋째, 종교적 신앙, 즉 기독교를 믿음으로써 스스로는 물론 만물을 신에게 귀인시키는 것으로 보았다. 이러한 세 가지는 각각 독립된 것이 아니라 하나의 통일에 의해서 이루어져야 하며, 지는 덕을 위해서 존재하고 덕은 신앙을 위해서 존재한다는 관련하에 교육의 목적을 세웠다.

또한 코메니우스의 교육사상은 모든 사람에게 모든 것을 가르치는 데 두었다. 특히, 그는 서민교육에 많은 관심을 가지고 될 수 있는 한 모든 사람이 다 같이 교육을 받아서 서로 자극과 격려를 줄 수 있어야 된다고 생각하여, 학교는 모든 계급의 남녀아동을 동일한 학교에서 교육하라고 주장하였다. 즉, 코메니우스의 교육론은 공립적 집단교육의 사상이었고, 모든 어린이들의 인격 존엄성에 대한 인식과 놀이의 교육적 의의에 대한 높은 평가, 그리고 근대 자연과학과 리얼리즘의 사상을 도입한 교육론이었다.

(1) 대교수학

『대교수학』의 구성

그러한 그의 기본적 입장을 바탕으로 한 교육사상은 그의 주저인『대교수학』에 체계적으로 정리되어 있는데 총 33장으로 구성되었다. 제1장부터 제6장까지는 교육의 목적과 내용을 논하였고, 제7장부터 제10장까지는 학교 교육의 필요성과 전 민중의 취학의 필요성을 설명하였으며, 제11장부터 제12장까지는 현재 학교의 결함을 지적하고 그 개선의 필요성과 가능성을 주장하였다. 제13장부터 제19장까지는 학교교육의 기술을 확립할 필요성과 그 일반원리를 논하였고, 제20장부터 제26장까지는 각 교과영역별의 교육기술론을 논술했으며, 제27장부터 제31장까지는 학교제도와 각 학교 단계의 학교관리 및 학교조직론을 각각 논급하였다.『대교수학』은 라틴어를 쉽게 학습할 수 있는 방법과 보편교육의 기초를 형성해 줄 수 있는 모든 지식을 개관하기 위하여 쓴 것이므로 교수방법학에 관한 탐구라 볼 수 있다.

모든 사람에게 모든 것을 가르쳐야

코메니우스는 **『대교수학』** 제27장에서 6년을 1기로 하여 전체 4기로 나누는 교육제도를 구상하였다. 그가 구상한 교육제도는 다음의 표와 같다.

단계	대상	연령	학교명
제1단계	유아기	1~6세	어머니의 무릎학교(Schola Materna)
제2단계	아동기	7~12세	모국어 학교(Schola Vornacula)
제3단계	소년기	13~18세	라틴어 학교(Schola Latin)
제4단계	청년기	19~24세	대학 및 외국여행(Academia)

인간교육의 4단계

제1단계는 유아기가 대상인 어머니의 무릎학교이다. 어머니 무릎학교는 통상적인 뜻에서의 학교가 아니라 6세까지의 어린이를 대상으로 하는 어머니에 의한 가정교육을 의미한다. 이 최초의 6년은 가정 또는 어머니의 무릎에서 시작하는 것으로 건강의 양호, 일상의 언어, 도덕 및 신앙의 기초, 자연계의 사실과 진리를 배운다.

제2단계는 아동기로 모국어학교(공립소학교)이며 이 시기 동안에는 모든 아동들에게 자국어의 교육을 시킬 것을 코메니우스는 주장했다. 자국어 다음으로 종교, 산수, 역사, 지리, 미술, 물리를 가르치도록 하였다.

제3단계는 소년기가 대상인 라틴어 학교이다. 이 라틴어 학교의 목적은 고대에서 수집한 지식을 이해·판단하도록 소년을 훈련시키는 것이었다. 그리하여 어학교육으로 자국어·라틴어·그리스어·히브리어를 가르쳤으며, 교육과정에 자유7학과(문법·수사학·변증법·산수·기하 천문학·음악)와 물리학·지리학·역사학·도덕·종교를 두었다.

끝으로 제4단계는 청년기로 대학 및 여행의 시기(아카데미)로 정립시켰다. 대학은 자기의 전공분야인 신학·철학·법학·의학뿐만 아니라, 모든 방면에 지식을 제공토록 했는데 특히, 여행과 고전을 중시했다.

어머니의 무릎학교

제1단계에서의 어머니의 무릎학교는 어린아이에게 심신의 형성에 있어서 어머니에 의한 가정교육이 얼마나 큰 의미를 지니고 있는가를 강조하고 있다. 이 점을 코메니우스는 어린아이의 교육에서 어머니의 무릎학교라고 명명함으로써 그 의미를 상징적으로 보여 주고 있다.

(2) 범교육론

그의 교육사상을 보다 잘 엿볼 수 있는 저서로서 『인간사물개선에 관한 일반담론』(*De Rerum Humanarum Emendatione Consultatio Catholica*, 1670)에 포함되어 있는 범교육론(Pampaedia)에서 '인산에게 전체에 대한 진정한 지식을 가르치는 것이며, 인간을 전체 내의 바른 위치로 인도하는 것'이라고 주장하고 있다. 그것은 다시 세계의 완성이 예수 그리스도의 재림에서 실현된다는 점에서, '재림할 예수 그리스도에 대한 기다림 속에서 인간을 세계의 정화(Heilung)에로 인도하는 것'이라고 말할 수 있다. 범교육론을 통하여 하나님은 인간에게 위임한 창조세계에 대한 자신의 계획들을 완성할 수 있고, 인간은 하나님과의 교제 가운데 축복을 누리게 되며, 사물은 인간에 의해 잘못 사용되어 버려지는 불행을 피하고, 온전한 질서의 회복을 통하여 하나님의 영광을 드러내게 됨을 설명하고 있다.

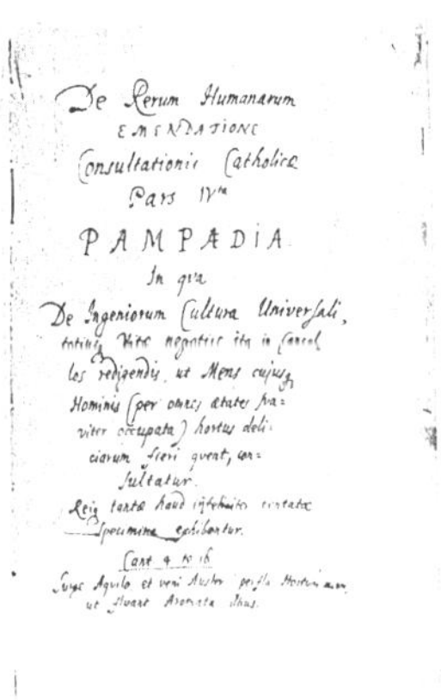

범교육론책

인간을 전체 내의 바른 위치로 인도하는 것.

코메니우스는 또한 범교육론에서 모두를 위한 교육인 **보편교육**과 요람에서 무덤까지 이어지는 **평생교육**의 중요성을 강조하였다.

> "부유하거나 권력 있는 자들이 자녀만이 아니라, 모든 사람들의 자녀들, 소년과 소녀, 귀족과 천민, 부자와 가난한 자를 포함하여, 모든 도시와 마을에서, 지적으로 약하거나 지능이 제한된 이들까지도 학교에 보내야 한다." "온 세상이 인류를 위한 학교이듯... 각 개인의 일생 또한 요람에서 무덤까지 하나의 학교이다." 『범교육론』 중에서

범교육론의 구성

범교육론은 다음과 같이 구성되어 있다.

서론 : 범교육의 본질과 의도 ······ I

본론 : 인간을 가르침이 어떻게 필연적이고, 가능하며, 용이한가를 제시하고 있다. 이 가르침은

모든 인류에게(Omnes) ······ II
전체를(Omnia) ······ III
철저히(Omnino) ······ IV
전체의 학교(Panscholia)와 ······ V
전체의 책(Panbiblia)과 ······ VI
전체의 교사들(Pandidascalia)의 ······ VII

요청에 따라서 해설되며, 모든 가르침이 각자에게 있어서, 생활연령에 따라 구분되거나 7개의 학교로 나누어져서 수행됨이 설명된다 :

1. 가능세계 : 탄생 전 태내의 학교(태중) ······ VIII
2. 원형세계 : 영아학교(가정 : 0~6세) ······ IX
3. 천사세계 : 아동학교(마을 : 7~12세) ······ X
4. 자연세계 : 소년세계(도시 : 13~18세) ······ XI
5. 문화세계 : 청년학교(국가 : 19~24세) ······ XII
6. 윤리세계 : 성인학교(25세 이상) ······ XIII
7. 정신세계 : 노인학교(노인이 사는 곳) ······ XIV
8. 영원세계 : 사망학교 ······ XV

결론 : 범교육계획의 지극히 축복 가득한 내용에 대한 시사 ···· XVI

범교육론의 체계

이상의 내용들은 정연한 체계에 의해서 구성되어 있음을 알 수 있다. 작품 전체는 크게 세 부분으로 구분된다. 우선 제1장은 도입 부분으로 Pampaedia 전체의 내용들과 그 기본배경을 밝히고 있다. II, III, IV장은 첫 부분으로, 코메니우스 교육학의 기본원리인 "모든 사람이, 전체를 통하여, 철저히, 완전으로 인도되어야 함"을 각각 그 필연성, 가능성, 용이성의 준거에서 논의하고 있다. V, VI, VII장은 둘째 부분으로, 이러한 기본원리들을 수행하기 위해 요청되

는 시설, 수단, 인간, 즉 학교, 책들, 교사들에 대해서 다루고 있다. VIII장에서 XV장까지는 마지막 세 번째 부분으로, 이상의 기초에 의하여 8개의 삶의 학교들에 따른 교육목적, 교육내용, 교육방법 등에 대해서 논의하고 있다.

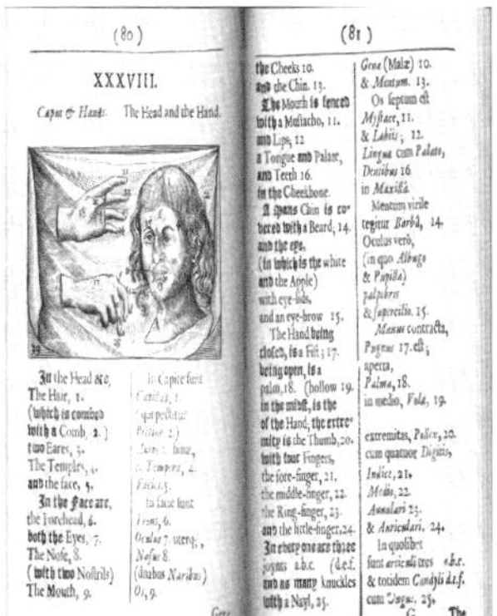

세계도회

(3) 세계도회

세계도회는 시청각교육과 라틴어(외국어)학습을 결합시키고자 한 시도였다. 각 절 첫머리에 그림이 제시되었다. 그리고 그 아래 그림 가운데 보이는 세세한 사물에 언급했다. 이 책은 괴테를 비롯한 수많은 사람들에 의해서 사용되었다. 따라서 그 영향의 결과는 코메니우스의 역저인 『대교수학』은 그다지 알려지지 않았으나 『세계도회』는 **유럽 전체에 널리 알려졌다**. 교과서에 그림을 사용했다는 것만으로는 당시에 있어서도 그리 신기한 일이 못되었다. 그러나 **라틴어학습을 쉽게 하기 위한 심리학적 배려**가 포함되었다는 점에서는 혁신적인 것이었다.

이 책에 포함된 항목은 다음과 같다.

서문으로 시작해서 1. 신 2. 세계 3. 하늘 4. 불 5. 공기 6. 물 7. 구름 8. 대지 9. 대지와 농작물 10. 금속 11. 돌 12. 나물 13. 과수 14. 꽃로 시작하여…… 중략…… 144. 종교 145. 이교 146. 유대교 147. 기독교 148. 마호매트교 149. 신의 섭리 150. 최후의 심판까지 150항목 그리고 결론으로 끝맺고 있다.

3) 교육내용 및 방법

코메니우스는 유아의 놀이를 중요한 교육내용으로 보았다. 그는 행함으로서의 학습을 주장하고, '활동적인 생활이 참다운 생활이다.

어린이들의 활동과 감각을 중요시함.

나태함은 살아 있는 인간의 죽음이다. 우리들은 활동하기 위하여 태어났다'라고 말하였다. 이러한 입장에서 보듯이 코메니우스는 어린이의 놀이를 중요시 했음을 알 수 있다.

코메니우스는 자신의 유명한 저서 중의 하나인 『세계도회』의 서문에서 '**감각에 존재하지 않고 지성에 존재하는 것은 하나도 없다**'라고 하여 감각적 직관을 강조하였다. 그래서 이 『세계도회』는 사물과 언어, 그리고 문자를 통합하여 짧은 시간에 흥미 있고 정확한 지식을 감각에 의해 얻으려는 데 목적이 있다. 따라서 학습은 감각적인 것을 통하여 가장 잘 성취된다고 하였으며 감각교육은 모든 학습에 기초가 된다고 하였다. 그러므로 어린이 지능 바로 앞에 놓여 있는 것은 실물이어야 하며, 실물의 그림자이어서는 안 된다고 하였다(김제한·곽노의, 1992). 어린 시기에는 의식과 상상력의 감명을 만들 수 있는 명확하고 참다우며 유용한 것들을 필요로 한다. 그러나 실물이 닿을 수 있는 범위 내에 놓여 있을 때, 아동은 감각기관 및 이미지의 흔적을 남길 수 있다. 이것이 바로 교사가 채택해야 할 황금률이다. 가능한 한 어린이의 의식이 굳기 전에 모든 것이 자리잡혀야 한다. 시각적 자극은 눈앞에, 청각적 자극은 귀 앞에, 냄새는 후각 바로 앞에, 촉각적, 미각적 자극은 바로 촉각 및 미각 앞에 놓여져야 한다. 만약 한 대상이 일시에 여러 감각적 흔적을 남기려면 그 대상은 여러 번 이들 감각과 접촉해야 한다(Comenius, 1967).

또한 코메니우스는 교육이 조기에 실시되어야 한다고 믿었다. 갓 태어난 어린 생명체는 잘 휘어져서 형체를 만들 수 있으나, 그 생명체가 단단히 굳어지게 되면 변화시키기 어렵다. 이런 것이 자연법칙이다. 왁스도 부드러울 때 쉽게 모양이 잡히고 형태를 낼 수 있다. 그러나 일단 굳으면 쉽게 깨진다. 묘목도 이러한 방법으로 심고, 이식하고, 베어내고, 구부러뜨릴 수가 있다. 그러나 그것이 한 나무로 성장하면 이러한 과정은 불가능하다(Comenius, 1967).

조기교육의 의의에 관한 코메니우스의 인식은 오늘날 미국의 헤드스타트(Head Start) 프로그램 속에서도 잘 반영되어 있다. 이 프로그램은 초기자극을 중시하며 교육과정에서 부모역할을 강조하고 있다.

자연적 순서에 따르는 교육과정 진행

코메니우스의의 기본적인 신념 중의 하나는 인간 본성에 대해 성악설보다 **성선설**을 믿고 있다는 것이다. 그는 자유, 기쁨, 즐거움이 포함된 긍정적인 학습경험으로서 교육을 관찰했다. 그는 사악하게 될 인간 본성을 통제하기 위해 엄격하고 권위주의적 분위기에 바탕을 둔 훈육식 교육을 극구 반대하였다. 현대적 교육 용어로 다시 표현하면, 아동은 자발적이고 자율적인 활동이 허용되는 개방적 학습 장면에서 더 잘 학습한다는 것이다.

코메니우스의 또 다른 기본적인 신념은 교육은 인간 본성의 **자연적 순서**에 따라 진행되어야 한다는 것이다. 이 자연의 순서는 성장과 학습을 위한 일정표를 암시하고 있다. 어린이가 학습이 준비되어 있기 전, 혹은 가르침이 필요한 시기 전에는 강제로 교육을 해서는 안 된다는 것이다. 코메니우스는 다음에 열거하는 자연적 순서에 따라 교육과정이 진행된다면 학습이 쉽게 될 것이라고 하였다(Comenius, 1967).

① 마음의 순수성을 잃기 전에 일찍 학습이 시작될 때
② 마음에 무엇을 받아들일 준비가 되어 있을 때
③ 교육과정이 일반적인 것에서 구체적인 것으로 진행될 때
④ 모든 경우에 있어서 진행을 서두르지 않을 때
⑤ 학생들에게 너무 많은 과목으로 지나친 부담을 주지 않을 때
⑥ 학습내용이 쉬운 것에서 어려운 것으로 진행될 때
⑦ 아동의 본성에 흠이 가지 않도록 연령에 적합한 내용과 방법을 사용할 때
⑧ 모든 것을 감각기관의 매체를 통해 가르칠 때
⑨ 학습된 것을 계속적으로 사용하도록 할 때
⑩ 모든 학습이 같은 방법에 의해 일관성 있게 가르쳐질 때

규칙보다는 사례를 중시

위와 같은 교육원리들이 적용될 때, 교육은 쉽고 유쾌하게 이루어질 수 있다. 코메니우스의 교수방법론은 경험주의에 입각한 심리학적인 원칙을 기본으로 삼고 있으며 규칙보다는 사례를 중시할 것을 주장해 현대과학과 심리학에 관련된다. 이로써 그는 **근세교육의 역사상 직관주의교육의 창시자**로서 불후의 존재로 널리 알려져 있다.

코메니우스는 현대 아동교육의 개척자로서 어린이의 능력과 개성을 중시하여 '어린이는 어른의 장난감이 아니기 때문에 옛날의 습관을 그대로 지킬 것을 어린이에게 강요하는 것은 결코 좋은 교육방법이 아니다'라고 역설하였다. '신의 선물'인 어린이를 어머니가 중심이 되어 보호·지도하여야 한다는 그의 주장은 가정교육론의 입장에서 보면 페스탈로치나 프뢰벨보다 더 앞섰다고 볼 수 있겠다.

이상과 같은 코메니우스에 대한 이해를 통해서 우리는 그의 근대교육에 미친 지대한 영향력을 높이 평가해야 할 것이다.

제VI장

18세기의 유아교육

1. 계몽주의와 교육

가. 시대적 배경

나. 계몽주의 교육의 특징

2. 대표적인 유아교육사상가

가. 로크(John Locke,1632~1704)

나. 루소(Jean Jacques Rousseau,1712~1778)

1. 계몽주의와 교육

가. 시대적 배경

전통을 떠난 비판적·합리적 태도

18세기를 계몽시대라고 한다. 역사적 사건으로 구분한다면 1688년 영국의 명예혁명으로부터 1789년 프랑스 시민혁명에 이르는 시대이다. 그 이전의 17세기도 넓은 의미에서는 계몽주의시대에 포함시킬 수 있다(한기언, 1980). **계몽**(Aufklärung, enlightenment, illumination, intellectuelle)이란 그 언어적 의미에서 나타나듯이 모든 전통의 구속을 벗어나 자유로우며 선입견에 구애됨 없이 사고방식·학문·종교·도덕 등 모든 것에 대한 비판적·합리적인 태도를 보급시켜서 일반 민중의 질적 수준을 높이는 것을 말한다.

계몽사상이란 인문주의, 종교개혁 운동, 자연과학의 발달 등을 그 바탕으로 형성된 사회개혁사상을 뜻하며 이는 인간과 **인간이성**에 대한 신뢰를 바탕으로 개인의 존엄과 가치를 모든 종류의 권위에 우선하여 강조하며, 사회나 제도는 개인에 대하여 이차적인 것으로 간주한다.

개인의 자연적 이성을 중시하는 자유주의

이 사조는 18세기의 유럽을 지배한 사상으로, 자유롭게 지각된 개인과 이성 및 지성존중의 정신을 전제조건으로 하여 지식의 근원을 '**책에서가 아니라 자연에서, 전통에서가 아니라 경험을 통해서, 고전에서가 아니라 관찰과 실험을 통해서**' 구해야 한다고 주장한다.

계몽사상가들은 인간이 타고난 이성을 계발하여 합리적인 판단을 할 수 있게 하며 이를 통해 사회를 개조하고 역사적 진보를 이룰 수 있다고 보았다.

이러한 합리적인 사고를 바탕으로 종교에서는 이신론(Deism)이 대두되었다. 이는 신에 의해 세계창조는 허용하지만 다른 한편 자연법칙도 신의 본성에 기인하는 것이라고 하여 일차적으로는 자연이 창조된 이상, 그것 자체의 법칙에 따라서 움직이는 것이라고 하며,

따라서 기적을 부정하는 점에서도 분명히 자연과학의 영향이 작용한 것이다(한기언, 1980). 계몽주의 사상이 교육에 미친 영향으로는 크게 개인주의, 합리주의, 자연주의, 과학적 실리주의, 실증주의적 사고의 확산을 들 수 있다. 이 시기에는 자유주의(liberalism)가 지배적인 정치사상이었고, 인성론에서도 새로운 견해가 출현하여 아동 교육관에 영향을 끼침으로써 인간의 본성은 악하다는 중세기적인 입장을 배격하였다.

계몽주의 시대에 대두된 이신론(Deism)은 신앙과 이성의 조화를 강조하며 17~18세기 계몽주의 철학자들 사이에서 널리 퍼졌던 종교적 사조이다. 이신론은 자연과 인간 이성을 통해 신의 존재를 이해하려는 접근 방식을 취하며, 종교적 권위와 교조적 신앙을 비판하였다. 이신론의 핵심 특징은 다음과 같이 크게 네 가지로 정리할 수 있다.

첫째, 이신론은 자연 신학(Natural Theology)을 기반으로 신의 존재를 증명하려 하였다. 신은 세상을 창조한 존재로 인정하되, 창조 이후 세상에 직접 개입하지 않는다고 보았으며, 이는 종교적 기적이나 계시를 부정하는 태도로 이어졌다. 자연 세계와 인간 이성을 통해 신을 이해하려는 합리적 접근을 중시하였다.

둘째, 이신론은 계몽주의 철학의 중심이었던 이성과 합리주의를 종교적 믿음에 적용하였다. 성경과 교회가 강조하던 신비적 요소보다는 논리적이고 과학적인 방법으로 신을 이해하고자 하였다. 이러한 태도는 종교적 권위를 배격하고 인간의 이성적 판단을 종교적 신념의 기준으로 삼으려는 시도로 나타났다.

셋째, 이신론은 종교적 관용을 강조하였다. 특정 종교나 교파에 얽매이지 않고 종교적 다양성과 관용을 주장하였으며, 종교적 도그마와 제도화된 종교를 비판하였다. 이들은 개인의 신앙 자유를 중요하게 여기며 종교적 억압보다는 자유로운 신앙의 실천을 지향하였다.

넷째, 이신론은 윤리적이고 도덕적인 삶의 중요성을 강조하였다. 인간 행동이 신의 뜻에 따라 자연법을 따르는 것이라 보았으며, 단순히 종교적 의식을 따르는 것보다 윤리적 삶을 실천하는 것이 더 중요하다고 믿었다. 이러한 관점은 도덕적 삶과 종교적 신념의 조화를 이루는 데 초점을 맞추었다.

대표적인 이신론 사상가로는 볼테르, 존 로크, 그리고 토마스 제퍼슨이 있다. 볼테르는 기독교의 기적과 성경의 권위를 비판하며 이성을 통해 종교를 이해해야 한다고 주장하였다. 그는 신의 존재를 인정하였으나, 교회의 권위주의적 태도를 거부하였다. 존 로크는 인간 이성과 자연법에 기반한 종교적 자유를 주장하며, 종교적 신념은 개인의 이성적 판단에 따라 결정되어야 한다고 보았다. 토마스 제퍼슨은 미국 독립선언서를 작성하며 이신론적 세계관을 반영하였고, 신앙과 이성을 결합한 실용적 관점을 지니고 있었다.

이신론은 계몽주의와 함께 현대 서구 민주주의의 기반이 된 개인의 자유, 종교적 관용, 인권 사상을 강화하였다. 또한, 자연과학과 철학적 사고의 발전에 기여하며 종교적 논의를 새로운 지평으로 확장하였다. 그러나 이신론은 신의 개입을 부정함으로써 전통적 종교와 충돌하였고 신앙의 구체적 체계를 약화시킨다는 비판을 받았으나, 합리적 사고와 종교적 관용을 결합하여 현대 철학과 과학, 그리고 민주주의에 큰 영향을 미친 사상으로 평가된다.

나. 계몽주의 교육의 특징

합리주의 정신과 인간이성에 역점을 두고 있는 계몽주의의 교육목적은 다음과 같다. 첫째, 인간이성의 자유를 속박하는 종교·정치·사회의 모든 권위적 구속을 제거하는 데 그 목적을 두고 있다. 이것은 인간이 스스로 생각하고 모든 사물을 그들 자신 이성의 힘으로 판단할 수 있게 하는 데 목적을 둔 것이다. 둘째, 개인의 입장을 주로 취하여 개성을 존중하는 풍조가 생겼고 경험을 존중하고 사실에 입각하는 교육을 중히 여겼다.

합리적 판단을 위한 철학과 자연과학

그리하여 교사의 계몽사조에 의한 자각이 촉구되었고, 아동의 개성을 존중하고, 자연적으로 교육할 것이 요구되었다. 이러한 교육목적을 달성하기 위한 교육내용은 합리적인 것만으로 구성해 철학이 가장 가치 있는 교과목으로 인정되었다. 특히, 대학에서는 철학과 자연과학적 지식이 중요한 위치를 차지하게 되었다.

조기교육과 가정교육의 중시

이 시대의 대표적인 인물로는 로크(John Locke, 1632~1704)와 루소(Jean Jacques Rousseau, 1721~1778)를 들 수 있다. 로크는 인간은 악하지도 선하지도 않은 존재라는 백지설을 주장하였다. 이것이 유아교육에 큰 영향을 주게 되었는데, 어린이의 마음은 물과 같아 기울이는 데로 쏠린다고 하여 조기교육을 중요시하였다. 교육방법에 있어서도 체벌보다는 부모의 모범을 강조하였다. 체벌은 어린이를 비굴하거나 성질을 나쁘게 만들기 때문에 오히려 정신적 위엄으로써 교육하여야 한다고 하였다(김옥련, 1990). 그리고 학교 교육에서는 개성을 식별하여 지도하기 어렵기 때문에 가정교육을 더 중요시하였다.

그러나 로크는 교육의 기회균등에 대해서 소홀히 한 경향을 엿볼 수 있다. 『빈민아동을 위한 노동학교안』(*Plan for the working school for the poor children*)에서 근로자의 어린이는 유아기부터 노동에 습관을 들이고, 사려 깊고 근면한 어린이로 기르려 하였으며, 상류계급의 유아는 가정에서, 노동자의 유아는 탁아소에서 교육시켜야 한다는 차별적 교육제도를 제시하고 있다(김옥련, 1991).

루소는 자연주의교육의 대표자이다. 그는 어린이를 독자적인 존재로 인정해야 한다고 주장하였다. 이러한 그의 사상은 페스탈로치나 프뢰벨 등에 영향을 주었다.

근본적으로 인간은 선하다는 인성론의 입장에 서며 어린이의 자연적인 성장이나 발달은 무시하고 불확실한 미래를 위해 현재를 희생시키는 교육을 해서는 안 된다고 주장하였다.

어린이는 자연적 성장과 발달에 알맞게 교육받아야 한다.

당시에는 어린이에게 어른처럼 옷을 입히고, 어른처럼 행동하도록 가르쳤다. 즉, 어린이를 성인의 축소판(miniature adult)으로 보았던 것이다. 그는 어린이도 자유와 권리가 있으며, 어린이답게 교육을 받아야 한다고 주장하였다. 유아교육은 성인이 된 후의 이익을 위해 준비하고, 장래를 위해 현재를 희생시키는 것이 아니라 현재를 충실하게 살게 하는 데 있다는 이른바 생활준비설을 부정하였다(김옥련, 1991).

성인의 축소판

루소에 의하면 교육이란 신체의 기능이나 기관의 내부적인 발달을 돕는 것에 있다고 보았으며 유아교육이란 사물에 관한 여러 가지 경험에 의한 교육이어야 하며, 유아들은 감각훈련이 중요하다고 하였다.

2. 대표적인 유아교육사상가

가. 로크(John Locke, 1632~1704)

1) 생애와 업적

John Locke, 1632~1704

1632년 8월 29일 영국의 남서부 서머셋셔(Somersetshire)의 링톤(Wrington)에서 법률학자의 아들로 태어났다. 생애를 통하여 몸이 약했는

청교도인 부친과 공중학교의 고전교육

옥스퍼드 대학 데카르트철학과 자연과학에 몰두

데도 불구하고 섭생의 결과 정치적 활동과 학구생활을 할 수 있었다. 그는 일찍이 어머니가 사망하게 되어 여성의 감화를 거의 얻지 못했다. 검소하고 말이 별로 없었던 청교도인 부친은 어린 로크를 엄격하게 대했으나 그가 성장하면서는 친구처럼 대해여 자녀교육에 각별한 관심을 가졌다. 이러한 태도는 로크의 체험 속에 승화되어 후에 그의 교육론의 근간을 이루게 되었다. 14세(1646)때 웨스트민스터 공중학교(Westminster Public School)에 입학하여 공식적인 교육을 접하게 되었는데 학교의 엄격한 고전교육은 지나친 형식주의에 대한 반감을 불러일으켜 학교 교육에 대한 비판의 근간이 되었다. 1652년 20세에 옥스퍼드 대학에 진학하여 신학과 그리스어를 수학하고 1658년에 문학사의 학위를 받고 모교에서 강사로 있으면서 데카르트(Descartes, 1596~1650)의 철학과 자연과학에 몰두하여 후에 그가 근대의 학자로서 진로를 개척할 계기를 마련했다.

그는 정밀과학에 흥미를 가지고 의학 및 자연과학에 대해 연구도 하였다. 이는 그의 **경험주의**(empiricism) 철학사상과 실학주의적 교육사상에 영향을 미치는 계기가 되었다. 그러는 동안(30세, 1661) 부친을 여의고 얼마 후 단 하나뿐인 동생도 일찍이 떠났다(한기언, 1980). 가족 모두 병으로 인하여 죽어 고아가 된 로크는 33세(1665)에 외교관의 비서로서 베를린에 1년간 머무르면서 정치·경제학을 연구하였고, 귀국해서는 몸이 약했기 때문에 의학에 전념하게 되었다.

정치·경제학 의학·철학

1667년 휘그(Whig)당의 당대표 샤프트베리(Earl of Shaftbury, 1621~1681) 백작을 알게 되어 샤프트베리가의 의사로서, 신우로서, 조언자로서, 가정교사로서 생활하게 되었다. 이를 계기로 로크 생애에 결정적인 영향을 끼치게 되는데, 이때 정치와 철학에 대한 논고, 과학에 관한 탐구가 본격적으로 가능하게 되었다.

정치적 망명생활과 저술활동

1673년 정치적 상황의 급변으로 샤프트베리가 물러나게 되고 로크는 건강 등의 문제로 프랑스로 망명했을 때, 그의 대표적 철학저서인

『인간오성론』을 완성시켰다. 그 후 1685년 네덜란드 망명시에도 대표적 교육저서인 『교육에 관한 고찰』의 일부를 집필하였다. 1700년 런던에 돌아올 때까지 로크는 정치망명생활을 하게 되었는데 이 시기에 학문적으로 많은 저서·논문을 저술하고 1704년 10월에 타계하였다.

로크의 철학사상에 관한 저술로는 『인간오성론』(*An Essay Concerning Human Understanding*, 1690~1700까지 4판 간행), 『오성작용에 관해서』(*On The Conduct of The Understanding*), 종교사상의 연구로는 『종교관용에 관한 서한』(*Letter Concerning Toleration*, 1689), 『기독교의 합리성』(*Reasonableness of Christianity*, 1695), 정치이론서로는 『민정이론』(*Two Treaties of Civil Government*, 1690), 교육에 관한 유일한 연구로는 『교육에 관한 고찰』(*Some Thoughts Concerning Education*, 1693) 등이 있다.

2) 로크의 사상과 교육활동

교육목표는 신사의 육성

로크의 교육사상은 『교육에 관한 고찰』(*Some Thoughts on Education*)에서 잘 나타나 있는데 그의 교육목표는 신사를 육성하는 데 있었다. 특히 그는 인간의 본성은 환경에 따라 이렇게도 저렇게도 쓰여질 수 있는 '**백지설(tabula rasa)**'을 주장하였다. 즉, 인간의 마음은 마치 백지와 같고, 깨끗하게 닦여진 칠판과 같으므로 이 백지 위에 새겨지는 아동의 **경험 하나하나는 그의 인간형성에 중요한 요소가 된다**는 전제 하에 조기교육의 중요성을 강조하였다.

조기교육과 가정교육을 강조

또한 로크는 학교에는 많은 어린이들을 한 교실에 모이게 하여 교육하는 학교 교육이 개개인의 개성을 충분히 식별하여 적절히 지도하는데 부적절하다고 지적하고 있다. 또 학교에서 어린이들은 교사의 눈이 닿지 않는 곳에서 나쁜 장난, 교활한 짓을 하고, 결코 선량한 신사로서의 자격을 갖추기 곤란하기 때문에 아버지 곁에서 여러 손님이 올 때마다 인사시키고 그들의 행동이나 대화에서 배우게 하고, 또한 훌륭한 가정교사 밑에서 좋은 교육을 받으면 유덕하고 교양이 있는 인물로 키울 수 있다고 하여 학교 교육보다 가정교육을 중시하였다.

로크는 좋은 신사란 민주적이며 시민사회의 실질적인 구성원으로서, 스스로의 경험과 이성에 의해서 판단하고 행동할 수 있으며 자유, 자율할 수 있는 근대적 개인으로서 묘사하고 있다.

스스로 판단·행동하는 시민사회의 신사가 되려면 덕, 지혜, 예의, 학예를 갖추어야

그는 교육목적을 신사양성에 두었으며 그 신사가 갖추어야 할 자격으로 네 가지를 들고 있다. 첫째, 덕성(Virtue)으로 "신에게 기도하는 습관을 들여놓음으로써 미덕에 대한 기반을 닦아 놓은 다음에 할 일은 그가 진실만을 말하고 좋은 성품을 지닐 수 있게 함이다." 라고 했듯이, 신을 믿고 진리를 말하며 사랑과 친절로서 사람을 대해야 한다고 보았다. 둘째, 실천적 지식(Wisdom)으로 이는 착한 성품과 마음, 경험을 조화시킨 산물로써, 생활을 유능하게 하기 위하여 아이들이 도달하여야 할 덕목으로 보았다. 셋째, 예의(breeding)는 타인에게 폐를 끼치지 않는 마음자세와 자기기질을 유쾌하고 수용될 수 있는 방법으로 표현하는 것이 요구되는 것으로써, 타인에 대응하는 언어와 행동의 습관을 생활화해야 함을 강조했다. 넷째, 학습(learning), 즉 지식 자체만을 목적으로 하는 교육은 잘못된 것으로 보고 덕을 쌓고 사색을 깊게 하는 데 필요한 수단으로써 교육을 보았다. 이 밖에 승마, 운동, 취미, 작업, 여행 등에 대하여 교육적 가치가 있음을 강조하였다(Fullev, 1959).

좋은 환경이 될 인물들과 함께 스스로 뉘우치는 방법으로

또한 로크는 환경을 매우 중요하게 여겨 인물은 환경에 의하여 양성된다고 생각하였다. 따라서 어린이의 주변에는 성실하고, 친절하고, 근면하고, 명석하고, 자제심이 있는 인물들이 있어야 하며, 어린이는 그 인물을 존중하고 영향을 받아야 한다는 것이다. 또 하나의 교육방법으로는 수치심을 이용하여 어린이가 나쁜 행동을 하였을 때 당장 그 행동을 힐책하는 것보다 어린이로 하여금 스스로 그 행동이 나쁜 행동

이었다는 것을 마음속에서 뉘우치도록 하여 수치심으로 깨닫게 하는 것이 좋다고 하였다.

로크는 교육내용을 그의 저서『교육에 관한 고찰』에서 체육론, 덕육론, 지육론, 심의론의 네 가지로 논술하고 있다.

체육론

체육론에 대하여는 첫 장에서 '건전한 신체에 건전한 정신(A sound mind in a sound body)이라고 쓰고 있는데, 이것이 로크의 체육론에 대한 이상적 인간상을 대표하는 말이다. 이것은 로마인들이 즐겨 쓰던 경구를 뒤집어 놓은 말로써 먼저 인간은 건강해야 한다는 것이다. 체육론에서 로크는 건전한 정신과 건전한 신체는 연마에 의해 저항력을 기르는 것이라고 생각했다. 그 방법을 자세히 기술하면 다음과 같다.

> ① 겨울이건 여름이건 옷을 얇게 입혀 추위와 더위에 대한 저항력을 길러야 한다.
>
> ② 의복은 외관을 중시하지 말고, 활동하기 편리하도록 만들어야 한다.
>
> ③ 음식물은 빵과 우유가 가장 좋으며, 쓰고 매운 것이나 독한 술은 마시면 안 된다.
>
> ④ 약은 되도록 적게 사용하며, 가능하면 안 쓰는 것이 좋다.
>
> ⑤ 침대는 딱딱한 편이 좋다.
>
> ⑥ 충분한 수면을 취하는 것이 좋다. 일찍 자고, 아침 일찍 일어나는 습관을 기르는 것이 가장 유익하다.

위 내용에서 볼 수 있듯이, 로크가 주장하는 건강은 개인주의적 원리에 입각한 욕망추구를 가능하게 하고, 동시에 신사로서 국가 사회의 일정한 책임을 완수하기 위한 신체의 기본적 요건으로서 그 완전한 상태를 뜻하고 있다(김규성, 1993).

덕육론

덕육론에 대하여는 지육(智育)의 선행조건으로써 덕육을 중요시하였다. 로크는 신체가 정신의 명령에 따라서 실행될 수 있도록 체력과 활동력을 유지하기 위해서 적절한 배려가 이루어져야 한다고 말한다. 로크는 덕육에 앞서 골격이나 근육이 건강하고 활력이 넘치는 아동이어야 하며 그 자체가 이미 교육적 배려의 소산이었다. 그러므로 아동은 무엇보다 강건해야 한다고 보았다. 자기 개인에게 용인된 자기애를 바탕으로 자기 보존추구의 자유를 최대한으로 실현하고자 한다면, 인간활동의 기반이 되는 강건함은 더 확대되어야 할 것이다. 이것이 로크 교육론의 대전제이다.

그 후에 덕육의 목적은 자신의 욕망을 억제하고 이성에 따라 행동하도록 하는 데 있다. 즉, 의지의 도야에 중점을 두어 성욕을 억제하고 아동에게 자연으로부터 주어진 도리에 맞는 행동을 할 수 있도록 하는 데 두었다. 로크는 덕육론의 방법을 다음과 같이 설명하고 있다.

> ① 이성이 발달되기 전의 아동은 부모에게 복종하는 행동이 필요하다. 따라서 부모의 권위는 확립되어야 한다.
> ② 지혜롭고 유덕한 인간이 되기 위하여 자기의 욕망을 억제할 수 있는 힘을 배워야 한다.
> ③ 예법은 외형으로 갖추는 것보다 마음으로부터의 친절과 겸손이 표현되었을 때 가치가 있다.
> ④ 예법을 기르기 위하여 체벌은 삼가해야 한다. 그보다 신뢰심과 존경심으로 교육해야 한다.

지육론

지육론에 있어서 지육 그 자체를 목적으로 하는 교육은 배척되어야 한다고 하여 지식은 오로지 덕을 쌓고 사색을 깊게 하는 데 필요한 수단이어야 한다고 하였다. 지육의 목적은 다만 신사에 필요한 교양을 의미한다. 로크 자신은 지육이란 말로 표현할 수 있는 것을 학습(learning)이라는 말로써 독자적인 내용을 담고 있다. 읽고, 쓰고, 셈하는, 즉 학습의 필요는 인정하지만 주된 일은 아니라고 한다.

로크는 가정교육론이라는 성격 때문에 체계적으로 학습을 정의하고 있지는 않지만 그것에 포함된 의미를 크게 세 가지로 나눌 수 있다.

① 신사가 되기까지에 필요한 학과목의 선택과 검토, 초급 입문에서부터 중급, 상급단계의 배열과 학습계획
② 부모와 가정교사가 지도하는 교수원칙과 아동의 심리적 특성
③ 젊은 신사의 자학자습을 위한 안내서 등이다.

지육 일반에 대한 교육내용을 보면 먼저 모국어인 영어를 읽고, 쓸 수 있는 가치를 강조하였다. 그 다음으로는 프랑스어, 라틴어, 미술, 지리, 역사, 수학, 박물, 자연철학, 의학, 수사학, 논리학, 그리고 무용, 취미, 오락, 여행 등과 같은 실제적 학과목을 부과할 것을 강조하여 백과전서적인 학과목은 모두가 신사를 양성하는 데 필요한 것이라 하였다.

어린아이의 학습에 있어서 작은 실수를 하나하나 자세하게 지적하여 아이가 의욕을 잃게 하거나 또 집중력이 모자란다고 질책해서는 안 된다. 일반적으로 질책을 해서 주의를 집중시키려고 하는 것이 가장 효과적인 방법인 것처럼 보일지 모르나 실제로는 어린아이의 마음에 두려움과 흥분된 감정으로 가득 채워 더욱더 학습을 곤란하게 해버리고 만다. 따라서 로크는 질책을 통해 교육을 하려고 하는 것은 흔들리는 판자에 글씨를 쓰는 것과 같이, 기대한 바의 성과를 이루기 어렵기 때문에 현명한 부모나 교사가 취하여야 할 교육방법은 아니라고 하였다(팽영일, 1994). 그러므로 자녀의 자유로운 생활을 존중하고, 그 좋은 점을 소중하게 육성하며, 어떠한 나쁜 습관이라 하더라도 조용하게 교정하여 제거하고 자녀의 좋은 습관을 키워 주는 가정교사를 채용하는 것이 중요하다. 기본적 문법지식의 실력을 갖도록 하는 것을 전제로 한 라틴어교수와 동시에 아동의 성격형성에 관심을 갖는 것을 가정교사의 좋은 덕목으로 보았다.

심의론

끝으로 **심의론**을 살펴보면, 아동의 마음은 출생 시의 백지와 같다는 것을 믿었다. 즉, 마음의 본래 상태는 아무 성질도 관념도 없는,

또 아무것도 쓰여 있지 않는 석판과 같은 것이라고 보았다. 아무것도 쓰여 있지 않고, 어떠한 생각도 들어 있지 않는 백지에 글자가 쓰여지고 생각이 들어가게 되는 것은 바로 경험으로부터이며 모든 경험은 감각에서 온다고 한다. 로크의 철학저서인 『인간오성론』에서 모든 지식은 감각경험의 사실관찰로부터 나온다는 이론을 제시했다. 그는 출생 때의 인간의 상태는 백지나 비어 있는 판자와 같다고 가정하면서, 학습은 그 이후로 감각을 통해서 얻어지는 인상이라고 서술했다.

어린이의 호기심과 놀이를 중시함.

로크는 체육에 있어서는 단련주의, 훈육에 있어서는 명예를 존중하였고, 지육에 있어서는 조기교육을 강조하지만 강제적인 주입식교육을 배제하고, 호기심을 중요시하고 학습의 오락화를 역설하고 있다. 그는 어린이들의 순수한 놀이를 중요하게 평가하여 교육적 지도의 필요성을 강조하였고 이것은 그의 경험론과 아울러 18세기의 교육에 큰 영향을 끼쳤으며, 특히, 계몽주의 교육철학에 지대한 영향을 미쳤다.

나. 루소(Jean Jacques Rousseau, 1712~1778)

1) 생애와 업적

루소는 18세기 계몽사상의 대표적인 인물로 1712년 6월 28일 스위스 제네바(Jeneva)에서 시계공인 아버지 이자크 루소(1672~1747)와 어머니 슈잔느 베르나르(167 3~1712)사이에서 차남으로 태어났다. 어머니는 1712년 7월 4일 사망하게 된다. 어머니를 여읜 어린 루소는 홀아버지의 손에 의지하는 수밖에 없었다. 아내를 여의고 감상에 젖은 아버지 곁에서 유년시절을 맞은 루소는 『플루타아크 영웅전』이나 감상적인 소설 등을 어린 나이임에도 읽었을 뿐, 정상적인 교육을 받을 기회를 갖지 못하였다.

Jean Jacques Rousseau, 1712~1778

루소가 10세 때에는 아버지가 뜻하지 않은 일로 육군 대위와의 분쟁에서 공정치 못한 법적 판결을 받게 되자, 이에 분개하여 명예와 자유가 유린되는 조국을 등지게 되었다.

루소는 백부의 소개로 자연이 아름다운 보세에 있는 람베르샤(Lambercier, 1676~1738) 목사에게 2년간 의탁되었다. 그가 후일 자연을 찬미하고 인간의 본성을 선이라고 보는 사상적 태동이 바로 이곳 생활에서 시작되었다고 한다. 16세가 되어 여러 곳을 방랑하다가 1741년, 파리에서 제작활동을 하던 중 한 신부의 소개로 바랑(Mine de Warens, 1699~1762)부인을 알게 되었다. 이것은 루소의 생애에 중대한 모멘트가 되었고, 또 이 시기는 루소의 성격을 결정지을 만큼 그의 일생에 지대한 영향을 주었다.

목사에게 이탁되어 자연 속에 성장함.

바랑부인의 집은 루소에게 있어서는 마음의 고향이었으며 모성애를 느낄 수 있었다. 바랑부인 집에 있는 동안 신학교에 가서 라틴어와 음악공부에 열중하기도 했다. 바랑부인의 따뜻한 보호를 받으면서 음악, 고전 등, 학문연구에 조용한 시간을 보낼 수가 있었다.

루소는 홀로 독서하기를 좋아하였다. 그 성과는 놀라운 것이었다. 수학, 화학, 식물학, 천문학 등 자연과학뿐만 아니라 역사, 문학, 음악 등에도 열중하여 지식과 아울러 덕성을 기르는 데도 소홀함이 없었다. 1745년 3월 하숙집 하녀였던 23세의 테레즈(Marie Thérése le Vasseur, 1721~1801)와 결혼하여 다섯 자녀를 두었으니, 차례로 위딕 시설에 맡김으로써, 자기 스스로 자녀를 교육시킨 경험은 전혀 없다.

1745년 7월 오페라『사랑의 뮤즈들』을 완성하였고, 1750년에 디종 아카데미의 현상논문인 "학문과 예술론"(Discours sur les sciences et les arts)이 당선되어 그의 명성이 프랑스 전역에 퍼졌다. 1752년

10월 18일에는 오페라『마을의 점장이』[1](*Le Devin Village*)를 써서 루이 15세 앞에서 환영을 받고, 전 파리에서 인기를 독점하였다.

학사원에 논문 당선 후 칼빈파로 개종 저술에 몰두함.

1754년에 칼빈파로 개종하면서 1764년까지는 저작에 몰두하였다. 1755년에는 같은 디좡 아카데미의 현상논문으로『인간불평등기원론』을 저술하였는데, 불행히도 이번에는 낙선이 되고 말았다. 그러나 그 내용에 있어서는 앞서 발표한『학문예술론』보다도 월등 우수한 것이라는 정평이었다. 자연의 장엄에 있어서는 선량하고 행복한 인간이 사회에 있어서는 타락하고 불행하게 된다는, 후에 발표된『사회계약론』속에서 전개될 루소의 근본사상을 이 책에 내포하고 있었다(한규원·이항재, 1996).

1761년에『신 엘로이스』(*Nouvelle Hēloise*), 1762년 4월에『사회계약론』(*Du Contract Social*), 그리고 같은 해 5월에 그의 천재적인 상상력을 발휘한 교육서인『에밀』(*Emile, ou De I'Education*)을 완성하였다.

루소는『에밀』에서 기성종교를 비판하고 자연종교를 제창하고 있다는 이유로, 프랑스 당국은 금서로 규정하고 체포령을 내렸고, 교회에서는 루소를 파문시켰다. 이 때문에 루소는 스위스, 독일, 영국 등을 전전하면서『참회록』을 집필하다가 1770년 파리로 돌아와『참회록』을 탈고하였다. 그 밖에 당시는 출판하지 않았으나 후에 알려져 출간된 루소가 말년(1971~1973)에 쓴『식물사랑』이 있다.

아동의 정신발달에는 주어진 단계가 있으며 그 특성의 이해가 가장 중요하다.

로크를 위시한 경험론자들은 아동을 수동적인 학습자로 간주하여 무엇이든 가르칠 수 있다고 보았다. 이에 반하여 루소는 아동의 정신발달에는 **자연적으로 주어진 단계**가 있으며 또한 아동은 학습하는 과정에서 **능동적인 주체**라고 지적하면서 교사나 교과과정이 아

1) 장 자크 루소가 작곡한 오페라 "마을의 점쟁이(Le Devin du village)"의 8번째 장에 포함된 음악은 이후 여러 나라에서 다양한 형태로 편곡되었다. 이 멜로디는 한국에서 윤석중 선생의 가사를 더해 동요 "주먹 쥐고 손을 펴서"로 널리 알려졌으며, 찬송가에서도 사용되어 "예수님은 누구신가"와 "주여 복을 구하오니"와 같은 곡들로 편곡되었다.

닌 아동이 교육의 중심이 되어야 한다고 주장한다. 아동이 교육의 중심이 된다는 점은 무엇을 어떻게 가르칠 것인가라는 교육내용과 방법의 결정권이 교사가 아닌 아동에게 있음을 의미한다. 루소는 아동이 이해할 수 없는 내용을 이해되지 않는 방식으로 가르치는 일은 교육적으로 무의미할 뿐만 아니라 아동의 정상적인 정신발달을 저해하는 결과를 가져온다고 한다. 따라서 아동의 사고 특성을 이해하는 것이 무엇보다도 중요하다고 보았다.

2) 루소의 사상과 교육활동

루소에 의하면 **자연적 교육은 행복, 자발성, 탐구력과 같은 자질을 증진시키고 용기를 북돋아 준다**고 한다. 그의 교육방법에 의하면 교사는 아동 자신의 자연적 능력에 따라 성장하도록 허용해야 하고, 아동에게 무엇을 강요함으로써 그들의 발달을 억제해서는 안 되며, 현 사회의 부패한 영향으로부터 아동을 보호해야 한다고 하였다(곽노의 외, 2010). 루소의 교육사상을 요약하면 다음과 같다.

교육의 목적은 사회상태에서의 자연인

첫째, 루소는 사람은 자연에 의한 교육, 사물에 의한 교육, 인간에 의한 교육에 의해서 교육된다고 하였다. 인간은 출생 시에는 부족한 점이 많으나 성장하면서 교육을 통해 필요한 모든 것을 갖추게 된다. 이 교육은 자연으로부터, 인간으로부터, 사물로부터 우리들에게 오게 된다. 루소가 추구하는 궁극적인 인간은 자연인이다. 그러나 그 자연인은 자연상태에 머물러 있는 원시적인 자연인이 아니라 사회상태에서의 자연인이다. **자연인**은 그 본성인 선을 지키면서 이상적인 사회건설을 목표로 한다. 사회에서의 자연인은 지금까지 없었던 새로운 교육, 즉 자연에 따르는 교육에 의해 만들어진다.

자연에 의한 교육이란 인간의 내부에 천성으로 갖추어진 각 기관과 능력의 **자연스러운 내면적 발달**을 의미한다. 사물에 의한 교육은 사람이 외부세계의 사물과 접촉하여 감각과 경험에 의하여 획득되는 것이다. 인간에 의한 교육은 자연, 사물, 그리고 인간에 의한 교육이 잘 조화되어 동일한 도달점, 동일한 목적에 일치할 때만 참된 인간교육이 가능하다는 것이다.

사물과 인간에 의한 교육은 자연에 의한 교육과 일치해야 : 합자연의 원리

이 세 가지 교육의 조화는 인간의 자유의지에 의해서 달성될 수는 없으며, 자연에 의한 교육이 핵심이 되고 다른 두 교육은 이 자연의 원리를 존중하면서 이루어져야 한다는 것이다. 이것이 곧 사물, 환경 및 인간의 교육을 자연의 교육에 일치시킴을 의미한다. 루소는 이것을 바로 '**합자연의 원리**'로 주창한 것이다. 여기에서 자연이란 인간이 태어날 때부터 가지고 있는 특성과 능력을 의미하는 것으로 교육은 교사와 사물을 통하여 인간내재의 자연성을 신장, 발전시키는 것으로 보았다.

사람다운 사람이 되려면, 노작과 연습이 병행되어야 : 습관론

둘째, 루소의 자연에 의한 교육으로 습관형성과 노작과 연습에 의한 능력계발을 통한 정신적, 육체적 성장을 강조하고 있다. 자연에 따르는 교육은 결국 아무것도 하지 않는 교육, 아니면 방치하는 교육인가? 지금까지 서술한 교육론이 언뜻 보기에 태어날 때 좋은 상태를 그대로 지키는 정도가 교육이라면 어른이나 교사는 별로 가르칠 일이 없으므로 내버려 두어도 좋다는 말로 들린다. 자연은 모든 것이 저절로 되는 식의 안이하고 나태한 성질의 것이 아니다. 사나운 폭풍과 천둥 벼락이 온화한 날씨와 공존하듯이 인간의 자연도 시련과 고통이 성장 발달에 따라 다닌다.

루소 교육의 큰 목표는 "사람이 되는" 일이다. 인간 공통의 천직은 사람다운 사람이 되는 것이며 그것 없이는 어떤 직업이든지 의미가 없다는 것이지 노동을 무시하거나 불필요한 것으로 본 것은 아니라고 루소는 주장한다. 반대로 루소는 노동의 필요성을 어려서부터 익숙하게 몸에 익히도록 해야 한다고 주장한다.

루소의 습관론의 기본적 입장은 식물은 재배에 의하여 만들어지

고 인간은 교육에 의해 만들어진다는 것이다. 어린 시기의 교육의 중요한 조건은 어린이의 주변에 울타리를 만드는 일이다. 어린이 주변에 울타리를 만들어야 할 이유는 그 외부의 영향으로부터 보호해야 하기 때문이다.

루소에게 자연에 의한 교육은 개인의 완전한 **자연적 성장**의 달성을 교육목표로 삼는다. 그는 자연적 인간이 시민적 인간보다 더 위대하다고 하였다. 왜냐하면 자연의 질서에 따르면 인간은 모두 평등할 수 있기 때문이라는 것이다.

자연적으로 성장한 인간은 모두 평등하다.

루소는 교육이란 성인사회의 사고나 도덕을 어린이들에게 주입시키는 "적극적인 교육"이 아니라 악덕의 침입을 막는 일이고 진리를 가르치기에 앞서 편견을 막는 일이다. 이러한 방법은 어린이의 어린이로서의 성숙, 즉 "성숙된 어린이"를 위한 가장 적절하고도 유일한 방법이다. 루소는 이러한 방법을 소극적인 교육(L'education négative; negative education)이라고 하였다.

악덕에서 보호하는 소극적인 교육

루소의 **소극적인 교육**은 어린이의 자연스러운 발달을 보장하는 것으로, 이를 위해서는 바람직한 환경 속에서 어린이의 자유로운 활동을 존중하는 데 있다고 하였다. 또한 그것이 바로 "자연인"의 육성을 목표로 한 교육으로써 스스로 보고, 스스로 느끼며, 또 자신의 이성으로 판단하여 행동하는 인간을 육성·실현시키게 하는 것이다.

루소 교육론의 가장 특징적인 공헌은 그의 방법론에 있다고 하겠다. 오랜 전통이 되어 버린 교사중심의 방법에 맞서 교사의 자리에 어린이를 대치시킨 새로운 방법이 그것이다. 좋은 교육의 가치기준을 인간의 성선설에 두고 이에 따르는 교육, 즉 자연주의 교육을 제창한 루소의 사상은 이를 계승, 발전시킨 바제도우(Basedow)나 페스탈로치(Pestalozzi), 프뢰벨(Fröbel), 듀이(Dewey) 등 현대 교육사상의 선구적인 것이다.

교육학을 전공하는 학자들은 루소의 교육이 고대 교육과 현대 교육사이를 가르는 분수령의 위치에 있다고 설명하고 있다. 루소의 아동교육사상은 페스탈로치와 프뢰벨과 같은 교육 실천 혁신자들의 사상에 잘 반영되어 있다. **프뢰벨의 자연적 개화**(unfolding) **개념**은 루소의 반향이었으며, 피아제의 발달단계는 자연적 발달과정을 중시하였다는 점에서 루소의 사상에 영향을 받았다고 볼 수 있다. 오늘날 어린이에게 자발적이고 자기조절력 신장을 강조하며 풍부한 환경을 제공하려는 열린교육도 루소의 철학에서 그 기본을 이룬다고 할 수 있다.

가) 교육목적

교육목적은 교육이 계획되고 실시되는 기본적인 방향이며 교육을 통해 성취하고자 하는 궁극적인 표적이라고 할 수 있다. 여기서는 루소의 교육목적을 유아교육에 한정하여 밝히고자 한다.

유아도 한 인간으로서 고유한 삶을 살 권리를 가지고 있기 때문에 유아에게 해당하는 교육의 목적이 따로 있어야 한다. 루소의 유아교육의 목적은 올바른 유아의 양성에 두어 "유아의 본성 계발로 규정하고, 환경과 인위적인 제한과 훈련에서 벗어나 유아가 자유롭게 성장하고 발달할 때 교육의 효과가 증진한다"고 보았다(김동일, 2004). 즉 유아교육의 목적을 유아의 자연성 계발과 인위적인 제한으로부터 유아를 보호하는 것에 두고 있다.

루소의 유아관에 따르면 "유아를 불완전한 성인으로 취급하지 아니하고 유아 자신이 완전성을 가진 존재로 보아 완전한 'Mature-Child'를 만드는 것에 유아교육의 목적을 두었다. 이를 통해 성숙한 인간을 만들 수 있다고 보았기 때문이다. 즉 루소는 유아교육의 목적을 '**유아기의 완성**'에 둔 것이다(김동일, 2004).

사회 속의 자연인을 기르려는 자연적 인간주의

루소에 의하면 사회 속의 자연인을 형성하는 것은 단지 자유로운 개인도 아니고, 전제국가의 백성처럼 예속적인 국민도 아니다. 자주적이며 사회의 정의에 충실하고, 공동의 복지를 위하여 자기를 억제하는 것을 아는 사람, 자연적인 자유가 아니라 사회적인 자유를, 나가서 도덕적 자유를 체득한 인간을 말한다.

루소의 이러한 자연적 인간주의의 교육목표를 달성하기 위한 교육방법도 자연적인 방법에 의존하고 있다. 이를 정리하자면,

첫째, 아동 본위의 주관적 자연주의에 입각하고 있다. 이것은 교육의 기초를 아동 주관적 목적개념을 주축으로 교육해야 된다는 것이다(Boyd, 1957).

둘째, 자연전개의 이론을 적용해야 한다는 것이다. 성인들의 명령이나 지시에 순종하는 것이 아니라, 아동의 부당한 행위에 대해서는 인위적인 제한이 아닌 사물에 대한 제한을 체험시키는 것이 가장 유효하다고 하였다.

셋째, 실학적 단련주의에서 피교육을 자연적 자유발전에 맡긴다는 것은 실사물을 통한 교육을 의미하는 것이다.

넷째, 형식적 도야주의를 지나치게 강조하여, 도덕교육과 직업교육을 경시하고 지적 교육을 배척하였다.

나) 교육단계와 내용

루소의 교육사상은 그의 명저 『에밀』에 잘 나타나 있다. 루소는 에밀에서 당시로서는 매우 급진적인 교육론을 전개하고 있는데, 첫 구절에서 루소의 교육관을 내보이고 있다.

> 조물주의 손을 나올 때는 모든 것이 선하였지만 인간의 손 안에 옮겨지면서 모든 것이 사악해졌다. 인간은 이 땅에서 저 땅의 소산물을 거두려 하고 이 나무에서 저 나무의 열매를 맺게 하려 한다. …… 인간은 무엇 하나 자연이 만든 그대로 두려고 하지 않는다. 심지어

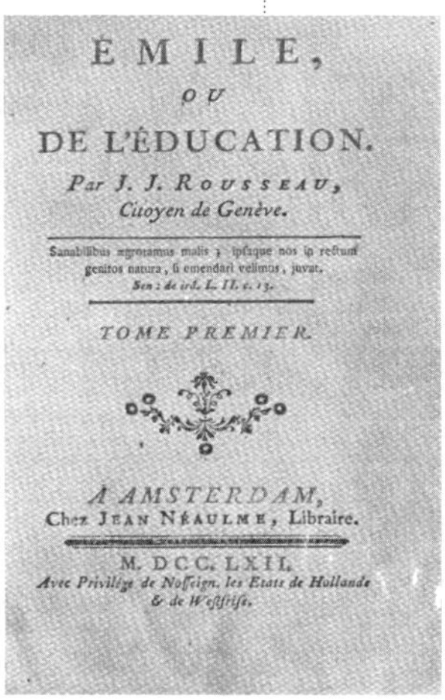

에밀의 책표지

교육사상이 드러난 『에밀』

인간조차도 자연 그대로 놓아두지 않는다. 집에서 기르는 말이나 동물같이 훈육하지 않으면 안 된다. 정원에 있는 나무같이 자기의 열망대로 양육하려고 한다." 『Emile』중에서

이러한 성선설을 바탕으로 한 사상은 인간의 자유와 권리를 옹호하는 그의 많은 정치적 사고 속에도 깊숙이 자리잡고 있다(Rousseau, 1962). 그의 사상은 인간본래의 기본적인 미덕인 자유·평등·박애가 모든 사람에 의해서 실현될 수 있는 사회를 건설하는 데 있다.

『에밀』은 5편으로 구성되어 있으며, 주요인물은 ① 교육을 받는 소년인 에밀, ② 후에 에밀의 아내가 되는 소피(제5편은 거의 그녀에 대하여 쓰여 있다), ③ 에밀의 교육을 맡은 가정교사, 그리고 루소 자신이다.

(1) 유아기 (1~5세)

"영아를 기저귀에 싸서 속박하는 것은 좋지 않다. 자연의 순리에 따라 팔·다리와 모든 신체기관을 자유롭게 움직이게 하는 것이 첫째 요건이다" 『Emile』 중에서

어머니는 최초의 교사

신체적 발육에 중점을 두어 아버지는 자연의 교사, 어머니는 자연의 보모로서 건강에 유념하도록 해야 한다. 주위의 나쁜 영향으로부터 유아를 보호하는 것은 어머니 책임이다. 특히, 유아를 친모가 아닌 유모에게 맡기는 것은 자연을 배반하는 것이라고 하며, 유아의 양육은 반드시 어머니의 손으로 하지 않으면 안 된다고 한다. 루소는 "우리들의 교육은 출생과 동시에 시작한다고 말한다. 우리의 최초의 교사는 우리들에게 젖을 주는 어머니"라고 하여 어린이를 유모나 가정교사에게 맡기는 당시의 풍조에 대해 통탄하고, 단순한 농가의 생활과 자연스러운 아동의 양육으로 돌아가라고 했다.

(2) 아동기 (6~12세)

> "어린이가 스스로 암송할 수 있는 것을 가르쳐서는 안 된다. 다만 약간 도와줄 정도면 된다." 『Emile』중에서

6세부터 12세까지의 교육으로 이 시기에 교육은 소극적이어야 하며, 문자를 읽힐 필요도 없고 다만 감각기관을 발달시켜야 한다고 하였다.

언어의 습득과 오관의 연습

루소는 "너의 아이가 12세가 되었을 때 아직 바른손과 왼손을 구별할 줄 몰라도 건전한 감각만 가지고 있으면 미지않아 이싱의 꽃이 필 것이다."라고 하여 독서교육의 암송은 별 의미가 없다고 했다.

소극적인 교육

루소는 12세까지의 교육은 소극적 교육으로 자연성이 자유로이 발휘되지 않으면 안 된다고 하였다. 따라서 아동기의 교육은 언어의 습득과 오감각의 연습이 주목적이어야 하고, 사물은 경험을 통하여 배우게 해야 한다고 하였다.

(3) 소년기 (13~15세)

> "사람의 생명은 무상하다. 언제까지 오래 살 수 있는지 모른다. 인생은 각 시기마다 그 자체의 독자적인 의미를 갖고 있다. 따라서 우리는 현재를 불확실한 미래 때문에 희생하는 일은 없어야 한다고 했다. 어린 시절을 사랑하라. 그들의 놀이, 기쁨, 사랑스런 본능을 호의를 가지고 지켜보라. …… 그대들에게도 두 번 다시 찾아오지 않는 것처럼 어린이에게도 다시 돌아오지 않는 그 짧은 유년시절을 어째서 고통과 아픔으로 가득 채우려하는가?" 『Emile』중에서

미래생활을 위한 준비교육을 비판하면서 어린이를 어린이답게 살도록 해야 한다고 했다. 13세부터 15세까지의 교육으로 이 시기는 지식획득의 교육이다. 지식획득의 원동력은 호기심에 있으므로 사물

을 관찰하고 경험시켜야 한다. 독서는 필요 없고 교과서는 로빈슨 크루소 한 권이면 족하다고 하였다.

지적 도야기

지적 도야기로서 이성의 눈이 뜨게 되고 호기심을 갖게 되며 사물에 대한 판단과 비판력이 생기게 되므로 지적 교수가 가능하다. 따라서 교육은 천문학·물리·지리 등의 자연과학 이외에 수공을 중시해서 가르치며 과학은 교사가 가르치는 것이 아니라, 아동 자신이 발견해야만 한다는 것이다.

수공과 과학의 지적 교수

루소는 직업인보다 자기의 능력으로 자기생활을 유지·개척하는 인간이 될 것을 바라고 "에밀은 농부와 같이 일하고 철인과 같이 생각하는 인간이 되어야 한다."고 하였다.

(4) 청년기 (16~20세)

인간관계와 사회제도의 학습

아동기에는 자기와 사물과의 관계를 배우는 것이 중요했으나 이 시기는 타인과의 관계를 배우는 시기다. 올바르게 교육된 청년에게는 성적 열망보다는 우선 우정이 싹튼다. 이것은 모든 감정의 원천이며 근본인 자기애로부터 발전한 것으로 자기에게 필요한 사람을 사랑하는 일부터 시작하게 된다(한기언, 1980).

(5) 여자교육 (20세 이후)

독립된 시민

20세 이후로, 배우자를 선택하고, 국가, 사회에서 이해할 수 있는 시기이며, 시민이나 가정인으로 독립할 수 있는 단계로 보았다.

에밀의 처가 될 소피의 교육으로 여성교육에 관한 것이다. 그의 여성교육관은 소극적이다. 즉 여자는 다만 순종, 겸양의 덕을 길러 현모양처가 되면 충분하다고 하였다.

에밀은 25세에 이르러서, 자연에 따라 그의 이상의 여성인 소피와 결혼하였다. 이에 루소는 『에밀』 제5편에서 여자교육론을 설명하고 있다(손인수·정건영, 1994).

『에밀』은 루소의 원대한 이상을 실현해 주는 자연의 어린이이며 루소 자신의 염원을 풀어주는 자연의 어린이이다. 그러나 이 자연의 어린이는 언제까지나 어린이 세계에 머물고 있는 존재는 아니다. 에밀은 아동기의 삶을 완성한 것처럼 어른으로서의 삶을 완성시켜야 한다. 『에밀』에서 "인간을 만드느냐, 아니면 시민을 만드느냐, 어느 쪽이든 하나를 결정하지 않으면 안 된다. 왜냐하면 동시에 양쪽을 다 만들 수는 없기 때문이다."라고 루소는 말하였다. 루소가 궁극적으로 생각한 교육목표는 인간과 시민의 완전한 통일에 있다. 교육은 인간을 만드는 기술이고 한마디로 살 줄 아는 사람으로 만드는 기술이다. 에밀은 새로운 사회에서 살아야 하고 새로운 사회건설은 낡은 사회질서에서 요구하는 신분적, 경제적, 종교적, 교육적인 모든 제한에서 탈출하지 않는 한 그 실현은 불가능한 것이다. 즉, 낡은 질서의 굴레에서의 해방이 그 선결조건이 되는 것이다.

인간과 시민의 완전한 통일

실로 루소의 교육철학이 근세의 교육사상에 끼친 공적은 크다. 그는 전통적인 교육을 비판하고 주지주의교육에서 주정주의교육으로의 전환을 시도하였다. 특히, 아동중심·개성존중·생활중심·활동중심 등의 교육은 교육방법과 교육개혁에 커다란 진보적 변화를 주었다.

주정주의 교육사상

루소가 『에밀』에서 전개한 교육론이야말로 아동존중사상과 자연주의 교육사상을 핵심인 동시에 사회개조를 목표로 한 교육사상으로서 현대 교육사상의 모체라 할 수 있다.

이러한 루소의 교육사상은 페스탈로치(Johann Heinrich Pestalozzi, 1746~1827), 헤르바르트(Johann Friedrich Herbart, 1776~1841), 프뢰벨(Friedrich Wilhelm August Fröbel, 1782~1852) 등을 거쳐 20세기에 엘렌 케이(Ellen Key, 1849~1926), 몬테소리(Mariz Montessori, 1870~1952), 듀이(John Dewey, 1859~1952) 등에게 영향을 주었다(한규원·이항재, 1996).

제VII장

19세기의 유아교육

1. 신인문주의와 교육

1) 시대적 배경

2) 교육의 특징

2. 대표적인 유아교육사상가

가. 페스탈로치(Johann Heinrich Pestalozzi, 1746~1827)

나. 프뢰벨(Friedrich Fr□bel, 1782~1852)

1. 신인문주의와 교육

가. 시대적 배경

19세기의 사상은 신인문주의로 대표된다. 신인문주의란 19세기의 철학상·문예상의 낭만주의(romanticism)와 교육상의 **신인문주의**로 나타난 교육사상적 체계를 말한다. 다시 말해 신인문주의란 18세기의 합리주의적이고 주지주의적이며, 공리주의적·개인주의적인 **계몽사상의 반동**으로 일어난 사상체계이다.

18세기 후반 미국의 독립에 이어 일어난 프랑스 대혁명의 정선을 이어 받은 나폴레옹의 유럽정복은 프랑스의 자유·평화·우애사상을 전 유럽에 전파시켜 자유주의와 국민주의운동을 자극시켰으며, 19세기의 지도이념인 자유주의, 국민주의, 국제주의 사상을 일으킴으로써 민주주의의 발달을 가져왔다. 정치적으로 프랑스의 대혁명은 유럽 전역에 큰 영향을 주었으며 계몽주의 이상과 아울러 자유와 법률 앞에서의 평등 그라고 인간의 권리존중의 바람을 불러 일으켜 주었다. 또한 이 시기는 사회적으로 성직자들의 권위가 축소된데 비해 민중들의 세력이 크게 확대되어 종전의 귀족사회 중심에서 시민사회 중심으로 전환되는 사기였다. 경제적인 면에서는 18세기 후반 영국을 중심으로 산업혁명이 일어났다. 산업기계의 발달은 생산 방법을 근본적으로 변혁시켰으며, 자본주의의 경제체제를 형성하는 기틀을 마련해 주었다. 산업혁명은 프랑스혁명과 더불어 서양시민사회를 성립시키는데 결정적인 계기가 되었다.

신인문주의는 경제적, 정치적, 정신적 모든 분야에서 다양하게 표현되는데 교육분야에서 보다 더 명확하게 나타난다. 왜냐하면 교육분야는 시대적 상황을 먼저 민감하게 받아들이기 때문이다. 그 내용은 즉, 19세기에 와서 학문으로서 기초연구가 시작되었고 교육시설과 경영, 교육내용, 제도, 방법 등도 근대화되었으며 여자교육과 특수교육도 실시되었다. 정치적으로는 점차 근대민주주의를 향하여 서구 모든 나라에서 민권과 민주정치의 제도가 확립되어가고 있는 때였다.

18세기 후반부터 독일을 중심으로 하여 계몽사상의 반동으로 일어난 이 신인문주의는 그 글자가 뜻하듯이 그리스, 로마의 고전주의에로의 동경을 그 원동력으로 하는 15, 16세기의 인문주의와 같이 심미적·문예적 색채를 띠고 있었다. 그러나 15세기의 인문주의(old humanism)와 19세기의 신인문주의와는 다음과 같은 차이점이 있다.

인문주의와 신인문주의의 차이

첫째, 인문주의와 신인문주의는 다 같이 고전(古典)을 존중하였지만, 신인문주의는 이것을 기계적으로 모방하는 이른바 키케로주의가 아니고, 고전을 수단으로 하여 전반적인 문화의 발전에 이바지하고자 하였다. 즉, 그들은 인간적 이상을 찾는 데 있어서 고전을 그 수단으로 하고자 하였다.

둘째, 인문주의가 주로 로마의 고전을 중시한 데 반하여 신인문주의는 그리스의 고전을 보다 중시함으로써 그리스의 문화, 미술 등에 있어서 내용으로서의 인간성을 존중하였다. 이 점에 있어서는 신인문주의가 17세기의 인문적 실학주의와 동일한 계보에 속한다고 하겠으나, 다만 신인문주의가 앞 세기의 계몽사상의 반동으로 탄생한 사조라는 면에서 그 역사적 의의를 달리한다.

셋째, 인문주의는 언어를 중시하고 고대어를 그대로 사용하고자 하였으나, 신인문주의는 고대어뿐만 아니라 고대의 문화, 윤리, 예술 등에 흥미를 가짐으로써 내용적으로 충실을 기하여 그들의 생활사상을 표현하고자 하였다.

과거 계몽주의의 정신은 오성(悟性)의 만능을 믿고, 실리·실용을 가치결정의 기준으로 삼았고, 인간을 직업적·기계적으로 보았지만,

신인문주의는 바로 이 계몽의 기계적 공리관(功利觀)에 대한 반동으로 생겨났고, 인간의 모든 소질의 완성화, 인간성의 미적·조화적 형성을 이상으로 추구하려고 하였다. 이와 같은 인간이 가진 모든 힘과 소질을 외부로부터 기계적으로가 아니라 내부에서 자연적으로, 가장 자유롭게, 가장 높은 작용에까지 발달시키는 것을, 그들은 '인간형성(Menschenbildung)'이라는 개념으로 표현하고, 이에 따라서 새로운 교육의 사상을 찾으려고 하였다.

신인문주의는 계몽주의가 가지는 조작적 특성을 반대했다. 창조의 근원인 신, 자연 및 인간은 계량하고 고찰하고 실행하는 공작가(工作家)와는 비교할 수 없으며, 유기적 성립과 유기적 생육, 그리고 내부로부터의 개발 등이 보다 중요하다고 보았으며 특히, 종교를 교육의 필수로 보았다.

계몽주의와 신인문주의의 근본적인 차이는 전자를 기계적이라고 한다면, 후자는 유기적이라고 볼 수 있다는 점이다. 계몽주의 정신은 오성적으로, 그리고 기계적으로 사고하였다.

나. 교육의 특징

19세기의 신인문주의 교육은 심리학적 경향뿐만 아니라 과학적 경향도 가지고 있었다. 실제적으로 자연과학이 교과과정에 도입되기 시작한 것은 17세기부터였다. 사회적인 견지에서 볼 때 교육은 사회의 안정과 발전을 확보하는 수단으로서 19세기의 교육사상가들은 교육을 사회개혁의 수단으로 강조함으로써 교육의 발달에 크게 기여하였다. 교육에 관한 사회적인 해석으로 가장 먼저 부각된 것은 교육의 임무를 일반적인 지식의 보급으로 본 것이다. 이런 해석과 함께 교육시설 정비와 발달은 자선적이고 종교적인 동기에 의해 학교가 설립된 것이 먼저이고, 정치적이고 경제적인 이유로 공립학교들이 설립된 것은 그 다음이다. 공교육체제로서 국민교육제도가 확고한 형태를 갖추기 시작한 때는 19세기 초였으며, 학교의 유지와 감동은 정치적인 성격이 강하였다(송준식 외, 2014).

신인문주의를 바탕으로 하는 교육사상의 공통되는 특징은 대략 다음과 같이 요약될 수 있다.

첫째, 사상의 이름 속에 담긴 '인문주의라'는 뜻은 역시 그 사상의 원천인 그리스문화와 그 정신인 인간성의 조화로운 발달을 중시한다는 점을 가지고 있다. 르네상스의 인문주의도 원래 사상은 같았으나 그것이 반항하던 대상은 중세적 특권층의 속박이었으며, 후에 키케로주의와 같이 형식적·기계적 모방에 그쳤다.

이와는 달리, 신인문주의는 고전문화의 단순한 모방이 아니라, 정신을 본받는 것을 기저(基底)로 하였다는 점이 다르다. 여기에서 그리스 정신을 본받는다는 것은, 그리스의 인간상인 인간의 지(知)·정(情)·의(意)의 제 영역의 조화로운 발달을 꾀하는 것을 목적으로 고전문화의 형식적인 모방에 그친 르네상스 인문주의에서 한걸음 더 나아간 것을 의미한다. **로마의 고전보다도 근원적인 그리스문화를 존중**하는 것으로서 단순히 문예뿐만 아니라 예술 등 풍습상의 그리스인에 대한 업적과 유풍(遺風)을 연구하고 찬미하였다. 그러므로 고전문화의 연구와 찬미 그 자체가 목적이 아니라, 그것을 참고로 하여 문화의 향상을 꾀하자는 것이었다.

둘째, 18세기의 합리주의가 개인적, 반역사적인데 반해 신인문주의는 개성을 존중하면서도 사회성과 역사성을 중시하여 국가주의를 지향하고 공존할 수 있는 철학체계를 가지고 있었다. 그래서 교육의 목표도 개인이 지니고 있는 전인적인 특성의 조화로운 계발에서 한걸음 더 나아가 사회적 조화와 발전을 중시한다.

이러한 교육의 방향을 이론화하고 실천에 옮긴 교육개혁가들로는 **페스탈로치**, **프뢰벨**, 헤르바르트 등을 들 수 있다. 이들은 각기 독자적인 이론과 교육실천을 한 사람들로서 교육사상사의 발전에서 중요한 위치를 차지하고 있다. 이들은 신인문주의 교육의 목적을 교육사상으로 발전시켰다는 점에서 신인문주의 교육학자인 동시에, 교육과정의 구체적 연구를 통하여 교육의 내부적 조건을 개선하는 이론을 발전시켰다는 차원에서는 계몽주의의 선구자들이라고도 평가된다.

즉, 신인문주의는 계몽사조의 지나친 합리주의에 대항하여 변증법적으로 일어난 것이며, 인간의 정의적인 면을 강조하는 낭만주의로 결국 인간성의 조화로운 형성을 추구하는 운동이다. 합리주의가 주지적·개인적·반역사적·인류적인 반면, 신인문주의는 정의적·국민적·역사적인 색채가 강하였다. 이러한 사상은 크게 다음 세 가지 방향을 지닌다.

인문주의의 세 방향

① 문예적 인문주의의 특성은 낭만주의로 나타나고 이는 좁은 의미의 신인문주의를 말한다
② 합리적·철학적 신인문주의는 단순한 합리주의 및 주지주의를 초극하는 이론을 전개시켰다.
③ 사회적 인문주의는 인간성의 구체적 차원인 사회, 즉 국가와 역사성을 강조하는 사상체계로 나타났다.

위의 서술에서 어느 정도 알 수 있는 바와 같이 18세기 후반에서 19세기에 거쳐서 독일을 중심으로 하여 발전한 신인문주의는 문학자, 고전주의자, 철학자, 교육사상가들이 합류하여 형성한 하나의 큰 사상적 흐름이었다.

2. 대표적인 유아교육사상가[1]

가. 페스탈로치(Johann Heinrich Pestalozzi, 1746~1827)

1) 생애와 업적

페스탈로치와 주변인물들

페스탈로치는 1746년 스위스의 취리히에서 태어났다. 그의 할아버지는 취리히 근교 교회 신교 목사였고, 아버지 요한 밥티스트(Johann Baptist)는 성실하고 정직한 외과의사 겸 안과의사였다. 어머니 수잔나 호스(Sussane Hotz)는 유명한 호츠 장군의 조카였다.

그가 다섯 살 때 아버지가 33세의 젊은 나이로 갑자기 세상을 떠난 후, 그의 어머니는 매우 신앙심이 깊고 의지가 강해서 의사이던 오빠의 경제적 원조도 거절한 채, 자력으로 자녀들의 교육에 열중하며 성실히 살아갔다.

Johann Heinrich Pestalozzi, 1746~1827

페스탈로치의 성장에 또한 가장 중요한 인물은 가정부인 바벨리(Babeli)였다. 페스탈로치의 아버지가 임종 시, 그녀에게 가족을 부탁한 것에 대한 자신의 약속을 지켜서, 일생동안 결혼도 하지 않은 채, 그 후 30여 년 동안을 페스탈로치 일가에 충실히 봉사하였다. 후에 페스탈로치가 『게르트루트는 어떻게 그녀의 자녀를 가르치는가』(*Wie Gertrud ihre kinder lehrt*) 등의 교육소설을 쓰면서 모성(母性)의 위대한 교육적인 힘을 찬양하였는데, 그 모델이 바로 이 가정부 바벨리였다고 한다. 페스탈로치가 교육으로서 사회를 개혁하려고 하던 신의를 굽히지 않고 끊임없이 노력을 다한 것도 그가 어렸을 때 받은 두 여성의 굳은 신앙과 지조에서 키워진 이유 때문이라고 생각할 수 있을 것이다.

---

1) 본 장은 곽노의·홍순정이 쓴 『유아교육사상』을 중심으로 재구성하였음.

페스탈로치에게 큰 영향을 준 또 한 사람은 시골의 목사였던 할아버지였다. 그는 방학 때마다 찾아오는 손자 페스탈로치에게 농민들의 생활을 주의 깊게 보도록 하였다. 이때 페스탈로치는 그릇된 학교 교육 때문에 농촌의 아이들이 정신적으로 얼마나 위축되어 있으며, 또 가혹한 노동으로 신체의 건전한 발달을 얼마나 저해 받고 있는지도 보았다.

페스탈로치가 살았던 18세기 중엽의 취리히는 유럽문화의 중심지로서 보수적인 전통과 진취적인 낭만이 서로 교차되는 활기찬 고장이었다. 즉 독일의 철학, 이탈리아의 예술, 프랑스의 정열을 공유한 곳이었다. 취리히는 원래 공화정치체제에 의한 지방자치를 누렸으나 점차 시민으로서의 권리가 특권층에게 독점되고, 많은 국민은 그들에게 시달림을 받았다. 따라서 당시 프랑스혁명정신은 스위스 국민들에게도 새로운 사회건설에 대한 강한 열망을 불러일으켰다.

청년기와 정치적·사회적 실정

이러한 사회적 분위기 속에서 청년기를 보낸 그는 취리히 대학과 카로니아 대학에서, 처음에는 신학과 철학, 나중에는 법학을 공부했다. 당초 목사가 되려던 생각을 버리고 변혁이 요청되던 당시의 정치적·사회적 실정에 맞추어 사회개혁에 뜻을 두고 방향을 바꾸었다. 그는 몽테스큐와 루소의 저서를 탐독하고 토론하는 모임인 '애국단'에 가입했다.

1765년 『사회계약론』과 『에밀』의 저자인 루소가 제네바로 망명해 오자, 스위스정부가 추방령을 내렸다. 이 조치에 반대하여 지식인들과 학생들이 시위를 벌이자 정부는 군대를 동원하여 이들을 진압했다. 페스탈로치도 이 사건과 관련되어 투옥되었고, 이후 또다시 반정부운동에 가담하는 경우에는 시민권을 박탈하고 국외로 추방한다는 선고를 받았고 이후 농촌으로 들어갔다. 이곳에서 부상(富商)의 딸인 안나 슈테스(Anna Schultess)를 만나 페스탈로치가 23세, 안나가 7세 위인 30세 때인 1769년 결혼했다.

가) 노이호프시대

페스탈로치는 교육을 통한 농촌 계몽 사업을 하기 위하여 우선 농업기술을 배우고자 어느 큰 농장의 견습생으로 들어간다. 그는 농업 실습에 자신을 얻자, 페스탈로치의 친구 아버지인 어느 은행가에게 돈을 빌려 농장을 경영하게 되었다. 이 농장은 사실 손댈 수 없는 황무지였는데 1769년 안나와 결혼하여 뮐링겐(Mülingen)에다 1774년 노이호프(Neuhof : 새 농장이라는 뜻)에서 농장경영을 시작했다. 그의 첫 번째 계획은 황무지를 개간하여 이곳에 새로운 방법으로 농사개량을 통해 농촌 뿐 아니라 전 스위스 국민들의 생활을 개선하려는 것이었으나 악천후와 농사기술의 미숙 등으로 실패했다. 그러자 이곳에다 1774년 가난한 아이들을 교육시킬 빈민학교(Armenanstalt)를 열어 노작교육(勞作敎育)을 통한 인간교육에 힘썼다. 여기에서 가난한 사람들에게 우선적으로 경제적 자립을 할 수 있는 능력을 길러 주고자 하였다. 그리고 이들 부부는 1770년에 출생한 장남 한스 야곱(Hans Jacob)을 주의 깊게 관찰하면서 4년 동안 『육아일기』(*Tagebuch über die Erziehung seines Sohnes*, 1774)를 썼는데, 이때 그는 여러 가지 교육의 원리를 발견하였다. 그런데 이 학교도 결국 운영의 어려움으로 1780년에 문을 닫고, 자신의 실천하지 못한 교육적 이상을 『은둔자의 황혼』(*Die Abendstunde eines Einsiedlers*, 1780)이라는 책에 실었다.

빈민학교 설립과 노작교육

『은둔자의 황혼』, 『린하르트와 게르트루트』, 『인류의 발전에 있어서 자연의 길에 관한 나의 탐구』 발표

노이호프는 빈민학교를 실패한 후, 그는 약 18년 동안 교육활동을 하지 않고 칩거하면서 저술작업을 계속하였는데, 이때 출판된 저서로는 악의 추방과 가난의 근절을 주제로 한 『린하르트와 게르트루트 제1권- 제4권』(*Lienhard und Gertrud Teil* Ⅰ-Ⅳ, 1781~1787), 인간의 상태를 자연적·사회적·도덕적 상태로 구별하고 교육의 궁극적 목표를 도덕적 인간의 형성으로 제시한 그의 대표적 철학적 저서 『인류의 발전에 있어서 자연의 길에 관한 나의 탐구』(*Meine Nachforschungen über den Gang der Natur in der Entwicklung des Menschengeschlechts*, 1797) 등이 있다.

나) 슈탄츠시대

페스탈로치와 원아들

1798년 12월, 페스탈로치는 프랑스군의 침입으로 생긴 수많은 고아들을 교육부장관 슈타페르가 돌봐 줄 것을 요청함에 따라 18년 만에 얻은 일자리인 신문사 편집국장 자리를 미련없이 떨쳐 버리고, 슈탄츠(Stanz)로 달려가서 고아들을 모아 그들과 함께 기거하면서 교육에 힘썼다.

그는 이곳에서 『은둔자의 황혼』에서 보여 주었던 평등적 인간관계에 입각하여 성심성의껏 고아를 교육했다. 즉, 도덕성이라고는 조금도 찾아볼 수 없다고 여겨졌던 가난하고 버림받은 고아들도 교육적 사랑과 신뢰를 바탕으로 교육하면 도덕적으로 선한 인간이 될 수 있다는 것을 보여 주었다. 교과서나 시간표도 없었으나 그의 독특한 노작교육은 곧 효과를 거두게 되었다. 그러나 겨우 6개월 만에 고아원 건물이 프랑스군의 야전병원으로 몰수되는 바람에 문을 닫고 말았다.

고아교육과 도덕교육의 가능성

6개월이라는 짧은 기간이었지만 그는 인간의 무한한 가능성에 대한 신념을 가지고 고아원을 경영했었다. 또 한편으로는 아이들을 교육시키는 가운데서 교육원리와 교육방법을 꾸준히 모색했다. 불과 6개월 정도의 교육기간이었지만 여기서 보여 준 그의 교육활동은 도덕교육의 가능성에 크게 기여하였는데 이를 그는 친구에게 보내는 편지의 형식으로 된 그 유명한 『슈탄츠고아원 서한』(*Über den Aufenthalt in Stanz*, 1799)에 기록하여 출판하였다. 우리가 흔히 보는 남루한 아이들에게 둘러싸인 페스탈로치의 초상화는 바로 슈탄츠 고아원 시절의 모습이다.

다) 부르크도르프시대

학생의 자유, 학습동기, 자발성 도모와 교과의 단순화·계열화

슈탄츠를 떠난 후 그는 1799년 부르크도르프(Burgdorf)에서 교사를 하게 되었다. 이곳은 하층계급의 자녀가 다니는 서민초등학교였는데, 그의 수업방식은 종래의 다른 사람들의 것과는 전혀 달랐으며, 그 성과는 놀라웠고 아이들은 매우 즐거워했다. 그러자 질시와 불안을 느낀 교장이 학부형들을 선동하여 페스탈로치를 내쫓고 말았다. 다음에는 같은 부르크도르프에 있는 중·상층 자제가 다니는 시민학교의 교사로 부임하게 되었다. 여기서 그는 학교경영 같은 데는 전혀 신경쓰지 않고 8개월간 자기가 맡은 학급에서 학생의 자유를 최대한 보장하면서 학습동기, 자발성을 이끌어 내는 교육방법을 사용했으며 실험내용은 모든 영역의 교과의 초보를 단순화·계열화하는 것이었다. 그의 실험이 이번에는 시의 교육위원회로부터 주목을 받아 관심과 찬사를 받으며 활동을 계속해 나갈 수 있었다. 이때의 교육실천은 『게르트루트는 어떻게 그녀의 자녀를 가르치는가』속에 잘 그려져 있다.

그의 나이 52세이던 1800년, 본래 몸이 약했던 장남 야곱이 위독하다는 연락을 받고 노이호프로 돌아갔다. 야곱은 목숨은 건졌으나 전신마비가 되어 버렸다. 결국 1801년 8월 15일에 아들은 죽었다. 그는 쓰라린 가슴과 슬픔을 억누르며 또다시 가족을 떠나 부르크도르프로 돌아왔다. 한 중학교의 교사로 임명받았기 때문이다. 8세에서 15세까지의 남·여 60명을 수용한 학교로 전임교사는 그 하나뿐이었다. 그는 이 학교에서 자신의 실험을 계속하며 정열을 쏟아 활동했다. 이때의 그의 제자들은 후에 훌륭한 교사가 되어 제 나름대로의 페스탈로치 방식의 학교들을 세워 유럽의 교육계에 이름을 떨쳤다.

페스탈로치는 정부의 정신적·물질적 호의와 원조를 받으면서 반년쯤 일하다 자신의 힘만으로 경영할 수 있는 새로운 학교를 창설해 보려고 결심했다. 그래서 1800년 10월 부르크도르프의 고성(古

城)을 대여받아 학교를 시작했는데 여기에는 교사양성을 위한 사범학교도 부설되었다.

이곳에서 그는 유럽에 명성을 떨치며 만 4년간 일하다 정치동요로 인해 성을 비워 주고 뮌헨브흐제(Münchenbuchsee) 성으로 또다시 옮겨가게 되었다. 그러나 이곳에서도 두어 달밖에 있지 못하고 또다시 마지막 일터인 이페르텐(Iferten) 성으로 옮겨가게 되었다.

라) 이페르텐시대

1804년 7월 이페르텐에 세운 학교에서는 그 후 21년간 계속 교육에 전념할 수 있었다. 그의 학교의 명성이 선 유럽에 퍼진 초기에는 각국에서 많은 사람들이 그의 새로운 교육이론과 방법을 배우려고 모여들었다. 유치원의 창시자 프뢰벨도 '홀츠하우젠' 가의 세 아들의 가정교사로서 그들을 데리고 이곳에 약 2년 동안 생활하며 페스탈로치의 교육이념에 매료되어 그의 교육 정신에 따라 삶을 살려는 전환기가 된 곳이었다.

이페르텝 성 사진

그러나 이페르텐학원의 황금기는 1807년부터 1810년까지의 2, 3년 동안이었다. 그의 나이 62세에서 65세의 시기로 그의 파란 많던 생애 중 가장 행복했던 기간이었다. 오랜만에 안정된 가정생활을 누리며 교육개혁가로서의 명성이 세상에 떨쳐졌고, 그의 학원은 교육입국을 모색하는 유럽의 군주들이 많은 유학생들을 보내게 되었다. 그곳은 지식인들의 순례지가 되었으며, 제자들은 그의 교육학을 이론적으로 규명하고 체계화하기 시작하였다. 남녀공학도 실시되었으며 교육사상 최초로 조직적인 교과서를 만들어 사용하기도 하였다. 참으로 이 무렵의 그는 '신교육 복음의 창도자'(Evangelium der neuen Erziehung)였다. 그렇지만 이러한 전성기에 페스탈로치의 마음속에

안정된 생활과 교육개혁가로서의 명성

는 우수가 깃들기 시작했다. 이유는 그의 학원에 비페스탈로치적인 요소가 많이 섞여 들기 시작했기 때문이다. '교육을 통해 빈민대중을 구원하려던 그의 꿈'과는 달리 학원에는 부유층 자녀들이 많이 몰려와 학교가 유명하게 되자 200여 명의 교사와 학생들이 들끓어 자신이 직접 경영하기에는 너무 커서 벅찼다. 또 자신의 교육방법 속에 깃들어 있는 대립적인 계기, 즉 자연적·통일적 방법과 인위적·기계적 방법이라는 이 둘을 조화시키지 못해 그는 고민했다. 또 그의 이념을 나름대로 해석·발전시켜 공명을 세우려는 제자들이 서로 대립함으로써 알력을 빚었다.

빈민대중을 위한 교육과 생활도야 교육이념

거기다가 1815년 부인 안나가 세상을 떠난 이후로 페스탈로치는 만사에 의욕을 잃고 학원도 구심점을 잃어 쇠퇴의 길로 가게 되었다. 1818년 73세의 페스탈로치는 자신의 순수한 이념에 맞는 빈민학교를 또다시 열었다.

이페르텐에서 30분 거리인 클린디(Clindy)에다 문을 열고 30명의 부랑아들을 데리고 교육을 시작했다. 얼마 있지 않아 이 학교도 또 유명해져서 다시 참관인들이 몰려오고 외국의 부유층 자제들이 입학해서 이곳도 이페르텐학교의 재판이 되어 버렸다. 그래서 결국 1년 만에 이 학원을 이페르텐학원에 병합시켰다.

1825년 악화할 대로 악화된 이페르텐학원을 떠나 페스탈로치는 유일한 혈족인 손자가 사는 노이호프로 다시 돌아갔다. 여기서 2년간을 더 살면서 "생활이 도야한다."는 이념이 담긴 자서전격인 『백조의 노래』를 쓰고, 『운명』이 절필될 무렵인 1827년, 82세를 일기로 세상을 떠났다.

그의 생애는 겉으로 보기에는 실패와 좌절의 연속이었던 것 같으나, 실제로는 후세의 교육이론가와 교육실천가들에게 커다란 영향을 줌으로써, 대단한 교육적 성공을 거두었다고 볼 수 있다.

그의 일생을 말하는 묘비명에 그의 교육적 생애와 업적이 압축되어 다음과 같이 새겨져 있다.

여기 하인리히 페스탈로치 고이 잠들다.
1746년 1월 12일 취리히에서 태어나 1827년 2월 17일
부르크(Brugg)에서 죽다.
노이호프에서는 빈민의 구원자
란하르트와 게르트루트에서는 민중의 목자
슈탄츠에서는 고아의 아버지
부르크도르프와 뮌헨부흐제에서는 새로운 민중학교의 창설자
이페르텐에서는 인류의 교사
인간, 기독교인, 시민
모든 것을 남을 위하여 바치고, 자기에게는 아무것도
남기지 않았다.
축복 있으리, 그의 이름 위에!

2) 페스탈로치의 사상과 교육활동

페스탈로치는 당시 지배계급의 부패, 타락을 지적하고 민중을 참으로 행복하게 하는 정치와 문화의 중요성을 강조하였다. 인류애를 근본정신으로 빈민교육을 위하여 일생을 희생한 교육가였다. 페스탈로치의 교육사상은 조직적이거나 체계적인 것은 아니었지만 실제의 체험을 바탕으로 한 것이었다.

"모든 어린이에게 하나님이 주신 성스러운 인간성의 힘이 깃들어 있다."고 하면서, 교육이란 그러한 인간성의 계발로, 인간의 내적인 능력을 끌어내어 잘 키워 주는 데 있다고 보았다. 즉, 인간의 도덕적·신체적·지적인 제 능력을 조화있게 성장하도록 도와주는 일이라는 점에서 그의 신인문주의적 색채를 볼 수 있다.

가) 인간관

페스탈로치는 인간을 인간의 본성이나 본능의 문제로부터 파악하였다. 자연 상태에 있어서의 인간은 순수한 본능의 아이이고 그는 단순하고 무해한 감각적 향락만을 언제나 추구한다. 인간은 원래부터

일정한 소질을 지니고 태어났다. 그러므로 소질에 따라서 현재 그대로의 모습에서 인간을 정확하게 보는 것이 필요하다. 페스탈로치는 선천적으로 본성, 본능, 소질을 가지고 있으며 이런 것들을 인간정신의 근본력이라 하고 이 근본력을 정신력(지력), 심정력(도덕력), 감각력(기술력)으로 나누어 이것이 조화로운 발달을 이룰 때 사람의 인간성이 드러나고 참된 교육이 이루어진다고 보았다.

페스탈로치는 『은둔자의 황혼』(1789)에서 "인간은 옥좌(玉座)에 앉으나 초가의 그늘에 누워 있으나 모두 평등하다."고 하였듯이, 인간은 누구나 본성에 있어서 다 똑같다고 보았다. 그에 의하면 인간성 안에는 동물적·사회적·도덕적인 세 층의 상태가 있다.

동물적·사회적·도덕적 인간성

동물적 상태는 자연상태로 인간은 동물과 근본적으로 다르지 않다. 자연상태의 인간은 이기적인 면과 이타적인 면을 함께 가지고 있다. 다음으로 이기심에서 비롯된 인간의 폭력적 행위를 법으로 규제하는 상태를 '사회적 상태'라 한다. 세 번째, '도덕적인 상태'는 인간의 동물적인 욕구의 충족이나 사회적 관계에 만족하지 못하고 자신의 내면적 순화를 갈구하는 힘이 개인적인 행위를 결정하는 상태를 말한다. 인간은 내면적인 상태에 이르러 비로소 참된 인간이 되며 교육은 인간을 이런 도덕인이 되게 하는 일이라고 보았다. 그러므로 그의 인간교육이란 동물적·사회적 상태를 거쳐 자신의 내면적 순화를 기하게 하는 인간의 선천적·내면적 소질의 조화적인 발달이다. 인간내면의 정신능력을 조화롭게 발전시켜서 참다운 개인의 행복을 성취시킬 뿐 아니라 행복한 사회나 국가의 실현도 가능하다는 것이다. 인간은 지능력, 심정력, 기능력의 싹이 깃들여 있기 때문에 이 세 가지 힘을 조화롭게 길러주면 원만하고 균형잡힌 전인적 인격을 형성할 수 있음도 갈파하였다. 다시 말해서 인간이 가지고 있는 도덕적 완성의 욕구와 조화로운 인간능력의 계발에 의해서 인간의 차원 낮은 원시성에서 보다 높은 인간의 욕구에로의 향상이 가능하다는 것이다. 그러므로 페스탈로치는 환경이 인간에게 미치는 영향에 대하여 큰 의미를 부여하며 긍정적인 환경의 배려를 강조하기도 하였다. 루소는 사회가 악의 근원이라고 전제하여 사회와 문화에 대하여 부정적이었는데 페스탈로치는 도리어 인간향상이나 개발을 위하여 사회가 수단적이요, 동기를 부여한다고 하였다. 그는 인간이라는 존재는 환경에 대해 노력과 노동으로 도야하는 가운데 진보할 수 있다고 보고 인간 속에 진보의 능력을 타고난다고 보았다.

페스탈로치에 의하면 인간은 타락할 수도, 진보할 수도 있는 모든 가능성을 동시에 가지는 존재로 보고 도덕적 상태로의 진보가 가능하다고 믿었다. 이와 같이 인간능력에 대한 확신 긍정적인 인간관을 바탕으로 페스탈로치는 정의와 도덕적 태도를 지닌 인간을 길러보고자 노력하였고, 바람직한 개개인을 중심으로 올바르고 조화로운 사회를 건설할 수 있음을 강조하기도 하였다. 페스탈로치는 인간의 의지에 따라 자유인이 될 수도 있고 노예가 될 수도 있다고 전제하면서 노력이 인간을 완성해 가는 수단이 되고, 게으름은 자기완성의 태만이며 야만성의 근원이라고 보았다. 개인적 노력에 의해 도덕적 상태에 이른 인간에 의존하여 보다 좋은 사회도 이루어질 수 있다는 뜻이다.

그런데 이러한 노력은 '인간 본성의 순수함'을 의미하는 자연의 질서에 따라야 함을 강조하고 있다. 자연의 질서란 인간의 의식과 타고남과 그리고 소질을 응용하고 실행함을 의미한다. 만일 자연의 질서에 어긋난다면 인간의 진리의식의 힘은 파괴되고 인간의 근본개념과 고귀한 단순성이라는 순수한 느낌도 혼란스러워 질 것이라는 의미를 부각시키고 있는 것이다. 따라서 페스탈로치의 인간의 내면 속에 진리에 도달할 수 있는 능력과 욕구를 모두 가지고 있으며, 인간행복의 기원인 순수한 느낌으로 도달하도록 도야하는 것은 교육의 가장 일반적인 목적이 된다는 것이다. 그리고 도야의 가장 중요한 방법은 자연의 원리에 따르는 것이라고 강조했다.

나) 교육의 목적 및 기본원리

인간개혁을 통한 사회개혁

페스탈로치는 교육의 목적을 **인간개혁**과 **사회개혁**에 두고 있다. 따라서 그는 교육의 본질적 수단으로 인간을 도야하고 도야된 인간을 통하여 인간을 개혁하고 개혁된 인간에 의해 곧 사회개혁이 이루어진다고 보았다.

모든 어린이의 타고난 능력들과 자연적인 잠재 가능성들에 기초한 심리학적 접근방식인 교육에 대한 하나의 새로운 접근방식을 통하여 사회개혁을 성취하자는 것이다. 그는 또한 교육의 목적을 여러 차원에서 진술하고 있다.

첫째, 하나님이 각자에게 부여한 능력의 계발, 둘째, 여러 능력의 조화로운 개발에 의한 인격도야, 셋째, 각자가 하나님이 맡기신 몫을 하면서 개성을 실현하는 일, 넷째, 그 삶으로 사회의 바람직한 일꾼이 되는 일, 다섯째, 궁극적으로 인류의 완성을 기하여 믿음, 소망, 사랑으로 실천하는 일이다.

즉, 교육은 인간 각자가 창조주로부터 선물받은 모든 능력을 자유롭고 충실하게 활용하도록 다지는 일이다. 개인적인 차원에서 보면 교육은 인간에게 행복을 기여하는 데 있고, 사회와의 관련 속에서 보면 교육은 개인을 사회의 유용한 성원으로 만들어 가는 일이다.

인간성의 조화로운 발달이라는 목표를 중심으로 그는 다음과 같은 원리들을 발전시켰다.

인간성의 조화로운 발달

① 인간이 갖고 있는 본래 능력은 지적(head), 도덕적(heart), 기능적(hand) 영역으로 되어 있고, 이 세 가지 능력은 의존적이기 때문에 발달순서를 계열화하기는 어렵다. 그러나 결국 도덕적·실체적인 목표가 지적인 목적보다 더 궁극적이라 하였다. 이 조화된 교육을 위하여 자유, 흥미의 존중, 공부, 신체적 활동의 중요성, 그리고 사랑이 조화된다고 하였고 그 중 사랑에 가장 큰 비중을 두었다.

② 그의 머리, 가슴, 손을 중심으로 한 인간성의 발전은 루소에서 보는 것과 같이 단순히 자연성의 발현이 아니라 사회적 맥락 속에 발달하는 것이라는 사회적 원리를 제시하였다. 그는 교육을 사회개혁의 수단이라고 보는 동시에 사회개혁이 또한 교육의 힘을 발휘한다는 사회적 입장을 취하였다.

교육의 중심을 가정으로 봄.

페스탈로치는 이러한 교육의 출발점, 중심이 되는 곳을 가정으로 보았으며, 여기를 중심으로 확대되는 인류의 가족적 관계에서 인간의 보편적 길이 있고 이 길을 올바르게 따를 때 올바른 교육과 참다운 행복을 누릴 수 있다고 보았다.

'합자연의 원리'

앞에서 살펴본 바, 그의 교육사상을 지배한 기본원리를 한마디로 요약한다면, '**자연에 따라서, 즉 합자연의 원리**'라고 말할 수 있다.

페스탈로치가 생각한 자연은 악에 찬 것도 아니요, 싸워서 극복해야 할 것도 아니며 인간형성의 보금자리, 즉 인간을 새로 비유한다면 둥지에 해당하는 것이다.

'인간을 본연적인 자연에 합치하게 교육하는 길'의 이념이 바로 합자연교육이다. 그는 모든 그의 저작 속에서 '숭고한 자연의 길에 따르라'고 되풀이하고 있으며, 이 자연을 가꾸어 줌으로써 인간이 선천적으로 지니고 나온 것을 스스로 키워 줄 수 있게 해 준다고 하였다. 마치 정원사가 그 기술을 자연의 힘과 법칙에서 배우면서 식물을 키워 가듯이 교사는 어린이의 내부세계와 그 발전과정, 어린이의 주위를 둘러싸고 있는 자연의 성질과 발전법칙을 잘 이해함으로써 어린이를 키워 가는 것이다.

자연에 따르는 교육원리는 그에 있어서 최고의 원리이며 여기에서 조화의 원리·직관의 원리·자발성의 원리·노작의 원리·사회화의 원리 등이 유도된다.

3) 유아교육사상

페스탈로치의 유아교육사상은 그가 영국인 그리브즈(Graeaves, J. P.)에게 보낸 『유아교육 서한집』(*Letter on Early Education*)이 가장 체계적인 문헌으로 남아 있다. 이것은 34통의 서한집으로 전체적으로 보아 통일적·이론적으로 구성되어 있으며, 페스탈로치의 유아교육사상을 아는 데 귀중한 문헌이다.

가) 아동관

아동 내면의 자기 고유의 세계

페스탈로치는 모든 관념은 후천적 환경, 경험에서 얻은 것이라는 존 로크의 백지설과는 관점을 달리하였다. 아동은 성인의 축소판이 아닌 성인의 세계가 있듯이 자기 고유의 세계가 있는 것으로 보았으며, 아동의 내면에 아직 피지 않은 꽃봉오리로서 인간성의 전능력이 내재하고 있다고 보았다.

〈어머니들에게 보내는 편지 — 어린이의 본성〉

> 이 부패한 세상에서도 어린이의 순진한 마음을 보호하여 이것이 기초가 되도록 하는 것이 어머니들의 과제입니다. 이기심이 가득찬 이 세상에서 어린이의 본능적인 신뢰심을 지도하고 확장시켜 적극적인 사랑의 원천으로의 앞에서는, 큰 일을 하기 위해서는 자기희생을 불사토록 하는 것이 어머니들의 과제라 하겠습니다.
>
> 어머니는 하나님께 감사해야만 하겠습니다. 하나님께서는 어린이의 가슴속에 싹을 심어 주시고 지도와 축복으로 활동을 도와 수월하게 키워 주시기 때문입니다. 어린이는 모든 인간 본성의 능력을 부여받았습니다. 다만 어느 능력도 아직 발달되지 못하고 있는 상태라 하겠습니다. 아직 피지 않은 봉오리입니다. 봉오리가 열리면 모든 잎이 됩니다. 그대로 남아 있는 잎은 하나도 없습니다. 교육의 과정도 이처럼 되어야 합니다.
>
> 교육의 필수조건은 이것을 시도하는 사람의 능력에만 달려 있는 것이 아니라 어린이의 능력에도 달려 있습니다. 어

린이의 **본성 안에는 다른 어떤 것보다도 인간창조의 무한한 지혜의 목적**이 깃들어 있기 때문입니다.

어린이의 가슴속에는 사랑과 믿음의 힘이 깃들어 있다는 것을 크게 강조하고 싶습니다.

나) 가정교육론

페스탈로치의 유아교육론은 가정교육론이라고 할 수 있다. 그는 인간형성의 기초가 가정교육에 있다는 것을 강조하며, 가정생활에 있어서 양친과 아동들의 애정이 넘치는 생활이야말로 인간교육의 가장 탁월한 자연의 교육이라고 보았다. 부모는 자연의 교사이며, 언어와 사물에 관한 지각적 지식의 습득을 비롯하여 인사, 예절법 등 행동의 규율과 좋은 습관, 협동정신, 책임감, 도덕의식 및 종교적 신앙심의 배양에 이르기까지 광범위한 교육내용을 애정과 권위로 자녀에게 가르칠 수 있다.

가정에서 부모에 의한 교육의 중요성 강조

유아교육은 모성애를 매개로 하여 어머니의 도움을 통해 비로소 달성된다고 보았다. 즉, 교육은 인생의 가장 초기부터 시작되어야 하며 따라서 교육은 양친이 맡아야 하며 특히, 어머니의 모성애야말로 교육자의 제1조건이며 가장 훌륭한 자녀교육자라고 믿었으며, 『How Gertude teaches her children』과 『Book for mothers』라는 책을 저술하였다. 그는 가르치는 방법이 너무 단순하기 때문에 어머니는 도움 없이도 자녀를 가르칠 수 있을 뿐만 아니라, 동시에 어머니 자신의 교육도 계속할 수 있다고 생각하였다.

〈어머니들에게 보내는 편지 — 가정교육〉

가정교육 속에 정서적 분위기가 도덕적·종교적 감각으로 승화되어 융합되어야 하겠습니다. 이 가정교육 속에서 모성애가 다른 어떤 기구에서보다 조직화되어 나타나야 하겠습니다. 모성이 모성임을 깊이 인식하며 모성이 모성으로 행동해야 하겠습니다.

페스탈로치는 안방을 작은 하늘나라라 하며 인간도야의 유일한 장소라 하였다. 이러한 신성한 안방에서 생기는 믿음과 사랑으로 인간성의 통합과 심리적 법칙 간에 큰 균형이 이루어진다고 보았다. 특히, 인간의 생활은 가정이라는 확고한 구심점에서 사회, 국가 등으로 동심원적으로 확장되어 가는 것임을 논하고 가정에서 배우는 것은 사랑을 지축으로 하는 순수한 인간관계임을 이야기하고 있다.

그는 가정교육의 원리를 합자연에 의한 방법원리로 『린하르트와 게르트루트』(*Lienhard and Gertrud*, 1787)에서 다음과 같이 나타낸다.

가정교육의 원리

① 가정에는 질서와 순서가 있어야 한다. 자연도 마찬가지로 순서가 있으므로 아동의 발달단계를 고려해서 알맞도록 가르친다. 아동이 수동적인 존재가 아닌 스스로 사고하는 주체가 되도록 유의한다. 아동의 욕구와 충동, 흥미를 존중하고 아동의 감정을 중시하고 인식에 기초를 두어 인간성을 조화·통합하도록 한다.

② 가정은 순수한 감정이 길러지는 도덕교육의 터전이다. 이 순수한 감정—사랑, 믿음, 순종—은 우선 부자, 모자관계에서 발생하여 하나님께로 향하며 다시 내려와 이웃에 뻗쳐간다.

③ 가정은 기초교육이 다져지는 곳이다. 종래의 기초교육(3R-읽기, 쓰기, 세기)에 도덕교육과 실제교육을 덧붙인다. 노작은 생활을 풍요롭게 하기 위해서 필요하며 그의 노작은 아동에게 산업과 경제적 가치를 인식케 하기보다는 도덕과 정신적 가치를 실현케 하는 데 궁극적인 목적을 두고 있다. 이처럼 노작과 교육을 결합시킨 그의 방식의 참 의의는 인간교육을 그 기초로 하고 있다는 점에 있다.

④ 가정은 모든 교육의 자기 활동성을 터전으로 하여 전개되는 실질적 교육의 장이다. 언어로 가르칠 것이 아니라 실물로 가르쳐야 한다. 모든 것이 아동자신의 생활 속에서 전개되는 대상을 통해서 직관적으로 가르쳐지는 교육의 장이다.

모성애의 중요성

또한 가정에서 부모의 사랑이 인간형성의 기초이며, 여기서 종교·도덕교육이 싹튼다고 하였으며, 이러한 모든 힘의 원천은 역시 어머니의 사랑-**모성애**라고 하였다.

교육의 출발도 어머니의 사랑에 의거하여 실현하려 하였다. 그에 의하면 어머니는 어린이를 품에 안는 순간부터 가르치고 있으며 훌륭한 교사로 자식에게 진실한 사랑을 느끼며, 이와 같이 참된 사랑의 눈으로 아동을 바라보는 부모와 아동 사이에는 말할 수 없는 희열과 사랑이 생긴다고 하였다.

〈어머니들에게 보내는 편지 - 어머니는 하늘이 내리신 교사〉

> 모성애는 온 자연의 질서 가운데 가장 아늑하면서도 가장 무서운 힘입니다. 그렇습니다. 제가 모성에게 요구하는 것은 실은 단 한 가지입니다. 그것은 배려 깊은 사랑입니다. 사랑, 이것은 다른 어떤 것보다도 중요한 제일의 조건이라고 여깁니다.

이상에서 살펴본 것처럼 페스탈로치의 가정교육은 아동에 대한 무한한 사랑과 어머니의 본성인 모성애에 의해 실현되어야 함을 알 수 있다.

4) 교육방법론

페스탈로치의 실제적이고 구체적인 업적은 그의 교육방법론에 대한 이론에 있다.

그의 교수방법은 학습이 **감각, 지각, 관찰**과 자연과의 접촉들, 즉 책들 대신에 **경험**과 함께 시작해야 한다는 일반적인 결론에 기초를 두고 있다.

가) 직관의 원리

그는 직관을 모든 인식의 절대적인 기초로 생각하고 교육의 본질을 거기에서 찾았다. 그러나 여기서 말하는 직관은 코메니우스와 같이 외계의 인상을 수동적으로 수용만 하는 직관이 아니라, **외계의 인상을 경합하여 능동적으로 개념을 구성하는 작용으로서의 직관**을 말한다.

사물을 인식하는 수단으로서의 수·형·어

페스탈로치는 사물을 정확히 인식하는 수단과 과정을 수(數, Zahl), 형(形, Form), 어(語, Wort)에 두었다. 이 세 가지는 모든 지식을 구성하고 있는 가장 기본적인 요소이기 때문에 교수는 이 요소를 밝히고 분석하는 데에서부터 시작하여야 한다고 하였다. 수의 ABC, 형의 ABC, 언어의 ABC라는 식으로 초보적인 순서가 분석될 수 있다. 그는 사물을 직관함으로써 감각적인 인상에서 추상적 사고력의 개발에까지 도야해 간다고 보았으며, 아동이 구체적인 경험이 있을 때, 보다 명백한 직관을 발달시킬 수 있다고 보았다.

나) 자기 활동의 원리

내면세계를 스스로 발전시키는 것.

그는 교육의 중심은 아동의 능력을 내면으로부터 발전시켜야 한다는 것으로 보았다. 자기 활동의 원리는 인간이 가지는 자연적인 힘을 내적인 힘에 의하여 자발적으로 발전하게 한다는 것으로, 아동의 내부에 있는 자연의 힘을 발전시키는 작용이므로, **아동 스스로의 교육으로 내면적인 자아의 자기발전과 자율적인 자기형성**을 가져옴을 뜻한다. 따라서 교사는 발달이 자연적·조화적으로 되도록 모든 조건을 제공해 주어 아동의 선천적 소질의 계발을 도와야 할 것이다.

아동 하나하나를 개별적으로 돌보아 주는 것이 본질적인 교육방법이 된 이러한 입장은 개인 모두의 능력과 환경을 존중해서 교육하는 개성존중의 정신과 개인차에 입각한 교육방법의 원리라고 할 수 있다.

이와 같이 볼 때 페스탈로치의 자기 활동의 원리는 개성존중·인간존중·아동존중의 휴머니즘과 자유정신의 발로라 할 수 있다.

다) 조화·균형의 원리

페스탈로치에 의하면 인간이 가지고 있는 선천적 기능은 지적

(head), 도덕적(heart), 기능적(hand)인 것인 바, 그 중에서도 도덕적 기능을 중심으로 하는 제능력(3H)의 조화적 발전을 교육의 이상으로 하였다.

3H의 조화적 발전

라) 방법의 원리

인간성의 전개, 즉 자기발전은 질서 있는 일정한 단계를 거쳐서 이루어지므로 교육은 이러한 단계에 따라서 이루어져야 한다는 것이다.

일정한 단계에 따른 교육강조

따라서 교수는 무엇이든 근본적인 기초요소에서 출발하여, 연속적으로 다른 요소로 넘어가며 끝으로 이것을 종합한다는 일정한 3단계의 방법이다. 우선 매우 쉬운 것부터 착수하고 그리고 그 이상 앞으로 나가기 전에 이 매우 쉬운 것을 완전히 학습시키고 그런 연후 이미 배운 것에 조금씩 덧붙여 나가는 방법이다.

마) 생활공동체의 원리

페스탈로치는 개성존중의 면과 함께 교육상 생활공동체의 의의를 중요시하였다. 그는 가정에 있어서의 가족집단 특히, 어머니와 자녀의 인격관계를 중요시하고, 어머니와 자녀의 애정과 신뢰감을 도덕교육, 종교교육의 기저로 생각하였다.

또한 그것이 확대되면 자연히 시민으로서의 자질이 높아지고 국민으로서의 자각이 강화되고, 나아가서 인류의 복지에 이바지하는 정신까지 발전할 수 있다고 생각하였다.

페스탈로치의 제자인 몰프(Morf)는 스승의 교육방법적 일반원리를 다음과 같이 12항목으로 요약하고 있다.

교육방법적 일반원리

① 감각적 직관은 학습지도의 기초다.
② 언어는 항상 직관에, 그리고 실물 또는 내용에 결부시켜야 한다.
③ 학습의 시간은 판단이나 비판의 시간이 아니다.
④ 어떠한 학과에서도 교수(teaching)는 가장 단순한 요소로

부터 시작하고 아동의 발달에 따라서, 즉 심리적으로 결합된 순서에 따라서 전적으로 촉진시켜야 한다.

⑤ 교수상의 하나하나를 아동에게 완전히 습득시키려면 충분한 시간을 가져야 한다.

⑥ 교수는 발달을 목적으로 하여야 하며 독단적인 설명을 목적으로 하여서는 안 된다.

⑦ 교사는 학생의 개성을 존중하여야 한다.

⑧ 초등교육의 주요목적은 학습자에게 지식이나 재능을 수여(授與)하는 것이 아니고 그 지력을 발달시키고 증가시키는 일이다.

⑨ 능력은 지식에, 기능은 학습에 연결되어야 한다.

⑩ 교사와 학생과의 관계는 특히, 훈련에 있어서는 사랑에 기초를 두고 사랑에 의해서 지배되어야 한다.

⑪ 교수는 훈육의 보다 높은 목적에 종속시켜야 한다.

⑫ 도덕 및 종교교육의 근저는 모자간의 관계에 있다.

당시 페스탈로치의 나라, 스위스에서는 이미 대량공장화가 진행되어, 유아교육의 장으로서의 가정생활이 바야흐로 붕괴의 위기에 있었다. 그러나 페스탈로치는 현명한 어머니들에 의하여 가정생활을 재건하여 유아교육을 바로 세우려고 열심히 가정교육을 강조하였다. 그는 프랑스혁명 후의 전란으로 가정을 잃은 고아들과 함께 생활한 경험이 있고 가난한 가정의 어린이를 위한 학교도 세웠다.

이와 같은 체험 속에서, 교육에 있어서의 최초의, 그리고 근본적인 장으로서의 가정교육의 중요성을 통감했을 것이다. 이와 같은 유아교육에 대한 그의 생각은 그의 제자이었던 프뢰벨에 의하여 계승되어, 유치원(Kindergarten)의 창설로 발전되었다.

나. 프뢰벨(Friedrich Fröbel, 1782~1852)

1) 생애와 업적

가) 튜링겐 숲에서의 유소년시절

Friedrich Fröbel, 1782~1852

훌륭한 교육자이며 유아교육의 아버지로 알려진 프뢰벨은 1782년 4월 21일 독일 튜링겐(Türingen) 숲 속의 아름다운 작은 마을 오버바이스바흐(Oberweissbach)에서 태어났다. 목사인 요한 야곱 프뢰벨(Johann Jacob Fröbel)과 야코비네 엘에오노레 프리데리카 호프만(Jakobine Eleonore Friedrica Hoffman)의 여섯째 아이로 태어난 그는 프리드리히 빌헬름 아우구스트(Friedrich Wilhelm August)라는 이름으로 불리었다. 이 마을에서 프뢰벨은 많은 가족의 축복 속에서 탄생했지만 그 즐거움도 잠깐이었고 어머니는 그의 출생 9개월만에 병사했기에 슬픈 운명에 휩싸이게 되었다. 구 루터파 교회 목사이며 학식이 높았던 아버지는 새로운 교회건립을 감독해야 하였기에 가정살림과 어린이 양육은 하인이나 형, 누나가 맡아 하였다. 이 어린 시절 형제간의 우애, 바로 이것이 그의 인간성 성장과 교육사업을 지탱한 기초가 되었다.

튜링겐 숲의 영향

프뢰벨은 사색과 명상에 잠기는 소년으로 자라났으며 관찰과 사색의 대상은 목사관의 작은 정원의 식물과 화초들과 그를 둘러싼 튜링겐 숲, 즉 자연이었다. 그는 이 무렵 튜링겐 숲을 벗 삼아 성장해 갔고, 이것은 그가 자연을 사랑하고 자연에 매혹되어 자연에 대한 탐구심이 싹트는 생활의 시작이기도 하였다. 그는 이때의 일을 뒷날에 "내가 보고 이해할 수 있는 범위 안에서 자연은 나의 관찰과 사색의 대상이 되었다"라고 말하고 있다. 학령기에 이른 프뢰벨은 언젠가 형으로부터 개암나무꽃에도 암수가 있다는 것을 들어 알았을 때, 자연과 인간생활의 융합, 그것을 지탱해 주고 있는 위대한 힘을 예감하였던 것이다. 튜링겐의 숲은 소위 "자유는 독일 숲으로부터"라고 말하여지듯이, 대자연 속에서 전 우주의 법칙을 발견한 프뢰벨 사상의 토양이 되었던 것이다.

프뢰벨의 생가

이 튜링겐 산림에서 보낸 2년간의 생활을 통해 그는 자연의 신비와 우주의 법칙을 예감하기 시작했다. 이로 인해 프뢰벨은 자연의 세계, 특히, 풀, 꽃, 나무의 세계를 관찰과 사색의 대상으로 삼게 된다. 그는 자연 속에서 생활하는 가운데 하나님의 오묘한 권능이 역사하고 있다는 것을 크게 깨닫게 되고 모든 사물 가운데 숨겨져 있는 보편적인 법칙 및 통일성을 추구하려는 것을 중심과제로 삼기에 이른다. 프뢰벨은 자연의 위대한 비밀을 해명하려는 탐구심을 유발시켜, 대학에 들어가서 자연과학을 좀 더 폭넓게 연구하려는 열망을 갖게 되었다.

나) 사상편력의 청년 시대(예나 대학 시절)

독일에서의 자연과학과 여러 사상탐구

프뢰벨이 산림관 견습기간을 마치고 아버지의 집에 돌아왔을 때, 예나 대학에서 의학을 공부하고 있던 형 라우고트에게 송금 심부름으로 1799년 여름 예나(Jena)에 갔다. 향학열에 불타고 있던 그는 예나의 활기 있는 정신생활에 마음이 끌려 약 8주간 머물면서 예나 대학에서 측량학, 지형도의 수업을 청강하였다. 그 후 일시 귀가했지만 자연과학에 대한 연구심을 억제할 수 없어, 1799년 가을학기에 돌아가신 어머니의 얼마 안 되는 유산을 학자금으로 마련하여 예나 대학에 정식으로 입학했다. 입학하고 보니 자신이 철학과 학생으로 등록되어 있었다. 그러나 그가 청강한 것은 일찍이 관심이 깊었고 또한 장래생활에 실리적인 도움이 된다고 생각하였던 응용수학, 대수학, 기하학, 광물학, 식물학, 물리학, 화학, 재정학, 식수재배, 산림학, 건축학, 측량술 등이었다. 철학에 관한 학설이나 사상에 대해서는 일상생활이나 교우관계에 의해 접촉하는 데 불과하였지만, 그것은 그에게 많은 자극을 주었다. 이 무렵의 예나 대학에서는 칼 아우구스트가 총장, 쉴러(Friedrich Schiller, 1759~1805)가 역사교수로, 셰링(F. W. Schelling, 1775~1854)과 피히테(Johann Gottlieb Fiete, 1762~1814)가 철학교수로 있었고 그 외에 독일 낭만주의의 중심지인 이 대학에는 티크(Johann Tiek, 1779~1853), 노발리스(F. Novalis, 1772~1802), 쉬레겔 형제(A. Schlegel, 1767~1845 & F. Schlegel, 1772~1829) 등 독일 낭만파문학의 대문호들과 사상가들이 객원교수로 있었다. 이러한 분위기가 젊은 프뢰벨을 얼마나 자극시켰는가는 쉽게 상상할 수 있다. 이들은 프뢰벨이 낭만주의적 사상세계를 갖게 되는데 큰 영향을 주었다. 특히, 독일 낭만주의 교육학은 프뢰벨이 유치원을 창설하고 그가 만년에 『어머니의 노래와 사랑의 노래(Mutter-und Koselieder)』를 저술하여 교육에 실천함으로써 활짝 꽃을 피우게 했다고 할 수 있다. 1800년대에 프뢰벨은 예나 대학의 자연과학을 지향하는 많은 학생들과 같이 자연과학회라는 학술단체에 가입하였다. 여기에서의 철저한 연구를 통해서 자연과학의 기초를 형성하게 된다. 그리고 끊임없이 자연의 법칙이나 신비를 밝혀보려고 노력하였다. 그러나, 4학기 재학 중에 경제적으로 힘들어지게 되어, 학비로 빌려 쓴 돈을 갚을 수가 없어 학업을 중단하게 되고, 1801년 프뢰벨은 예나 대학의 감옥에 9주간 수감생활을 하여야 했다. 수감 중에 독서를 통하여 예술에 관심을 갖게 되었고, 그 밖에 고대 페르시아 고전 등 기독교와 다른 종교사상 중에서 인생의 진리와 보편성을 발견하게 되었다. 프뢰벨은 수감생활에서 풀린 뒤 예나 대학을 떠나 고향으로 돌아왔다. 그는 아버지의 서고에서 백과사전을 통하여 이 당시의 과학발달에 관하여 체계적으로 연구하려고 시도하였고 과학, 미술, 문학에 대한 책을 꺼내어 그것을 분류, 정리하는데 몰두하였다. 1802년 2월 10일 프뢰벨의 아버지가 세상을 떠나자 이때부터 프뢰벨은 생계를 위하여 농지세무, 산림청서기, 측량시가 등의 일에 종사하였다.

다) 교육자로의 길

건축가가 되고자 함.

제2의 아버지로 사랑하였던 외삼촌 호프만이 뜻하지 않게 죽은 것은, 그 무렵 프뢰벨 가슴 속에 서서히 굳어져 가고 있던 새로운 길로의 출발이 되기도 하였다. 프뢰벨은 그 동안의 직업을 버리고 외삼촌의 유산을 가지고 1806년 봄에 건축가로서 일어서려는 새로운 희망을 가지고 마인강가에 있는 프랑크푸르트(독일에는 오더강가에 있는 프랑크푸르트도 있다)로 갔다. 그때 프뢰벨의 나이 23세이었다.

로찌학원 교사가 됨.

프뢰벨이 프랑크프루트의 암 마인에 도착했을 때, 그의 친구 Kulisch는 그곳 모범학교(Musterschule) 교장이며, 페스탈로치의 제자이기도 했던 안톤 그루너(Gottlieb Anton Gruner, 1778~1844)에게 프뢰벨을 소개하였다. 이때 프뢰벨은 그루너와 함께 지낸 청년들과 인생문제나 자기들 이상을 이야기하곤 하였다. 그루너는 이것을 들은 뒤 프뢰벨에게 "당신은 건축가가 되는 것을 그만두십시오. 당신에게는 맞지 않습니다. 당신은 교사가 되십시오. 우리 학교에 한 사람의 결원이 있습니다. 당신이 좋다면 그 자리를 당신에게 주겠습니다."라고 말했다고 한다(Hailand, 1982 , 20). 이 모범학교는 당시의 시대적 요구를 반영하고 있었으며, 개혁이 시도되고 있었다. 로찌의 학원에서 질서있는 교육계획의 입안과 그 실행, 심신이 생동하고, 흥분할 만큼 감동적인 생활이 있다는 것을 보았다. 2주간 짧은 체류기간이었지만 프뢰벨은 여기에서 감동과 의기소침, 각성과 자아상실이라는 착잡한 감정을 경험하였다. 이와 같이 프뢰벨은 페스탈로치의 교육자로서의 인격에 지극한 감명을 받아 열심히 배웠을 뿐만 아니라 동시에 각지에서 모여든 젊은 학도들의 교육에 거는 기대와 열정에 깊은 인상을 받았다. 그리하여 교육을 통해 국가사회, 그리고 인류를 개혁하려는 이념이 그의 마음에 싹트기 시작했다.

프뢰벨은 그의 형 크리스토프에게 페스탈로치와의 만남을 통해 그를 정신적인 아버지와 같이 느끼게 되었고, 그의 정신에 따라 교육자로서 생애를 거는 일에 가치를 두게 되었다는 편지를 쓴 바 있다. 이와 함께 다음과 같은 글을 적었다.

> "나는 나 자신을 몰랐넌, 그러나 오랫동안 동경하고 오랫동안 잃어버리고 있었던 것을 발견한 것과 같은 마음이 들었습니다. 나는 하늘에 닿으며 직관을 가지고 하늘을 날고, 그 마음은 대지와 자연의 천태만변한 생명과 하늘의 청량과 평화, 신의 대지와 신의 하늘을 하나로 하는 그러한 인간을 나는 만들고 싶습니다."(Halfter, 1931 : 17)

이 말 속에는 이미 프뢰벨 교육학의 핵심을 이루는 천상의 것과 지상의 것을 인간 속에 통일하는 사상을 엿볼 수가 있다.

라) 페스탈로치 교육법의 보급

스스로의 자유로운 발전을 추구한 프뢰벨은 2년쯤 후 모범학교를 사직한 후에 아동들을 시골에서 교육하도록 홀츠하우젠가의 양친에게 강력히 주장하였고, 그 결과 프랑크푸르트근처 오더라는 마을에서 『에밀』 풍의 교육에 힘을 썼다.

페스탈로치의 영향

1808년 여름에 프뢰벨은 다시 홀츠하우젠가의 어린이들과 함께 페스탈로치를 방문하였다. 페스탈로치는 그를 학문연구의 벗으로서 환영하였다. 프뢰벨은 가르치면서 또 배우는 위치에서 2년간의 생활을 하였다. 그는 페스탈로치의 강인한 인격이나 고매한 인간애에 심취되었다. 부분적으로 불만이나 의문은 있었지만 전체적으로 힘차고 활기에 넘쳐있던 페스탈로치의 교육방법에 대하여, 프뢰벨은 "이러한 진정한 교육법이 응용되고 있는 나라나 인간은 행복하다."라고 느꼈다. 그는 페스탈로치 교육방법에 의한 교육을 고향에 보급시키기 위해, 1809년과 그 이듬해에 두 차례에 걸쳐 루돌슈타트 후작부인인 카로리네 부인에게 진정서를 제출했다. 그는 페스탈로치 교육을 상세하게 보고하면서 그 교육의 올바름을 호소하고, 고향에서 도입할 것을 요청하기도 하였다. 루돌슈타트 후작 부인에게 보낸 진정서 내용은 다음과 같이 적고 있다(Gumlich, 1952 : 325). 즉, 인간을 자연과 본성에 따라서 육체를 강화시키고, 혼이 깃든 정신적 존재로까지 교육하고 훈련하는 일, 육체를 통하여 직접 외계를 인식하고, 정신과 육체, 사고와 행동의 조화적 발달을 목표로 하고 있는 것, 인간의 강인한 성격, 동포애의 배양, 모든 신분과 인간에게 적용될 수 있는 것이라는 것들을 적고 있다. 프뢰벨은 또한 유아기, 학령기의 발달 특징을 명확히 고려하면서, 그들에게 주어야 할 교육 교과목을 적었다. 그러나 두 차례의 진정서도 심사결과 거부되고 말았다. 어느 심사원은 다음과 같이 그것을 비판하고 있다. "이 교육에 의하여서는 이 계층의 사람들에게 불가결한 것, 필요한 것이 너무 지나치게 교육되지 않을 뿐 아니라 더구나 그들의 영역을 벗어나고, 그들의 신분이나 직업, 그들의 주변 사람들에 대하여 부적당하고 천박한 박식가나 기인이 양성될 것이다(Hailand, 1982 : 30)."

이와 같이 모든 국민을 위하고 인간성의 조화적 발달을 목표로 한 일반적 기초적 교육이라는 이상은 절대주의 체제하의 일개 영주국가에는 중요한 과제가 될 수 없었다. 오히려 국가에는 각기의 신분에 알맞은 교육만이 필요한 것이며, 이것이 그의 진정서를 거부한 가장 큰 이유였다.

프뢰벨의 공적

프뢰벨의 교육사상의 공적은 페스탈로치의 교육이념을 형이상학적으로 정화하여 이를 유아교육에 구현한 점에 있으며, 프뢰벨은 직관적인 페스탈로치의 교육수단을 예감과 상징을 통하여 대상을 이해할 수 있도록 한 구성적인 작업을 통해 좀 더 구체화시켰고 그의 교육이념을 유아교육에 실현시켰다는 점에 있다고 할 수 있다.

마) 나폴레옹전쟁

군대에 입대

프뢰벨도 라이프찌히에서 뤼초버(Lützower) 의용군에 참가했다. 그의 참전에 대한 결의는 첫째, 독일인의 감정으로서, 둘째, 젊은 사나이가 조국을 피와 목숨으로 지키지도 않고 교육자가 될 수 없다는 기개와 셋째, 인간으로서 고통의 고난과 싸워서 위기를 제거하는 것이 의무이며 남자다운 생활방법으로 느꼈기 때문이다. 이렇게 하여 그는 다음해 1814년 5월 파리강화조약이 체결될 때까지 약 1년 동안 군대생활을 하였다.

프뢰벨은 여기서 베를린 대학 재학생이었던 밋덴도르프(Wilhelm Middendorff, 1973~1853)와 랑게탈(Heinrich Langethal, 1792~1879)을 만나게 되었다. 이들은 마이센의 엘베강변 식탁에 둘러앉아 아름다운 봄날 저녁에 서로 이야기를 나누었다. 이 날 이후로 그들은 인간과 그 교육에 대하여 종종 토론하였고 그 교제야말로 후일 끝까지 변하지 않는 우정의 출발점이 되었다.

군생활이 미친 영향

프뢰벨에게 있어서 행군이나 군사교련의 체험은 정신과 육체의 상호 관련을 배우는 기회이기도 하였고, 그의 국민교육사상의 배경을 형성하는 것이기도 하였다.

프뢰벨의 연구가인 푸뤼퍼는 "만약 이 전쟁이 없었다면 그는 후에 일반 독일학원을 카일하우에 세우지도 않았을 뿐 아니라, 또 유치원을 브랑켄부르크에 건설하지 않았을지도 모른다(Prüfer, 1927 : 192)."라고 말하고 있다.

2) 카일하우에서의 교육활동

가) 카일하우학원의 창설

일반 독일학원 창설

이와 같이 프뢰벨이 교육기관을 세우게 된 직접적인 동기는 1813년 나폴레옹전쟁에서 그가 가장 존경하고 신뢰하였던 형 크리스토프가 전사한 데서 기인한다. 형이 전사하자 형수가 세 자녀의 교육문제를 상의해 왔다. 프뢰벨은 오랜 숙고 끝에 대학교수의 지위도 약속되어 있었지만 형 대신 아버지로서 고아가 된 조카들을 돌보아야 하는 것이 의무라고 느꼈다. 그는 1816년 4월 9일에 베를린을 떠나 형의 세 자녀가 있는 그리스하임(Griesheim)으로 가서 11월 13일에 '일반 독일학원(Allgemeine deutsche Erziehungsanstalt)'을 창설하여 교육자의 길로 매진하게 되었다.

카일하우학원[2)]

후일 이때의 일을 "나는 모든 것을 버리고, 모든 것을 희생하여 인간으로서 인간의 교육에 돌아와서 살고 싶었다."라고 말하고 있다. 그것은 그때까지 추구하여 온 자연과 인간의 일을 실천하려는 열망의 표현이었다. 프뢰벨은 이 시설을 1817년 카일하우로 옮겼다.

빌헤미네와 결혼

1818년 가을 프뢰벨은 베를린 대학에서 빌헤미네(Henriette Wilhelmine Hoffmeister, 1780~1839)를 만나 그녀와 결혼하였다. 그녀는 교양이 높았으며 프뢰벨의 교육활동의 협력자로 학원을 가정적인 분위기로 만들었다. 프뢰벨은 그녀에게 베를린시대에 보여 주었던 이상을 위해서 생애를 걸 수 있다는 말로 결혼신청을 하였다고 한다(Gumlich, 1935 : 101-102).

2) 사진출처 : https://en.wikipedia.org/wiki/Friedrich_Fr%C3%B6bel#/media/File:Unterhaus_keilhau.jpg

나) 카일하우학원의 생활과 교육

처음에는 프뢰벨의 조카들로만 시작했던 이 학원도 인원이 점차 증가하여 1820년에는 12명, 21년에는 20명 그리고 25년에는 56명의 학생을 갖게 된다. 교사로는 프뢰벨, 밋덴도르프, 랑게탈 외에 역사와 문학은 룻제른에서 온 헤르쵸크(Carl Herzog), 자연과학은 메징겐에서 온 쉔바인(Friedrich Schönbein) 프랑스어의 모네, 후국 관현악단의 슈미트와 브뢰멜 등이 있었으며 이들에 의하여 교육내용이 점차 충실화되어 갔다.

카일하우 학원에 대한 학생들의 기록

프뢰벨의 조카인 칼은 "나의 생활은 여러 가지로 사세하게 구성되어 내 시간표는 엄격하게 정해져 있었지만, 나는 전적으로 새로운 자유세계에 있다는 생각이 든다"(Kuntze, 1952 : 24).라고 회상하고 있다. 또 게로르그 에베즈(Georz Ebers)에 의하면 "수정처럼 투명하고, 향기높은 개울이 근저를 흐르고, 샘은 맑게 흘러 내려, 카일하우는 매우 좋았으며, 건강한 환경에 싸여 있었다. 내가 머물렀던 4년 반 동안 약 60명의 학생들이 있었는데, 병에 걸린 사람은 한 사람도 없었다(Kuntze, 1952 : 54)."라고 기록하고 있다.

다) 교육에 관한 논문 발표

이 논문들은 『카일하우에서의 소논문』이라고 하는데 1820년부터 1824년까지 발표한 일곱 개의 논문으로 되어 있다.

독일 민족주의 사상이 짙게 반영

이 논문들 속에서 프뢰벨은 **보편적인 인간교육**을 기술하였다. 이것은 프뢰벨이 예나 대학 학생시절에 철학교수였던 피히테가 주장한 국민교육사상과 그 맥을 같이 하는 것이다(Hailand, 1982 : 70). 그리하여 이들 논문에는 그의 국민교육사상의 특징인 독일민족주의가 농도짙게 나타나 있다. 이것은 1813년의 나폴레옹전쟁의 영향에 기인한다. 그것은 프뢰벨로 하여금 독일과 독일민족의 이해에 밑거름이 되었고, 그 경험으로 밋덴도르프와 랑게탈과 결합할 수 있었던 것이다. 따라서 이 학원은 프뢰벨에게 있어서 독일민족의 근본요구를 충족시키는 장이기도 했다. 그러나 그는 독일민족의 교육에만 초점을 맞추고 있었던 것은 아니다. 그것을 기초로 하여 일반적, 보편적 인간상을 추구하고 있다. 프뢰벨의 논문 『독일교육전반에 관하여 그리고 특히 카일하우 일반독일교육원에 관하여』, 『독일의 일반학원이라는 것에 대하여』를 읽은 크라우제(Karl Christoph F. Krause, 1781~1832)는 프뢰벨의 노력을 칭찬하면서도 다른 한편, 독일민족을 강조한 표현을 비판하였다. 크라우제는 독일인에 대한 일빈적인 인간교육이 필요한 것은 아닌가 하고 주장했다. 이에 대하여 프뢰벨은 "당신의 말은 나의 생명의 노력을 진실로 그리고 적절하게 비춰 준 유일한 태양이다."라고 즐거워했다.

그리고 스스로 의도했던 교육도 크라우제가 말한 것과 틀리지 않는다는 스스로의 입장을 변명하였다. 비판을 받고 그는 뒷날의 논문에서 "참다운 독일적 성격은 본래 어떠한 국토나 민족에게서도 발견되는 것이고, 가장 순수한 인간의 표현에 대한 노력"이라는 것을 인정하고 있다. 사실, 프뢰벨이 추구하고 있는 인간이란 반복해서 말하듯이 "자유스럽고, 사색적이며, 자발적인 인간"이며 그것은 인간에게 일반적으로 적용된다. 즉 이성을 갖추고 자주적으로 사고하는 인간의 형성이라는 점이다.

라) 대표적인 저서 『인간교육』발간

프뢰벨이 『인간교육』(*Die Menschenerziehung*, 1826)을 간행하게 된 배경에는 당시의 정부에서 이 학원을 탐탁치 않게 보고 정치적인 탄압을 하는 것에 대한 대변을 하고자 한 점도 있다.

정부로부터의 탄압

카일하우학원도 이러한 정치적 소용돌이 속에서 정부로부터 탄압을 받게 되었다. 그 당시 카일하우학원에는 학생조합의 간부이었던 밋덴도르프의 조카 바로프(Johannes Arnold Barop, 1802~1878)가

수배중이었는데 수사기관의 눈을 피해서 이곳에 숨어 있었다. 뒷날 카일하우학원의 교사가 된 그는 당시의 이 일을 다음과 같이 말하고 있다. "카일하우학원은 급속히 또한 훌륭하게 번창하여 갔다. 그러나 뒤에 그 유명하였던 학생조합에 대한 탄압이 계기가 되어 카일하우학원은 멸망의 직전까지 몰려갔다. 카일하우학원에는 1815년의 정신이 새겨져 있었다. 이 정신이 당시의 박해에 시달리게 되었던 것이다"(Gumlich, 1935 : 52). 이 1815년의 정신이란 이 해에 결성된 학원조합에 흐르고 있었던 조국통일과 자유, 독립의 사상이었다.

그러나 카일하우학원의 실제교육에서는 교육을 정치활동 반대에 이용하지 않았다. 그럼에도 불구하고 마인즈의 중앙조사위원회와 프로이센 정부는 루돌슈타트 시정부에 학원의 해체를 요구해 왔던 것이다. 이때 학원조사에 임했던 후작국 종무장관 크리스챤 셰는 1824, 1825년 두 차례에 걸쳐서 카일하우학원의 생활과 수업의 전개를 집중적으로 관찰한 후에 다음과 같이 보고서를 제출하였다. "여기에서 6살부터 교육되는 어린이들에게 행복이 있으라! 모든 학교가 이와 같은 교육의 장으로 바뀌질 수 있는 것이라면 수세대 후에는 정신적으로 가장 강력한 국민이, 가장 순수하고 고귀한 국민이 거기에서 태어나는 것은 틀림이 없다."

카일하우 학원의 폐쇄

루돌슈타트 정부는 이 보고서를 기초로 독자적인 판단을 하여 학원에는 아무런 정치적 간섭을 행하지 아니하였다. 그러나 학원에 대한 악선전이나 정부의 감사활동은 부모를 불안하게 했다. 이로 인해 학생들의 수가 서서히 감소해 결과적으로 폐쇄하게 되었다.

『인간교육』 완성

이러한 정치적 격동기에 어려움이 많았는데도 프뢰벨은 더욱더 인간교육의 이상을 불태우면서 낙심하지 않았다. 오히려 프뢰벨은 교육활동에 매진하여 다른 것과 비교가 될 수 없을 정도로 훌륭한 저작 『인간교육』 저술에 온 정력을 쏟았다. 이것은 카일하우학원의 교육활동을 뒷받침하는 교육이론 이었으며 교육의 실제적인 내용이었다. 거기에는 오랜 세월이 사상편력에 의하여 축적되어 왔었던 프뢰벨의 교육철학이 꽃피어져 있었다. 시련의 시대를 거쳐 한층 승화된 프뢰벨의 인간탐구사상은 『인간교육』에서 결실을 맺었다.

3) 새로운 곳에서의 교육활동

가) 헬바의 국민학교 계획

헬바에서 초등학교를 열고자 하였으나 실패

카일하우학원이 직면하였던 경영의 위기를 극복하기 위하여 밋텐도르프는 아버지의 유산을, 형인 크리스챤도 전재산을 여기에 투입했지만 당면한 재정문제는 해결하기 어려웠다. 학원의 경영난이 극도에 달하였을 때 친구가 마이닌겐 후작에게 프뢰벨을 소개하였다. 후작은 프뢰벨의 교육사상에 공감하고, 그에게 교육시설의 계획안을 제출하도록 요구하였다. 그리하여 1829년 프뢰벨은 오래 전부터 동료들과 구상하고 있던 교육의 이상을 "헬바에 있어서 초등학교에 관한 공고"라는 계획안으로 작성하여 마이닌겐 후작에게 제출하였다. 후작은 이 안에 만족하고 30에이커의 헬바영지에 연간 일천 구르뎅의 원조금을 주기로 약속하였다. 그러나 프뢰벨과 그의 동료들의 즐거움은 그리 오래가지 못했다. 후작의 측근에 있는 고관이 프뢰벨을 모함하여 후작은 이 계획을 실행하려는 마음이 동요하기 시작했다. 후작을 신뢰할 수 없게 된 프뢰벨은 그 학교의 설립을 단념하고 후작과의 교제도 끊고 말았다.

계획안에 반영된 교육내용 및 사상

그러나 이 초등학교 계획안은 카일하우에서 이루지 못했던 프뢰벨의 교육이상을 표현하고 있다. 이 계획안에는 7세부터 14세까지의 학생이 교육대상으로 되어 있고 기초, 훈련, 실천 등의 반으로 나누어 보다 철저하고 창조적이며 생산적인 인간의 형성을 목표로 하고 있다. 교육과정의 전개는 하루의 절반이 교수학습이며 나머지 절반은 노동작업에 충당하고 있다. 또 자유로운 놀이나 공동놀이도 중시되고 있었으며, 헬바의 지역이나 자연환경을 최대한으로 살려서 교수, 노동, 놀이가 결합된 생활을 전개시키고자 한 것이었다.

실천적인 노동내용으로서 일용품의 공예작업, 편물, 목조, 점토, 종이접기 등 학교의 설비, 교구의 제작, 미술품의 제작 등과, 재배, 원예활동, 동물사육 등으로 짜여져 있다. 또 이 초등학교에는 3~6세까지의 남녀고아를 대상으로 한 "양육 및 발전의 시설"이라는 부설시설이 계획되어 있다. 여기에서의 보육내용은 정신과 신체의 건강을 목표로 하여 인간본질의 발전과정이 고려된 것이었다.

ㄴ) 스위스에서의 교육활동

바르텐제 학원 창립

1831년 5월 프뢰벨은 결국 카일하우를 출발하여 마인 강가에 있는 프랑크푸르트로 향했다. 여기에서 그는 저명한 작곡가인 바르텐제 출신의 크사벨 슈니다와 알게 되었다. 슈니다는 교육에 깊은 관심을 가지고 있어서 프뢰벨의 교육이념에 찬동의 뜻을 표시하였다. 더욱이 프뢰벨의 카일하우에서의 역경을 알고 나서 그는 바르텐제의 자기의 옛성에 프뢰벨 이상을 실현시킬 학원을 개설하도록 권하였다. 프뢰벨은 기꺼이 그 요청을 받아들여, 8월에는 학원설립 취지를 일반에게 발표했다. 룻제른 주당국도 이 설립을 허가했기에 프뢰벨은 조카인 페르디난도와 함께 11월에 "바르텐제 학원"의 수업을 개시하였다.

이 학원은 남자학교로써 유능한 능력과 확고한 종교심, 높은 지식의 교육을 하는 것을 목표로 했다. 이와 같은 목표에 따라 학원은 3단계로 나뉘어져 있었다. 제1단계에서는 10세까지의 학생을 대상으로 일상적인 일에 대한 기초교육, 제2단계에서는 12세까지의 학생을 대상으로 보다 높은 실업에 대한 교육을 하며, 제3단계에서는 엄밀한 기술과 학문에 대한 교육을 목표로 하였으며 특히, 대학교육의 자격취득이 목표로 되어 있었다.

종교적 문제로 학원이 어려움에 처함.

이 바르텐제학원을 개설하고 얼마 지나지 않아 프뢰벨은 또다시 수난의 괴로움을 겪어야 했다. 룻제른 주의 봉건적인 습관이나 종파를 달리하고 있는 성직자들의 권위로 인하여 프뢰벨의 교육이념은 받아들여지지 않았기 때문이다. 따라서 학생은 소수밖에 모이지 않았다. 이 무렵 카일하우에서 바로프가 와서 보고는 바르텐제와 그 건물이 프뢰벨의 교육활동에 적합하지 않다는 것을 깨달았다. 어느 날 그들이 바르텐제 근처의 음식점에서 친구들과 교육활동에 대하여 이야기하고 있을 때 옆에 앉아 있던 빌리자우로부터 온 한 상인이 그들의 말을 듣고는 도움을 주겠다고 나섰다. 이러한 우연적인 일이 프뢰벨의 활동을 다시 계속할 수 있도록 해 주었다. 1832년 5월 바르텐제로부터 그리 멀지 않은 빌리자우로 학원을 이전하고 약 40명의 학생에게 수업을 시작했다. 그러나 여기에서도 구교인 카푸친교단의 승려가 프뢰벨의 활동을 방해했기 때문에 학원의 존속은 곤란한 지경에 이르렀다.

『인간교육의 개요』논문발표

그 해 6월 프뢰벨은 그의 교육방침을 일반사람에게도 이해시키기 위하여, 또 당국의 권고도 있고 해서 『인간교육의 개요』라고 하는 논문을 발표하였다. 그 후에 신교인 베룬 주정부는 빈민교육에 대하여 프뢰벨에게 의견을 구하러 왔다.

이에 대하여 그는 10월에 "칸톤 베룬의 빈민학교 계획"을 당국에 제출하였다. 여기에도 프뢰벨의 이제까지 일관된 교육론이 논술되고 있다.

부르크도르프의 고아원 원장

1835년 5월에는 프뢰벨은 베룬 주의 초청으로 부르크도르프의 고아원 원장이 되었다. 이곳은 한때 페스탈로치가 활동한 바 있는 학원이기도 하다. 프뢰벨은 원장의 일을 하는 한편, 교사를 대상으로 한 교육강습회도 개설하였다. 또 그가 이 고아원을 떠나기 직전에는 "부르크도르프 고아원 내의 초등학교안"도 만들어냈다. 여기에서는 4~6세, 6~8세, 8~10세, 10~12세의 4단계의 교육과정이 짜여져 있다.

스위스에서 몇 가지 교육활동을 한 후 프뢰벨은 "1836년은 생명의 혁신을 요구한다"라는 논문을 발표했다. 부르크도르프의 고아원 원장이 되었을 때 그는 이미 53세였으므로 그 지위에 안주할 것이라고 여겨졌었지만 연초부터 진정한 인간교육을 위하여 정신과 생활의 혁신을 부르짖은 것이다.

4) 유아교육에로의 길

부르그도르프 고아원장직을 수행하면서 프뢰벨은 이곳에서 나이 어린 고아들이 가정의 파괴로 인하여 고통받으며 성장하는 것을 보며 매우 가슴 아파하였다. 이 불행한 아이들을 유아기부터 교육시킴으로써 올바르게 성장시킬 수 있다고 생각한 프뢰벨은 이 고아원 내의 초등학교에 4~5세를 위한 예비학급과정을 설치하면서 유아교육에 실제적인 관심을 보이기 시작하였다. 그러던 중에 부인인 빌헤미네의 제안에 따라서 프뢰벨은 1837년 고향인 바트 브랑겐부르그로 돌아와 '자기교수시설(Autodidaktische Anstalt)'을 설립하였다. 여기에서 프뢰벨은 놀이활동을 통한 교육을 시간의 낭비로 여기는 당시의 추세에도 불구하고 **유아의 본성(개성)**에 따르는 교육을 주창하였다. 인간의 타고난 자연적 본성은 놀이, 게임, 동식물을 기르고 재배하는 활동을 통하여 개화되어 전체적으로 통일된 조화로운 인간을 형성할 수 있다고 확신을 갖고 있었던 것이다. 그는 "오라, 우리들의 어린이와 함께 살지 않으려는가!"라면서 부모와 교육자들에게 어린이에 대한 사랑과 존경에 기초하여 더불어 살아가는 생활공동체를 형성할 것을 호소했던 것이다.

바트 브랑겐부르그에 교육시설을 설립하여 유아교육에 힘씀.

세계 최초의 유치원

프뢰벨은 또 여기에서 장난감과 교구의 제작

은물

판매보급에 노력하였다. 그는 스스로 고안하고 제작한 교구를 **은물(恩物, Spielgaben)**이라고 했다. 이는 자신의 신앙관에 따라 '하나님으로부터 받은 은혜로운 선물'이라는 의미로 그렇게 이름을 붙였다. 이 은물은 후세에 프뢰벨의 대명사가 될 만큼 각국에 널리 퍼져나갔고 현재 우리나라에서도 제작 판매되고 있다.

유아교사 양성

프뢰벨은 자신이 의도하는 놀잇거리를 통한 교육을 담당할 교사가 필요함을 느끼고 있었다. 그래서 그는 1839년 6월 브랑켄부르그에 "유아교육 지도자 양성원"을 개설하여 남녀 유아교사를 양성하였다. 그리고 강습생들의 실습을 위하여 프뢰벨은 브랑켄부르크에 6세 이하의 유아 약 40명을 모아서 교육을 실시하였다. 그는 이것을 "놀이와 작업교육원(Spiel und Beschäftiungsanstalt)"이라고 이름 붙였다.

그는 "어린이의 가장 빠른 시기의 활동, 어린이의 최초의 행동, **인간이나 어린이 속에 일찍부터 나타나는 형성충동이나 자유스런 활동 및 자기 활동의 충동**을 이해하고, 가정에 있어서 어린이의 가장 빠른 시기의 작업이나 또 자기 창조와 자기 관찰과 자기 음미에 의하여 자기를 교육하기도 하는 것을 분명히 파악하여 이것을 소중하게 길러 나가야 한다."라고 말하고 있다.

유아 교육방법

프뢰벨은 유아의 이러한 창조활동은 내재하는 정신의 작용에 의하여 표현되는 것이므로 이것을 방해하지 않고 주위의 사물을 주의 깊게 보아가며 사려 깊게 교육할 필요가 있다고 설명하고 있다. 프뢰벨은 **유아의 모든 흥미와 욕구를 만족시키는 것은 작업충동을 기르는 데에 있다**고 생각을 하였다.

이 작업이라는 것은 행동하고, 지각하고, 사고하는 인간 본래의 활동에 따라 있는 것이고, 이 작업이나 놀이의 요구에 충실히 따라서 유아를 교육해야만 신체의 수족, 감각기관을 강하게 하고, 심정의 발달이나 정신의 도야, 내재하는 감각을 눈뜨게 한다고 믿었다.

킨더가르텐

이러한 어린이다운 생활만이 다음 청년시대, 미래시민, 장래의 가정생활, 그리고 인류생활 전체에 연결되어서 그것을 발전시켜 나갈 수 있다는 것이다. 프뢰벨은 이 학원에 가장 유아교육에 알맞은 이름을 붙이고자 오래전부터 생각하고 있었다. 1840년 봄날 동역자인 밋덴도르프, 바로프와 함께 튜링겐의 산길을 넘어서 카일하우로부터 바트 부랑겐부르크로 향하여 돌아오던 길에 산에서 봄볕에 내리 쪼이고 있는 경치를 보고 돌연 매료되어 머물러 섰다. 그리고 그는 "나는 발견하였다. 이 시설은 킨더가르텐(Kindergarten)이어야만 한다."라고 부르짖었다. **킨더가르텐**, 이 말이 의미하는 것은 **"녹색이 짙은 어린이 정원"**이다.

프뢰벨 묘비

모든 식물이 건강하게 성장하듯이 인생 초기에 있어서 많은 가능성을 내재하고 있는 유아는 자연과 신과 조화하면서 경험이 풍부한 정원사인 유아교사의 돌봄을 받으면서 성장해야 된다는 뜻이다.

첫 번째 부인 빌헤미네와 사별한 후 혼자 지내던 69세의 프뢰벨은 1851년 6월 카일하우시대의 제자이며 그의 사업에 헌신적으로 봉사하여 왔었던 36세인 루이제 레빈(Luise Levin, 1815~1900)과 결혼을 하였다. 이 재혼에는 많은 사람들의 배려와 축복이 있었고 프뢰벨은 따뜻한 가정 속에서 새로운 행복을 누리게 되었다. 그러나 프뢰벨의 새로운 즐거움도 잠깐이었다. 1851년 8월 프로이센 정부는 유치원 금지령을 내렸다. 그 이유는 이 유치원이 어린이에게 무신론으로 이끌어 가게 교육하고 있으며 사회주의적인 성격을 내포하고 있다고 오인했기 때문이다. 프뢰벨은 이런 오해를 불식시키려 각방으로 노력하였으나 다음 해인 1852년 70세에 유치원 금지령의 해제를 보지 못한 채 한 많은 일생을 마치게 된다.

유치원 금지령

5) 인간교육의 원리

프뢰벨의 주요저서 '인간교육'

프뢰벨의 교육이론을 고찰하려고 할 때는 우선 『카일하우 소논문』을 고찰하는 일이 중요하다. 이 논문들 속에서 프뢰벨은 보편적인 인간교육에 대하여 기술하고 있다. 그리고 그는 대표적 저서 『인간교육』에 대해서도 살펴보는 일이다. 이 책의 완전한 제목은 『인간교육, 교육-, 수업-, 그리고 교수 예술, 카일하우 일반 독일 교육시설에서의 노력; 제1권, 생의 초기에서 소년기까지』(*Die Menschenerziehung, die Erziehung-, Unterricht-, und Lehrkunst, angestrebt in der allgemeinen deutschen Erziehungsanstalt zu Keilhau; dargestellt von dem Stifter, Begründer und Vorsteher derselben, Friedrich Wilhelm August Fröbel. Erster Band. Bis zum begonnenen Knabenalter*)이다. 제목으로 보아 프뢰벨은 청년기 이후의 인간교육에 대하여 쓰려고 했으나 카일하우학원을 운영할 수 없게 되는 등 여러 사정 때문에 쓰지 못한 것 같다.

이 책은 크게 두 부분으로 나뉘어져 있다. 전반부인 제1절에서부터 제59절까지는 철학적, 종교적, 그리고 과학적 사상을 근거로 한 교육에 대한 기본개념들이 논의되고 있으며, 후반부인 제60절에서 마지막까지는 종교, 자연, 언어, 예술 등의 교과목에 대한 내용들이 다루어져 있다.

6) 형이상학적인 주요개념

가) 통일의 법칙

신성에 중심을 둔 통일법칙

프뢰벨의 교육사상은 신과 인간과 자연의 불가분의 관계를 주장한다는 점에서 루소나 페스탈로치 등과 많은 공통점을 지니고 있다. 그러나 루소에 있어서는 자연성, 페스탈로치에 있어서는 인간성이 중심이라고 한다면, 프뢰벨의 사상의 중심은 **신성**에 있다고 할 수 있다. 프뢰벨에 있어서 **신은 우주를 지배하는 '영원한 법칙의 주체'**로서 해석된다. 프뢰벨의 통일사상은 바로 이러한 신으로부터 나왔다.

부분적 전체

프뢰벨은 '나'라는 존재는 부분이며 동시에 전체인 존재이며, 만물은 모두 '부분적 전체(Gliedganz)'라고 하였다. 프뢰벨에 따르면, **나 자신은 인류의 부분적 전체이며 생명 전체를 내부에 가지고 있는 완전한 인간이다.** 이것은 꽃봉오리가 그 자체로서의 본질과 발전의 전체성을 안에 가지고 있으면서 수목에 붙어 있는 것처럼 나도 인류라고 하는 생명의 나무에 붙어 있는 일부분인 것이다. 따라서 나 자신만을 끄집어내면 유일한 것이지만 고립된 것은 아니다. 다시 말해서, 나는 부분이며 동시에 전체, 즉 인류의 부분적 전체(Fröbel, 1973 : 39)라는 것이다.

이러한 사고는 프뢰벨 고유의 교육사상인 **통일(Einheit)의 법칙**으로 발전하였다. 자연계는 생명의 커다란 유기체이며 개개의 자연현상은 내적으로 결합된 하나의 유기체에 지나지 않고 이 **유기체는 하나의 영원한 법칙이 작용하고 있다**는 것이다.

통일의 법칙

그의『인간교육』기초 편에 나타난 통일의 법칙을 요약해 보면, 만물에는 하나의 영원한 법칙이 깃들어 있고, 작용하고 지배하는데, 그 법칙의 근저에는 모든 것을 작용하게 하고, 그 자체에 있어 뚜렷하고 생생하고 스스로를 인식하고 그렇기 때문에 존재하는 통일자가 필연적으로 있다…… 영원의 통일에 기초를 둔 이 통일자는 곧 신인데, 만물의 유일한 근원(Fröbel, 1973 : 37)이라는 것이다.

생명(Leben)이란 것은 정신적인 것과 물질적인 것의 융합체로써 정신적인 것이 없는 물질은 죽은 것이며 정신적인 것과 관련없는 물질은 혼돈상태에 있다고 하여 우주의 모든 형성작용의 근저에는 하나의 통일, 즉 신이 깃들어져 있다고 한다. 삼라만상은 통일인 신으로부터 나왔으므로 만물의 본질은 신이며, 만물의 직분, 사명은 단지 그의 본질인 자기의 **내부의 신성을 외부에 표현하는 것**이라고 하였다.

이처럼 프뢰벨의 자연계 관찰을 통해 얻은 사실은 자연계의 현실 가운데에는 동일한 법칙, 즉 사물 사이의 보편적 법칙이 연결되어 존재하는데 이 연결이 바로 개개의 사물을 규정짓는 것이다. 따라서 우주에는 완전히 고립된 개체는 존재하지 않고 하나의 보편적 통일에 기초를 갖지 않으면 안 된다는 확신을 갖고 있는 것이다.

나) 만유재신론

서양교육사를 통해서 볼 때 프뢰벨처럼 종교적인 원리가 가장 강하게 작용하고 있는 교육학자는 거의 찾아보기 힘들다. 따라서 그의 교육원리를 이해하려고 하면 그의 종교가 어떤 것이었는지 알아보아야 할 필요가 있다. 그의 종교는 기성의 종교와는 성격을 달리하며, 또한 단순한 철학적인 종교도 아니었다. 그의 종교관에는 범신론적인 성격이 강하게 나타나 있다.

만유재신론

프뢰벨은 신은 만물의 유일한 근원이며 만물 중에 존재해 있으며 만물을 소생시키며 또 만물을 지배한다. 만물은 신 가운데, 신에 의해 존재하며 신에 의해 생명을 부여받고 또 거기에 그 본질을 간직하고 있다고 한다(Fröbel, 1973 : 19). 신은 만물 중에 존재함과 동시에 만물은 신 가운데 존재하고 있다는 프뢰벨의 입장은 단순한 범신론(Pantheismus)이 아니라 만유재신론이라고 불리고 있다. 이는 프뢰벨이 단순한 낭만주의적인 범신론을 초월한 기독교적인 면을 나타내고 있다.

프뢰벨에게 있어서의 신은 어떤 사물에 의해서도 창조되지 않지만 만물을 창조해 가는 발전적 성격을 가지고 있다. 만물은 신에 의해 창조되면서 어떤 사물인가를 창조하는 발전형태를 가지는 것이다. 이 경우 신성은 만물에 내재하고, 만물의 힘의 법칙으로서 만물을 형성하는 힘이며, 만물의 자료를 형성하는 만물의 내계와 외계의 형성법칙이 된다.

신은 만물의 본성이며 신성과 동일한 것으로 생각되어 질 경우도 있지만 만물은 자기완결의 실현을 목표로 하는 신성의 작용에 의해 자기 활동하는 것이며 만물은 그 본성에서 본래적인 선을 지향하는 것도 가능한 것이다.

교육과 종교교육의 동일시

따라서 교육은 만유재신론의 이념을 통해 영원히 신의 기능인 초월적 성격을 지향해야만 한다. 또 신의 움직임은 인간에게 교육의 이념을 통해 실현되어야 할 이론적인 과제를 인간의 사명으로 부여하는 것이다. 여기에서 종교로서의 신과 교육의 이념으로서의 신성이 인간을 매개로 결부되어 있는 모습을 볼 수 있다. 따라서 종교와 교육이 식섭적, 부매개적으로 결합되어, 그 결과 교육이 바로 종교교육이 되고, 교육자의 정신을 통해 종교적인 정신이 교육행위에 나타나게 되는 것이다. 이것은 교육과정에서 뿐만 아니라 모든 학문과 종교와의 관계에 있어서도 똑같은 것이다. 이와 같이 프뢰벨 교육학의 근본사상은 당시의 교육사상가들 가운데서도 독특한 특성을 나타내고 있으며 그의 종교관도 당시의 기성종교와 일치하지 않았다.

다) 노작의 본질

현대교육의 중요한 특색이며 기초라고 볼 수 있는 노작교육에 새로운 가치를 부여했던 학자는 바로 프뢰벨이라고 볼 수 있다.

프뢰벨은 노작을 높게 평가했는데 그 이유의 하나는 유아에게 있어서 **의식발전의 원리**로서의 노작 우위를 인정했기 때문이다. 페스탈로치에 따르면 자기 활동을 통해 개개의 대상과 인격적인 체험을 할 때 직관은 참으로 순수함을 얻는다고 하여 철저히 노동과 작업을 신성하게 여기고 이것을 교육의 마당에 도입하였다(김정환, 1980). 프뢰벨은 페스탈로치와 같이 단순한 유아의 생명활동의 모두를 노작으로 보았으며 더 나아가 생명을 활동, 작업, 창조로 보았다.

노작의 본질

노작교육은 예로부터 공리주의 내지 실용주의 입장에서 직업에 대한 직접적인 준비의 길이라고 여겨졌다. 그러나 페스탈로치에 이르러서 노작은 직업에 대한 직접 준비는 아니고 직관과 독자적인 관련을 갖고 있는 인간형성의 원리로 발전되었다. 이것이 프뢰벨에 이르러서 더욱 발전되어 노작은 그 자체가 목적이며 어떤 목적을 위한 수단으로 보지 않았다. 그의 **노작은 인간의 본질, 즉 신성의 표현을 직접적인 목적으로 한다**. 또 그의 **노작은 인간 생명의 창조적이며 자발적인 활동**인 것이다.

노작의 필요성

프뢰벨은 '내적인 것을 밖으로 한다.'라는 형이상학적인 기본사상에 입각하여 노작의 필요성을 강조한다. 즉, 인간이 자신을 진실되게 인식하고자 한다면 자기 자신을 밖으로 표현하지 않으면 안 되기 때문에 노작교육이 중요한 것이다. 말하자면 프뢰벨에게 노작은 인간 삶 자체라고 해도 과언이 아닌데, 왜냐하면 인간 생명의 움직임은 생과 동시에 시작되어서 연속적으로 이어지는데 그 생명의 발전과정은 프뢰벨에게 있어서는 노작이기 때문에 그러하다.

7) 프뢰벨의 교육목적

내적 성장을 위한 신성개발

전술한 바대로 프뢰벨의 교육관은 깊은 신앙에 근거하고 있으며 인간을 만물 가운데 최고의 존재라 하여 인간은 이성적으로 만물을 인식하므로 독특한 사명을 가지고 있다고 하였다. 페스탈로치의 견해에 따라서 인간은 정원에 뿌려진 씨앗으로 비유한 그는 그 씨앗이 내적인 본성을 확대하며 잠재력을 최대한 발휘·발전시킬 수 있다고 한다. 그러한 내적 성장을 위해 신성을 신장시켜야 하며 신적 원리에 자발적으로 순응해야 한다. 교육은 이런 신적인 것을 의식하게 하도록 인간을 자극·지도하는 것이며 사고하고 이성적으로 행동하며 스스로 인식하도록 인간을 이끌어 주고, 신적인 통일을 자유롭게 표현하는 방법을 가르치는 것이다. 그러므로 교육에서는 내적인 법칙에 관한 인식을 토대로 인간이 자신의 직분을 이해하고 자신의 사명을 다하도록 인도하는 것이 중요하며 이성적인 존재인 인간이 자신의 사명을 다하려면 성장과 자기 활동이 필요한 것이다.

그러므로 교육의 목적은 신성한 삶을 충실히 표현하는 데 있다. 즉, 자발적으로 자신의 능력을 충분히 계발하고 원만하게 사회적인 관계를 맺을 수 있는 인간을 만드는 데 있는 것이다(Fröbel, 1973 : 38~39).

또한 미래를 예측하고 의무와 특권을 인식하며 인류의 개선에 기여할 수 있는 인간의 세상을 만드는 데 있다. 이런 목적에 도달하려면 인간은 자연이나 신과 조화를 이루어야 하며 원시적이고 유치한 상태에서 벗어나 자신을 의식하며 신적인 통일을 자유롭게 표현할 수 있어야 한다.

이렇게 볼 때 프뢰벨이 생각한 교육은 형이상학적인 이상의 표현이며 인간의 궁극적인 희망을 서술한 것이라 할 수 있다.

8) 프뢰벨의 교육방법

발달순응적 교육

교육이 인간에게 내재한 신성을 자연스럽게 발전하는데 가능한 방해받지 않도록 하는 것을 목표로 해야 한다는 루소로부터 시작된 '소극적 교육'(L'education negative) 사상은 프뢰벨에게서 더욱 발전되었다(이규호, 1977). 프뢰벨은 루소의 '소극적 교육'이라는 개념을 '**발달 순응적 교육**'(Nachgehende Erziehung)이라는 개념으로 전개시켰다.

그의 교육방법이 모두 발달 순응적 교육에 기초하고 있으므로 교육, 교수, 그리고 교훈은 본래적·실질적으로 그 근본특징에 있어서 필연적으로 발달 순응적이어야 하며 결코 명령적·규정적 간섭이어서는 안 된다고 하였다(Fröbel, 1973 : 47). 그는 '유기적 발달'사상에 근거해 비록 무의식적이긴 하지만 **성장하는 인간은 내부로부터 고유한 내적 필연성을 따라 발달한다**고 보았다.

자연법칙에 따른 교육방법론

프뢰벨은 자신의 논문들 가운데 동식물의 사례를 많이 사용하면서 자연법칙에 따라 하는 교육방법론을 폈다. 그는 "우리들이 어린 동식물에게 안정을 주고 그들의 성장에 불필요한 간섭을 가하지 않는 것은 만약 그렇게 간섭을 하게 되면 동식물의 자연 발육이나 건전한 성장에 방해가 된다는 것을 알기 때문이다."(Fröbel, 1973 : 48)라고 언급하면서 어린이에 대한 성인의 태도는 동식물에 대한 태도와 완전히 다른 경우가 많다는 점을 지적하였다. 즉, 어린이가 마치 밀랍이나 점토덩어리로 되어 있는 것처럼 생각하면서 성인들이 어린이들을 마음대로 취급할 수 있다고 생각하는 경우가 많다는 것이다.

발달-순응적 교육의 당위성

프뢰벨은 무리하게 어린이의 본성을 꺾으면서 교육함으로써 부자연스러운 성품을 지닌 인간으로 성장하게 되는 것을 방지하고, 어린이가 아름답게 **개화(unfolding)**하여 전인적인 조화를 갖고 발달할 수 있도록 해야 한다고 강조하였다. 신성의 법칙에 따르고 또 인간의 개화라는 입장에서 조명하여 보면 모든 예언적·규정적·명령적·간접적인 교육·교수·교훈은 필연적으로 어린이를 죽이게 하는 일이고 어린이의 발달을 방해한다는 일이 된다는 것이다.

프뢰벨은 "어린이가 어떠한 표현을 하려고 하여도 그것이 내적인 것에 따르고 있지 않으면 그 외적인 표현으로 나타낸 것에 대해서 참된 교사는 어떠한 가치도 부여하지 말아야 하며, 반대로 내적인 발전이 충분히 이루어져 이것이 행위로 표현된다면 어린이는 조화로운 발달을 하고 있는 것으로 보아야 한다."(Fröbel, 1973, 44)라고 언급하면서 발달 순응적 교육의 당위성을 피력하고 있다. 즉, 어떠한 외적인 것도 반드시 정신적인 것, 내적인 것과 관련되어서 취급하지 않으면, 그것은 생명없는 단순한 껍데기에 지나지 않는 것으로 교육방법은 외적인 것을 통해 정신적인 통일성과 관련될 수 있도록 해야 한다는 것이다. 그의 발달 순응적 교육은, 교육의 성과가 외면적인 결과를 빨리 가져오게 하는 것이 아니라 내면적인 열매를 가져오도록 하는 것이라는 것을 강조하는 것이기도 하다.

발달 순응적 교육방법이 자연의 법칙에 따르는 교육의 기본원리이지만 프뢰벨은 이것을 극단적으로 주장하지는 않았다. 그는 발달

순응적이어야 하지만 단지 주의와 보호를 첨가할 필요가 있다는 조건을 제시함으로써 '명령적 교육(Vorschreibende Erziehung)'의 필요성을 어느 정도 인정하였다.

명령적 교육의 필요성 인정

어린이의 발달과정에 있어서는 외적 현상과 그 본질이 반드시 일치한다고 단정할 수 없으며 오히려 현실세계에서는 일치하지 않는 경우가 더 많기 때문에 어린이의 외적인 현상에 복종하는 것은 교육상 위험한 것이며, 또 그와 같은 의미에서의 발달 순응적 방법은 어린이의 자의에 복종할지도 모른다는 것이다.

발달순응적 교육 및 명령적 교육의 조화 주장

이와 같은 복종성은 어린이를 방임하는 것 이상으로 해를 가져올 수 있다. 이것은 어린이의 자발성을 환기하고 양육하는 교육작용을 저해하게 된다. 따라서 교육은 이러한 것으로부터 보호되어야 한다는 적극적 사명을 갖지 않을 수 없게 된다. 오히려 적극적인 작용을 하는 것이 참된 발달 순응적 교육이라고 볼 수 있다. 즉, 발달 순응적 교육이란 단순히 수동적인 태도를 취하는 것을 의미하는 것이 아니라, 끊임없이 어린이에 대한 주의와 보호를 하면서 필요한 때는 곧바로 적극적이고 능동적인 작용을 할 수 있는 태세를 갖추고 있어야만 교육적 방법이 된다는 것이다. 프뢰벨은 앞에서 언급한 발달 순응적 교육과 명령적 교육방법이 공존해야 하는 것으로 보았다. 인간이 자기 목표를 설정하는 존재로 볼 때에는 발달 순응적 교육만으로는 충분하지 못하며 명령적 교육을 필요로 하게 된다. 그렇다고 해서 상황에 따라 이 방법 저 방법을 적용할 수 있는 것이 아니라 그것은 모든 개체적인 순간에 하나가 되는 것이다(Bollnow, 1977 : 121).

9) 교육의 내용

종교·자연·수학·언어·예술

프뢰벨(Fröbel, 1973 : 121~122)은 교육에서 가르치는 중요한 교수내용으로서 종교·자연·수학·언어·예술 등을 들고 있다. 이 다섯 가지의 교수내용들은 인간이 갖추어야 할 가장 기본적인 것이며, 다음

세 가지, 즉, 첫째, 자기 내면적인 생명을 지향하는 욕구(안식) 둘째, 외계 및 외계의 본질을 자기 속에 넣으려고 하는 욕구(인식), 셋째, 내면적인 것을 직접 나타내는 욕구(표현)를 통해 도야해야 한다는 것이다. 물론 이 세 영역은 교수의 삼위일체론에 의해 각각 다른 것이 아니라 내면적으로 상호 관계를 가지고 있다. 따라서 제 교과를 이해하려 할 때 세 영역을 함께 고려하지 않으면 안 된다. 이들 제 교과 가운데 종교는 안식에, 자연은 심정과 인식(오성)에 해당하고, 수학, 언어, 예술은 표현에 해당하는 것으로 볼 수 있다.

수학은 자연과 인간 사이에 매개적인 위치에 서 있으므로 이해에 관계되며 오성을 요구하는 것이다. 반면에 언어는 지각되고 인지된 내면적인 것을 표현하는 데 관계가 있고 이성에 관계가 있으며 이성을 요구한다. 그러나 그것만으로는 인간 전체성에 대한 완전한 표현을 하기에는 하나가 부족하다. 그것은 생명의 표현이다. 생명의 표현이란 내부적인 생명 그 자체, 직접적으로 감수된 표현, 심정의 표현인 것이다. 이 제3의 표현, 즉 인간의 내면, 인간 그 자체의 표현이 예술이라는 프뢰벨의 언급에서 알 수 있는 것은, 그가 수학을 표현교과로 취급하고 있으며, 따라서 수학, 음악, 예술이라는 표현의 관계를 설정하고 있다는 것이다. 프뢰벨의 교수내용은 자연과 종교를 연결하고 있다는 특징을 가지고 있으나 역사적 세계에 대한 설명과 과거시대나 다른 나라의 문화와의 관련성에 대해서는 전혀 무시하고 있다. 역사에 관한 내용은 아마 제2권에서나 쓰려고 하였던 것 같다(Bollnow, 1977 : 135~136).

학교 교육에서 교수하여야 할 제 교과에 대해 프뢰벨은 인간욕구를 심정적인 것, 인식적인 것, 표현적인 것의 삼위일체로 나타냄과 동시에 표현적인 것은 수학(오성), 언어(이성), 예술(심성)이라는 세 겹 구조를 나타내고 있다고 했다. 그런 것들은 이미 다루어졌던 바 있는 자연·인간·신이다.

가정에서 시작하여 학교로 이어지는 교수는 소년을 모든 영역에서 내면화하고 생기 있게 하기 위해 자연·인간·신의 의미 깊은 연관관계의 자각으로 이끌어져야 한다.

10) 교육이론

가) 놀이이론

프뢰벨은 놀이활동을 통한 교육을 시간의 낭비로 여기는 당시의 추세에도 불구하고 유아의 본성에 따르는 교육을 주장하였다. **인간의 다고닌 자연적 본성은 놀이, 게임, 그리고 농·식물을 기르고 재배하는 활동을 통하여 개화되어 전체적으로 통일된 조화로운 인간을 형성할 수 있다**는 확신을 갖고 있었다.

어린이에게 있어서의 놀이

인간 내면의 창조적 자기 활동을 중시하는 교육은 놀이를 중심으로 하는 교육이어야 한다. 왜냐하면 아이들의 흥미의 대상이 바로 놀이이기 때문이다. 어린이의 생활은 구체적으로 놀이이다. 그는 "**놀이란 아이들이 자기의 내적 세계를 스스로 표현하는 것, 자기의 내적 본질의 필요와 요구에 의해 내계를 외계에 표현하는 것**이다. 놀이는 아동기의 가장 순수한 정신적 산물이며 인간생활 전체의 모범이다…… 모든 선의 원천은 놀이 속에 있고 놀이로부터 나온다."(Fröbel, 1973 : 67)고 서술한다. 즉, 어린이의 놀이는 단순히 신체나 손발의 감각을 키우고 강하게 하는 것만이 아니고 심정의 발달이나 정신도야 및 내적 감정의 각성을 촉진시키는 것, 다시 말해서 내면적이고 정신적인 의의에 중점을 두었다.

더욱이 이러한 놀이를 하는 노력은 인간의 아동기처럼 왕성한 시기는 없다. 어린이의 생활은 곧 놀이생활이며, 이 시기의 어린이는 생명의 자기형성에 바쁘다. 프뢰벨이 말하고 있듯이 진실로 건강한 어린이는 항상 활동적이며 끊임없이 무엇인가를 한다.

이토록 활동적인 어린이는 자기 눈에 비치는 모든 것 속에서 생명을 예감하고 감득하고 지각할 뿐만 아니라 나아가 모든 것에 의식적이며 자기 규정적 의미를 부여한다.

교구의 제작 및 유치원 창립

따라서 교사는 놀이에 의해서 어린이를 현실적 사회관계로 이끌고 독립과 상호 부조의 관념을 주고 창의와 동기를 부여하고 사회적 단체의 단위를 이루는 개인으로 발전시킬 수 있는 것이다. 프뢰벨은 이렇게 어린이놀이의 가치를 이론적으로 증명함으로써 만족하지 않고 교구를 제작하고 유치원을 창립하여 그의 아동교육사상을 실천에 옮겼다.

나) 은물과 작업

은물의 기본원리

프뢰벨을 유치원의 아버지라고 부르는 것은 그가 단순히 세계최초로 유치원을 설립하였을 뿐만 아니라 유아를 위한 교육적인 교구와 그 교육과정을 개발하였기 때문이다. 프뢰벨의 교육적인 도구인 은물(Spielgaben)은 대단히 인상적인 기본원리로 구성되어 있다. 그는 이 기본원리에 따라 어린이에게 교육적인 경험을 할 수 있도록 그 활동을 개발하였다. 먼저 은물은 모두 형체, 면, 선, 점의 네 가지 영역으로 나누었으며 재구조라는 종합의 영역을 추가하였다.

형체, 면, 선, 점

이 **형체에서 점까지의 배열**은 3차원의 세계(형체), 2차원의 세계(면), 1차원의 세계(선) 순으로 감각에 의하여 세계를 관찰하는 정신구조에 바탕을 두어 배열하였고 마지막으로 이념의 세계(점)는 통일점에 해당하는 것이다. 하지만 작업에서는 은물에서와 전개의 방향이 바뀐다. 은물에서는 분석적인 길을 가는 것, 즉 작업은 점에서 입체로 전진해 가는 것이다.

[그림 1] 은물과 작업의 체계

이러한 분류에 따라 프뢰벨의 은물과 작업의 체계는 형체에서 평면으로, 평면에서 직선으로, 직선에서 점으로, 점에서 선으로, 선상에 있는 것으로부터 평면으로, 평면에서 입체로 나가는 일련의 순서를 가진다. **은물은 단순한 것에서 복잡한 것으로, 구체적인 것에서 추상적인 것으로, 가벼운 것에서 무거운 것으로, 잘 알려진 것에서 덜 알려진 것으로 나아간다.** 프뢰벨은 그의 은물체계를 통하여 어린이의 발달은 형체에서 면으로, 면에서 선으로, 그리고 선에서 점의 과정으로서 설명하였다.

은물체계에 따른 어린이 발달과정

(1) 제 1 은물

털실로 짠 6개의 작은 공이다. 직경 6cm이고 색깔은 빨강, 노랑, 파랑, 오렌지, 초록, 보라로 되어 있다. 그는 어린이에게 주는 장난감은 단순하고 기본적인 것이 이상적이라고 보았는데, 바로 공은 모든 **자연물의 형상이 갖는 기본적 조건**인 면, 선, 점을 그 자체 속에 포함하고 있고, 따라서 공의 형태에서 모든 형태가 만들어지고 모든 형태는 다시 구형으로 돌아갈 수가 있게 된다(Spiel I : 49). 또한 완전한 형태를 지닌 공이야말로 어린이의 요구, 특히 감각의 사물에서 모든 것을 직관하고, 감각의 사물로부터 모든 것을 만들어 내는 어린이의 충동을 만족시켜 준다. 그리고 어린이가 놀이 중에 손가락으로 공을 감싸 쥐고 다루는 일에는 깊은 상징성을 내포한다. 왜냐하면 후의 정신적 파악은 이렇게 손가락으로 감싸 쥐는 데에서 준비되기 때문이다(Spiel I : 25). 그러나 제1은물을 다룸에 있어 무엇보다도 중요한 것은 공을 끈에 매어 흔들 수 있다는 것이다.

털실로 짠 공 6개

공은 어린이가 잡을 수 있도록 어린이에게 다가오다가는 어린이가 놓칠 수밖에 없도록 다시 그에게서 멀어져 간다. 이 놀이에서 어린이는 자기와 대상의 근원적 양극성뿐만 아니라 **합일과 분리** 그리고 또 다시 합일한다는 깊은 생명의 경험을 갖게 된다. 그에 따라 모든 발전의 변증법적 법칙에 따라 대립으로부터 새로운 통일이 형성된다는 것을 알게 된다(Spiel Ⅰ: 55).

(2) 제 2 은물

제 2 은물

나무로 만든 직경 6cm의 공, 높이 6cm의 원통, 한 변의 길이가 6cm인 정육면체로 되어 있다. 공은 첫 번째 것과는 달리 나무로 만들어졌기 때문에 한층 완전에 가깝고, 이런 공과 비교할 수 있도록 전혀 성질이 다른 정지상태의 정육면체가 추가되며, 이 둘을 매개해 주는 원통으로 제2은물은 대표된다. 여기서 원통은 그것의 측면은 곡면이기 때문에 **운동**을 하고 원통의 평면은 정육면체의 평면을 나타내기 때문에 **정지** 등을 나타낸다. 공, 정육면체 그리고 원통의 삼위일체는 말하자면 건축술의 또 다른 하나의 삼위일체, 즉 받침(정육면체), 기둥줄기(원통), 그리고 기둥머리(공)를 갖춘 기둥을 나타내고 있다(Spiel Ⅱ: 53-54).

나무로 만든 공, 원통, 정육면체

프뢰벨은 모든 그의 놀이를 조화의 이념 속에 집어넣으려 했다. 제2은물에서 보면 각 은물은 독립된 완전한 것이기도 하지만 그렇다고 따로 떨어져 있는 것은 아니다. 이 세 개의 은물은 하나의 전체로서 통일되고 있다. 이러한 통일체가 바로 프뢰벨이 말하는 '부분전체'인 것이다.

은물의 조화 강조

(3) 제 3 은물

나무로 만든 한 변의 길이가 3cm인 작은 정육면체 8개로 되어 있다. **물체의 겉면만이 아닌 내부까지도 알고 싶어 하며 수가 많고 복잡한**

나무로 만든 정육면체 8개

재료를 요구하는 등의 어린이들 발달단계에 부응한 은물이다. 제1은물이 가장 일반적인 생의 범주를 발전시키고 이어서 제2은물이 그것을 공간적 형태의 다양성으로 묶고 끌고 갔다면 제3은물에서는 비로소 프뢰벨의 놀이정신을 규정하는 신비한 **수학적 법칙성과 아름다움**을 보여주고 있다(Spiel Ⅲ : 142). 인간의 모든 힘은 발생학적 순서에 상응하는 규칙적인 진행을 밟아야 한다는 입장에서 프뢰벨의 제3은물은 생활의 형식(Lebensformen)에서 시작하여 미의 형식(Schönheitsformen)을 거쳐 인식형식(Erkenntnisformen)에 이른다(Spiel Ⅲ : 143-14 4).

제3은물을 통해 수학적 법칙성을 발견하게 됨.

프뢰벨 은물

생활의 형식에서는 어린이가 분리된 여덟 개의 정육면체를 가지고 블록쌓기 형태를 표현하는 것이 중요하다. 블록쌓기를 통해 실생활의 대상물 즉 빌딩, 집, 교회, 벤치, 다리, 테이블, 소파 등을 표현할 수 있다. 그러나 놀이를 시작하기 전에는 이전의 정육면체 형태로 책상 위에 놓아두어서 어린이들이 전체를 직관할 수 있도록 해야 한다.

미의 형식들에서는 분해된 정육면체를 상이하게 배열함으로써 별무늬, 방석무늬, 풍차무늬 등 여러 가지 **아름다운 형태**를 만들어 내고, 눈에 보이는 미의 형식에 숨어 있는 깊은 의미를 감지함으로써 기쁨을 발견하게 된다. 즉, 종교교육의 일부분으로써 어린이는 눈에 보이지 않는 것을 눈에 보이는 것에서 지각하고 직관하게 된다.

인식의 형식에서는 이제까지 놀이도구를 다루는 데서 경험했던 간단한 수학적 연관(수, 비례, 등가와 질서)을 완전한 명확성으로 밝히는 것이 중요하다. 즉, 하나의 정육면체는 더 작은 정육면체로 분해할 때 상이한 분해 가능성(1/2, 1/4, 1/9)과 분해의 방향이 중요시된다. 이와 같이 어린이는 은물에서 보이지 않는 것을 지각하고 직관하며 은물과의 접촉을 통해 자신의 삶의 요구를 충족시켜 나가면서 영원한 것의 인식으로 도달하게 된다.

(4) 제4은물

제4은물과 제5은물

나머지 은물들은 보다 풍부한 수단을 이용하여 제3은물에서 보여주었던 도식을 반복한다. 그것들은 모두 생활형식, 미의 형식, 인식형식에 따라 조립된다(Bollnow, 1977 : 168).

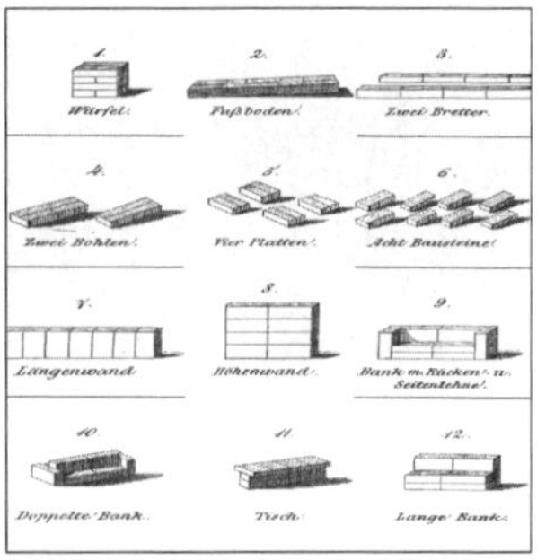

제4은물

제4은물은 나무로 만든 각 변의 길이가 1.5cm, 3cm, 6cm인 직육면체 8개로 되어 있다. 제5은물은 제3은물과 제4은물에서 사용한 각 모서리가 6cm인 정육면체보다 3cm가 더 긴 9cm의 정육면체의 가로, 세로, 높이를 각 2번씩 잘라서 만든 작은 정육면체이다. 그래서 한 변의 길이가 3cm인 작은 정육면체 21개, 이 정육면체를 2등분 한 삼각주 6개, 다시 삼각주를 2등분 한 작은 삼각주 12개로 되어 있다. 이 은물에서는 3이란 수를 기초로 하여 홀수를 취급했다는 것과 또 삼각주로서 직각 이외에 예각을 알게 하고 면에 있어서도 정사각형 이외에 직사각형과 삼각형을 경험하게 했다는 것이 특색이다.

제6은물

제6은물은 제4은물과 똑같은 직육면체 18개, 이 직육면체를 2등분 한 높이 6cm, 길이와 폭이 다 같이 1.5cm인 [기둥] 6개, 높이가 1.5cm, 길이와 폭이 3cm인 [받침] 12개로 되어 있다. 이 은물에서의 특색은 직육면체를 잘라 만든 [기둥]과 [받침]인데 이 기둥을 사용함으로써 빈자리를 많이 가지는 이상적인 건축을 할 수 있다.

제7은물

제7은물은 나무로 만든 각종 사각형과 삼각형으로 구성되어 있으며 지금까지의 형태에서 면으로 발달시킨 것이다.

제8은물

제8은물은 길이는 다양하다. 금속이나 나무로 만든 가느다란 막대로 되어 있다.

제9은물

제9은물은 콩, 작은 돌조각, 조개껍질 그 밖에 여러 가지 종자, 두꺼운 종이로 만든 작은 조각으로 되어 있다.

제10은물은 부드러운 완두콩, 초로 만든 작은 구형, 보릿대, 가는 죽대로 되어 있다. 이들을 조립해서 면이나 형체를 종합한다.

제10은물

(5) 작업이론

프뢰벨은 은물 이외에 11종의 작업을 고안했는데, 이것은 교과서나 인쇄물을 주입식으로 가르쳤던 프뢰벨 이전의 유아지도를 생각해 볼 때 획기적인 일이다. 이 작업은 다음과 같이 구성되어 있다(김규수, 1995).

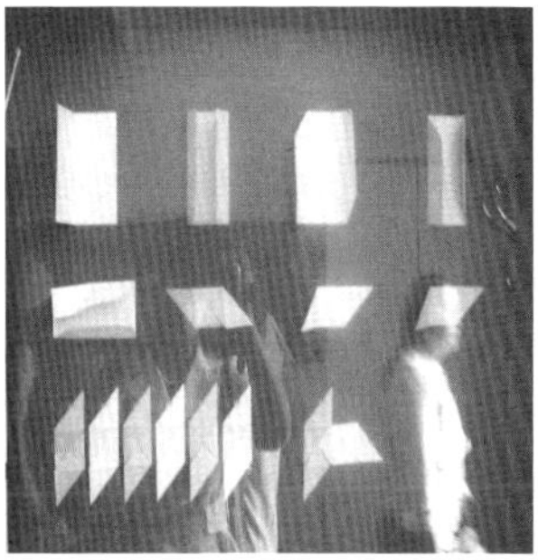

프뢰벨의 작업

〈점〉

제1작업 : 구멍뚫기(perforating)

〈선〉

제2작업 : 바느질하기(sewing-out)

제3작업 : 그리기(drawing)

〈면〉

제4작업 : 색칠하기(coloring and painting)

제5작업 : 종이말이잇기(paper-interlacing)

제6작업 : 매트짜기(mat-weaving)

제7작업 : 종이접기(paper-folding)

제8작업 : 오리기, 찢어붙이기, 음영그림 만들기(paper-cutting and mounting, free-cutting, silhouetting)

〈형체〉

제 9작업 : 콩으로 만들기(pea-working)

제10작업 : 상자만들기(cardboard-modeling)

제11작업 : 찰흙놀이(modeling in clay)

작업품목은 적목 등 불변의 형을 한 사물과 달리 자유롭게 변형하여 작업을 사용해 어린이들 내면의 세계를 표현하는 것이다. 반면에 사물은 주로 조립이나 분해하는 활동을 통해 만물의 법칙적인 지식을 배양할 것을 목적으로 하고 있다. 현재 우리나라 유아원 교육과정 중 '작업시간' 또는 '일하는 시간'이 있는데 그 시작도 프뢰벨의 '작업'에 기인하는 것이다.

(6) 노래와 게임(어머니의 노래와 사랑의 노래)

노발리스는 만물의 발전 근원이 되는 자연이 원시상태 및 인류의 신화적인 원시상태로 돌아간다고 했다. 이러한 낭만주의의 '내부에로의 길'은 프뢰벨에게는 초기 어린이의 인간의 삶으로 옮겼고, 유치원과 장난감을 가지고 놀면서 자신의 힘을 발달시킬 수 있는 연령층을 거쳐서 더욱더 어린 시기의 어린이에게 돌아가야만 했다. 그는 어린이가 장난감을 가지고 돌아다니면서 자신의 힘을 발달시킬 수 있는 연령층보다 더 앞선 중요한 삶의 시기가 있음을 알게 되었다. 이 시기의 어린이는 장난감보다 자신의 팔, 다리를 가지고 놀이하면서 음성을 실험하는데, 이러한 단순한 놀이가 그에게 큰 기쁨을 준다는 것이다. 그래서 프뢰벨은 지금까지 전혀 주의를 얻지 못하였던 이러한 단순한 놀이에서 의식적인 인간교육이 행하여져야 한다고 보았다. 왜냐하면 이후의 삶 전체의 기초가 될 맹아(萌芽)가 있기 때문이라는 것이다.

어머님의 노래와 사랑의 노래

가정에서 이루어지는 최초교육의 중요성 인식

따라서 그는 이러한 어린이의 최초의 교육장소인 가정에서의 교육을 중시했고, 어머니에게 교육적 기능을 강화시키기 위한 부모교육서인 『어머니의 노래와 사랑의 노래』를 발간하였다. 프뢰벨은 이 책의 중요성을 다음과 같이 적고 있다.

『어머니의 노래와 사랑의 노래』 발간

'나는 나의 교육법 중 가장 중요한 점을 이 책에 수록하였다. 그것은 합자연 교육이 출발점이다. 왜냐하면 인간의 소질이 건전하고 완전하게 발달되어야 한다면 인간소질의 맹아가 어떻게 보호되고 양육되어야 하는가 하는 방법을 이 책에서 제시하기 때문이다.'(Prüfer, 1927)

이 책이 매우 훌륭한 점은 프뢰벨의 교육사상이 간결하고 명확하게 묘사되었다는 것이다. 따라서 낭만주의자들이 언제고 삶의 근원으로 다시 돌아가고자 했던 것처럼 프뢰벨에 관한 연구는 항상『어머니의 노래와 사랑의 노래』로 돌아가야 한다(Bollnow, 1977 : 180). 이 책은 **유치원 철학의 열쇠요, 실천의 지침서**인 것이다.

(7) 정원활동

정원활동

자연 연구와 정원 가꾸기

자연연구와 정원가꾸기는 프뢰벨이 그의 저작들 속에서 표현하고 있는 유아교육 프로그램 하나의 형태다. 그가 말하는 이상적인 정원은 각 어린이를 위하여 꾸며놓은 작은 터와, 꽃과 채소를 위하여 배려된 구역이 있는 평범한 곳이다. 이 정원활동을 통해 어린이는 식물의 생육의 필수적인 원리, 또한 전체와 부분의 관계를 배우게 될 것으로 기대되며 정원가꾸기는 어린이가 '볼 수 없는 힘'의 작용을 관찰할 수 있는 방법의 하나로 간주되고, 또 책임감을 갖게 하는 방법도 된다(곽노의, 1996 : 126).

11) 현대 유아교육에 미친 영향

프뢰벨의 유치원교육 보급에 열광적으로 협조한 사람은 뷰로우(Bertha von Marenholtz-Bülow, 1816~1893)였다. 그녀는 자기의 전 재산과 여생을 유치원교육에 바칠 것을 각오하고 당국에 의하여 금지된 유치원법 해제에 적극 노력하였고 그 결과 1860년에 철회되었고 이어 1873년에는 독일 프뢰벨연맹(Der Deutsche Fröbelverband)을 조직하여 '유치원'이라는 기관지를 발간한다.

미국유치원의 기원

미국에 있어서는 1860년 피바디(Gerorge Peabody, 1795~1869)에 의해 보스턴시에 처음으로 유치원이 설립되었고, 그 후 1873년에는 하리스(Harris, W. T. 1835~1909)에 의해 세인트 루이스(St. Louis) 시의 유치원을 공립학교로 설정하여 공인하였다. 이것이 미국 공립 유치원의 기원이다.

세계 여러 나라에서의 유치원 기원

영국에 있어서도 1874년에 이 유치원 조직을 공립학교에 개입시켰고, 프랑스에는 1780년 소학교 위 밑에 두어 예비교육을 했다. 그리고 이탈리아의 여류교육자인 몬테소리(Maria Montessori, 1870~1952)는 '어린이집(Casa dei Bambini)'을 설립하여, 감각교구를 이용한 아동의 자유활동에 호소하여 심신의 유기적 능력을 조장하게 한 것 등은 프뢰벨에서 영향받은 것이다. 그리고 미국교육학의 거장인 파커(Francis Wayland Parker, 1838~1902)도, 20세기의 세계적 교육철학자인 듀이의 활동적 진보주의사상과 아동중심의 아동존중사상도 여기에서 영향받은 것이라 한다.

프뢰벨 모델유치원

이웃 나라 일본에 있어서도 1876년에 "유아원기"가 關信三(번역)에 의해 발간되었고, 같은 해 柔田親五(번역)에 의해 "유치원"이 출간되어 동년 동경여자사범학교에 유치원이 부설되었다.

우리나라 유치원의 기원은 선교사들의 교회활동과 더불어 발달했음을 볼 수 있다. 1912년 이화학당의 교장인 프레이(Lula E. Frey) 여사가 안식년으로 본국에 돌아가 신시내티에 있는 유치원 사범학교를 방문했을 때 당해 학교 졸업반 학생인 브라운리(Charotte Brownlee, ?~1941)가 한국에 가서 유치원을 설립하겠다는 뜻을 받아들여 이화학당의 창설자인 스크랜돈 부인에 의해 1914년 보구여관자리에 유치원을 세우고 브라운리와 같이 16명의 어린이를 모아 시작한 것이 처음이다. 이와 같이 프뢰벨의 영향은 세계 각국의 유치원교육과 노작교육 수공교수의 형태로 널리 전파되었던 것이다.

제Ⅷ장

20세기의 유아교육

1. 현대의 교육
   가. 시대적 배경

2. 대표적인 유아교육사상가
   가. 슈타이너(Rudolf Steiner, 1861~1925)
   나. 몬테소리(Maria Montessori, 1870~1952)
   다. 듀이(John Dewey, 1859~1952)
   라. 스키너(B.F. Skinner, 1904~1990)
   마. 피아제(Jean Piaget, 1896~1980)
   바. 비고츠키(Lev Vygotsky, 1896~1934)

1. 현대의 교육

가. 시대적 배경

아동의 자연적 발달, 자발적 발견을 중요시함.

아동교육사상의 새로운 관점을 조명하였던 코메니우스, 루소, 페스탈로치 등은 아동의 자연적 발달, 자발적 발견을 강조하면서 아동은 아동 나름대로의 독자적 세계를 가진 존재이기 때문에 아동에게 맞는 교육방법이 요구된다고 하였다. 이를테면 코메니우스는 실물교육 및 감각교육 등을 조기에, 아동생활 주변에 있는 것들을 중심으로, 간단한 것에서 복잡한 것으로, 쉬운 것에서부터 어려운 것으로 제시하여 교육할 것을 강조하고 있으며, 루소의 경우는 아동에게 내재되어 있는 흥미나 관심을 중심으로, 즉 내재된 발달의 시간적 순서에 따라 교육하고 가르칠 것을 주장한다. 이는 아동에게 관심 없고 흥미 없는 것을 교사가 가르치려고 하기 보다는 아동 본위의 입장에서 교사는 단지 그들의 흥미가 표출되도록 도와주어야 한다는 것을 의미한다. 페스탈로치 역시 아동에게 실물교육을 강조하면서 아동에게 친숙한 것을 통해 교육이 이루어지기를 강조하고 있다. 이들 모두를 종합해 보면 아동에게 맞는 독자적인 교육방법을 강조하고 아동의 주관적 경험을 존중하고 있는 것을 알 수 있다.

이들을 바탕으로 아동교육에 대한 사상이나 내용은 근대와 현대에 들어서면서 점차로 폭이 넓어지고 깊이도 더하게 된다. 프로이트, 행동주의 심리학, 피아제, 몬테소리, 듀이 등은 아동이 무엇을 학습하고, 어떤 태도로 학습하며, 또 한편으로 어떤 것에 관심을 가지며, 이런 모든 것은 어디서부터 나타나게 되는지 등을 강조하고 있으며 특히, 어린 시기의 경험이 성인이 되어서나 성인이 되는 과정에서의 생활에 많은 영향을 미친다는 점을 주장하고 있다.

프로이트나 피아제, 몬테소리, 듀이 등이 강조하는 것은 바로 그

20세기 들어 아동연구운동으로 아동에 대한 새로운 개념이 정립됨.

런 것을 충분히 설명하고도 남는다. 이렇듯 활발하게 전개된 아동연구의 움직임 속에서 마침내 **아동의 세기**인 20세기가 도래하게 되고 여러 심리학자들에 의하여 이루어진 아동연구의 결과로, 아동에 대한 새로운 개념이 정립되게 되었다. 즉, 아동은 이제 더 이상 성인의 종속물도 어른의 축소판도 아닌 하나의 독립된 인격을 지닌 존재임을 선언하였다. 또한 모든 아동은 각자의 독자성을 지닌 존재로서 서로 같지 않다는 개인차를 보여 주고 있다. 아동의 독자성이란 아동 자신의 자기다움을 의미하며 서로 비교될 수 없고, 아동 각사에게 서로 동일한 것이 요구될 수 없다는 뜻이다. 뿐만 아니라 아동은 더 이상 약자이거나 능력이 없는 존재가 아니라 오히려 무한한 잠재능력을 지닌 가능성의 존재로 인정되고 있다.

20세기 유아교육은 새로운 아동 심리학적 관점을 수용하면서 다양하게 변화함.

20세기에 들어와 아동에 대한 새로운 아동심리학적 관점을 받아들임에 따라 유아교육론은 성인위주의 유아교육에서 다양한 관점을 수용하고 있는 유아교육으로 변모하게 되었다. 1920년과 1960년 사이에 유아교육학자들은 여러 유아교육 이론들로부터 유아원이나 유치원에 실제로 적용할 수 있는 유아교육 프로그램의 구성, 아이디어들을 도출하는 커다란 성과를 거두었다. 그 예로 루소의 자연주의를 시발점으로 하는 성숙이론을 들 수 있다. 성숙이론의 핵심개념은 전인적 성장이며 발달상 준비가 되어 있지 않은 유아– 다시 말하면, 내적으로 흥미나 관심이 없는 유아– 를 과중한 교과학습으로부터 보호하기 위해 유아교육현장에서 자연적 성장과정을 존중하는 것이다.

제2차 세계대전 후의 사회구조와 생활양식의 변화는 유아교육 기관에 대한 수요를 증가시킴.

제2차 세계대전이 끝나면서 사회구조와 생활양식은 크게 변화를 겪게 되었다. 과학과 공학의 발달, 산업구조에서의 변화는 생활과 교육 각 부분에 영향을 주게 되고 모든 사회계층의 어린이 교육에도 새로운 요구와 변화가 일어나게 되었다. 결혼한 여성들이 일하는 경향이 늘어났고, 직업의 기회도 더욱 많아졌으며 편리한 생활조건과 설비들이 여성들의 사회적 활동을 더욱 가능하게 해주었고 이제 가정주부도 더 이상 하루 종일 집에 머물지 않게 되었다. 전쟁 중에 각 나라에서는 정책적으로 여성의 노동력을 활용하고자 하였고, 전쟁이 끝난 후에도 여성노동력의 증가추세는 여전히 유지되었다. 영국의 경우 1961년 통계에 의하면 결혼한 여성의 1/3이 직업을 가지고 있었음을 볼 수 있다. 또한 가정의 구조가 점차 대가족에서 핵가족의 형태로 변화되었고 어린이 교육에 대한 기대가 커져 유아교육기관이 수요에 비해 부족할 수밖에 없었다. 특히, 어린이들이 안전하고 자유롭게 놀 수 있는 장소가 부족하다는 점과 핵가족으로 인한 사회학습 기회의 부족, 어린이가 집에 혼자 남겨지는 상황 또는 자격미달의 무관심한 보모들에게 맡겨지는 경우 등이 심각한 문제로 지적되었다.

유아원에 오는 어린이들의 사전경험은 극히 결핍상태에 있었기 때문에 사회화, 탐색과 상상놀이, 운동기능의 발달 등이 다루어질 것이 요구되었다. 이러한 사회적 요구에 부응하여 제도적으로 점차 3~4세를 중심으로 하는 유아원과 더 어린 유아를 위한 시설, 5~6세 어린이를 위한 교육기관(유치원 또는 초등학교 저학년)등이 각기 분리·발전되는 경향을 보이기 시작했다.

또한 중류계층을 위한 사립 유치원들이 생겨났으며, 여기에서의 교육방법은 전통적인 유치원방법에서 몬테소리방법까지 그리고 진보주의 교육에서 비전문가 집단이 운영하는 놀이집단에까지 그 수준에 있어서 매우 다양해졌다.

1961년에 시작된 놀이집단 운동은 2.5~5세까지의 유아들이 6~30명까지 함께 모여서 매일 또는 일주일에 서너 번씩 고정적으로 함께 놀 수 있도록 구성되었는데, 이 운동이 널리 보급되어 1971년에는 약 17만 명의 어린이들이 참여하게 되었다. 지역사회의 중산층 부모들에 의해 주도되었으며 노동자 계층의 지역에도 일부 번져가게 되었다. 일부지역에서는 전문가의 지도를 받기도 했으나 놀이집단은 유아교육의 전반적인 교육을 대치할 수 있는 대안으로써 간주될 수는 없었다. 전쟁 후 이러한 어린이들의 교육적 필요에 의해 공식적인 교육기관인 유치원이 설립되었다.

20세기 중반부터 활발히 진행되었던 교육학과 심리학에서의 연구들은 유아교육의 이론적인 근거들을 제공해 주었다. 심리학적 연구들은 탐색과 경험, 실험 등의 기회가 충분히 제공되는 환경 안에서 지적인 발달이 잘 이루어질 수 있음을 보여 주었다. 사회학적인 조사연구들은 어머니의 일시적인 부재가 유아들에게 그렇게 치명적인 것은 아니며, 사회적 경험을 넓힐 수 있는 기회를 제공해 주는 장점도 있음을 지적하였다. 따라서 적절한 유아교육기관이 있다면 일하는 어머니의 자녀들도 발달상 그렇게 악조건에 처하지 않을 수 있음을 알게 되었고 또한 유아원의 교육과 경험이 이후의 학교생활과 성취에도 좋은 영향을 미치고 있다는 연구들이 보고되었다.

사회계층에 따른 결핍 보완

또 다른 측면의 사회학 연구들은 아동양육에서 보이는 각 계층간의 차이에 주목하고, 노동자계층 자녀들의 경우 한정되고 제한된 언어적 경험으로 발달과 학습에서의 결핍을 가지게 됨을 지적하였다. 따라서 유아교육이 각기 다른 사회계층의 어린이들에게 그들의 사전경험에서의 결핍과 차이를 보완해 주고 가정과 학교의 차이를 연결해 주는 역할을 해 줄 수 있음이 분명하게 되었다.

1975년 소련의 스푸트닉 인공위성 발사로 유아교육은 인지발달을 강조

한편으로 1960년에 접어들어 사회정책의 우선순위가 변하게 되었다. 이는 미국보다 먼저 이루어진 소련의 인공위성 발사와 당시 교육과정의 주류를 이루고 있던 경험주의적 교육과정이 안고 있는 지식 간의 위계성 결여가 변화를 가져오는 큰 원인이 되었다. 유아교육에서도 이러한 변화가 그대로 반영되게 되어 지식 간의 위계성을 확립하고 아울러 아동의 발달에서 인지의 발달을 강조하는 방향으로의 전환, 문화적·사회적으로 기회가 결핍된 저소득층 아동에게도 기

회를 부여해야 한다는 움직임이 나타나기 시작하였다. 특히, 저소득층 유아에 대한 사회의 관심은 자연히 불우한 아동의 낮은 학업성취 수준을 해결하는 방향으로 모아졌고 사회개혁까지 진행되었다.

이전에 유아교육에 관심이 없었던 교육학자 및 심리학자들도 이러한 사회변화의 영향으로 불우한 아동의 지적 능력 및 학업성취를 증가시킬 수 있는 교육 프로그램을 탐색하기 시작하였다. 이에 새로운 유아교육 프로그램을 위해 새로운 이론적 기반을 필요로 하게 되었으므로 프로그램 개발자들은 새로이 등장하고 있는 이론뿐만 아니라 이전에 유아를 위해 적절하지 못하다고 여겼던 이론들까지도 재검토하기에 이르렀다. 피아제의 인지발달에 관한 구성주의 이론은 인지발달과정에 있어서 환경의 중요성을 인식케 하는 촉매가 되었고, 저소득층 유아의 인지적 결핍을 보상할 수 있는 교육환경의 질을 개선하는데 기여하게 되었다. 뿐만 아니라, 몬테소리 여사가 로마의 슬럼가 어린이들에게 당시 조기교육 프로그램을 제공하여 주었으므로 이 프로그램은 당시 유아교육 프로그램 개발자들의 관심의 대상이 되지 않을 수 없었다. 또한 당시 개발자들은 저소득층 유아의 기초학습 기능을 증진하기 위한 체계적 교육 프로그램을 개발하기 위해 행동주의 심리학의 원리들을 적극 활용하게 되었다.

피아제의 인지발달이론

사실 교육자들이 사회개혁 운동의 일환으로 유아교육에 관심을 기울였던 것은 1960년대에 처음 있었던 일은 아니었다. 역사적으로 볼 때 플라톤 시대부터 현대에 이르기까지 교육은 사회 문제를 치료하는 수단으로 여겨져 왔다. 그러나 1960년대와 이전과의 차이점이 있다면 바로 유아의 인지발달을 위해 잘 계획된 환경이 보다 중요하다는 것을 강조하고 있다는 점이다. 환경이 유아의 인지발달에 중요한 역할을 한다고 보았기 때문에 어떻게 하면 유아의 인지발달을 촉진시킬 수 있는 새로운 환경적 상황을 고안할 수 있느냐가 당시 유아교육의 핵심과제였다.

사회적 측면에서의 관심

학습에 관한 생리학적 기초

한편 유전학과 두뇌에 대한 생리화학적 연구들은 유아기의 학습에 관한 생리학적 기초에 대한 이해를 넓혀 주었다. 유전과 환경의 영향에 대한 논의는 계속되었지만 유아기에 있을 수 있는 치명적인 결핍은 유아교육을 통해 최소한 방지될 수 있다고 생각하였다. 또한 어린이들의 학습과정에 대한 연구들도 어린이들이 형식적, 또는 비형식적으로 어떻게 학습하는가에 대한 많은 정보를 주었고 일반적으로 진보주의 교육에서 활용되었던 방법들을 지지하면서 이에 더해 학습과정의 구조화의 필요성을 새롭게 강조해 주었다.

능력별 집단구성, 통합적 지도

이와 함께 교수방법에서의 발전, 유아교육 실제에 대한 비판적 반성들이 일어나게 되었다. 즉, 능력별 집단구성, 통합적 지도라는 이름하에 이루어지는 교과 중심적인 활동들, 사회화와 협동적 활동을 방해하고 다양한 성취를 어렵게 하는 개별화된 학습, 딱딱한 좌석 배치, 자칫 무시되어 버리는 어린이들의 특성이나 결핍 등이 지적되고 재평가되어야 할 필요성이 생겼다. 여기에 사회·정치적인 요인들도 함께 작용하고 있음을 볼 수 있다. 20세기를 마무리하면서 유아교육은 이론적 근거를 마련하고 교육의 사회·철학적 측면, 내용과 방법 프로그램 구성제도 등 여러 측면에서의 이론적 체계화를 향해 나아가고 있다. 아동의 지능은 4세까지 전체 지능의 약 50% 정도나 발달한다는 연구보고나 인간의 두뇌세포의 약 80% 정도가 생후 2년 내에 형성된다는 연구결과는 지구의 자원이 고갈되고 있는 현대사회에서 아동은 미래의 인력자원이라는 점을 인식할 수 있게 해준다.

세계 각국이 다투어 국가자원으로서 아동의 교육을 촉진시키고 조기교육을 인력개발사업의 일환으로 실시하여 아동교육에 도전하고 있는 현 상황으로 미루어 볼 때, 아동은 분명 미래 인력이며 무한한 가능성을 지닌 존재임에 틀림없다.

현대의 이러한 아동교육에의 관심은 그 모태가 많은 교육사상가들이나 교육자들일 것이다. 특히, 프로이트의 어릴 때의 경험의 중요성 강조는 부모들의 아동기에 대한 인식 전환을 이루는 밑거름 역할을 하고 있고, 몬테소리나 듀이, 피아제 등도 아동의 지식 근원이나 교육방법, 교육관 등에 일대전환을 가져왔음을 부인할 수 없다. 다음에서는 여러 학자들이 아동교육 사상에서 주장하는 바를 각각 살펴보고자 한다.

2. 대표적인 유아교육사상가

가. 슈타이너(Rudolf Steiner, 1861~1925)

1) 생애와 업적

Rudolf Steiner, 1861~1925

발도르프학교의 창시자인 슈타이너는 1861년 2월 27일 오스트리아와 헝가리 경계에 위치한 오늘날 크로아티아 지역 클랄예백(Kraljevec)에서 철도공무원의 첫째 아들로 태어났다. 6개월 후 아버지가 비인 근처의 포트샤흐(Pottschach)로 전근함으로써 그곳에서 유년시절을 보내게 되었다. 그 후 노이되르플에서 마을학교를 다녔으며, 실업고등학교(Realschule)를 마치고 1879년 가을 빈 공대(Technische Hochschule)에 입학하여 수학과 자연과학을 전공하면서 실험과 자연관찰에 몰두하였을 뿐 아니라 그밖에 철학, 문학, 심리학, 의학도 수강했다. 특별히 그는 문학사 교수인 쉬뢰어(Karl Julius Schröer, 1825~1900) 교수를 통하여 처음으로 시인인 괴테에 대하여 알게 되었고 이를 계기로 괴테의 자연과학적 연구방법에 정통하게 되었다. 1882년 쉬뢰어 교수가 괴테 작품을 주석하여 편집하는 Josef Kürschner에

쉬뢰어 교수와 만남.

게 추천함으로써 그는 괴테의 자연과학적 저서들에 대한 상세한 주석을 쓰게 되었으며 이로 인해 1890년 봐이마르(Weimar)시에 있는 괴테-쉴러 문서보관소에서 일하게 되었다(Demisch, 1989 : 9). 괴테-쉴러 문서보관소에서의 일을 끝마치고 슈타이너는 1897년 베를린으로 이주하여 이곳에서 1899년부터 1900년까지 문화잡지인 "문학지"의 편자 그리고 베를린노동자교육학교에서 교사로 일을 하였다. 그는 자신이 편집한 잡지에 "시대에 맞지 않는 김나지움의 개혁", "콜레기움 로기쿰", "대학교와 공적인 생활" 등을 발표하여, 교육학적인 견해들을 제시했다(강상희, 1993).

신지학자로 이해

초기에 슈타이너는 "신지학자"(Theosophist)[1)]로 이해되기 시작하였고, 그의 강연 활동도 실제로 1902년 10월 이후 신지학회의 테두리 안에서 형식적으로 진행되었다. 그렇지만 1913년에 그는 신지학회와 이별하였다. 1902년부터 슈타이너는 자신의 고유한 연구결과들만 집대성하여 자신의 정신과학적 연구방법으로 시종일관되게 사용하였으며, 그것을 인간의 참된 본질을 의식하도록 이끌어 준다는 의미로 '인지학'(Anthroposophie)이라고 불렀다(Carlgren, 1972 : 12). 이 말은 그리스어 'Anthropos', 즉 '인간'(Menschen)과 'Sophia', 즉 '지혜'(Weisheit)를 합성한 말로 '인간의 지혜'란 뜻이다. 이는 신지학에 대립되는 개념으로 일종의 인간중심 사고에 기초한 인간학이라 할 수 있다. 인간의 본질 속에 내재해 있는 정신적인 것을 인식하는 것으로부터 우주에 내재해 있는 정신현상을 인식할 수 있도록 하자는 것이다(정영수, 1997 : 34).

인지학의 창시자

인지학적 인간 이해에 기초한 발도로프학교의 교육사상 정립

슈타이너는 1900년부터 1925년 3월 30일 죽을 때까지 수많은 저서들과 6000회 이상의 강연으로 인지학을 제시하였다. 1912년 베를린에 인지학협회가 결성되었고, 이어서 1913년에는 스위스 바젤 근교의 도

1) 신지학은 그리스語인 theo(신, 神)과 sophia(지해,知慧)의 합성어이다. 신비적 체험이나 특별한 계시에의하여 보통의 신앙이나 唯論(유론)으로는 알 수 없는 신의 심오한 본질 또는 행위에 관한 지식을 가진 철학적 종교적 사상의 총칭이다.

First Goetheanum[3]

르나흐(Dornach)에 두 개의 돔이 있는 건물을 세웠는데, 그 건물에 괴테아눔(Goetheanum)이라는 이름을 붙였다. 괴테아눔은 예술활동의 다양한 방법을 위한 공간으로써, 그리고 정신과학적인 연구와 인지학 운동을 위한 중심지로서 슈타이너가 직접 건축 설계를 하고 건물의 완성을 주도하였으며, 또 무엇보다 예술적인 형상화에 몸소 관여하였다(Demisch, 1989 : 9). 그는 4편의 신비극을 써서 연출하였고 소리의 질과 어조의 질이 몸짓을 통하여 표현되는 새로운 움직임의 예술, 다시 말해서 오이리트미(Eurythmie)[2]를 창조해 내었다. 이러한 슈타이너의 독특한 인지학적 인간 이해에 기초하여 발도르프학교의 교육사상을 정립하였다.

오이리트미 창조

2) 자유 발도르프학교(유치원)의 설립과 발달

1818년 제1차 세계대전에서 독일이 항복한 후 사람들은 긴급한 사회적, 정치적, 경제적 문제에 봉착하게 되었다. 슈타이너는 사회적 정의를 실현하기 위한 노력의 일환으로, 사회적 출신, 재능 및 미래의 직업과 관계없이 교육을 통하여 자유로운 판단능력, 자신의 삶의 이상에 대한 의식과 시대의 사회적 삶에 대한 이해를 발전시켜 나갈 학교, 다시 말해서 초등학교와 상급학교를 포괄하고 사회계층에 상관없이 모든 사람에게 열려 있는 12년간의 통합학교의 필요성에 대해 역설하였다(Carlgren, 1972 : 16). 슈투트가르트의 '발도르프-아스토리아 담배공장'의 사장인 몰트(Emil Molt)는 사회 문제에 깊은 이해를 지닌 기업가였고 그의 고용인들로부터 높이 평가받고 있었다. 그는 제1차 세계대전과 같은 재앙은 잘못된 교육 탓이

2) 오이리트미(Eurythmie)는 그리스語 Eu(아름답다, 좋다)와 Rythmus(리듬)의 합성어로써 직역하면 '아름다운 리듬'이 된다. 이 글에서는 원문 발음을 그대로 사용한다.

3) 사진출처: https://en.wikipedia.org/wiki/Rudolf_Steiner#/media/File:First_Goetheanum.jpg

자유발도르프 학교 창립

라고 확신하였다. 그래서 몰트는 사원들의 자녀교육을 위하여 학교를 설립하고자 하였고 슈타이너에게 학교의 교육적인 지도를 맡아 달라고 부탁하였다. 그리하여 1919년 9월 7일 공장의 이름을 따서 '자유발도르프학교'(die Freie Waldorfschule)를 개설하였다. 개교 연설에서 슈타이너는 "만일 인간성이 미래 사회에 옳은 삶의 방식이라면 인간성이야말로 어린이를 교육하는 올바른 사회적 방법이며 슈투트가르트의 자유발도르프학교가 이런 방향을 제시하는 데 작은 공헌을 할 것이다."라고 하였다.

발도르프 유치원설립

'자유발도르프학교'운동은 계속 발전하여 제2차 세계대전까지 16개의 학교가 설립되었으나, 히틀러체제하의 독일에서 '자유발도르프학교'를 비롯하여 모든 독립학교는 문을 닫았고 점령국에서도 마찬가지 운명이 되었다. 그렇지만 제2차 세계대전 후 재건되어 학교의 수가 급증하기 시작하여 오늘에 이르고 있다(김정임, 1998).

발도르프유치원 실내환경

3) 인지학적 발달론

인간의 가치와 자유는 인간 안에 있는 다양한 소질과 능력을 개별적으로 발달시키는 만큼 생겨나므로 모든 교육과 수업은 인간발달의 조건에 따라 이루어져야 한다. 이전의 발달심리학에서는 변화하는 영적 외향들의 시간적인 결과들만을 기술하면서 내적인 발달과 변화는 파악되지 않았었다.

그러나 슈타이너는 자신의 인지학적 방법으로 영혼과 정신의 파악도 육체를 파악하는 것과 같이 가능하다고 보았다. 그러나 인간의 발달을 연속적인 과정이 아니라 단계적인 과정으로 보았다. 그는 인간발달의 비약적이고 질적인 변화의 특징을 보다 잘 드러내기 위하여 인간의 발달현상에 대하여 '성숙'이라든가 '발전'이라는 단어를 사용하지 않고 '탄생'이라는 말을 사용하였다(정혜영, 1997 : 10). 탄생이라는 의미를 되새겨보면 육체적으로 정신적으로 아직 덜 성숙했는데 조산을 하게 된다면 많은 발달의 장애를 가져올 것이 짐작된다. 발달단계는 개인차가 있으나 심신의 성장에 있어 세 가지 단계를 반드시 거치게 된다. 즉, 의지, 감정, 사고발달의 3단계를 거쳐 이것들을 지닌 '자유로운 인간'이 양성된다.

가) 발달단계론

7년주기의 발달단계

슈타이너의 발달이론에 따르면 인간은 7년의 리듬 속에서 이루어지며 유아에서 청년기에 이르기까지 분명히 구별 가능한 특수한 학습과 소질의 성향들이 있다고 한다. 제1의 7년기는 출생에서 7세까지이며 제2의 7년기가 7~14세, 제3의 7년기가 14~21세로서 개인차는 있으나 이 3단계를 거치게 된다고 설명한다. 이에 따라 발도르프학교는 3~6세를 위한 유치원교육, 7~14세를 위한 1~8학년 교육, 14세 이후를 위한 9~13학년 교육으로 분류된다.

발도르프유치원 실외활동

① 첫 번째 7년기(출생~7세): 물리적 신체(Physischerleib)의 탄생

물리적 신체의 탄생

이 시기에 속한 아이의 몸 전체는 하나의 감각기관이다. 감각이 외부세계로 열려 있기 때문에 교육은 말이나 개념이 아닌 5감의 반응, 즉 온몸에 의한 모방에 의하여 행해진다. 이때 생명체는 보호막 속에 있어야 신체적 발육을 관장하는 일에 전념하고 있을 수 있다. 그리고 드디어 생명체는 어린이의 이를 만든다. 이렇게 되면 생명체의 막 속에서의 일이 완료되고 바깥 세상에 가도록 좋은 산월이 된다. 밖에 나온 생명체는 기억력을 관장한다. 4세 정도의 어린이가 다소 기억을 보이기 시작하였다 하더라도 그것은 단편적인 것이고 기억의 태동이기 때문에 이것을 강제로 억제시키는 것은 위험하다(한진이, 1998 : 15). 예를 들어, 4세 유아들은 흔히 거짓말을 하는데, 이는 기억과 관련된 상상력인 경우가 많기 때문이다. 7세까지는 생명체를 있게 하여 신체와 오감의 발육을 도모함이 중요하다. 이것이 어른이 된 후의 행동력, 의지력의 근원이 된다.

생명체의 탄생

② 두 번째 7년기(7~14세): 에테르체(Aetherleib)–생명체(Lebensleib)의 탄생

이를 갈기 시작하면 생명체가 외계에 나온 것을 뜻하며 생명체는 기억, 습관, 기질, 성향을 관장한다. 그러므로 어린이는 학습을 시작해도 좋다. 특히, 이 시기는 예술에 대한 감각에 눈을 뜨게 된다. 예술 중에도 생명체의 진동과 같은 음악에 대한 감각이 깨어나기 시작한다. 감수체는 아직 막 속에 있다. 감수체는 사고력을 관장하는데 초등학교 고학년이 되면 태동을 시작한다. 그러나 역시 조산시키면 안되며 기다려야 한다. 그러므로 제2의 7년기 동안, 학교 공부의 본질은 모두가 감정을 통한 것이어야 한다(한진이, 1998 : 15).

감정체의 탄생

③ 세 번째 7년기(14~21): 아스트랄체(Astralleib)–영혼육체(Seelenleib)/ 감정체의 탄생

사춘기가 되었을 때 감수체가 산월을 맞이한다. 청소년은 개인의 관심과 취미를 발달시키는 능력과 인식

문제에서 독립적인 판단을 얻으려 노력하며 영혼의 기초가 눈뜬다. 또한 세계와 인간에 대한 더 깊은 인식욕구가 나타나고 추상적 사고능력이 생기며 자신의 영혼의 힘, 즉 감정과 의지로 환경에 더 자유롭고 더 독립적으로 맞선다. 따라서 학교에서 수업은 심층적으로 학문적 생활태도의 시초를 닦는 데 기여한다. 상상력과 권위에 기초하여 받아들여진 그 이전의 지식을 자신의 논리로 확신을 가지고 말할 수 있게 되어야 한다(한진이, 1998 : 15).

나) 기질론

교육은 인간에 대한 앎에 기초해야 한다는 입장에서 보면 개개의 어린이가 타고난 천성을 알 필요가 있다. 기질론은 이러한 측면을 보여주고 있다. 이 기질론은 고대 이래 동서양에서 행하여진 인간기질의 분류법인데 우리나라에서도 호응을 받고 있는 사상의학과 유사하다. 기질론

슈타이너의 기질론은 그의 인간론의 기초 위에서 해석되며 어린이교육에 있어 중요한 근거로 제시된다. 그는 인간의 기질을 네 가지로 분류하고 이에 대한 올바른 이해와 각 기질에 따른 교육적 처방이 달라야 한다고 하였다. 각 기질의 인간이 가지고 있는 행동의 특징은 다음과 같다.

① 다혈질인(Sanguiniker): 성격이 급하고 충동적이며 감동적이다. 기분이 가볍고 잘 변하며, 천진난만과 낙천성으로 주위를 즐겁게 해주고 자유롭고 호기심이 왕성하다. 단점으로는 침착성이 결여되어 있고 지속력이 없다. 우리의 태양인의 특징과 유사하다. 다혈질인, 태양인과 유사함.

이런 아이에 대한 처방은 그의 에너지를 소모시키는 것이다. 그에게 올바른 이야기와 운동량이 주어져야 한다(윌킨슨, 1997 : 81).

② 담즙질인(Choleriker): 매우 능동적인 리듬체계를 가지고

담즙질인, 소양인과 유사함.

있다. 기분이 강하고 뜨겁고 격하며 행동이 실제적이다. 확고한 목표를 향한 의지가 있다. 지구력과 지도력이 있으며 남에 대한 불평이 없다. 단점으로는 타인에 대한 인정이 결여되어 있고 자신의 정의감을 남에게 강요하며 횡포, 복수심, 공격성이 있다. 우리의 소양인의 특징과 유사하다.

이런 아이에 대한 처방은 흥미롭게 할 수 있는 많은 인상 깊은 것들을 주는 것이다. 이런 풍부함은 그의 기질을 소모시기면서도 그를 유지시킬 것이다(윌킨슨, 1997 : 81).

우울질인, 태음인과 유사함.

③ 우울질인(Melancholiker): 기분이 자기 내면에 있고 감상적이다. 자아중심적이며 조그마한 일에도 마음을 쓴다. 충성심이 있고 성실하며 너그러운 마음씨와 풍부한 감정을 가지고 있다. 단점으로는 사소한 일에도 신경을 써 여유가 없고 주위까지 기분을 어둡게 한다. 우리의 태음인의 특징과 유사하다.

이런 아이에게 흥이 나도록 만들려고 우스운 이야기를 하거나 그를 추켜세우는 것은 소용없는 일이며 사실 해로운 일이다. 그렇게 하는 것은 그 아이를 더 스스로 경멸하여 움추르게 하고 완전히 무관심한 상태로 만들기 쉽다. 이런 아이에게는 다른 사람의 고통스러운 경험을 알게 해주는 것이 효과적이다(윌킨슨, 1997 : 82).

점액질인, 소음인과 유사함.

④ 점액질인(Phlegmatiker): 기분의 움직임이 적고 침착 평안하다. 외부와 조화적이긴 하나 무관심하여 자기 속의 관심에만 잠긴다. 화를 내지 않고 평화롭다. 단점으로는 오히려 유머를 할 여유가 없고 까다롭고 힘든 일을 싫어하여 게으름뱅이가 되기 쉽다. 냉소적이거나 방관적으로 될 수 있다. 우리의 소음인의 특징과 유사하다.

이렇게 주위에 무관심하고 무딘 아이에게는 다른 사람에게 관심을 보일 때 오는 이익을 제시해 준다(한진이, 1998 : 12). 역으로 교사가 점액질의 유형의 행위를

> 부과해 주면 이것은 어린이를 지루하게 만들어 깨어나게 할 수도 있다(윌킨슨, 1997 : 82).

일반적으로 사람들은 네 가지의 다양한 기질을 모두 가지고 있어 어느 한 특정의 기질만으로 단정지어서 말하기는 힘들다. 그렇다고 네 기질을 균등하게 가지고 있는 것도 아니다. 개개인은 어느 한 기질이 우세하기도 하고 열등하기도 하다. 그렇기 때문에 슈타이너의 교육에서 교사는 어린이 개개인의 기질을 잘 파악하고 다룰 수 있어야 한다.

같은 기질의 아이끼리 집단구성

학급을 운영할 때 다른 기질의 아이들을 무작위로 섞어 놓는 것보다 같은 기질의 아이끼리 집단을 구성하는 것이 더 효과적이라고 슈타이너는 말하고 있다. 서로 기질이 상쇄되어 버린다는 것이다. 예를 들면, 함께 같은 집단에 있다 보면 다혈질 집단의 아이들은 '여기는 너무 떠들어서 싫다'고 한다. 점액질 집단에서는 '여기서는 재미가 없다'고 불평을 한다. 이러한 때에 가고 싶은 집단으로 가도록 안내하여 그 집단의 역할을 해보도록 격려한다. 이런 식으로 집단 내의 균형을 유지할 수 있다.

또한, 기질에 따라서 활동을 배려할 수도 있다. 예를 들어, 식물에 대하여 이야기할 때 꽃이 피는 것에 대하여는 다혈질 아이에게, 낙엽은 우울질 아이에게, 뿌리는 담즙질 아이에게 지시한다. 점액질 아이는 전체를 감상하도록 하는 것이다.

5) 자유발도르프유치원 교육

가) 일반적 교육원리

발도르프유치원은 슈타이너의 인지학적 인간학에 기초하고 있다. 전인에의 고려는 발도르프유치원의 모든 단계의 교과과정에 철저히 스며들어 있다(Kranich, 1984 : 192). 발도르프유치원의 교육목적도

전인적인 인간교육을 추구하는 데 있다. 인지중심으로 치우친 교육에 반대하고, 다음과 같은 것들의 내용들이 중요시되고 있다.

① 인간은 모든 가능성들이 내면에 집중되어 있다.
② 어린이가 행하여 얻은 경험들은 어른이 되어서 행할 수 있는 방식들에 영향을 준다.
③ 교육의 기본원리로서 사랑: 어린이 안에 본질적인 사랑을 발달시키려는 데 중점을 둔다.
④ 교육한다는 것은 학문, 예술, 종교를 배양하는 것이다.
⑤ 어린이에겐 스스로 발전할 수 있는 시간과 공간이 필요하다.
⑥ 놀이는 어린이의 진지한 작업이다.
⑦ 능숙한 손가락 놀림은 활동적인 생각을 만들어 낸다.
⑧ 교육의 중심은 아이의 자립적인 발달을 돕는 것이다.

나) 유아교육원리로서 본보기와 모방

본보기와 모방 사진

발도르프교육학에서 생각하는 약 7세까지의 어린이의 학습의 기본 형태는 본보기와 모방(Vorbild und Nachahmung)이다(Carlgren, 1972 : 24). **모방은 어른의 시범적인 행동을 따라하는 것을 의미하는 것이 아니라 내적인 유대를 말한다.** 유아의 모방능력은 유아의 내면에 있는 자유의 표현이며 이는 유아가 자기 주변의 인물들 속에서 비교될 수 있는 것을 인지한 경우에만 계발될 수 있는 능력이다. 비교될 수 있는 것이란 결국 주어진 상황에서 자신의 삶과 자신의 본질이 일체를 이루는 인간을 의미한다(자스만스하우젠, 1996).

예를 들면, 어른(교사)이 내적인 자기의 자유를 의식하고 말로서가 아니라 진실되게 행동할 때, 이러한 어른(교사) 존재 자체의 모습을 보면서 서로 유대감이 형성되고, 유아는 내적인 유대 속에서 진정으로 자유로운 존재가 되어 자신의 능력을 발현할 수 있다.

만남이 교육에 선행

다른 측면에서는 유아는 어른에게 본보기를 보인다. 유아는 놀이를 통해서 자유를 실천하고자 한다. 유아가 자유로운 놀이를 통하여 보여줄 때 그것은 성인에게 영향을 미친다. 어른 스스로가 자신이 살아가는 삶의 자주성과 자유를 역으로 얻는다. 이러한 의미에서 **어른과 유아의 만남은 서로 영향을 주는 상호 교류적인 만남이다.** 슈타이너는 '교육이란 언제나 교육자 자신이 어린이에게서 배울 때에야 참된 교육이 이루어진다. 이러한 만남이 선행되어야 교육이 이루어진다'고 말했다. 만남이 교육에 선행한다.

가장 중요한 교육적 요소는 성인의 행동

발도르프유치원의 놀이에 있어서 가장 중요한 교육적인 요소는 교육을 맡은 성인의 행동이다. 어른의 자유로운 행동은 어린이에게 가장 좋은 교육적 환경을 제공한다. 이 말은 교육자는 주어진 프로그램을 따르는 것이 아니라 항상 주어진 상황 속에서 자주적으로 자유롭게 스스로의 깨달음을 통하여 필요를 인식하고 자유로운 의지의 충동으로 행동하는 것을 말한다. 예를 들면, 발도르프유치원 교실 한편에 주방이 있다. 교사가 빵을 만들 때 3~4명의 유아가 도와서 빵을 만들고 다른 20여 명의 유아들은 자기가 하고 싶은 활동을 한다. 그러나 교사가 보여 주고 가르쳐 주기 위해서 조금 자리에서 뒤로 물러나고 그 자리를 실습교사가 대신하게 될 때 유아들의 창의적인 놀이는 중단되고 교실 분위기는 불안하고 질서가 파괴되는 것을 경험한다. 즉, 교사가 빵 만드는 것이 교육의 내용이 아님을 알 수 있다. 중요한 것은 어떻게 빵 만드는 것에 임하느냐 하는 것이고, 그것에 교육의 내용이 있다. 무엇보다 어른들이 자기의 실질적인 삶 속에서 생활해 나가면서 그 공간 안에서 창조적이고 자유로운 인간으로 존재하는 것이 중요하다.

6) 자유발도르프유치원 교육의 실제

다양한 예술활동 기회

발도르프유치원 교육활동은 자유놀이와 서클활동의 형태로 이루어진다. 자유놀이시간에 어린이들에게 다양한 예술적 활동을 할 수 있는 기회가 주어진다. 특별히 기념일이나 축제 때는 이에 따른 활동이 주어진다. 서클활동시간에는 노래, 손가락놀이, 이미지게임 등이 주어진다. 노래와 시는 통합된 교육과정의 일부이다. 서클활동시간에 배운 노래는 다른 활동에도 스며든다. 예를 들면, 빵굽기를 위한 노래, 바느질을 위한 노래 등 매일의 활동을 위한 노래들이 있다. 여기서 발도르프유치원의 특색 있는 교육내용을 소개하고자 한다.

가) 예술활동

발도르프유치원에서의 활동은 예술적이고 실천적인 교육의 방향에 따라 구조화되어 있다(Kranich, 1984 : 201). 예술활동을 중시하는 것은 이해하고 분류하고 사고하는 '두뇌적인 인간'보다는 움직이고 사물을 만들고 더 예쁘게 하려는 '율동적인 인간', '손발을 가진 인간'의 욕구를 만족시키고 형태화하려는 데 있다(Lindenberg, 1992 : 92).

예술교육은 전문가가 되기 위한 음악이나 회화가 아니다. 인간이 보다 건전하게 자라가는 토양은 색채이며, 빛이며, 음이며, 울림, 리듬이다. 이러한 예술에 잠기면서 글자를 익히고 수의 비밀을 알아내고 동물이나 식물의 영위를 느끼며 인간의 행위를 이해하도록 한다.

오이리트미, "볼 수 있는 언어" "볼 수 있는 노래"

발도르프유치원에는 단순한 신체표현과는 다른 '몸을 움직이는 놀이' 시간, 즉 오이리트미가 있다. 오이리트미는 슈타이너에 의하여 창조된 하나의 예술로서 '볼 수 있는 언어'이고, '볼 수 있는 노래'이다. 발도르프교육의 가장 근본적인 목적들 중의 하나는 '**혼이 있는 신체의 배양**'인데 오이리트미는 이 목적을 실현할 수 있는 가장 큰 가능성을 갖고 있다(Carlgren, 1972 : 56). 사람이 소리와 음색에 익숙해져서 이것을 오이리트미의 몸짓으로 형상화한다면 그 일은 모든 정신력과 인간의 신체가 요구하는 활동이다.

나) 동화모임

동화모임

발도르프유치원에서는 교사의 지도하에 이야기와 동화모임이 매일 매일 이루어진다. 한 주제에 대한 이야기를 일주일 내내 반복한다. 그렇게 함으로써 공동 체험과 공동 행동이 가능해지고 언어 촉진도 이루어진다. 특히 해의 흐름(Jahreslauf) 속에서 어린이들은 수많은 활동들을 배우게 된다. 예를 들어 씨뿌리기로부터 수확과 타작을 거쳐 빵굽기까지 함께 하는 활동들을 함으로써 어린이들은 직관적으로 의미연관을 터득하게 된다.

다) 수채화 그리기

수채화 그리기

발도르프유치원에서의 수채화 그리기는 독특하다. 도화지를 물에 담근 후 일정시간 있다 꺼내어 천으로 물기를 닦아낸다. 물에 젖은 붓을 물감가루에 찍어 도화지에 그린다. 그러면 물감이 스며들면서 은은한 선을 만들며 각이 진 경계는 나타나지 않게 된다(Internationalen Vereinigung der Waldorfkindergarten e. V., 1991, b : 13).

라) 환경구성 및 놀이감

곡선의 구조로 된 건물

'인지학'의 이념은 발도르프유치원의 건물에서부터 찾아볼 수 있다. 보통의 건물이 사각형, 삼각형 모양을 띄게 되는데 발도르프학교는 각이 없게 지어져 있다. 지붕도, 교실도, 복도도 모두 곡선 구조로 되어 있다. 자연에는 각이 없고 다양한 곡선으로 이루어져 있다는 사상에서 비롯된 것이다.

유원장(잔디밭)에는 모래밭, 그리고 나무로 된 조그만 오막살이집, 뉘어져 있는 고목(古木) 등이 전부이다. 일반적으로 유치원에 필수적으로 있는 것으로 알고 있는 미끄럼틀, 그네, 정글짐 등은 없다.

TV, 컴퓨터 등 전자제품이 없음.

유치원에는 문명의 이기라고 하는 TV, 컴퓨터를 비롯한 각종 전자상품은 없다. 대부분 자연물이고, 꾸밈없는 원형 그대로의 것들로 꾸며 어린이가 안정감을 느낄 수 있는 분위기를 제공하려고 한다.

환경구성은 유치원교육에 중추를 이루고 있는 놀이를 통하여 창의적이고 다양한 예술적인 경험을 하도록 하려는 데 초점을 둔다.

발도르프유치원에서는 실내와 실외에서 놀이할 수 있는 기회가 매일 주어지고 일주일에 한 번은 산책을 나가고 그곳에서 간단한 게임을 한다.

자연적인 교구교재

유치원에는 장난감으로 가능한 한, 완제품은 거의 사용하지 않는다. 완제품의 장난감은 보기에는 해로울 것이 없어 보이지만 권할만한 것은 아니다. 물체는 일정한 형태를 가지고 있어서 상상력을 방해하기 때문이다(윌킨슨, 1997 : 63). 그렇기 때문에 모든 대상물체는 지적 사고에 의하여 만들어 진 것이 아니라 실물을 모방한 것이어야 한다. 종이자르기, 막대배열하기 등은 아이의 성장을 방해하며 의도적으로 관련된 것은 아이들에게 좋지 않다. 가능한 한 오랫동안 상상의 세계에 남아 있는 것이 좋다(윌킨슨, 1997 : 64). 그래서 색연필, 크레용, 물감, 붓과 조소용 점토, 예쁜 의자나 책상, 간단한 장난감들 외에 상품화된 놀잇감은 없다. 나무토막(원형 그대로)을 다양하게 잘라 놓은 것들, 다양한 형태를 띤 재미있는 모양의 가지와 나무그루터기, 나뭇잎, 밀짚, 견과류(호두, 밤 등), 씨앗(호박씨, 봉숭아씨 등), 양털(자연채색한), 조개껍질, 돌, 솔방울 등이 있다. 놀이도구로 만든 숟가락, 그릇, 다리미, 칼, 집 등이 있는데 모두 원목으로 수작업한 것이다.

발도르프 인형

인형도 상품화된 것이 아니고 수작업으로 만든 것인데, 특징적인 것은 눈, 코, 입 등이 없다는

눈, 코, 입 없는 인형

점이다. 어린이의 환상과 창의적인 활동을 위해서이다. 장난감으로 만든 아름다운 인형은, 어린이들이 상상할 수 없게 하므로 아이들의 영혼에 해가 된다. 그러나 헝겊인형과 같이 자연적이고 단순한 것은 어린이의 상상력을 자극하고 촉진한다. 이런 모든 교육적 배려는 어린 시절 내적 형성력이 환상을 자극했을 경우에만 어른이 되었을 때 완성된 삶을 누리게 된다(윌킨슨, 1997 : 64)는 생각에서 비롯된 것이다.

이런 장난감으로 어린이는 무한히 많은 일들을 할 수 있다. 어린이의 놀이에서는 어떤 강제력도 행사되지 않는다. 소집단 또는 전체의 자유로운 놀이에서 나타나는 '외견상' 상상적인 것들이 가장 중요시된다(Kranich, 1984 : 195~196). 어린이는 놀이를 통하여 일반적인 유치원교육의 목표인 지적, 사회적, 정서적 발달을 도모한다.

발도르프유치원 자연물 교구

마) 교육방법

연령혼합 집단구성

발도르프유치원은 **연령혼합집단**으로 학급을 구성한다. 그리하여 어린들이 서로 상호작용함으로써 형제·자매 관계가 생기게 한다. 발도르프유치원에서는 개별화 교육을 지향하고 있다. 영재교육을 실시하는 데 관심이 있는 것이 아니라 오히려 교사들 모두가 보다 취약한 학생들을 촉진시키려고 노력하기 위해 개별화 교육을 실시하고 있다.

교사는 언제나 본보기로서 어린이들 앞에 서서 지도한다. 활동은 교사의 자극으로 시작되기는 하지만 어떤 숨겨진 강요없이 소규모 집단으로 행하여지므로 모든 어린이에게 효과적이다.

발도르프학교에서는 어린이를 보다 깊이 이해하여 교육할 수 있도록 하기 위해서 같은 선생님이 계속 맡는 담임교사제도를 택하고 있다. 그리하여 유치원의 경우 3~5세 동안 3년간, 1학년에서부터 8학년의 경우는 8년간을 같은 선생님이 계속 담임을 맡는다. 그리고 자기 반 교육은 담임교사에게 전적으로 맡겨져 있다. 이렇게 같은 선생님의 계속적인 지도를 통해서 인생은 지능의 높낮이만으로 좌우되는 것이 아님을 깨닫게 되고, 자기 나름대로의 사회적 역할을 자각하도록 도와준다.

바) 운영 및 학부모와의 관계

발도르프학교의 운영형태는 자유로운 사학으로서 독특한 학교형태를 지녔다. 발도르프학교는 교사들 간의 동료적인 경영체제에 의해 운영되고 있다. 완전히 평등하며 교장, 교감, 기타 여러 가지 관리직이 없는 학교이다. 뿐만 아니라 모든 교사들은 상하계층적 구조가 없는 상태하에서 동일한 월급을 받고 있다. 월급의 많고 적음은 직위에 의해서가 아니라 가족상황과 같은 다른 기준에 의해서 결정된다. 그리고 동료교사들의 학교운영의 제도적 기구로서의 학교협의회에서 행정적이고 교육적인 여러 문제들이 결정된다(오인탁, 1983 : 95).

발도르프학교는 공립 학교와는 달리 국가에 의해 규정된 교과과정, 국가에 의한 진급규정, 성취척도 등을 수용하지 않음으로써 국가로부터 자유롭다(Lindenberg, 1992 : 120). 그렇기 때문에 학교는 교육행위의 자유가 결정적으로 제약받지 않는 경우에만 국가 당국으로부터 경제적 지원을 받고, 그 외에는 발도르프학교가 자체적으로 경제적 책임을 진다. 즉, 수업료 등의 학부모의 분담금, 학부모의 기부금 등에 의존한다. 그러나 여기서 중요한 것은 국가의 경제적 지원의 포기와 독자적 수행에 의해서 자유학교가 공립 학교제도의 체제적 강요에서 풀려난다는 점이다.

학부모와 교사의 공동체에 의해서 운영

학교운영과 교육에 있어서 교사와 학부모의 집중적인 공동협력 또한 발도르프학교의 특징이다. 발도르프학교는 교사와 학부모의 자유로운 발의와 협력의 결과이다. 그렇기 때문에 학교는 관료주의적인 학교행정의 제한들을 받지 않고 독립적으로 자유로운 협의를 통해 결정할 수 있다. 운영은 교사들이 같은 권리를 가지고 참여하는 매주마다 있는 학부모협의회에서 실현된다(Kranich, 1984 : 189).

발도르프학교의 생활의 일부 주도권은 학부형들로 구성된 학부모회나 학부모와 교사의 연대협의회에서 나온다. 오래 전부터 발도르프학교에서는 학부모-교사협의회 등 협의와 발의를 위한 기구들이 형성되어서 학교생활과 학교발전을 위한 중요한 문제들을 다루어 왔다(Kranich, 1984 : 190~191).

학부모와 교사의 다양한 협력은 발도르프학교의 일을 위해 중요하다. 참된 협력을 통해서만 가정과 학교의 고립이 극복되고, 부모는 생활과 학교의 구성에 참여할 수 있다. 다양한 형태와 수준에서 협력이 이루어진다. 학부모와 각 학급교사들은 한 학년 동안 여러 번 학급-학부모의 밤에서 만난다. 여기서 교사들은 다양한 영역의 수업에 대해 보고함으로써 학부모들이 수업의 내용, 교육적인 견해, 각 어린이와 학습에 대한 개요를 얻도록 한다. 각 담임교사의 가정방문 또는 학부모의 밤은 어린이의 발달에 대한 공통된 관심 속에 학부모와 교사의 만남의 장이 된다.

또한, 모든 발도르프학교에서 학부모를 위한 강좌가 다양하게 제공되고 있다. 특별한 교육문제에 대한 강좌, 회화, 조소, 오이뤼트미 등의 예술강좌, 실기-수공예강좌 등이 있다. 이런 방법으로 학부모들은 학교의 운영에 관여한다. 학교생활의 흐름에 대한 학부모의 관심은 과거 수십년 동안 매우 증가되었다. 많은 곳에서 발도르프학교의 설립은 참여적이고 헌신적인 학부모집단의 활동에 힘입은 바 크다.

발도르프유치원이 일반 유치원과 다른 점은 반마다 1명의 교사가 있을 뿐 보조교사도 없다. 한 반은 20~25명으로 되어 있어 교사와 어린이 비율이 높은 편이다. 발도르프학교의 경우도 40명을 기준으로 하고 있어 정규학교보다 학급당 인원이 많은 편이다. 독일의 일반학교와 유치원은 토요일이 쉬는 날로 되어 있다. 그러나 발도르프학교와 유치원은 토요일에도 교육을 하는 곳이 많다.

사) 교육시간 운영계획

(1) 일일교육 시간계획 (Kügelgen, 1991 : 57)

7 : 00	등원, 교사와 만남(인사와 간단한 일상대화)
7 : 30 - 9 : 15	자유놀이 : 간식준비, 작업, 기념일이나 축제 때 연관된 활동
9 : 15 - 9 : 45	정리정돈, 손닦기
9 : 45 -10 : 00	리듬 있는 놀이
10 : 00 -10 : 20	아침모임, 실외옷 입기 신발 갈아신기
10 : 30 -11 : 30	정원에서 자유놀이, 모래밭, 공놀이 줄넘기 등 화단 가꾸기, 풀베기, 잔디밭 가꾸기 ; 추운 또는 가벼운 비가 오는 날씨에는 공원 산책하기.
11 : 30 -11 : 45	내화로 갈아신기, 손닦기, 인형을 준비, 이야기 코너로 모인다
11 : 45 -12 : 00	동화모임, 일주일 내내 같은 이야기를 들려 준다
12 : 00	귀가, 부모가 와서 데려 간다

(2) 주간예술 및 특별활동 (Kügelgen, 1991 : 57)

화 : 물감으로 그림그리기 (자유놀이 하는 가운데)
수 : 오이리트미(Eurythmie), 율동 및 신체표현시간에 함
목 : 점토(밀랍)로 만들기, 마치기 전 시간에 하는데 더운 여름에는 생략
토 : 대청소, 놀이감, 책상, 선반 등 닦고 정비하기, 상점놀이
마차에 있는 물건 분류, 정리하기, 간식그릇 닦기

아) 교사교육

발도르프 교사에게는 필요한 것이 많이 있다. 그래서 고유한 교사교육이 필요하다. 교사는 누구나 막중한 책임을 지니게 되지만, 특히 발도르프학교는 각각 교사의 인격에 그리고 교사동료 간의 협력에 기초하고 있다. 발도르프학교는 오로지 교사들의 발의와 능력으로 존속되고 있다. 여기서 발도르프학교 교사교육의 특별한 필요조건이 생겨난다.

여기서는 슈투트가르트의 발도르프유치원 교사과정을 중심으로 살펴보려고 한다. 먼저 입학조건을 보면 ① 20세 이상인 자, ② 최소한 실업고등학교를 졸업하였거나 김나지움 11학년 이상 이수했거나 이에 준하는 학력을 가진 자, ③ 발도르프 유치원에서 1년간 예비관찰실습을 한자 등이 그것이다. 교사교육 기간은 4년 걸린다. 1년간 예비관찰실습, 2년간 학교 강의 후 시험 합격하면, 1년간 실무실습을 한 후 국가에서 인정하는 자격을 취득한다(Internationalen Vereinigung der Waldorfkindergarten e.V., 1991 a : 8). 기존의 유아교육(사회교육) 기관 교사들은 4~5주의 연수를 받고 1년 동안 실습을 받으면 된다(Internationalen Vereinigung der Waldorfkindergarten e.V., 1991, a : 14~15). 독일에는 슈투트가르트 외에 하노버, 뉘른베르그 등 총 10곳(1991)에 발도로프유치원 교사과정이 있다.

나. 몬테소리(Maria Montessori, 1870~1952)

1) 생애와 업적

몬테소리(Maria Montessori)는 1870년 8월 31일 이탈리아의 안코나(Ancona) 성의 캬라발레(Chiaravalle)에서 태어났다. 아버지 알렉산드로 몬테소리는 이탈리아의 고급 공무원이었고 어머니 스토파니는 고 이탈

마리아 몬테소리와 마리오(아들) 사진

리아의 학자 가정의 자손이었다. 몬테소리는 보수적이기는 하지만, 건전하고 규율이 바른 가정에서 무남독녀로 자랐다.

그녀는 의지력이 무척 강한 어린 소녀였다. 12살이 되던 해에 그녀는 초등학교를 졸업하면서 일반 여학교로 진학하지 않기로 결심한다.

양친은 지방에서는 충분한 교육을 받을 수 없다고 생각하여 로마로 이사했다. 그녀는 아주 활발하고 자발적이었으며 목표 의식이 뚜렷하면서도 자신을 잘 훈련시키는 직관적인 아이였기에 자기만의 개성을 절대로 포기하지 않았다. 그녀는 항상 자연과학에 관심이 있었기에 장래 희망을 의사로 정했다. 그 당시 이탈리아에서 여성이 의과 대학에 들어간다는 것은 오늘날처럼 당연한 이야기가 아니였다. 의과는 남자만의 영역이었기 때문이다. 하지만 몬테소리는 자신의 의지를 굽히지 않고 성공을 했다. 그녀는 의학을 공부한 이탈리아 최초의 여성이 되었고 1896년 학위를 받았다(마리엘레 자이츠, 1996).

몬테소리는 이탈리아 최초의 여의사로서 처음에는 장애아에 대해 관심을 가짐.

그녀가 의대를 진학하기로 결심하게 된 이유 중 하나는 그녀의 독특한 경험이 영향을 미쳤다. 그녀는 길을 걷다가 길고 얇은 빨간 종이 조각을 한 손에 쥐고 있는 아기와 함께 있는 한 여인을 보았다. 몬테소리 박사는 이 짧은 장면을 여러 번 묘사하곤 했다. 이 장면을 본 순간 갑자기 결심한 것이다. 이 이야기를 할 때 그녀의 눈빛은 더욱 그윽해지고 깊어졌다. 마치 언어를 뛰어넘는 무엇인가를 찾는 듯 말이다. 그리고는 항상 '왜?'라는 질문을 던지며, 작은 손짓으로 우리 안에 기이한 일들이 일어나며 자신도 모르는 목표로 인도해주는 무언가가 있음을 암시하곤 했다(마리엘레 자이츠, 1996).

몬테소리는 1897년 대학병원에 레지던트로 근무하다가 1899년 개인

Jean-Marc Gaspard Itard, 1775~1838

병원을 개원하였다. 병원에서 진료를 하는 과정에서 그녀는 지적장애인들과 접촉할 기회가 많았다. 로마의 한 정신장애자 수용소에서 몬테소리는 지적장애아에 대해 흥미를 가지게 되었다. 몬테소리는 수용소를 방문하였는데, 그 안에 있는 아이들은 어떠한 도움이나 보호도 받지 못했으며 감방 같은 방에서 마치 죄수처럼 갇혀 멸시받는 불행한 어린이들처럼 보였다. 한번은 몬테소리가 이 아이들을 방문했을 때, 아이들은 바닥에 떨어진 빵 조각들을 주어 무엇인가 형태를 만드는 것을 목격했다. 그들의 관리자는 아이들이 버릇이 없기 때문이라고 했다. 그러나 몬테소리는 이러한 아이들의 행동에 대해 다른 의견을 갖고 있었다. 몬테소리는 그들에게도 지력을 향한 길이 있고, 그들을 교육시킬 수 있는 방법이 있음을 실감했다. 그녀는 이 아이들의 정신적인 결함이라는 것은 의학적인 문제라기보다는 교육학적 문제라고 확신하였다.

이타르와 세강에게 관심

당시 지적장애의 문제는 주로 의학 분야에서 취급되었고, 교육은 그 보조수단에 지나지 않았다. 그 후부터 몬테소리는 프랑스의 정신과 의사로서 청각장애인을 위한 교육방법을 발달시키는 데 일생을 바쳤던 이타르(Jean-Marc Gaspard Itard, 1775~1838)와 정신적 결함을 지닌 아동들을 위한 교육방법을 발달시키는 데 개척자였던 세강(Ėdouard Séguin, 1812~1880)에 관심을 가졌다.

1898년 3월 31일 그녀는 로마 정신병원에서 만난 지사페 몬테사노와 사랑에 빠지며 아들을 낳게 되었다. 하지만 결혼은 끝내 이루어지지 않았고 마리오는 유모와 함께 시골에 보내졌다. 마리오가 청년이 돼서야 몬테소리는 그의 정체를 밝혔지만 여러 해 동안 공적인 자리에서는 그를 조카라고 소개했다. 마리오는 '낯선 예쁜 부인'

Édouard Séguin, 1812~1880

의 방문에 대한 막연한 기억이 남아 있을 뿐, 그 부인이 누구였는지는 아무도 가르쳐 주지 않았다. 당시 천주교가 강하게 지배하던 이탈리아 사회에서 마리아 몬테소리는 달리 결정을 내릴 수가 없었기에 친자식을 버리고 비밀로 하면서 모든 힘과 관심을 다른 아이들에게 바친 그녀는 무척 힘들고 견디기 힘든 시간이었을 것이다(마리엘레 자이츠, 1996).

그녀는 1900년에 로마 대학 철학과에 재입학하고, 1901년 의학계와 특수교육계를 떠나기로 마음먹었다. 두 번째 학문 기간 중에 그녀는 문화인류학, 교육학, 실험심리학 등을 배웠으며, 특히 루소, 페스탈로치, 프뢰벨의 교육사상을 탐구하고 그들의 아동중심사상에 공감했다. 또 이타르와 세강의 업적을 더욱 깊이 연구하였다.

1907년에 "어린이집"을 세워 자신의 교육방법을 어린이들에게 적용함.

그러던 중 몬테소리에게 역사적인 전환을 가져오게 한 일이 발생하였다. 로마의 주택개량협회가 산 로렌조(San Lorenzo)라는 빈민가에 새롭게 큰 공동주택을 건립하였다. 이 건물을 유지하고, 양친이 일터로 나간 사이 어린이들을 보호하고 교육하기 위해 그 공동주택의 한구석에 교육시설을 설치하고, 그 지도를 당시 로마 대학의 교수였던 몬테소리에게 의뢰했던 것이다. 몬테소리는 아무런 보수도 받지 않고 이 일을 맡았고 몬테소리의 호소에 응한 사회일반의 지원으로 운영하였다. 몬테소리는 이 교육시설을 '**어린이집(Casa dei Bambini)**'이라고 명명했으며, 1907년 1월 6일에 문을 열었다. 그 후 첫 '어린이집'에 이어 둘째, 셋째 '어린이집'이 세워졌다. 처음의 것은 가난한 가정의 자녀를 대상으로 하였지만, 그 후의 것은 중류와 상류 가정의 어린이를 대상으로 하였다.

몬테소리는 학교를 개설하고 협회를 조직하여 국제적인 활동을 전개하였다. 이탈리아의 독재자 무솔리니가 집권하자 자유를 원칙으로 하는 이념을 가진 몬테소리가 독재정권에 반대하자 박해를 가하였다. 그녀는 이를 피하여 1936년 네덜란드로 이주하였다. 국제 몬테소리 협회의 본부는 이미 1929년에 독일의 베를린에 설립된 바 있었지만 1935년부터 네덜란드의 암스테르담으로 이전하여 오늘날까지 그 곳에 있다.

1939년에 인도로부터 초청을 받고 그곳에서 활동을 계속하던 중 제2차 세계대전이 발발했다. 영국령인 인도는 이탈리아인인 몬테소리를 적국인으로서 억류하였으나, 몬테소리의 활동은 아무런 지장을 받지 않았고 '어린이집' 개설과 교사양성, 집필활동 등 왕성한 활동을 전개하였다.

제2차 세계대전이 끝난 후 1946년에 다시 네덜란드로 돌아가 유럽의 각 지역에서 강연활동을 계속하였다. 몬테소리는 1949부터 1951년까지 세 번이나 노벨평화상 후보에 지명되었으나, 자신보다 더 일을 많이 한 사람이 있을 것이라고 하며 사양했다. 그녀는 1952년 5월 6일 82세로 생을 마쳤으며, 그 후 그녀의 사업은 아들 마리오 몬테소리에 의해서 계승된 후 오늘에 이르고 있다.

2) 몬테소리의 사상과 교육활동

가) 유아관

몬테소리가 보는 인간은 신을 경외하고, 자연 속에서의 자유로운 발전과 내면에 깊이 존재하는 창조적 발전의 힘에 대한 신념에 기초한 존재이다. 이런 인간관을 기초로 한 유아관은 유아존중사상으로 나타난다. 그녀도 자신의 사상을 유아의 인격존중, 개별지도, 개인차 인정 등으로 요약하고 있다. 어린이들은 독자적인 존재이기 때문에 각 어린이마다 개별화된 교육이 이루어져야 한다. 또 어린이들을 성인의 축소형으로 취급해서는 안 되며, 분리된 개별적인 생명을 가진 존재로 인식해야 한다는 확고한 신념을 가지고 있었다. 그녀는 어린이들의 교육을 방해하는 데는 직접적으로 어린이들의 삶과 자신의 삶을 구별하지 못하고 자신의 사상과 소망, 꿈을 어린이들에게 강요하려는 어른들의 책임이 크다고 믿었다.

몬테소리에 의하면, 어린이는 자기 자신을 형성해야만 하고 이것은 모든 교육의 기본 원칙이 되어야 하는데, 그 이유는 어린이는 자기 자신을 표현할 수 있는 기능을 가진 존재이기 때문이다. 따라서 유아교육은 어린이가 가지고 있는 인간으로서의 인격의 존엄성과 권리를 인정하고 각 어린이의 자기발전을 도움으로써 어린이 속에 잠재되어 있는 자연과 초자연의 법칙에 맞게 이루어져야 한다는 것이다. 또한 어린이의 실수를 알게 하고 실수를 옳게 교정하는 법을 어린이에게 보여주는 사람은 교사가 아니라, 어린이 자신이므로 스스로 그러한 결과를 이끌어낼 수 있게 해야 한다는 것이다.

유아는 천부적으로 민감성, 흡수정신, 자율성을 가지고 태어나며, 유아의 성장발달은 각 단계마다 독특한 특성을 가진다는 생각이 몬테소리 유아관의 중심을 이루고 있다.

나) 민감기

민감기는 유아가 특정행동에 감수성이 예민하여 쉽게 배울 수 있는 시기

몬테소리는 유아의 성장발달이란 **민감기**(sensitive period)와 **흡수정신**(absorbent mind)이라는 두 가지 내적인 도움과 동일하다고 보았다. 민감기란 특정행동에 대해 더욱 민감하고 특정기술을 더욱 쉽게 배울 수 있는 시기로, 이 기간은 주로 0~6세 사이에 해당한다.

민감기는 환경으로부터의 인상을 흡수하여 자기 것으로 만드는 능력이 왕성한 시기로서 이 시기의 어린이는 세계와 접촉하려는 강한 욕구를 나타내게 된다. 이때 환경에 대한 어린이의 애착은 정서적 반응이 아닌 지적, 정신적 욕구이다.

그러므로 민감기에 나타내는 감수성은 환경에 따라서 보여주는 반응이라기보다는 오히려 생명의 본질이라고 말할 수 있는 내면의

민감성인 것이다. 특수한 민감성은 발달과정을 거치는 동안 유아기에 획득되는 것으로, 일단 특별한 특성을 획득한 후에는 소멸되는 일시적인 기질이다. 그러므로 유아가 민감기에 일정한 능력을 얻지 못하면 그 기회는 영원히 지나가 버리는 것이다.

교육에서 민감기를 다루는 참뜻은 그 민감기가 일어날 때 그것을 인식하는 것이다. 왜냐하면, 어린이들은 동일한 민감기를 경험하지만 각 어린이마다 발생하는 시기가 다르다. 그러므로 교사나 부모들은 이러한 민감기를 간파해서 학습의 최적의 목적 달성을 위한 유의미한 학습환경을 제공해야 한다. 그러므로 교사나 부모들에게 있이시 관찰은 내우 중요하다.

다) 흡수정신

흡수정신은 내부에 잠재되어 있는 정신능력으로 자발적으로 경험하고 학습하는 것.

몬테소리는 유아의 정신을 흡수정신으로 정의하고 있는데, 그것은 유아가 내부에 잠재해 있는 흡수하는 정신능력을 통하여 환경을 받아들이며, 스스로 경험하여 배우게 되는 유아의 특성을 말한다. 다시 말해서 흡수정신이란 유아가 의식을 가지기 이전에 환경으로부터 무의식적으로 무엇인가를 흡수하는 경향성을 말하는 것이다. 이러한 흡수정신은 내적 감수성의 인도에 따라 형성되는 것이며, 인간만이 가진 기적적인 선물이라고도 볼 수 있다.

몬테소리는 유아의 흡수정신은 6세까지 지속되는 것으로 보았고, 이 기간을 무의식적 단계와 의식적 단계로 구분하였다.

(1) 무의식적 단계: 0~3세의 시기

유아기 인성의 대부분을 형성하는 이 시기에 유아는 가능한 한 모든 인상들을 무의식적으로 흡수하며, 흡수한 각 인상을 즉석에서 구체화시키고 사전에 이루어졌던 모든 것에 연합시킨다. 이 기간에 모방, 운동, 손끝으로 다루는 조작적 놀이와 행동 등이 나타나며, 그러한 경험을 통해 자신의 정신을 개발시킨다.

(2) 의식적 단계: 3~6세의 시기

인간, 환경뿐만 아니라 교구와의 계획적인 상호작용을 통해 확실한 인상을 얻는 데 중점을 둔다. 이 단계에서는 초기에 이끌어졌던 능력이 통합되어지며, 모든 영역에서 기술의 연마가 일어난다. 이때의 유아는 의식적이면서도 계획적으로 경험하고자 하는 의지가 강하게 나타나며, 필요한 자극을 많이 요구하게 된다.

라) 자율성

몬테소리는 관찰을 통해서 유아는 자기형성을 향한 강렬한 동기를 지니고 있다고 보고, 이러한 유아의 능동적 정신을 인정하여 이를 교육의 출발점으로 삼았다. 그녀는 유아를 '독립된 인격'과 '창조적 정신'을 가진 존재로서 보았는데, 이러한 유아의 독립성과 자발성에 관한 그녀의 견해는 영적 태아와 흡수정신, 순종 등의 사상과 더불어 자유에 대한 사상의 토대가 되었다.

몬테소리는 유아를 연약한 태아이기는 하지만 출생의 순간부터 이미 정신적인 삶을 영위할 수 있는 정신적인 발전의 가능성을 가진 존재로 보았다. 그러나 그녀는 인간정신에는 가능성만 있고 실질적인 내용이 없으므로 유아는 자기신변의 것을 흡수해서 자신의 인격을 만들어 간다고 하였다.

몬테소리의 사상에서 나타나고 있는 독립은 유아가 누구의 도움을 받지 않고 독립적으로 어떤 행위를 이루려고 하는 자기 신뢰감의 습득이며, 자율성의 발달을 의미하는 형성적 의의를 갖는다.

마) 종교관

독실한 가톨릭 신자였던 몬테소리의 종교관은 그녀의 교육방법을 구축하는 근원이 되었다. 몬테소리는 기독교적인 입장에서 인간을 영적인 존재로 인식했는데, 이는 인간 본래의 신앙이 있음을 인정하는 것이라고 볼 수 있다. 그녀는 종교의 기원을 인간성에 두고 있다. 따라서 그녀의 종교관은 인간관과 밀접한 관련성을 가진다고 할 수 있다. 즉 몬테소리는 신과 인간, 신과 자연과의 관계에서 종교를 파악함으로써 유아의 본성에 내재해 있는 신의 모습을 발견하고자 하였다. 그리고 인간의 본성을 선으로 파악했기 때문에 인간내부에는 성선이 잠재되어 있고, 이러한 성선은 교육의 작용에 의해 나타난다고 하였다.

몬테소리의 기독교적인 인간관은 '어린이 속에 깃들어 있는 신을 존경한다'라는 표현으로 요약될 수 있다. 따라서 어린이 속에 나타난 신의 의지를 알고 그것에 따라 신이 워하는 완성으루 어린이를 인도해야 한다. 여기서 어린이의 본성에 따른 교육, 즉 어린이의 본성적 지향이라고 말할 수 있는 자연적 희구를 존중해야 한다는 몬테소리의 원리가 나오게 된다.

그녀에 의하면, 인간의 궁극적 완성은 신앙의 바탕을 개발하여 성화(聖化)시킴이요, 그것이 바로 교육의 목표이다. 성화는 어린이 각자가 부여받은 생명력의 충동적 노력에 의하여 이루어지는 것으로 외부적인 역할－종교교육－은 원조적 작용에 지나지 않는다고 했다. 또한 원천적인 신앙과 신앙의 바탕은 아동의 흡수정신을 통해 가장 활발하게 가꾸어질 수 있는 것으로 이 두 가지의 실현을 위해 언제나 어린이를 하느님으로부터 맡겨진 귀중한 존재로 보고 겸허한 태도와 존경심을 보여야 하며, 본연적인 어린이의 영적 감각을 육체적인 감각과 함께 개발할 수 있도록 도와야 한다고 하였다.

바) 준비된 환경의 정의

몬테소리의 환경관은 환경과 생물과의 상관적인 견해에 초점을 두고 있다고 할 수 있다. 그녀는 **인간발달에 있어서 선천성의 인정과 더불어 후천적 환경의 준비를 강조**하고 있다. 그녀가 주장하는 환경은 유아의 주변에 의미 없이 존재하고 있는 주위가 아니라 유아에게 의미를 부여하고 영향을 끼치는 환경인 것이다.

준비된 환경

유아의 **올바른 성장과 발달을 이끌 수 있는 자극**을 줄 수 있는 교육적 환경, 즉 유아의 자기형성의 요구를 충족시켜 주며, 그의 인격과 성장패턴을 노출시켜 주기 위해 계획되어진 환경을 몬테소리는 '준비된 환경'이라고 했다.

몬테소리 교실은 자유와 준비된 환경에 기초를 둔 유아들이 그들 자신의 세계를 탐구하려는 살아 있는 장이다. 이러한 교실환경에서의 주요 요소는 몬테소리 교구들이다. 그녀의 준비된 환경의 구성요소로는 실제 생활과 비슷한 일들을 직접 실행하는 데 필요한 교구들, 감각적 교구들, 3Rs, 역사, 지리, 미술, 손으로 하는 일 등 문화 획득을 위한 교구들, 아동의 종교생활의 발달에 필요한 것들 등 네 가지가 있다.

준비된 환경은 실험장소가 아니기 때문에 교실에 있는 모든 교구들은 좋은 질의 재료와 아름다운 모양으로 제작되어야 한다. 교실의 분위기는 누가 들어오더라도 피로를 풀 수 있도록 조성되어야 하고, 참여하고 싶은 마음을 일으킬 수 있어야 한다.

준비된 환경에서 항상 고려해야 하는 점은 그 환경이 어린이와 어린이의 요구에 맞추어 구성되었는가 하는 것으로 이것은 탁자, 의자, 벽장 등과 같은 가구들뿐만 아니라 건물 전체에도 적용된다.

3) 교육내용

몬테소리는 자신의 교육내용을 유아의 심리적 발달단계에 따라 운동교육, 감각교육, 언어교육의 세 가지로 나누고 있다. 반면에 에반스(Esvans)는 몬테소리의 교육내용을 크게 준비된 환경(일상생활 훈련, 근육운동, 감각교육, 언어교육)과 학문적 기술습득(쓰기, 읽기, 산수, 자연, 만들기)으로 나누었다. 현재 미국 몬테소리협회(AMS)나 국제 몬테소리협회(AMI)에서는 교육내용을 일상생활 연습, 감각교육, 언어교육, 수학교육, 문화교육의 다섯 가지로 분류하고 있다.

가) 일상생활 훈련 (Morrison, 1990)

일상생활 훈련

일상생활 훈련은 모든 영역의 전 단계 과정에 위치하며, 실제 연습을 통해 이루어진다. 일상생활 연습은 스스로 옷 입기, 청소하기, 예절 지키기 등과 같이 일상생활에 필요한 기본적이고 개인적이며 사회적인 기술의 발달에 중점을 둔다.

몬테소리 학교에서 활동을 시작할 때 맨 처음 일상생활의 활동에(예의범절 포함) 집중적인 힘을 기울이지 않으면 안 된다. 어린이와 환경 사이에 몬테소리가 신뢰관계라고 부르는 상황이 어느 정도 자리가 잡힐 때까지는 특정한 어떤 교재를 제공하는 일은 뒤로 미루는 것이 최선의 방법인 것이다. 예의범절을 훈련시키는 것은 일상생활 활동과 밀접한 관계가 있다. 예의를 올바로 익힐 수 있는 방법을 분명하고 정확하게 가르치는 것은 교사의 중요한 역할 중의 하나이다. 지극히 자연스럽게 전개되어져 생활의 일부분이 되는 이와 같은 일상생활 방법은 다른 많은 시설에서 행해지고 있는 것과는 전혀 다르다.

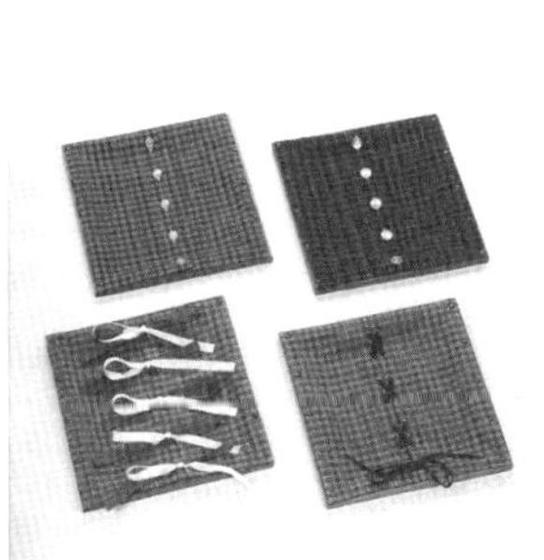

몬테소리일상생활훈련

물놀이는 몬테소리 방법에서 중요한 역할을 하는데, 어린이들은 협

응력을 발달시키는 수단으로써 **문지르고 씻고 붓는 것**을 배우게 된다. 일상생활 훈련에는 거울이나 신발을 닦는 것, 마루를 쓰는 것, 가구의 먼지를 털고 야채의 껍질을 벗기는 것 등의 행위도 포함된다.

몬테소리주의자들은 어린이가 어느 행동에 몰두할 때, 점차로 자신의 **집중**시간을 늘려간다는 사실과 어린이가 행위의 **정상**적인 순서에 따를 때, 세부적인 것에 주의를 기울이게 된다는 사실을 믿었다. 비록 대부분의 사람들이 일상생활 활동은 부수적으로 배우게 되는 것이라고 여길지라도, 몬테소리 교사들은 감각자료에 기초를 두고 세부적인 항목과 교수를 통하여 어린이들에게 이러한 활동들을 성취하는 방법들을 가르친다. 이때 언어를 통한 교수는 최저수준에 있어야 한다.

몬테소리는 또한 운동활동에 대한 어린이들의 참여와 집중력이 어린이들의 집중력을 점차로 연장시킨다고 믿었다.

일상생활 훈련은 네 가지 다른 실천유형으로 구분된다.

일상생활 훈련의 네 가지 실천유형

① 사람에 대한 배려: 손 씻기, 옷 걸기, 머리 빗기, 이 닦기, 코 풀기, 옷 입고 벗기, 신발 신고 벗기, 구두 닦기 등

② 환경에 대한 배려: 물 따르기, 자르기, 껍질 벗기기, 물건 옮기기, 청소하기, 빨래하기, 다리미질 하기, 거울 닦기, 잡초 뽑기 등

③ 사회에 대한 배려: 유아기의 올바른 예절교육으로 공손과 예의교육이다. 즉, 인사하는 법, 타인의 작업을 관찰할 때의 태도, 실례를 했을 때의 태도, 야외활동에서의 질서, 문 열고 닫기, 남의 앞을 지나갈 때의 태도(양해를 구할 때의 태도), 상대방이 하고 있는 일을 도중에 방해하지 않기와 방해했을 때의 태도, 도움을 청할 때의 태도, 감사하기, 초대하고 초대받기, 축하하기 등

④ 활동의 분석과 통제: 선 위 걷기, 침묵 게임 등으로 최대한의 자기통제능력에 도달한다.

나) 감각교구 (Morrison, 1990)

감각 교구의 예

감각교육의 주된 목적은 유아의 감각기관을 통해서 받아들여지는 다양한 인상들을 유아들이 분류하는 것을 돕고자 함에 있다. 감각교육은 시각, 촉각, 청각, 미각, 후각 등의 5감각의 발달에 도움을 주도록 고안되어 있다. 또한 감각교구를 통한 감각교육은 수학교육과 언어교육의 확장에 도움이 되도록 고안되어 있다. 다시 말해 감각교구를 다루어 봄으로써 수학교육이나 언어교육과 같은 **미래학습**에 직접적, 간접적 준비를 하게 된다.

몬테소리 교구의 특성

몬테소리 교구의 특성을 다음 몇 가지로 요약해 볼 수 있다.

첫째, 개별적인 특성의 분리: 이 교구들은 한 교구의 다른 변인들이 그 특성에 있어서 고립되어 있다(**교구의 고립화**).
둘째, 실수를 스스로 수정한다(**자동화 교육**).
셋째, 능동적인 참여를 이끌어낸다.
넷째, 매력적이다.

감각교육의 목적

〈감각교구의 예〉

① 분홍탑(pink tower): 크기에 대한 시각적 변별력을 위한 교구이다. 유아는 탑을 쌓을 때 가장 큰 조각을 가지고 시작한다.

② 갈색계단(brown stairs): 굵기에 대한 시각적 차이를 보여 주는 교구이다. 모두 갈색으로 되어 있으며 높이와 폭이 서로 다른 10개의 나무벽돌로서 가장 큰 것에서 가장 작은 것까지 배열한다.

③ 빨간막대(red rods): 길이의 시각적 차이를 보여주는 교구이다. 유아는 가장 큰 것(40인치)에서부터 가장 작은 것(4인치)까지 길이 순으로 배열한다.

분홍탑

M갈색계단

M 꼭지원기둥

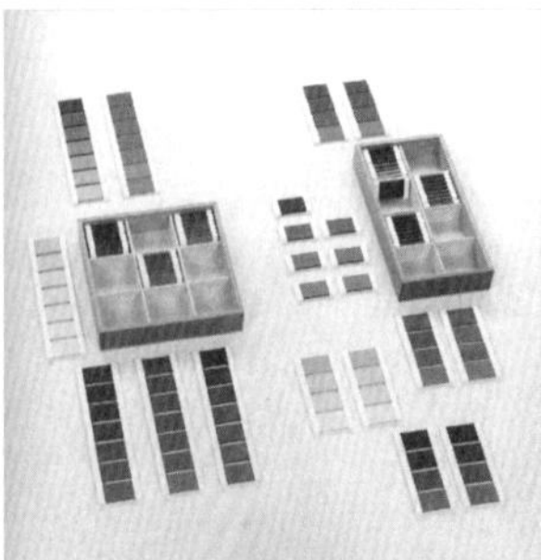

색상판

④ 꼭지원기둥(cylinder blocks): 크기의 시각적 변별력을 위한 교구이다. 다양한 크기의 구멍판에 세 개의 원주(깊이, 지름, 깊이와 지름)를 정확하게 꽂아 넣는다.

⑤ 후각병(smelling jars): 흰색의 불투명한 유리로 만들어진 두 개의 똑같은 단지로서 유아가 안을 들여다볼 수는 없지만 냄새를 맡을 수 있도록 개폐할 수 있는 마개가 있다. 냄새에 따라 병을 짝짓는다.

⑥ 중량판(baric tablets): 무게의 차이를 보여준다. 나무판 세트의 무게에 따라 그것들을 짝짓는다.

⑦ 색상판(color tablets): 색깔의 식별력과 색채감각의 교육을 위한 교구이다. 색채나 색조각 맞추기에 사용된다.

⑧ 소리상자(sound boxes): 청각적 변별력을 위한 교구이다. 쌀이나 소금과 같은 여러 가지 물질들로 채워져 있는 두 개의 동일한 원통 세트로 되어 있다.

⑨ 음감 벨(tonal bell): 소리와 음조를 위한 교구이다. 모양과 크기는 같으나 색상이 다른 여덟 개의 종으로 된 두 개의 세트로 되어 있는데 유아는 종의 음조에 따라 종을 골라낸다.

⑩ 옷감 맞추기(clothes matches): 촉감을 위한 교구이다. 유아는 촉감에 의해 두 개의 동일한 조각으로 된 헝겊을 확인한다. 나중에는 눈가리개를 사용한다.

⑪ 온도병 혹은 열단지(temperature jugs or thermic bottles): 열 감각과 온도차를 구별할 수 있게 하는 교구이다. 작은 여러 개의 금속 주전자는 온도가 각각 다른 물로 채워져 있으며, 같은 온도의 주전자를 짝짓는다.

소리상자

〈 감각교구의 용도 〉

감각교육의 용도

몬테소리의 감각교구들은 몇 가지 기본목적을 지닌다.

첫째, 어린이의 마음을 물체의 어떤 명백하고 독특한 성격에 집중하게 하도록 하여 어린이의 감각을 훈련하는 데 있다.

둘째, 세부를 관찰할 수 있는 지각과 능력이 책을 읽는 데 결정적인 요소라고 생각하여 어린이들이 책읽기를 배우기 전에 관찰력과 시각적 변별력을 예민하게 발달시켜야 한다고 하였다.

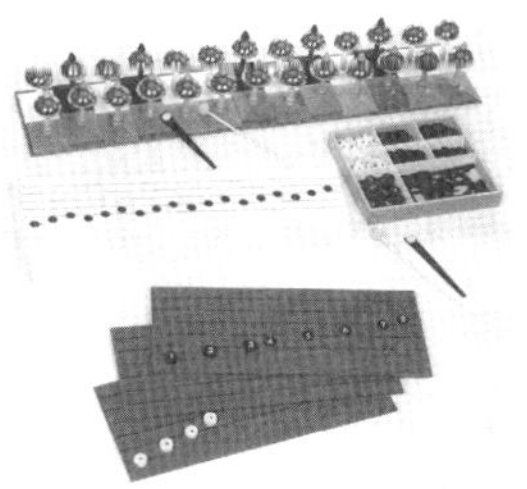

음감벨

셋째, 구별하고 분류하고 조작할 수 있는 능력에 의존하는 과정인 어린이의 사고능력을 증진시키는 데 있다.

넷째, 감각적 활동은 활동 자체에 목적이 있는 것이 아니라 오히려 어린이에게 읽기와 쓰기에 대한 민감기가 나타났을 때를 위한 준비에 있다.

다) 언어교육(Morrison, 1990)

의사소통능력 발달을 위한 언어교육

유아의 의사소통능력의 발달을 위해서 풍부한 언어를 습득하도록 도와준다. 동시에 의사소통 시 언어를 효과적으로 사용할 수 있는 구체적인 기술발달에 목표를 둔다. 몬테소리 프로그램에서는 읽기보다 쓰기가 앞서는데 그 이유는 글자를 쓰는 것이 읽는 것보다 덜 추상적인 언어교육은 구두언어교육과 읽고 쓰기를 위한 교육으로 나뉘어짐.

것으로 보기 때문이다. 언어교육영역 안에는 근육조절을 발달시키고 쓰기능력을 위한 직접적인 준비를 제공하는 연습들이 포함되어 있다. 몬테소리는 특히 교실에서의 자유로운 대화와 지속적인 자기표현을 통해 언어발달이 이루어지도록 하였다. 언어교육은 구두언어교육(oral language)과 읽고 쓰기를 위한 교육으로 나누어지며, 구두언어를 위한 훈련으로는 풍부한 어휘를 확장시키기 위해 노래부르기, 새로운 계절에 대해 말하기, 질문하기 게임, 사건이나 활동을 이야기하기, 보고 말해보기, 경험에 대해 이야기하기, 게임에 대해 논의하기 등이 있다. 읽기와 쓰기의 기술을 위해서는 직접적, 간접적인 발달을 도모하는 언어교구가 있다.

몬테소리는 4세가 된 대부분의 어린이들은 쓰기를 배울 준비가 되어 있다고 믿었다. 그녀의 훈련은 읽기 학습 전에 쓰기활동에 참여하도록 북돋아 주는 순서로 진행된다.

〈 쓰기와 읽기를 위한 교구의 예〉

쓰기와 읽기를 위한 교구의 예

① 10개의 기하학 도형(geometrick insets)과 색연필: 쓰기에 필수적인 조정능력을 도입하기 위한 것이다.

② 모래종이 글자(sandpaper letters): 카드 위에 알파벳 글자의 모음은 푸른색으로, 자음은 붉은 색으로 글자의 윤곽이 사포로 그려져 있다. 유아는 교사가 반복해서 소개해 주는 글자의 모양을 눈으로 보고, 손으로 모양을 더듬어 보고, 교사가 소개하는 소리를 듣는다.

③ 움직이는 알파벳(moveable alphabet): 알파벳의 각 글자들은 나무로 만든 것으로서, 유아는 자기가 알고 있는 글자들을 결합하는 것을 학습한다.

④ 명령 카드(command cards): 각 카드 위에 단일한 행동을 나타내는 단어가 인쇄되어 있는 붉은 색의 카드세트이다. 어린이는 단어를 읽고 '달려라', '뛰어라' 등과 같은 지시행동에 따르게 된다.

라) 수학교육 (Morrison, 1990)

논리적 사고력 발달을 위한 수학교육

유아의 논리적 사고력 발달에 주목표를 두고 다양한 교구를 통해 정확성, 동일성, 서열, 양, 차이들에 대한 개념을 알 수 있도록 한다.

마) 셈하기를 위한 교구의 예

① 수막대(number rods): 10cm에서 1m까지 그 길이가 다양하며 1에서 10까지의 수를 표시한 빨간색과 파란색의 막대세트이다.

수막대

② 사포로 된 숫자틀(sandpaper numberals): 카드 위에 사포로 1부터 10까지의 각 숫자를 붙여 놓은 교구로 어린이는 함께 그 숫자를 보고, 만지고, 교사가 이야기하는 숫자를 듣는다.

③ 금색 구슬(golden beads): 십진법을 위한 구체적인 교구이다. 단일한 구슬은 1단위만을 표시한다. 한 줄에는 구슬 10개가 잇달아 꿰어져 있어 10단위를 구성한다. 10의 10줄은 100을 표시하는 정방형을 구성하며, 100의 정방형, 10개는 1000을 표시하는 입방체를 구성한다.

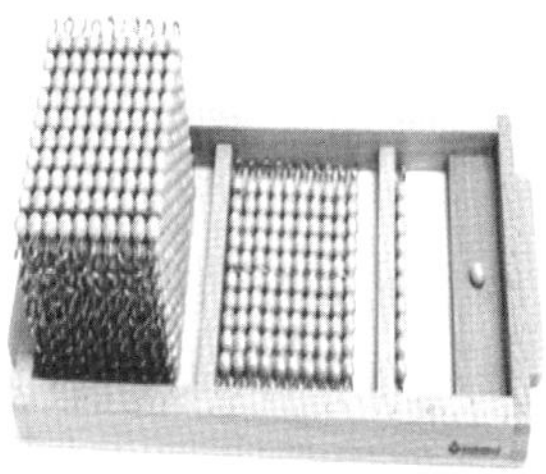

금색 구슬

바) 문화교육 (Morrison, 1990)

인간과 인간세계를 이해하기 위한 문화교육

문화교육은 지리, 생물, 역사, 과학, 미술, 음악 등의 영역을 포함하고 있으며, 이러한 학습을 통해 아동이 사회 속의 한 인간, 인간학습의 모든 양상, 습관, 예술, 문학, 삶의 형태 등을 이해할 수 있도록 하는 데 목적을 두고 있다. 문화교육에서 하는 활동은 주로 인간의 경향과 각 경향에 해당하는 문화적 요인들로 구성되어 있다. 예를 들면 지리학습에서는 탐색하려는 인간의 경향에 기초하여 세계에는 많은 종류의 환경이 존재하며, 결과적으로 지역에 따라 각 문화가 다르다는 내용을 도입하고 있다. 자연학습은 유아가 생활현상을 관찰하여 자연현상을 섬세하게 경험할 수 있도록 하는 데 목적을 두고 있다.

지구본

지리교구로써는 지구의 구성요소를 알게 하는 땅, 물, 공기, 소개교구, 모래 지구본, 색채 지구본, 수형지형 소개, 풍선지구본과 대륙지도 퍼즐, 각 대륙지도 퍼즐, 방향소개교구 등이 있다.

4) 교육방법

가) 자동교육(자기교육)

몬테소리 교육방법은 자기 발전의 잠재력을 가진 유아의 자기교수를 통한 자동교육을 특징으로 한다. 자동교육은 어린이에 대한 존중, 자유에 바탕을 둔 아동의 자발적인 활동에 중점을 둔 것으로서, '자유의 원리', '준비된 환경의 원리'와 밀접한 관계를 맺고 있는 개념이다. 이러한 자동교육에 있어서 교사의 역할은 매우 중요하다. 몬테소리 교육에 있어서의 **교사는 유아를 위한 환경의 준비자이며, 연결자(communicator)이며, 의미 있는 환경의 일부**이기 때문이다.

나) 개별화교육과 혼합연령 집단수업

몬테소리 교육은 집단교육이 아닌 **개별교육**으로서 유아 개인에 초점을 두고 실시된다. 각 아동의 시간표는 융통성 있게 짜여지며, 외적 강요 없이 자신의 흥미와 욕구에 따라 활동할 수 있도록 되어 있다. 아동은 자율적인 활동을 반복하면서, 주변에서 일어나는 사건을 교육자료 속에 감추어진 창작적 가능성과 연결시켜 간다. 이로써 유아의 내적 발달이 이루어지는 것이다. 개별교육을 실시할 때, 교사는 단순한 설명과 시범을 통해 교구의 요점과 재료를 사용할 수 있는 가능성을 간략히 알려주면서 **유아의 내적 발달을 관찰해야 한다**.

몬테소리 교육방법의 또 다른 특징은 **혼합연령** 집단수업이다. 몬테소리 교실은 2~6세까지 나이가 서로 다른 아동들로 구성되어 있다. 이렇게 연령이 서로 다른 아동들로 한 학급을 구성하는 것은 많은 장점을 지니고 있다. 즉, 아동들은 협력하여 학습할 수 있으며, 서로 도울 수 있다. 나이가 든 아동은 나이 어린 아동을 직접적으로 도와주고, 나이 어린 아동은 단지 나이 든 아동이 하는 것을 지켜보는 것만으로도 배울 수가 있다. 방대한 범위의 교구들은 모든 어린이들에게 유용하며, 조금 나이가 많은 어린이들은 나이가 어린 어린이들의 역할모델이 된다. 몬테소리 교육체계에서는 외적인 보상이나 처벌이 아닌, 자기 발전의 내적인 보상을 강조한다. 만약 한 아동이 도움을 요청하면 다른 아동은 기꺼이 도우며, 아동들은 도움을 준 아동의 행동을 칭찬할 줄 안다. 아동들은 '학교 가꾸기' 작업에 공동으로 참여하며, 상황이 바뀔 때마다 소집단 혹은 대집단으로 작업을 한다.

다) 단계 교수법

몬테소리는 유아가 올바른 교구 사용을 통하여 내적 발달을 이룰 수 있도록 **3단계 교수법**을 제시하였다. 몬테소리가 제시한 3단계 교수법은 아래와 같다.

① 제1단계: 대상물을 제시하고 사물의 이름을 설명 없이 단순하게 구성해 준다. 즉, "**이것은 …… 이다.**"라고 말해 주는 단계이다. 예를 들면, "이것은 노랑이야."라고 말하면서 노란색을 보여주는 것이다.

② 제2단계: 유아의 마음에 추상적인 인상이 연관지어졌는지를 시험해 보는 단계이다. 즉 "**……을 보여줄 수 있겠니?**", 혹은

"……을 줄 수 있겠니?"라고 말하는 단계이다. 예를 들면, "노란색을 선생님에게 보여줄 수 있겠니?"라고 말하는 것이다.

③ 제3단계: 유아에게 대상물의 명칭을 기억시키고 말해 보게 하는 단계이다. 즉 **"이것은 무엇이니?"**하고 물어보는 것이다. 이 단계에서 교사는 유아들이 그들의 생활환경 속에서 자발적인 관찰자가 되도록 하여 아동들이 새로운 감각을 탐구하고, 나아가 유아 스스로 만족감과 자기 존중감을 가지도록 도와주어야 한다.

5) 교사의 역할

교사, 아동의 정신을 시중들다.

몬테소리 학교의 교사는 일반 유치원이나 학교의 교사와는 여러 가지 점에서 다르다.

일반 유치원이나 학교의 교사는 특정한 목표를 가지고 있으며, 어린이에게 교육을 시키는 지시자로서의 역할을 수행하고, 어린이의 교육결과에 대하여 책임을 진다. 교사는 어린이들에게 학습내용을 지시하고 가르치고 또 그들이 알아야만 한다고 강요하는 어린이 행동의 통제자가 된다.

몬테소리는 전통적 교사와 구별하기 위하여 교사라는 용어 대신 안내자(guider), 혹은 지도자(director)라는 용어를 사용하였다. 교사들은 아동들을 계속적으로 돕는 역할을 한다. 몬테소리 교사는 다만 유아의 내면에서 일어나고 있는 창조의 작업을 도와줄 수 있을 뿐이며, 이것이 바로 교사의 과업이다. 몬테소리는 교사와 유아의 관계를 주인과 하인의 관계에 비유하고 있다(곽노의·홍순정, 2000).

'…… 하인은 주인을 위해 모든 일들을 세심하게 행한 후 아무 말없이 공손하게 사라진다. 교사가 시중을 들어야 하는 주인은 **아동의 정신**이다. 종은 주인이 혼자 있을 때 결코 그를 방해하지 않는다. 그러나 주인이 부르면 그는 그가 원하는 것이 무엇인지를 서둘러 발견하고는 "네, 주인님"하고 말한다. …… 하인은 주인을 위하여 모든 환경을 미리 준비하고 정리한다. 하인은 결코 전면에 나서는 일이 없으나 주인이 필요로 할 때는 언제든지 응하고 항시 주인의 상태를 살피고 봉사하는 태도를 지켜야 한다. 그러므로 몬테소리 교사는 겸손과 봉사하는 태도를 지녀야 한다.'

일반적으로 교사들은 학습시키려고 하는 과제에 어린이들이 잘 따라오지 못하거나 열심히 학습하지 않으려는 것을 발견하게 되면, 어린이들의 관심을 끌기 위해서 초콜릿이나 칭찬, 점수, 보상에 해당하는 스티커들을 주거나 아니면 비난과 벌을 준다. 이러한 보상과 벌은 일시적으로는 효과가 있지만, 어린이를 수동적 학습자로 만들고 어린이의 독자적인 성장의지를 키우지 못한다. 뿐만 아니라 교사의 평가를 지나치게 의식한 나머지 어린이들이 작업에 집중하지 못하게 되는 부작용이 발생할 수 있다.

몬테소리의 문화인류학적(anthropological) 경향성은 아동 행동의 피상적 모습을 넘어서 어린이의 내적 성장을 관찰할 수 있도록 허용해 주었다.

몬테소리는 체벌은 말할 것도 없고 비난조차도 굴욕적이고 무의미한 것이라고 생각했다. 몬테소리 학교의 교사는 어린이에게 특정 교육내용을 학습시키겠다는 기대도 가지지 않으며, 실제로 특정 교육내용을 가르치지도 않는다. 그들은 어린이 자신이 자기의 능력을 개발하고 완전하게 할 수 있는 내적 힘을 가지고 있기 때문에 교사의 지시나 강요는 불필요하다고 믿는다. 따라서 교사는 기본적으로 수동적 자세, 즉 **관찰자**로서의 태도를 지닌다.

물론 어린이들에게 처음 교구를 소개하는 사람은 교사이다. 어린이가 그 교구활동에 대한 준비가 되었다고 여겨지면 교사는 새로운 과제를 소개하기도 한다.

그러나 이러한 과정도 소극적인 소개자의 입장에서 그 역할을 수행한다. 새로운 교구를 분명하고 간단하게 제시해 주고는 한 발 물러서서 어린이의 행동을 관찰하며 어린이가 얼마나 집중해서 그 교구를 가지고 작업을 반복하는지를 지켜본다. 만일 어린이가 아직 그 활동에 준비가 되어 있지 않은 것으로 판단되면, 교사는 일단 교구를 치우고, 다음에 어린이가 활동에 준비가 될 때 다시 제시해 준다. 반면에 어린이가 그 교구에 주의를 집중하고 몰입해서 활발하게 다루기 시작하면 교사는 멀리 물러나 어린이가 독립적으로 그것을 조작하게 한다.

어린이가 어떤 내용을 학습하는 데 실패했을 경우에 일반학교의 교사는 통제를 하게 된다. 그러나 몬테소리 학교에서는 어린이의 실패를 교사가 통제하는 것이 아니라 교구 자체가 실패를 방지할 수 있도록 고안되어 있다.

이처럼 착오까지도 어린이가 스스로 파악할 수 있기 때문에 몬테소리 교실에서는 교사의 통제나 지시는 좀처럼 필요하지 않다. 몬테소리 교사는 관찰자, 보호자, 촉진자의 역할들을 수행해야 한다.

다. 듀이(John Dewey, 1859~1952)[4]

1) 생애와 업적

실용주의 철학을 대표하는 사상가요, 철학자이며 교육자인 듀이는 미국 버몬트 주 벌링턴에서 태어났다. 15세 때 고등학교를 졸업하고, 벌링턴시에 있었던 버몬트 대학에 입학하여 이곳에서 그리스어, 라틴어, 수학, 자연과학을 배웠다. 생리학에서는 영국의 다윈주의자인 헉슬리의 교과서를 사

4) 본 장은 곽노의·홍순정이 쓴 『유아교육사상』을 중심으로 재구성하였음.

John Dewey, 1859~1952

용하였는데 이것은 그 후 듀이 사상에 커다란 영향을 미쳤다. 최초의 논문은 『유물론의 형이상학적 가정』을 세인트·루이스시에서 발간되는 『사상철학잡지』(*The Journal of Speculative Philosophy*)에 게재했다. 1879년(21세) 문학사(B.A.)가 된 후 한동안 펜실베이니아의 고등학교에서 라틴어, 대수, 자연 과학을 가르쳤으며 또 초등학교 교사로도 있었다.

1882년(23세) 가을 새로 생긴 존스홉킨스 대학에 들어간 것이 듀이가 헤겔(Georg Wilhelm Friedrich Hegel, 1770~1831) 철학의 영향을 받기 시작한 계기가 되었다. 1884년(25세) 철학박사(Ph. D.) 학위를 받고 미시간 대학에 부임하였다. 1888년 이곳을 떠나 미네소디 대힉에 갔다가, 다시금 1889년(30세) 미시간 대학의 교수를 한 후 1894년 신설대학인 시카고 대학에 초청될 때까지 이곳에 있었다. 1894년(35세)부터 1904년(45세)까지의 약 10년간의 시카고 대학 시절은 그의 학자생활의 전성시대였다. 이 대학에서 철학, 심리학, 교육학을 통합한 학부의 책임자가 되었다. 무엇보다도 특기할만한 사실은 시카고 대학의 부속 실험학교(Experimental School)를 1896년(37세)에 설립하여 학교는 하나의 사회라는 파커(Fransis Parker)의 교육이념을 실험하였다.

이 실험학교의 기록은 『초등학교기록』이라는 이름으로 시카고대학에서 출판되어 새교육을 위한 참고서가 되었는데 절판이 되지 단행본으로 『학교와 사회』(The School and Society, 1899), 『교육논문집』(1910년)으로 출간하였다.

1904년 컬럼비아 대학 교육대학원 및 철학과의 주임으로 초청되어 1930년 71세로 퇴직할 때까지 이곳에서 교수로서, 사회비평가로 그리고 철학자로 학자생활을 한 후에도 계속 컬럼비아 대학의 명예교수로 있었으며 1952년 6월 1일 별세하였다(한기언, 1980).

미국의 진보주의 교육운동

1900년대 초 유아교육에 대한 관심과 사회적 요구는 유아학교와 유치원의 설립을 촉진했고 발전시켰다. 이와 함께 이보다 더 어린 유아를 위한 교육에 대한 관심이 아동심리학의 발달과 함께 높아감으로써 영아학교도 점차 발달하기 시작했다. 시기적으로 교육에 대한 새로운 관점과 시도들이 여러 다른 측면에서 교육의 개혁에 작용하게 되었다.

1920년대부터 미국의 **진보주의 교육운동**은 유치원과 유아원의 변화에도 크게 영향을 주었다. 그 당시 유치원과 유아원의 상황은 전반적으로 50명 이상의 많은 유아들이 고정된 교실에 앉아서 전통적인 읽기, 쓰기, 셈하기의 기초를 기계적인 방법으로 배우고 있는 상황이었으며, 프뢰벨의 은물과 작업과 교구들이 배치되어 있기는 했으나 흔히 하던 방법대로 종이접기, 적목 쌓기, 숫자 만들기 등이 지도되었고 프뢰벨의 원래의 의도와 원리가 적용되기는 어려웠다.

진보주의 교육의 관점

듀이를 중심으로 한 진보주의 교육의 관점에서 프뢰벨의 은물과 작업활동의 일면이 비판되면서 놀이의 특성이 재해석되었으며 이후 어린이들의 **자발적이고 자유로운 활동의 개념**이 더욱 수용되었다. 그러나 유치원교육에서는 보다 구체적인 목표가 설정될 것이 요구되었고 교사의 역할은 중개자, 해석자, 안내자로서 규정되었으며 형식적인 은물과 작업활동 등을 포기하고 보다 통합적인 과정에서의 활동방법이 선호되었다.

현대사회의 모순과 연결

물론 모든 새로운 교육사조집단이 정치적인 의식을 갖고 있지는 않았지만 그러한 운동은 좌파사회 비판 그리고 현대사회의 모순에 대한 환멸과 깊게 연결되어 있었다. 한편으로 유아교육에서 대학 교육에 이르기까지 학교제도와 교육내용을 개혁함으로써 교육을 통하여 사회를 재건하고 재창조할 것이 기대되었다. 여기에는 듀이의 사회적 교육과 교육의 사회적 기능에 대한 관점이 그 바탕을 이루고 있다.

학교가 사회적 상황에 적응해야 함.

듀이는 학교가 사회적 상황에 적응해야 함을 주장하고, 학교와 생활과의 관계, 학교에서 어린이들의 발달과의 관계에 대해 관심을 가지고 어린이들을 집단적으로 다루기보다는 매우 독특한 개성적 존재로 다루어야 함을 강조하였다. 그의 사회교육의 관점은 맥 밀런의 유아교육에 대한 관점과 매우 유사함을 볼 수 있다. 어린이들의 환경은 가정에서 학교와 사회로 확대되어야 하며 어린이의 성장 발달을 위해 더 자유롭고 풍부한 인간접촉과 상호작용, 그리고 사회적 활동이 필요하다고 생각하였다. 이러한 듀이의 관점들은 교육에 있어서 이전의 전통적인 관점에서 벗어난 진보적인 성향을 띠는 것이었으며 실제로 많은 영향을 끼치게 되었다. 이제 다음에서는 실제로 많은 영향을 끼친 진보주의자로서의 듀이를 살펴보도록 한다.

2) 듀이의 사상과 교육활동

놀이의 중요성·생활중심 활동 역설

듀이는 이 「실험학교(The Laboratory School)」에서 얻은 경험은 그의 여러 저작에 지대한 영향을 미쳤다. 4~14세까지의 어린이들을 10개 집단으로 나누어 구성한 실험학교에서, 가장 어린 집단인 4~6세까지의 어린이들은 준 기초교육학급으로 형성되었다. 듀이는 이 학급을 유치원(preschool)이라고 불렀으며 이 학급의 특성은 기존 유치원의 경향과는 많이 달랐다. 그러나 듀이는 프뢰벨의 기본정신을 존중했으며 그의 방법의 일면을 비판하였지만 기본적인 의도와 철학을 수용하고 프뢰벨의 가르침을 유지하고자 하였다. 당시 프뢰벨의 상징주의에 대한 사회적인 반대 분위기를 부각시켰던 성숙주의의 분위기 속에서 듀이는 다윈의 진화론 이전의 사고를 바탕으로 하고 있으나, 프뢰벨이 부각시켰던 아동기에 대한 존중, 놀이의 본질적 중요성을 인정하였다. 그리고 구체적인 방법과 환경구성에 있어서는 보다 자유로운 아동중심의 활동, 생활중심의 활동이 필요함을 지적하였다.

학교와 지역사회 사이의 장벽을 타파해 가는 방법

듀이의 실험학교는 1903년까지 계속되었다. 1898년 가을에 아동수도 82명으로 증가하였다. 학급집단은 소수로서 8~10명씩을 각 교사가 담당하였다. 사실상 학급집단이 작다는 것 이외에는 교육과정에 있어서나 교육방법에 있어서나 일반초등학교와 별로 다를 바가 없었는데, 실제로 듀이는 결코 색다른 계획 하에 이 학교를 운영하려는 것이 아니었고 다만 학습지도법에 있어서 좀 더 자연스러운 것을 발견해 가는 여러 조건을 갖추려고 하였을 뿐이었다. 따라서 교사들에게 새로운 방법을 이곳에서 실천하도록 명한 것은 아니고 다만 학교와 지역사회 사이의 장벽을 타파해 가는 방법을 발견할 것과 암기 및 어구 해석에 허덕이고 있는 어린이들에게 그 부담을 증가시키는 일을 줄이면서도 학습내용으로는 보다 풍부하고 보다 변화가 많은 것을 채택하는 방법을 발견하는 일을 요구하였을 뿐이었다. 그리고 교사로서 유의할 사항으로 읽기, 쓰기, 셈하기를 더욱 흥미 있고 생생한 활동을 통해서 습득시킬 것을 요구하였다. 읽기, 쓰기, 셈하기는 아동이 다른 것을 학습하는데 기초가 된다는 필요성을 아동 스스로가 통감했을 때 노력하게 되고 능률도 오른다고 생각했기 때문이다.

이 학교의 실험은 교육계에 커다란 공헌을 했을 뿐 아니라 듀이 자신도 자기의 철학이론이 교육실험에 대해서 타당한 것임을 확신하게 된 경험이었다. 이 실험의 결과 **교육**과 **교육실천**의 두 부분은 긴밀하게 되었고 더욱 융합하여 하나가 되었다. 즉, **철학이나 교육도 인간 및 인간사회를 연구하는 철학영역**이 된 것이다. 그리고 개인에 관해서 말하면 자기 자신과 자기 환경을 실험적으로 연구하는 영역이 된 것이다.

이 시기까지 듀이는 이미 몇 권의 책을 저술하였지만 그 대부분은 철학적 내지 심리학적 주제에 관한 것이었다. 시카고 대학교에서 그는 비로소 교육에 관한 저작을 간행하였다. 그 중에서 『학교와 사회』가 유명하다. 이 책은 실험학교에 있어서의 3년간의 실험에 대한 보고 강연이 기초가 되어 이루어진 책이다. 1904년 듀이는 실험학교의 관리를 둘러싸고 총장과 의견이 대립하여 시카고 대학교를 사임하고 컬럼비아 대학교로 옮겼다. 이것은 그의 친구 카넬의 조력에 의한 것인데 그는 1930년 퇴직할 때까지 이곳에서 크게 활약하였다.

학교와 사회

듀이는 세계적으로 인정받았으며 그의 저서는 코메니우스 이래로 여러 나라 말로 가장 많이 번역되었다. 그는 아시아 각국의 교육지노에도 힘썼다. 즉, 1919년 동경제국대학에서 철학을 강의했으며 이듬해에 걸쳐 널리 중국을 여행하고 북경대학과 남경대학에서 강연을 하였다.

이렇듯 해외에서까지 활동하게 된 무렵에는 그의 철학적 업직도 최고도에 달하였다. 즉, 그동안에 간행된 저서로는 『사고의 방법』, 『교육에 있어서의 흥미와 노력』, 그리고 유명한 『민주주의와 교육』 등이 있다. 이리하여 듀이는 『민주주의와 교육』을 간행한 후로 사상계에 있어서 굳건한 지위를 잡게 되었으며 미국을 대표하는 세계적인 사상가요, 철학자요, 교육학자로서의 명성을 갖게 되었다.

민주주의와 교육

가) 학교의 조직과 운영

학교의 조직은 융통성 있게 운영되었는데 교사, 설비, 공간, 시간배치 등을 고정적으로 설정하지 않고 학습활동에 따라 운영하였다. 교사조직으로는 교장, 장학사, 각 영역별 주임교사들을 두었고 영역은 역사, 과학과 수학, 산업, 기술, 미술, 음악, 체육 등으로 구분하였다. 특별한 활동을 위한 교실들을 설치하였는데 체육관, 기술 연습실, 미술실, 과학실험실, 역사·언어영역을 위한 교실, 부엌, 식당 등을 설치하였다.

융통성 있는 학교조직 운영

흥미와
능력별 구성

학생들은 고정된 학년별로 구성되지 않고 흥미와 능력별로 구분되었다. 대체로 연령별로 구성되지만 여기에도 융통성을 두었다. 어린 학생들은 오전에 2시간 반에서 3시간 정도, 나이가 든 학생들은 오후에 1시간 반 정도 더 학교에서 시간을 보내도록 하였다. 시간표는 전통적인 교과별로 나누지 않고 주요활동을 중심으로 마련되었다. 학생들의 능력 수준과 흥미에 따라서 지도되었으며 고정된 시간표로 강요된 수업을 진행하지 않도록 하였다.

나) 교사의 활동과 지도원리

운영과 지도원리의 특징을 요약해 보면 다음과 같다.

운영과
지도원리의
특징

첫째, 학교는 민주적 사회집단으로서 조직되어 있음을 인식하고 어느 사회이든 지도자의 기능이 있으며, 특히 교사는 이것이 잘 발휘되도록 유의한다.

둘째, 학교는 사회와 격리되어서는 안 되며 사회와 조화를 이루도록 하며 교사는 성인문화를 대변하는 역할을 맡게 된다. 교사들은 성인의 목적과 가치들을 학교생활에 어떻게 반영시켜야 하는가를 알아야 한다.

셋째, 성인의 목적과 가치는 개인의 특성과 조화를 이루도록 되어야 하며 이러한 조화를 위해 개인의 개성과 특성의 표현을 잘 안내하고 지도해야 한다.

넷째, 어느 사회이든 일련의 통제와 조절기능이 있다. 발전된 사회집단을 유지하기 위한 방법에 대해 이해한다.

다섯째, 교사는 사회와 조화를 이루도록 어린이의 성장, 발달의 과정을 안내하게 되는데 이를 위해 성장의 기준과 질적 수준을 평가하는 방법을 잘 이해하고 있어야 한다.

3) 진보주의 교육운동

듀이의 실험학교가 미국사회에 미친 영향이란 지대한 것이었다. 특히, 주목할 만한 것은 '진보주의적 교육'이란 용어가 미국에서 1890년대에 이르러 신문과 잡지에 많이 나오게 되었다는 것이다. 진보적 교사니 진보적 학교 진보적 방법이 하는 교육적 용어들이 미국교육계에 파다하게 유행하였다.

1905년 듀이가 컬럼비아 대학으로 교수직을 옮긴 후 거기서 그의 유명한 교육철학저서인『민주주의와 교육』을 세상에 내놓게 되자 그의 진보주의 교육사상은 구체적으로 미국 교사들에게 영향을 미치기 시작했다.

제1차 세계대전이 끝난 직후 미국의 교육계는 여러 가지 심각한 문제에 봉착하게 되었다. 특히, 전통주의 교육과 진보주의 교육과의 사이에 여러 가지 갈등이 있었기 때문에 진보주의적 교사들은 진보주의 교육의 구체적 발전을 추구했던 것이다. 이리하여 1919년 12월 스텐우드 콥(Stanwood Cobe)의 지도로 진보주의 교육협회(Progressive Education Association: P.E.A.)가 조직되었다. 듀이는 그 협회에 직접 참가하지 않았지만 명예회장으로 추대되었다. 최초에는 회원이 수백 명에 불과했지만 곧 회원이 급증하게 되었고 1924년에는「진보주의 교육」이라는 주제의 기관지를 발간하게 되었다.

진보주의 교육협회 조직과 발전

이렇게 하여 교육협회는 진보주의 교육운동(새교육운동)을 적극적으로 추진하면서 전통주의 교육을 개혁하는 운동에 박차를 가했다. 1928년 컬럼비아 대학 교수였던 해롤드 럭은『아동중심학교』라는 지서를 발간했는데 이는 이 운동의 25년간의 업적을 평가하며 아울러 진보주의적 학교의 성격을 표현하고 있는 것이다. 여기에서 그는 아동중심의 학교는 새로운 학교 자체를 학습하려는 아동의 의도에 맞도록 조직하는 것인 반면, 구(舊)학교는 그 자체를 아동을 지도하는 교사의 의도에 맞도록 조직하는 것이라고 쓰고 있다. 후자는 형

아동중심학교

식적으로 학습을 지도할 지도 모르나 전자는 진실된 학습을 확실히 지도하는 것이다.

이 새교육운동은 아동의 자발적인 창의성과 무럭무럭 성장할 수 있는 자유와 흥미를 통한 자기 활동과 학습에 있어서의 자기표현을 주된 중심과제로 삼았기 때문에 협회는 진보주의 교육목적을 1930년에는 아래와 같이 일곱 가지 항목으로 발표했다.

진보주의 교육협회가 발표한 진보주의 교육목적

① 자연적으로 발달할 수 있는 자유(Freedom to develop naturally)
② 흥미는 모든 작업의 동기이다(Interest, the motive of all work).
③ 교사는 감독자가 아니라 지도자이다(The teacher, a guide not a task master).
④ 학생발달에 관한 과학적 연구(Scientific study of pupil development)
⑤ 아동의 육체적 발달에 영향을 미치는 모든 것에 대한 적극적인 관심(Greater intention to all that affects the child's physical development)
⑥ 아동생활의 요구에 응하기 위한 학교와 가정과의 협력(Cooperation between school and home to meet the needs of child life)
⑦ 진보주의 학교는 교육운동의 지도자이다(The progressive school, a leader in educational movements).

아동중심 교육사상

듀이의 진보주의 교육사상은 교과중심 교육과정보다 어린이의 흥미중심 교육을 강조하였다. 아동중심 교육과정과 아동중심 학교라는 말이 만들어진 것은 이것에서 유래된 것이다. 이 진보적인 운동은 학교는 어떤 막연한 미래를 위해서가 아니라, 오늘날의 현실을 위해 어린이를 이끌어 나아가는 데 관련되어야 한다는 것에 역점을 두고 있다. 이러한 생각은 듀이의 유명한 『나의 교육학 신조』에서, "교육은 삶의 과정이지 미래의 삶을 위한 준비는 아니다(Archambault, 1964)."라고 표현한 부분에 잘 나타나 있다. 듀이를 중심으로 한 이 운동은 민주사회를 건설하고 이에 적응할 수 있는 인간을 육성하며 산업사회를 발전시키는 데 있어 필요한 지적, 도덕적 생활양식을 형성하는 데 힘썼던 것이다. 1933년 듀이가 쓴 『진보적 학교는 무슨 이유로 필요한가』라는 논문에서 듀이는 다음과 같이 그의 주된 사상을 세 가지로 설명하고 있다.

진보적 학교

첫째, 구태의연한 학교는 조용하고 침묵을 지키고 가만히 있는 정적인 아동을 착한 아이라 규정지었다. 그러나 오늘의 학교에 있어서는 아동에게 자유스럽게 자기를 표현할 수 있는 고도의 언론의 자유를 허용해 주어야 한다.

둘째, 과거의 교사는 아동을 감독하고 통제하고 억압해 왔지만 진보주의 교사는 감독자의 입장에서가 아니라 오히려 협동자의 입장에서 아동과 더불어 협력하여 학습활동에 같이 참여할 수 있는 기능을 발휘해야 한다.

셋째, 전통적 학교는 아동이 다른 사람과 경쟁 속에서 여러 가지 시험 성적이라든가, 품행이라든가, 신용이라든가 하는 등급을 가지고 인격의 우열을 평가해 왔다. 그러나 진보주의 학교는 아동으로 하여금 다른 학생들과 더불어 협동하며 서로 신뢰하고 각자의 인격을 존중하면서 도덕적, 민주적 사회생활을 경험할 수 있는 사회생활 자체의 광장이 되어야 한다.

그러나 아동을 중심으로 한 진보주의 교육운동이 위기에 봉착하게 되었다. 왜냐하면 1929년 가을부터 시작된 경제대공황은 많은 실업자를 탄생시켰고 학교 교육은 제 기능을 발휘할 수가 없었기 때문이다. 이러한 사회적 전환기에 처하여 듀이는 『내일의 교육』이라는 저서에서 이렇게 말하고 있다.

> 현재의 미국의 경제적 붕괴는 오늘의 미국 문명에 있어서 모든 제도에 대한 도전이다. 그것은 또한 학교에 대한 도전이기도 하다. 그러나 교사는 현재의 어려운 상황에 직면하는 데 있어 크나큰 용기가 필요한 것이다. 교육의 기능이란 국민들에게 현존하고 있는 사회조직이 갖고 있는 도덕적 결함을 인식하게 하고 보다 나은 사회의 건설을 위하여 적극적인 관심을 갖게 하는 일이다. 그러나 학교에 있는 대부분의 학생은 생활의 현실문제를 당면과제로 받아들일 준비가 되어 있지 않다. 문제는 학교가 미래의 사회창조를 위하여 어떻게 참가할 것인가 하는 문제가 아니라 교사와 학생은 최고의 지성과 책임을 가지고 어떻게 하면 문제를 해결하여 민주주의의 도전과 사회의 도전에 응할 것인가의 문제이다.

듀이는 이렇게 사회의 도전에 대응할 수 있는 교육개혁의 필요성을 강조했던 것이다.

4) 교육의 방법과 원리

1893년 미국교육협회에서 '아동연구'라는 주제강연을 통해 '관찰법'을 새로운 유아교육의 연구방법으로 주장하는 스탠리 홀은 프뢰벨을 몇 가지 점에서 비판하고 있다. 즉, 프뢰벨이 펼치고 있는 상징주의나 신비주의는 아동의 욕구를 전혀 고려하고 있지 못한 점이라는 것과 은물과 작업이 아동의 내면적인 발달을 고려하고 있지 않기 때문에 아동을 혹사시키고 있다는 점에서 비판하고 있다.

듀이도 프뢰벨의 교육과정에 대해 비판하는 모습을 보이고 있다. 듀이는 아동의 실제 생활과 밀접한 경험을 교육과정으로 제공해야 한다고 보았으므로 프뢰벨 교육과정의 핵심요소에 해당하는 상징성, 놀이, 통합, 모방보다는 경험을 아동의 발달과 흥미에 맞게 재구성한 유아교육과정을 제안하고 있다. 보다 구체적으로 살펴보면, 듀이는 놀이를 학습에 기여하는 것으로 보았지만 프뢰벨식의 계획적인 놀이과정에는 전적으로 동의하지 않았다. 듀이에 의하면 놀이란, 아동의 자연성의 발로이며 아동의 의식 및 활동을 보다 높은 수준으로 자극하는 것이다. 따라서 프뢰벨 유치원처럼 유아교사의 행동을 모방하거나 지시대로 움직이는 활동은 놀이가 아니라고 주장한다. 듀이의 입장을 따르는 유아교육자들은 프뢰벨 프로그램의 인위적이고 추상적인 상징적 놀이로부터 아동의 자발성을 반영하는 상상놀이로 대체되어야 한다고 하였고, 이를 위해 아동은 가능한 직접적·구체적인 교구, 교재와의 접촉이 필요하다고 하고 있다.

놀이는 아동이 가진 자연성의 발로

듀이는 놀이를 어린이의 교육적 성장의 수단으로 보았다. 즉, 교육에 있어서의 한 방법이 놀이라고 생각하고 있는 것이다. 어린이의 발달수준에 알맞은 구성적 놀이를 제공함으로써 궁극적으로 어린이에게 문제해결능력을 길러 줄 수 있다고 보았으므로 듀이는 유치원의 흥미 영역에서의 구성작업은 아동에게 있어 문제해결능력을 높여주고 아동 자신의 욕구에서 출발하여 보다 상위의 행동과 사고에로 도달하게 하는 능력을 높여 준다는 점에서 효과적이라고 보았다.

놀이는 교육적 성장의 수단

더욱이 사물에 대한 명확한 심상은 아동의 직접 경험들에서부터 일어나므로 민주적 집단생활은 아동에게 있어 매우 중요한 경험이 된다. 따라서 듀이는 사회적 공동 삶의 원리를 교육의 또 한 방법으로 발전시키고 있다. 즉, 의미 있는 경험의 장은 사회적 상황이며, 사고와 감정과 행동을 통합할 수 있고 이의 성장을 가져올 수 있는 경험을 사회 속에서 갖도록 아동에게 안내할 필요가 있기에 집단생활을 통한 사회적 공동 삶을 듀이는 강조하고 있는 것이다.

듀이는 이 사회적 공동 삶의 원리에 입각한 학교는 다음의 목적을 달성할 수 있다고 보았다.

첫째, 어린이는 협동적·상호 조력적 삶을 영위할 수 있도록 돕는다.

사회적 공동 삶의 원리에 입각한 학교

둘째, 이와 같은 정신을 실제 생활 속에 실천하여 적용할 수 있는 힘을 길러주도록 한다. 민주적 집단생활이란 교사의 지도나 감독으로부터 실행되는 것이 아니라 아동 자신의 직접적 체험으로부터 시작되는 것이며 좋은 경험은 의미와 중요성의 인식을 보다 넓혀 주는 것을 의미한다. 학교 교육은 좁은 의미의 교육 또는 경험이라고 할 수 있다. 어린이들이 이미 가정생활이나 다른 상황에서 가졌던 경험과 욕구와 흥미는 학교생활에서도 지속되어야 하며 이러한 욕구, 흥미, 표현양식은 학교 교육과정의 출발점이 된다. 따라서 학교는 사회적 상황의 장이어야 하며 민주적인 사회적 상황이어야 한다. 그러므로 공통의 목적과 활동을 나누면서 개인의 특성을 살리기 위해서는 각 특성에 맞는 흥미 영역들이 마련되어 있어야 할 것이다. 또한 사회적 상황과의 조화 속에서 통합된 표현을 통해 개인의 특성이 형성될 수도 있을 것이다.

학교 교육의 내용과 방법은 분리될 수 없으며 하나로 이루어져야 한다. 이렇게 볼 때 교육의 과정은 목적과 별개의 것이 아니며 목적은 어린이의 내적 요구를 바탕으로 문제해결과정 속에서 추구되고 있다. 이는 교육이 성인생활의 준비를 위한 것이라기보다는 어린이 자신의 발달과 성장을 도와주는 과정이 되어야 함을 강조하고 있다. 즉, 아동중심교육으로서 교육내용과 교육과정 역시 어린이의 직접적인 경험을 구성하는 활동으로 이루어지게 된다. 위에서도 언급한 바와 같이 이러한 활동들은 단순한 행동이 아니고 사고를 수반하는 경험이며 또한 사고는 문제해결의 과정으로서 경험의 길잡이가 되어 준다.

듀이가 설명한 문제해결과정을 살펴보면 다음과 같다.

문제해결 과정

1. 문제 상황의 인식 (Identifying the Problem)

어떤 문제가 존재한다는 것을 자각하는 단계이다. 개인이 문제를 해결하려는 필요성을 느끼며, 이는 사고의 출발점이다.

2. **문제의 정의** (Defining the Problem)

문제를 명확히 정의하고, 그 성격과 범위를 이해하는 과정이다. 문제를 구체적으로 진술해야 탐구의 초점이 명확해진다.

3. **가능한 해결책의 제안** (Suggesting Possible Solutions)

문제를 해결하기 위한 잠정적인 가설이나 아이디어를 제안한다. 이 단계에서는 창의적 사고가 요구되며, 다양한 가능성을 탐색한다.

4. **가설의 추론적 검토** (Reasoning through Hypotheses)

제인된 해결책(가설)을 논리적으로 검토하고, 그것이 문제를 해결할 수 있는지를 추론한다. 제안된 해결책이 실제로 작동할 가능성을 분석하고 평가한다.

5. **가설의 실행 및 검증** (Testing thc Hypotheses)

가설을 실제로 실행해 보고, 결과를 관찰하여 효과성을 검증한다. 실험이나 관찰을 통해 가설의 타당성을 확인하는 단계이다.

6. **결론 및 적용** (Drawing Conclusions and Applying the Solution)

검증된 해결책을 최종적으로 채택하고, 이를 실제 상황에 적용한다. 성공적인 해결책은 문제 상황에 적용되며, 이로 인해 새로운 지식을 습득하게 된다.

듀이의 이 과정은 학습자에게 문제를 해결하는 능력을 길러주며, 실천적 지식을 활용해 지속적으로 문세를 해결하도록 돕는다.

이러한 문제해결과정은 진보주의 교육에 있어서 교육을 전개해 가는 주요 교수방법으로써도 활용되었다.

듀이는 변화와 경험의 개념, 사회와의 조화, 사회적 문제해결과정의 중시, 생활중심 및 아동중심의 교육 등으로 요약되고 있는 교육이론의 바탕으로서 심리학, 논리학, 윤리학, 사회 철학에 대해 깊이 논의하고 있다.

5) 듀이사상과 유아교육

듀이는 미국의 위대한 사상가일 뿐만 아니라 세계적인 철학가라는 것은 앞에서 언급해 왔다. 그의 교육사상 중 핵심적인 것을 살펴본다면 우리는 그의 처녀작이라고 할 수 있는 『나의 교육학 신조』(*My Pedagogic Creed,* 1897)를 들지 않을 수 없다. 이것은 ① 교육이란 무엇인가, ② 학교란 무엇인가, ③ 교육의 주제 문제, ④ 방법의 본질, ⑤ 학교와 사회진보라는 전체 다섯 개의 논문으로 되어 있는데 자신의 교육사상의 축약이라고 해석할 수 있다.

가) 교육의 구성

나의 교육학 신조

듀이는 『나의 교육학 신조』에서 교육의 구성을 심리학과 사회학의 두 가지 학문의 차원에서 탐구되어야 한다고 논하고 있다. 나의 교육학적 신조에는 "교육의 과정이란 두 가지 국면을 가지고 있다. 하나는 심리학적인 국면이요, 다른 하나는 사회학적인 국면이다."라고 언급하고 있다. 이것은 한 개인의 환경을 구성하고 있는 사회환경과 그 속에서 개인이 나타내 보이는 심상이나 사고의 변화를 교육이 안고 있어야 한다는 것을 의미한다. 전체적으로 보면 듀이는 바로 이것이 교육이라는 입장을 견지하고 있는 듯하다.

사회환경과 사고의 변화

아동의 심리적 활동에 대한 주의와 통찰이 없이 이루어지는 교육적 과정이란 아동을 진정으로 위하는 교육이라기보다는 외부의 어떤 의도가 교육자가 의도하는 그때그때의 잠정적인 기분을 해소시키는 방향으로의 교육이 될 것이다. 아동은 스스로 자발적인 가운데 활동을 추진해 나갈 수 있는 능동적인 존재이기에 억압되어 이루어지는 교육과정이란 그 자체가 이미 교육이 아니게 되며 따라서 아동이 가지고 있는 여러 가지 능력, 즉 아동 개개인의 심리적 활동, 사고과정 등을 보다 자세히 이해할 필요가 있는 것이다. 아동이 가지고 있는 여러 가지 능력을 적절하게 이해하고자 하면 사회의 여러 가지 사정이나 현대의 문명 상태에 관한 지식이 반드시 필요한 것이다.

아동은 아동 자신의 본능이나 경향을 가지고 있지만 사회 내에서 그것과 동등한 가치를 지닌 것으로 전환시키지 못하면 아동이 가지고 있는 본능이 무엇을 의미하는가를 우리는 이해하지 못하게 될 것이다. 즉, 아동의 본능을 사회 속에서 이해할 수 있는 가치가 필요한 것이다. 즉, 그러한 본능이나 경향은 과거의 사회에 비추어 이해하거나 또한 그것을 이전의 인류 활동의 유산으로 이해해야 된다고 듀이는 말하고 있다. 다시 말하면, 교육학을 연구한다는 것은 교육의 절대적 대상이 되고 있는 아동의 교육을 둘러싼 여러 가지 문제에 관한 교육적 현상을 체계적으로, 과학적으로 탐구한다는 것이다. 바로 이것이 교육이 심리학과 사회학의 두 가지 차원에서 구성되고 있다는 점을 설명해 주고 있는 것이다. 따라서 듀이의 교육에 관한 이해를 유아교육의 측면에 접목시켜 볼 때 한 아동의 경험과 활동을 둘러싸고 있는 여러 가지를 체계적으로 조명해 볼 필요가 있으며 이는 사회환경 내에서의 상호작용과 연결시켜 살펴보아야 할 것이다. 그런데 듀이는 이 두 가지의 학문 중 어느 것이 무시된다든지 혹은 어느 것이 어느 것에 종속되어야 한다든지 하는 것은 주장하지 않고 있다.

윤리학과 심리학

헤르바르트는 목적으로서의 윤리학과 방법으로서의 심리학을 교육학의 구성요소로 삼았다. 그러나 듀이는 앞에서 언급한 바와 같이 아동의 성장발달 과정을 과학적 방법으로 연구해야 할 학문으로 심리학을 제1의 요인으로 삼고 있다. 아동의 도덕적 인격형성 과정에 있어 아동의 심적 발달을 규정짓는 여러 가지 사회현상을 우리는 교육학의 연구대상으로 삼지 않으면 안 되기 때문에 사회학을 교육학 연구의 제2의 요인으로 생각했던 것이다.

나) 교육의 원리

듀이는 『학교와 사회』(*School and Society*)라는 그의 저서에서 학교교육의 세 가지 원리를 다음과 같이 밝히고 있다.

학교와 사회 협력적이고 상호 협조적인 생활방식

첫째, 학교의 제일의 임무는 협력적이며 상호 협조적인 생활양식에 따라 아동을 훈련하고 그들의 마음속에 서로 공존해야 한다는 의식을 길러 주며 아동들이 서로 도와 협동하는 정신을 가지고 직접 행동으로 옮길 수 있도록 조정해 주는 일이다.

아동의 태도와 행동에 존재하고 있는 것 자체가 교육활동 근원

둘째, 모든 교육활동에 있어서 제1의 근원은 아동이 가지고 있는 여러 가지 본능적·충동적 태도와 활동에 존재하고 있는 바로 그것이다. 만일 다른 사람의 생각을 빌린다던가 혹은 자기의 감정이나 감각에 호소하는 형식으로 교육이 이루어진다면 교육에 대한 아동의 태도나 활동은 외부에서 자료를 제시하여 이에 적응하도록 하는 것에 불과한 것이 되기 때문이다. 그렇기 때문에 헤아릴 수 없는 수많은 자아적 활동, 즉 놀이라든가, 게임이라든가, 사물의 흉내라든가, 한 번 보아 무의미하게 보이는 어린 아동의 동작이 여태까지 보잘 것 없는 무용한 것으로 무시당했거나 혹은 적극적으로 나쁜 것이라고 비난의 대상이 되었다고 할지라도 이제는 이러한 현상이 교육학적으로 연구의 대상이 되고 또한 교육적으로 해석되어야 한다.

아동의 개인적인 경향이나 활동

셋째, 아동의 개인적인 경향이나 활동이란 앞에서 언급한 바와 같이 아동들이 서로 협력하는 생활의 양식을 유지하는 데 사용됨으로써 상호 협력하는 방법을 통하여 협동생활이 조직되고 지도된다. 그리고 그러한 성향이나 활동을 이용하여 아동은 장차 협동하는 생활속에 뛰어들어가게 되며 동시에 더욱 성숙된 사회의 전형적인 인물로서 자기의 임무를 수행하며, 나아가서 도덕적 생활양식을 실현하게 될 것이다. 그 결과 아동은 창조적인 노력을 통하여 가치 있는

자신을 획득하게 될 것이다.

이와 같이 듀이의 교육의 구성요소를 세 가지 측면에서 고찰해 보았다. 결론적으로 교육은 종적으로 아동의 성장 발달을 탐구의 대상으로 삼는 심리학적 측면과 그 성장 발달을 규정짓고 이를 좌우하는 횡적인 측면으로서 도덕적 가치관의 정립을 최종의 지상목표로 삼고 이루어져야 할 것이다.

6) 교육의 의의

듀이는 그의 교육학적 신조에서 교육을 생활의 필요, 사회의 기능, 지도, 성장, 경험의 재구성으로 해석하고 있다.

가) 생활의 필요로서의 교육

지기 존재를 계속 지키고자 하는 것은 생명의 본능적인 욕구일 것이다. 그리고 그러한 존재가 존속하는 일은 끊임없는 갱신에 의하여 확보되기 때문에 생명이란 자기 갱신의 과정이다.

사회가 그 구조와 자원에 있어서 더욱 복잡해짐에 따라 형식적 또는 의도적인 교수와 학습은 한층 더 필요하게 마련이다. 그러나 형식적인 교육, 즉 학교 교육이 그 범위를 점점 확장해 감에 따라 직접 사회생활에서 얻은 경험과 학교에서 얻은 경험과의 사이에 엄청난 불일치성을 일으킬 수 있는 위험이 뒤따른다. 그러한 위험이 오늘과 같이 심각한 시대는 일찍이 한 번도 없었고, 그러한 위기는 지난 2, 3세기 사이에 발전된 지식과 전문기술의 급작스러운 진보에 기인된 것으로 보고 있다.

사회가 복잡해짐에 따라 형식적·의도적인 교수와 학습의 필요성 증가

듀이는 농업에 기초를 둔 미국의 구체제시대가 완전히 종지부를 찍고 산업주의의 근대적 미국이 급격하게 발전하기 시작하는 것을 보고 교육을 국민생활에 필요한 것으로 인식하고 아동은 사회와 교육을 통하여 변천하는 시대에 적응해 나갈 것을 강조했던 것이다.

아동은 사회와 교육을 통해 시대에 적응해야 함.

나) 사회기능으로서의 교육

자기 갱신은 아동의 교육적 성장에 의해 이루어짐.

사회가 존속하는 일은 자기 갱신에 의하지만 그러한 갱신은 결국 아동의 교육적 성장에 의하여 이루어진다고 듀이는 주장하고 있다. 따라서 사회생활을 유지한다든지 사회의 필요에 따라 심적 태도나 성향을 아동의 마음속에 발전시키고자 한다면 단지 신앙, 감정, 지식을 아동에게 직접 전달해 주는 것만으로는 충분치 못하게 되며, 그것은 특수한 환경을 만들어 줌으로써 성취될 수 있다고 설명하고 있다.

사회환경이란 다른 사람들이 각기 행동하는 것과 직접 관계를 맺고 있는 '나'와 '너'의 행동의 총체로서 성립된다. 그 환경 속에서 '나'와 '너'가 공동활동에 함께 참여하게 될 때 교육적 효과를 가져다 준다. '나'와 '너'가 공동활동을 수행하는 목적은 민주사회 건설에 필요한 조건과 방법을 습득하는 데 있으며, 이를 습득하며 행동하게 될 때 '나'와 '너'는 동등한 감정과 정신이 충만한 기분을 갖게 될 것이다. 따라서 아동은 자기가 속한 사회의 여러 가지 활동에 참여함으로써 무의식적으로 소속감을 더욱 깊이 갖게 되며 교육적으로 발달이 된다. 그러나 사회가 더 복잡해짐에 따라 미성숙한 아동의 교육을 위한 특수한 직무를 가진 특수한 사회환경, 즉 학교설립의 필요를 느끼게 된다.

학교의 역할

이러한 학교의 역할로서 세 가지를 들 수 있다. 그것은 아동의 심리적 경향의 요인이 될 수 있는 현상을 단순화하는 것이고 질서를 세우는 것, 마지막으로 현재의 사회습관을 순화시켜 이상적인 것으로 만드는 일이다. 즉, 보다 조화를 가져다 줄 수 있는 질서가 잡힌 아름다운 환경이 필요하게 되는 것이다.

다) 지도로서의 교육

지도로서의 교육

듀이는 교육의 임무를 '통제', '선도'가 아니라 '지도'라는 말로 표현하였다. 통제(control)라는 말은 외부의 힘에 의하여 지도를 받는 아동의 반항을 제어하는 것을 뜻한다. 이에 반해, 흔히 쓰는 가이던스(guidance)라는 말은 개개 아동의 자연적 능력을 서로가 도와서 조력하는 뜻이 담겨있다. 지도(direction)는 양자의 중간에 위치해 있는 개념으로서 지도한다는 뜻이다. 즉, 지도를 받는 아동의 활동적 경향이 목적에서 이탈하지 않고 일정한, 연속적인 진로를 따르도록 이끌어 주려는 뜻이 있다. 아동이 가지고 있는 자연이라는 본능적 충동은 성인들이 사회에 만들어 놓은 관습과는 일치되기 어렵기 때문이다.

교육의 임무란 지도하는 데 있는 것이다. 지도라는 것은 육체적으로 강제로 이끄는 것과는 다르다. 이는 아동이 본능적으로 나타내는 충동을 어떠한 특수한 목적에다 집중시켜 선한 습관을 만들어 주는 일이다. 아동의 무의식적 행동을 흥미 있는 방향으로 자극을 주어 도덕적 방향으로 지도하는 것이 학교 교육의 임무이다. 아동은 학교 사회생활에 있어서 교사의 행위를 본받아 자기의 행위로 관소시켜 버린다. 그렇기 때문에 교사의 행위와 아동의 행위는 똑같이 공동의 선과 도의를 확립하는 방향으로 서로 지도되어야 한다. 학교는 아동이 이러한 공동의 도덕적 행동을 조성하도록 더욱 민주적 기회를 마련하여야 할 것이다.

라) 성장으로서의 교육

성장으로서의 교육

앞에서도 언급한 바와 같이 듀이 교육사상의 핵심은 성장과 변화에 있다. 아동의 행동 속에는 무한히 발전할 수 있는 가능성이 내포되어 있다. 따라서 아동의 행동을 지도하는 데 있어서 사회는 아동의 미래를 결정하는 동시에 사회 자체의 미래도 결정하게 된다. 오늘의 아동은 내일의 사회를 조직하는 요소이기 때문에 내일의 사회의 성격은 오늘의 아동이 받고 있는 지도 여하에 따라 좌우되는 법이다. 그렇기 때문에 내일에 나타날 수 있는 결과를 향하여 여러 가지 활동이 누적되어지는 것을 듀이는 성장이라고 말하고 있다. 성장하고

자 하는 힘이란 다른 사람과 같이 발달할 수 있는 가능성이 있다는 것을 뜻한다. 아동은 경험에서부터 학습하는 능력의 습관을 길러야 한다. 습관과 환경과는 불가분한 관계가 있다. 그러므로 **교육은 성장을 의미하며 성장은 생(生)의 특성**이다. 듀이에 의하면 성장으로서의 교육은 교육 이외에 다른 어떠한 것도 목적이 될 수 없다.

마) 경험의 재구성으로써의 교육

경험의 끊임없는 재구성

듀이의 교육에 대한 정의는 과거의 전통적·보수적 교육관과 대립이 될 것이다. 특히, 유럽의 교육사상가들이 주장하는 교육의 준비설, 개발설, 그리고 형식적 도야설과도 대립이 된다. 그렇기 때문에 듀이는 과거의 전통적 교육관을 극복해야 하며, 교육이란, 생활의 과정인 동시에 아동이 체험하는 **경험의 끊임없는 재구성**(reconstruction of experience)라고 주장한다.

교육이란 아동의 내부로부터 잠재적인 능력을 계발하는 것도 아니고, 외부로부터 과거의 전통이나 문화의 유산에 입각하여 아동의 마음을 형성하는 것도 아니라고 한다면, 교육은 경험의 끊임없는 개조 혹은 제조에 불과한 것이라는 학설로 귀착될 것이다. 그러나, 경험의 끊임없는 재구성에는 시종일관 아동이 오늘의 생활을 어떻게 하면 보람된 삶이 되도록 할 것인가 하는 도덕적 목표가 전제된다. 그리고 어릴 때나 청년이나 노년의 각기 처해 있는 시기에서 우리는 경험으로부터 학습하게 되기 때문에 그것은 가치가 있는 것이 된다. 어떠한 시기에서든 인간이 생활 속에서 자기 자신이 경험한 것을 가치 있는 것으로 여기는 것은 그 다음 경험하는 데 보탬이 될 때이며, 이러한 과정을 통해 인간은 자기를 발전시키고 사회에 공헌하게 된다. 그렇기 때문에 아동이나 교사 모두에게 있어 교육을 하고, 교육을 받는 과정은 상호 간의 경험을 재구성하고 경험을 다시 쌓아 올리는 계속적인 성장 발달의 과정인 것이다. 이러한 과정을 듀이는 교육이라고 정의를 내렸던 것이다.

다음에서는 존 듀이의 교육학적 신조 가운데 첫 번째 논문인 『교육이란 무엇인가?』에 대한 내용을 소개하도록 한다.

『교육이란 무엇인가?』

나는 모든 교육은 개인이 참여하는 가운데 이루어진다고 믿는다. 이것은 무의식적으로 거의 출생 때부터 시작하여 한 개인, 즉 개인의 의식, 습관, 생각, 느낌과 감정을 형성하고 있다. 이런 무의식적인 교육을 통해서 개인은 점차로 인류가 계속해서 함께 영위해 왔던 지적, 도덕적 자원을 전달받게 되며 문화에 대한 상속자가 되고 있다. 세계의 가장 형식적이고 기술적인 교육은 이런 일반적인 과정과 격리되어 있을 수 없다. 단지 그런 과정을 조직할 수 있고 특별한 방향으로 분화시킬 수는 있다.

나는 아동의 힘을 자극하여 아동이 자기 스스로를 사회적 상황에서 발견하도록 요구할 때 진정으로 참된 교육이 이루어진다고 믿는다. 이렇게 요구함으로써 아동은 자극을 받아 사회의 일원으로 행동하며 자신의 협소한 행동과 느낌에서 벗어나게 되며 자기가 속한 집단의 복지적 입장에서 자신을 생각하게 된다. 자기의 행동에 대한 타인의 반응을 통해 아동은 자신의 행동이 사회적 의미를 지니게 된다는 것을 알게 된다. 즉, 자신의 행동에 대한 타인의 반응이 다시 아동들에게 반영된다. 예를 들어, 어릴 때 언어 표현 중의 하나인 바블링(babbling)에 대한 반응을 통해 아동은 바블링의 의미가 무엇인지 알게 된다. 그 의미는 의미를 나타내는 분명한 언어로 변형되며 이를 통해 아동은 언어에 들어 있는 풍부한 생각과 감정을 접하게 되는 것이다.

나는 이러한 교육의 과정이 두 가지 측면, 즉 심리학적 측면과 사회학적 측면을 가지고 있으며 그 어느 것도 나쁜 결과가 나타나지 않는 한 무시되거나 다른 것에 종속되어서는 안 된다고 믿는다. 이 두 가지 측면 가운데 심리학적 측면이 기본이 된다. 아동 자신의 본능과 힘은 모든 교육에 있어서 자료를 공급하며 또 모든 교육에의 출발점을 제공해 준다. 아동 자신이 주도적으로 수행하는 몇몇 활동에 교육자들이 관심을 보이는 경우를 제외하고 교육에 대한 외부 압력은 사라지지 않고 있다. 실상 그것은 교육에 있어서 어떤 외현적인 결과를 제공할지 모르지만 참으로 교육적이라 불릴 수는 없다. 개인의 심리적 구조나 활동들을 보지 않고서는 교육과정은 위험에 빠질 것이고 독단적이 될 것이다. 만일 아동활동에 부합되려 한다면 그것이 곧 하나의 수단이 될 것이다. 그렇지 않다면 아동의 본성은 분열되고 쪼개지며 구속되게 될 것이다.

심리학적 측면과 사회학적 측면

나는 사회적 상황, 문화의 현재 상태를 아는 것이야말로 필요하며 이는 곧 아동들의 힘을 해석하는 데 적절하다고 믿는다. 아동은 자기 자신만의 본능과 성향을 가지고 있지만 이것이 의미하는 바를 사회적으로 동등한 가치를 지니는 것으로 해석할 수 있을 때에야 비로소 알게 된다. 우리는 그것들을 사회 범주 안에 되돌려 놓을 수 있어야 하며 그것들을 이전 활동의 유산으로 볼 수 있어야만 한다. 우리는 역시 그것들의 결과와 목적이 무엇인지 살펴보기 위해 미래를 투사해 볼 수도 있어야만 한다. 앞의 바블링의 예에서 알 수 있듯이 바블링으로 아동의 장래 사회적 상호작용의 전제와 잠재성을 엿볼 수 있으며 마찬가지로 장차 적절한 방법으로 이루어질 아동의 대화 가능성도 엿볼 수 있다.

나는 교육에 심리학적 측면과 사회적 측면이 조직적으로 관계되어 있으며 교육이란 이 둘 간의 타협 혹은 하나가 다른 것의 상위에 있는 것으로 간주할 수 없다. 우리는 교육에 대한 심리학적 정의가 비효과적이고 형식적이라는 점을 듣고 있다. 다른 한편으로는 교육에 대한 사회적 정의가 문화에 적응해 가면서 강력하고 외현적인 과정을 형성하고 있으며 개인의 자유를 이미 예상된 사회적·정치적 지위에 종속시키는 결과를 초래하고 있다는 주장이 제기되고 있다.

나는 이들 각각의 반대가 다른 것과 별개로 한쪽 측면에 대해 주장이 이루어질 때 참되다고 믿는다. 진실로 힘이 무엇인가 알기 위해서 우리는 그것의 목적, 용도, 기능이 의미하는 바를 알아야만 하며 그렇기 때문에 사회관계 내에서 개인이 적극적인 존재라는 점을 모를 수 있다. 그러나 한편으로 우리가 아동에게 현존하는 상황에서 제공할 수 있는 가능한 최대한의 적응은 아동에게 자기의 모든 힘을 완전히 가지도록 함으로써 나타날 수 있는 것이다. 민주주의와 현대 산업사회의 도래와 더불어 문화가 지금부터 20년 동안 어떻게 될 것인가를 단정적으로 예측하기란 힘이 들게 되었다. 그러므로 아동들에게 어떤 정확한 상황을 제공한다는 것은 불가능하다. 장래생활을 준비한다는 것은 아동 스스로를 충분히 발휘할 수 있도록 아동을 훈련함을 의미한다. 즉, 그의 눈과 귀, 손 등은 무엇인가를 획득하는 데 필요한 도구일 수 있으며, 그의 판단은 그것들이 작용하는 조건을 파악할 수 있는 것이고, 사용되는 힘은 경제적으로, 효율적으로 행동하도록 훈련될지 모른다. 이러한 종류의 적응에 도달하기 위해서는 자기 자신의 힘, 취향, 흥미에 일관적이고 계속적으로 마음을 써야만 한다. 말하자면 교육이 심리학적 용어로 계속 전환될 때 가능하다는 말이다.

요약하자면 나는 교육받고 있는 개인은 사회적 개인이요, 그 사회는 개인들의 유기적 결합이라는 것을 믿는다. 만약 아동에게서 사회적인 요인들을 제거해 버리면 단지 추상적인 것들만 남게 될 것이고 우리가 개인적인 요인을 사회로부터 제거해 버리면 무능력하고 생명력 없는 대중만 남게 될 것이다. 그러므로 교육은 아동의 능력, 흥미, 습관 속에서 심리학적 관점을 갖고 시작해야 하며 모든 점에서 이와 같은 생각들을 참고하여 통제되어야만 한다. 이러한 힘, 능력, 습관들은 계속적으로 해석되어야만 하고 우리는 그것들이 의미하는 바를 알아야만 한다. 또한, 그것들은 사회적 동등가치를 지니는 용어로 번역되어야만 하는데 즉, 사회 서비스의 차원에서 그들이

교육은 아동의 능력, 흥미, 습관 속에서 심리학적 관심을 갖고 시작해야 함.

무엇을 잘하는가로 번역되어야 한다는 것이다.

7) 경험으로서의 학습

경험주의

듀이의 사상은 민주주의에 토대를 두고 있으며 그의 철학은 민주주의를 실현시키는 방법으로서 **경험**을 그의 핵심사상으로 삼고 있다. 듀이의 풍부한 지성은 서구 사회의 전통적 철학을 기저로 삼으면서도 미국 사회에 적용시킬 수 있는 새로운 경험주의 철학을 발전시켜 왔다. 그렇기 때문에 그는 절대주의자에서부터 출발하여 실험주의에로 과격하게 뚫고 나아가 새로운 오늘의 과학시대에 적용시킬 수 있는 경험주의 철학을 발전시켰던 것이다.

경험으로써의 지식획득

하나의 경험이 완전히 끝나면 거기에는 변화가 나타난다. 그 변화가 곧 아동에게는 새로운 지식을 학습하게 하는 것이다. 이른바 경험으로써 하나의 지식을 획득한다는 것을 의미한다. 실제로 아동이 획득하고 있는 지식 중에는 아동이 주위와 상호작용하고 환경 속에서 그 변화를 경험하고 알아 가는 가운데 지식이 변해 가는 부분이 많이 차지하고 있다. 성장해 가는 아동들이 못이란 것을 경험할 때 못은 뾰족하므로 찔리면 아프며 이어서 뾰족한 것은 통증을 가져다준다는 하나의 새로운 지식을 자신의 심정 속에 체계화하게 된다.

경험의 주체, 대상, 성립과정

과거에 우리가 생각했듯이 경험은 육체가 하는 것도, 능동적인 것도 아니며 지식은 수동적으로 인식되는 정신적인 것도 아니다. 경험의 주체는 생명을 가진 유기체로서의 아동의 정신과 마음과 몸의 총체의 작용으로 이루어진다. 경험의 대상은 정신적인 것도 물질적인 것도 과학적인 것도 될 수 있다. 경험의 성립과정은 경험의 주체인 아동과 경험의 객체로서의 대상이 되는 환경이나 사물과의 상호작용에서 이루어진다. 따라서 경험은 주체인 아동이 일방적으로 행하는 능동적인 것도 아니요, 환경으로서 객체가 작용하여 그대로 받아들이는 수동적인 것도 아니다. 주체인 아동이 객체인 사물에게 행동을 가할 때 그 가한 행동이 다시 아동에게 영향을 미쳐 주체와 객체가 서로 영향을 주고받는 동안 상호 교류에 의해 경험은 이루어지는 것이다.

듀이에 의하면 경험의 주체는 인간의 심정(mind)이다. 심정은 느낄 수 있는 감각이나 감성도 가지고 있고 생각할 수 있는 사고력이나 이해력도 갖고 있으며 사물을 판단할 수 있는 의지력이나 판단력도 가지고 있다. 느낄 수 있는 힘, 생각할 수 있는 힘, 판단할 수 있는 힘과 같은 능력은 인간의 심정이 가지고 있는 특성으로 사물을 인식하는 데 각기 떼어놓을 수 없는 불가결의 요인들이다. 그러기에 느끼고 생각하고 결정하는 심정의 기능은 각각 다르지만 인간은 누구나 사물을 경험할 때 이 세 가지 기능을 발휘하지 않으면 정확한 경험을 이룩할 수 없을 것이다. 위에서 언급되었던 못의 예에서도 못의 특징과 모양, 그 속성 등을 아동이 경험으로서 느끼게 되고 그 결과나 과정을 생각하게 되고 다른 용도는 없는지 등을 경험으로 판단하게 됨으로 인해 못에 대한 하나의 체계적이고 전체적인 지식을 형성하게 되는 것이다. 인간사회에 대한 지식도 마찬가지이다. 교통신호와 안전이라는 관계처럼 사물의 중요성에 대해 느끼고 그를 인식하고 난 후 그 사물을 취급하게 된다는 듀이의 주장에 입각해 볼 때 교통신호 각각이 하나의 기호로서 의미하는 바를 느끼고 알게 되면 이의 중요성에 대한 여러 가지 지식이 하나의 체계로서 지식화하게 되는 것이다. 따라서 교통신호는 안전에 있어 하나의 경험적인 지식이 되며 바로 인간사회에 필요한 지식으로 자리잡게 되는 것이다. 이것이 바로 경험을 통한 학습인 것이다.

8) 유치원 교육과정에의 반영

미국의 진보주의 교육이론의 한 부분인 듀이 교육철학의 주요 개념은 아동의 흥미, 경험, 문제해결능력, 개별성의 존중, 생활중심의 교육내용, 경험의 재구성, 안내자로서의 교사, 민주적 운영, 자유,

주체성, 자기표현, 사회적응능력 등의 용어로 표현되어 아동중심 교육사상을 보여 주고 있다.

아동중심 교육

아동중심 사상은 루소가 아동중심, 생활중심의 교육을 주장한 이래 꾸준히 이어져 내려왔으나, 행동으로 구체화시키고 교육실제에 적용된 것은 듀이에 이르러서였다. 철학적, 심리적, 교육적으로나 듀이는 아동 주위에 존재하는 사회생활 속에서 아동이 경험하는 것을 중심으로 교육이 이루어져야 하며, 이는 아동이 힘과 흥미와 관심을 가지고 능동적인 삶을 살아갈 때 이것이 바로 교육방법과 어우러져 발달이 이루어지기 때문에 개인의 심리적 현상과 사회 변화의 제반 요소를 교사는 세밀히 관찰해야 한다는 것을 강조하고 있다.

듀이의 사상은 위에서 구체적으로 밝혀진 바 있으므로, 여기에서는 이런 사상들을 바탕으로 유치원 교육과정의 구성방향을 방인옥(1993)이 발표한 논문을 토대로 교육목적, 교육내용 선정과 조직, 교수-학습형태, 평가 등의 차원에서 살펴보도록 한다.

가) 교육목적

듀이는 경험을 통한 끝없는 성장과정을 교육이라고 생각하고 있기 때문에 교육의 목적을 아동의 성장이나 교육과정 그 자체와 별개의 것으로 생각하지 않는다. 오히려 성장 그 자체를 교육으로 보았기 때문에 목적은 인간의 활동 안에서 발생하고 작용하며 행동의 끝이나 종착점이 아니고 사고의 정거장이며 활동으로 나가는 전환점이 된다고 하고 있다. 따라서 듀이의 교육목적은 성장, 계속적인 과정중심일 수밖에 없고, 이것은 다시 현재를 중요시하고 활동을 중심으로 하는 교육이 되는 것이다.

교육목적은 성장, 계속적인 과정중심, 활동중심교육

듀이는 바람직한 교육목적이란 학생이 현재 가지고 있는 경험을 조사하여 그것이 다룰 잠정적 계획을 세운 다음, 그 계획을 끊임없이 염두에 두되 새로운 조건이 발생함에 따라 수정되어 나가는 실험적인 목적이며, 그것은 행동에 의해 검증되면서 끊임없이 성장하는 목적이라고 하였다.

듀이에게 있어 목적을 가지고 행동한다는 것은 지적으로 행동하는 것과 같다. 이것은 생각을 가지고 행동하는 것이며 그 생각에 비추어 사물의 의미를 파악하는 것이기 때문에 목적을 형성하는 과정의 시작은 활동 안에서 아동이 원하는 것, 즉 어떤 일의 현재 상황에서 무언가 다르게 하고 싶다는 바램으로 비롯되는 것이다. 이것은 실현 가능한 수단적 측면에서 고려되고 다시 지식과 결합될 때 목적이 창출되므로 교육목적에서의 그의 아동중심, 성장중심, 흥미중심은 아동 자신의 자연적·자발적 충동을 지력에 의해서 이끌어 나갈 수 있도록 하는 네 있는 것이다.

이러한 듀이의 교육목적에서 다음과 같은 시사점을 얻을 수 있다.

듀이의 교육목적이 시사하는 점.

첫째, 유치원 교육목표의 설정 시 교육목표는 유아의 활동과 요구에 내새된 것이어야 한다.

둘째, 유치원의 교육목표는 대개 아동들의 발달수준과 흥미가 여러 영역에 걸쳐 골고루 나타나야 한다.

셋째, 유치원 교육과정에서 목표는 아동의 활동이나 생활을 안내해 나가야 할 방향으로 기술되어야 한다.

넷째, 유치원의 교육목적은 생각을 가지고 행동하는 지적인 측면에 대한 고려가 있어야 한다.

나) 교육내용 선정과 조직

듀이는 교육을 경험의 계속적인 재구성으로 보고 있기 때문에 경험을 떠나서는 교육을 생각할 수 없다. 듀이가 논하는 경험은 사고가 개입되어 있었을 때 참 의미를 가질 뿐 아니라 아동의 경험에서 출발하여 교과 혹은 교육과정과 연속성을 가질 때 학습으로서 효과를 가진다. 따라서 교육에서의 그의 **경험은 교육의 목적이자 내용이며 방법이고 또한 과정이며 결과다.** 이는 듀이의 견해가 개인과 사회,

내부로부터의 발달과 외부로부터의 형성, 흥미와 도야, 아동과 교과, 경험과 지식을 이원적 사고로 대립시키려고 했던 것이 아니라 통합하려는 데 초점이 있었음을 잘 나타낸다. 다만 교육의 출발점을 항상 아동 자신에게 두고 있었기 때문에 아동만을 위주로 한 교육이나 경험만을 위한 교육, 생활의 문제만을 해결하는 교육으로 오해받거나 비판받기도 한다.

교육내용 선정기준

듀이가 주장하는 교육내용 선정의 몇 가지를 살펴보면 다음과 같다. 첫째, 교육내용의 출발점은 아동 자신이어야 하지만 이는 **교과 혹은 지식과 연결**되어질 때에 가치 있는 것이다. 둘째, 교육내용으로의 경험은 중요하나 **지적인 요소**가 개입되어야만 교육효과를 가져온다. 셋째, 교육이란 **사고하는 것**을 배우는 것이기에 교육내용은 그러한 것을 담고 있어야 한다. 넷째, 교육의 내용은 인간과 가정을 중심으로 한 아동의 **사회적 활동**에 초점을 맞추어야 한다.

교육내용의 나선형 조직

이 모든 것은 아동의 경험이 지적으로 연결되도록 현재의 경험에서 출발하되 능동적 학습이 일어나 나선형이 되도록 조직해야 한다는 듀이의 교육내용 조직원리에 의해 조직되어야 한다. 우리는 위의 내용을 바탕으로 다음과 같은 시사점을 얻을 수 있다.

첫째, 유치원 교육과정의 내용은 발달적 차원, 문화적 차원, 지식 차원에서 선정되어야 한다.
둘째, 유치원 교육의 내용은 과정과 결과를 중요하게 여겨야 한다.
셋째, 유치원의 교육내용은 통합적으로 운영되어야 한다.

다) 교수-학습 형태

듀이는 교육의 출발점은 아동 자신이고 그것이 사고와 연결되어질 때 목적이며 내용이라고 하였듯이 방법에 있어서도 아동의 입장에서 출발하되 사고하는 능력을 길러주기 위해 관찰자, 안내자, 연결자, 제안자, 중재자로서 교사의 적극적 참여를 권하여 아동과의 계속적인 상호작용을 원한다.

듀이가 주장하는 교수방법은 다음과 같다.

교수방법

첫째, 아동의 본성에 따라야 한다.
둘째, 교육방법은 아동의 흥미를 존중해야 한다.
셋째, 교육방법, 내용, 목적은 분리될 수 없다.
넷째, 개별화 방법을 찾아야 한다.
다섯째, 자발적인 자기표현에 의한다.

이를 바탕으로 다음과 같은 시사점을 얻을 수 있다.

듀이의 교수방법이 시사하는 점.

첫째, 유치원 교육에서는 교사와 유아가 능동적으로 상호작용할 때 교육의 효율성이 높다.
둘째, 교수-학습 형태에서 유아의 흥미는 중요하게 다루어져야 한다.
셋째, 교수-학습 형태에서 개별화 방법이 유용하다.
넷째, 유치원 교육에서는 교육의 목적과 방법, 내용이 통합되어야 한다.

라) 평가

듀이는 아동을 환경과 상호작용함으로써 스스로 갱신해 나가는 하나의 생명체로 보고 그 생명체가 반성적인 사고를 가지고 환경과 끊임없이 상호작용하면서 얻는 경험, 그리고 그 결과인 지속적인 성장의 과정을 교육의 과정이자 목적으로 보았다. 따라서 듀이의 교육관은 삶, 성장, 경험으로 압축될 뿐 아니라, 그것 자체가 목적이며 내용이며 방법이고 또한 과정이자 결과인 것이다.

아동의 요구와 능력이 성장을 주도함

듀이는 참된 학습과정에서 가장 해로운 것은 외부로부터 부과되는 외적 목적 설정이라고 보고 성장을 주도하는 것은 아동의 요구와 능력에서 나온다고 강조하고 있다. 외부에서 부과되는 목적, 목적만을 위한 목적을 경계하였던 듀이는 개인을 환경과 분리해서 인식하려고 하지 않으며 또한 인간의 특성을 한 면만 강조하여 보려 하지 않았으며, 지식을 실제 상황적 행동에서 분리하지 않고 통합적으로 인식하고 있다.

듀이는 뚜렷하게 평가에 대한 자신의 견해를 밝히고 있지는 않지만, 평가를 하나의 가치 판단으로 해석하고 있는 것 같다. 강승규(2008)는 듀이의 평가이론을 다음과 같이 분석하고 있다.

> 듀이의 판단과정 또는 반성적 사고의 내용을 보게 되면 그것이 본질적으로 평가의 과정이라는 점이 드러난다. …… 판단 과정은 우리가 관련하고 있는 상황, 즉 과학적, 도덕적, 심미적, 종교적 상황에 상관없이 듀이의 평가이론에 나타난 과정과 동일하다는 생각을 진전시켜 준다. 가치에 대한 판단은 경험된 대상의 조건과 결과에 대한 판단이다. 즉, 우리의 욕망, 감정, 기쁨을 갖는 일을 규제하는 것에 대한 판단이다(Dewey, 1929).

이것으로 보면 듀이가 말하는 가치판단은 유기체 외부에서 일어나는 것이 아니라 경험을 만드는 주체에 속해 있으며 이것은 교육의 목적, 내용, 방법 등과도 일치함을 보여주고 있다. 아울러 듀이는 평가에서 아동의 입장을 고려하여야 할 것을 주장하고 있다.

라. 스키너(B.F. Skinner, 1904～1990)

스키너는 행동주의 심리학을 대표하는 학자로, 인간 행동을 관찰 가능한 것으로 이해하며 이 과정을 환경 간의 상호작용을 통해 설명하고자 하였다. 그는 행동 변화가 환경적 요인과 강화의 결과로 이루어진다는 점에 주목하며, 이후 파블로프(Pavlov), 왓슨(Watson), 손다이크(Thorndike)와 같은 초기 행동주의자들의 연구를 기반으로 자신의 이론을 발전시켰다. 스키너는 행동과 강화 간의 관계를 명확히 설명하기 위해 조작적 조건화 개념을 도입하고 이를 체계적으로 연구하였다.

1) 생애와 업적

스키너는 행동주의 심리학의 대표적인 학자로, 펜실베이니아주에서 태어났다. 1926년 해밀턴 대학에서 영문 학사 학위를 받은 후, 하버드 대학교에서 1930년 심리학 석사, 1931년 박사 학위를 취득하며 학문적 기반을 다졌다. 그는 하버드 대학교의 펠로우로 활동하며 연구를 이어갔고, 이후 미네소타 대학교와 인디애나 대학교에서 교수로 재직했다. 1948년 하버드 대학교로 복귀하여 심리학 교수로 활동하며, 1964년 명예교수로 임명되었다.

동물에서 인간 행동 연구로 확장

스키너 재단(B. F. Skinner foundation)에 공개된 1980년대 후반 스키너 자신을 소개한 이력서(curriculum vitae)에 따르면, 조작적 행동(operant behavior)의 연구 기술을 개발한 심리학자로 스스로를 소개하고 있다. 그는 초기 연구는 주로 쥐와 비둘기를 대상으로 진행되었지만, 이 연구 기술을 확장하여 인간의 행동에도 적용하고 정신병리학적 행동연구, 언어 행동 분석, 영유아의 돌봄, 사회문화에 대한 연구 분야를 제시하고 있다. 이러한 그의 학문적 업적은 여러 학문적 기관에서 인정받아 해밀턴 대학, 시카고 대학교 등 다수의 대학으로부터 명예 학위를 수여받았다. 스키너는 말년까지도 연구와 집필 활동을 이어가며 행동주의 심리학과 교육학 발전에 중추적인 역할을 하였다.

2) 스키너의 사상과 교육활동

스키너의 대표적인 서적으로 1938년에 행동주의 심리학의 기초 문헌으로 안내되는『The Behavior of Organisms』를 집필하여 이론의 기초를 제시한다. 행동의 실험분석에 대한 이 독창적인 설명은 심리학에 대한 그의 가장 중요한 공헌에 포함되며 행동 분석의 토대가 되었다. 1953년에는 『Science and Human Behavior』를 출판했는데, 이 책은 개인행동에서 사회와 문화에 대한 통제에 대한 해석을 서술하고 있다. 이처럼 그는 연구를 기반으로 한 서적들을 통해 인간과 환경의 상호작용에 대한 안내를 제시하며 이는 심리학, 교육학, 사회학 등의 다양한 분야에 영향을 주었다.

특히 그의 이론은 교육 현장에서 학습자 행동을 변화시키는 데 중요한 시사점을 제공한다. 그가 제시한 행동주의를 기반으로 교육 분야에서는 행동 수정 프로그램이나 학습 강화 전략 설계로 확장하였다.

3) 초기 행동주의(Behaviorism)

초기 행동주의는 인간 행동을 과학적으로 탐구하려는 접근으로 행동의 원인을 환경적 요인과 행동 간의 관계를 통해 분석하고, 관련된 환경적 자극-결과(Stimuli-Result)의 상호작용을 탐구한다(Skinner, 1974). 그는 행동주의를 통해 인간 행동을 설명하고 예측할 수 있다고 주장하였다. 또한 그는 행동이 유전적 요인과 환경적 수반성에 의해 결정되며, 자유의지나 내적 정신 상태는 행동의 원인이 아니라 결과라고 보았다. 이처럼 행동주의는 인간 행동의 법칙성을 복잡한 환경적 맥락과 강화 조건의 영향을 받는 것으로 이해하는 과학적 방법론과 철학적 틀을 제공한다(Feeley, 2022).

초기 행동주의 이론은 러시아 과학자 이반 파블로프(Ivan Pavlov, 1849~1936)의 발견에서 큰 영향을 받았다. 파블로프는 포유동물의 소화생리학을 연구하던 중, 동물의 조건반사에 관심을 가지게 되었으며, 이 과정에서 **고전적 조건화** 현상을 발견하였다. 그는 개를 훈련시켜 종소리를 들을 때마다 침을 흘리는 반응을 유도하며 조건화를 실험적으로 증명하였다. 이 과정은 종소리와 음식에 대한 기억을 연합(association)시키고, 반복적인 경험을 통해 **학습된 반응을** 형성한 고전적 조건화의 대표적인 사례로 간주된다.

초기 행동주의 대표학자 파블로프, 왓슨, 쏜다이크, 스키너

초기 행동주의자의 대표적인 인물인 존 왓슨(John B. Watson, 1878~1958)은 인간의 직관, 타고난 능력, 기질 등의 내적 특성을 부정하고, 고전적 조건이론을 증명하기 위해 인간을 대상으로 실험을 수행하였다. 왓슨의 Little Albert 실험은 초기 행동주의의 대표적인 심리학 연구로 인간의 정서적 반응, 특히 공포가 학습될 수 있다는 것을 입증하려는 목적으로 설계되었다.

알버트를 대상으로 한 흰쥐 실험

왓슨은 생후 9개월 된 아기 알버트를 대상으로 실험을 시작했다. 초기 단계에서 알버트는 흰 쥐, 토끼, 털 달린 물체 같은 다양한 자극에 대해 공포 반응을 보이지 않았다. 그러나 조건화 과정에서 흰 쥐가 나타날 때마다 큰 소리를 내는 금속 막대를 두드렸고, 이 소리는 알버트에게 공포를 유발했다. 반복적인 조건화를 통해 알버트는 흰 쥐뿐만 아니라 토끼, 개, 그리고 털 달린 물체 같은 유사한 자극에도 공포 반응을 보이게 되었다. 이를 통해 왓슨은 공포와 같은 정서적 반응도 고전적 조건화 과정을 통해 학습될 수 있음을 보여주었다. 이 실험은 행동주의 이론의 기초를 다지는 데 중요한 역할을 했지만, 윤리적인 문제로 인해 많은 비판을 받았다. 그럼에도 불구하고 왓슨은 인간 의식이나 내면의 주관적 요소를 배제하고, 관찰가

능한 정서에 영향을 미치는 자극을 객관적으로 연구함으로써, 행동주의 심리학을 실증적 학문으로 발전시키는 데 기여하였다.

왓슨의 행동주의적 교육관

"나에게 건강하고 균형 잡힌 신체를 가진 아기 12명이 주어진다면, 나는 그들을 잘 설계된 특별한 환경에서 기를 것이다. 이들 중 무작위로 한 명을 선택해 훈련시키면 의사, 변호사, 예술가, 상인 등 원하는 그 어떤 전문가로도 만들 수 있다고 보장한다. 심지어 거지나 도둑으로도 만들 수 있다. 이는 그들이 가진 재능, 성향, 기호, 능력, 소명, 그리고 조상의 인종과는 상관없이 가능하다."

(Watson, 1930, Behaviorism)

John B. Watson(1878~1958)

쏜다이크(Edward L. Thorndike, 1874~1949)는 도구적 조건화(instrumental conditioning)를 연구하기 위해 퍼즐 박스(puzzle box) 실험을 설계하였으며, 이를 통해 고양이의 시도와 오류(trial and error) 과정을 발견하였다. 그의 실험은 학습이 자극과 반응 사이의 연합의 결과로 이루어진다는 점을 밝혔고(Law of effect), 이는 고전적 조건화가 자극에 단순히 반응을 연합시켰던 것과 구별된다.

퍼즐 박스에 갇힌 고양이는 탈출을 위해 여러 동작을 시도하며 우연히 입구의 잠금장치를 내리게 된다. 탈출에 성공한 고양이는 쏜다이크로부터 먹이를 보상으로 받고, 이후 다시 퍼즐 박스에 가둬지는 과정을 반복한다. 고양이는 반복된 시도 속에서 다시 잠금장치를 내리며 탈출에 성공하게 되고, 이러한 과정을 통해 고양이는 효과적인 행동을 점차 학습하게 된다. 쏜다이크는 고양이가 탈출에 성공하는 데 걸리는 시간을 그래프로 기록했으며, 반복될수록 탈출 시간이 점점 짧아지는 경향을 발견했다. 이는 학습이 시도와 오류(trial and error)를 통해 점진적으로 이루어진다는 점과,

자극과 반응 간의 연합이 강화된다는 점을 보여주는 중요한 증거로 작용했다.

쏜다이크의 퍼즐 박스 고양이 실험

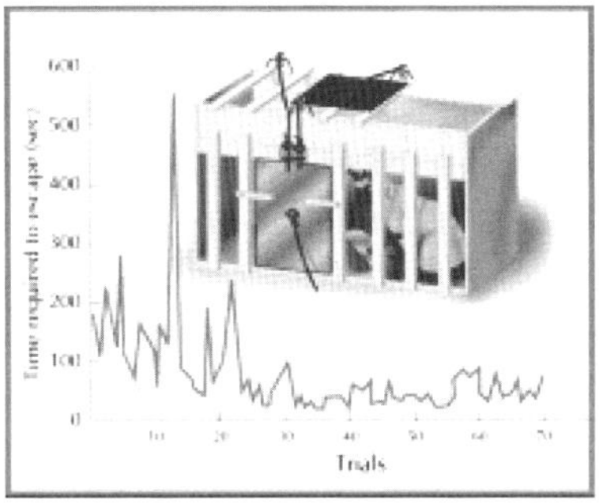

그림 출처:https://commons.wikimedia.org/w/index.php?curid=12342660

Skinner는 쏜다이크의 실험과 유사한 'Skinner Box'실험을 통해 조작적 조건화(operant conditioning)를 실험하였다. 그의 연구는 쏜다이크의 효과의 법칙(Law of Effect) 개념에 기초하고 있으나, 강화(reinforcement)의 개념을 도입하여 조작적 조건화 이론을 체계화했다는 점에서 중요한 차이를 보인다. Skinner의 실험에서, 즐거운 결과를 동반하는 행동은 반복될 가능성이 높아지고, 즐겁지 않은 결과를 동반하는 행동은 반복될 가능성이 낮아지는 것으로 관찰되었다. 이를 통해 강화된 행동은 반복되는 경향이 있으며, 강화되지 않은 행동은 소거되거나 약화되는 경향이 있다는 원리를 명확히 설명하며 조작적 조건화의 아버지로 인정받게 되었다(Feeley, 2022).

다음 그림은 스키너(1951)의 『How to Teach Animals』 논문에서 제시한 비둘기 카드 실험에 관한 그림이다.

보상과 강화

스키너의 비둘기 카드 실험은 강화를 통해 복잡한 구별 작업을 학습시키는 과정을 명확히 보여준다. 실험 환경은 다양한 색깔의 카드들로 구성되었으며, 비둘기는 특정 카드를 쪼는 행동을 훈련받는다. 이 과정에서 스키너는 긍정적 강화(예: 먹이 보상)를 체계적으로 사용하여 비둘기가 올바른 카드를 쪼는 행동과 보상 간의 연관성을 학습하도록 유도하였다. 결과적으로 비둘기는 원하는 행동(올바른 카드를 쪼는 것)과 보상(먹이 제공) 사이의 연관성을 강화하며, 이는 조작적 조건화의 원리를 잘 보여준다. 이 실험은 통제된 자극과 체계적인 강화가 특정 행동을 형성하는 데 얼마나 효과적인지를 입증하며, 유사한 원리를 유아의 행동 학습에도 적용할 수 있음을 제시하였다.

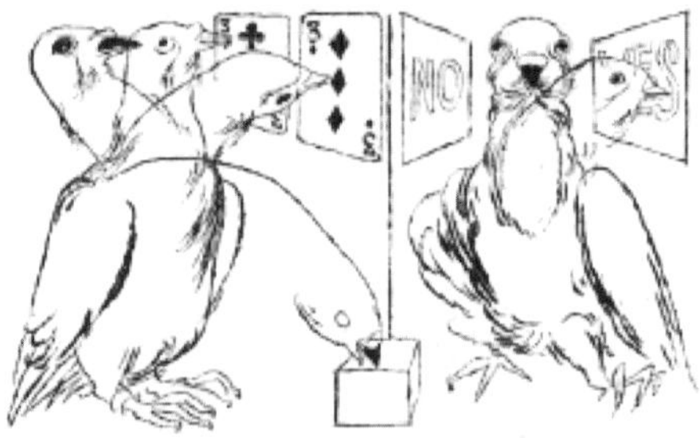

[그림] 스키너의 비둘기 카드 실험 그림(Skinner, 1951)

Skinner에 따르면, 어린 유아는 매우 단순한 환경적 자극으로도 행동이 강화될 수 있으며, 이러한 자극은 학습과 행동 발달에서 중요한 역할을 한다. 예를 들어, 신문 조각, 소리가 나는 숟가락, 혹은 흔들릴 때 소리가 나는 장난감(딸랑이)과 같은 간단한 물체들이 적절한 행동을 유발하고 이를 강화하는 데 효과적으로 사용될 수 있다. 더 나아가, 인간 상호작용을 통해 이루어지는 강화물(human reinforcements)은 유아뿐만 아니라 성인의 행동에도 영향을 미치며, 이러한 강화물에는 주의(attention), 칭찬(approval), 애정(affection)과 같은 사회적 요소가 포함된다. 이러한 원리는 조작적 조건화의 기본개념에 기초하며, 환경적 자극과 사회적 요소의 결합이 행동 형성에 얼마나 강력한 영향을 미칠 수 있는지를 강조한다.

5) 소거(extinction)

소거 격발

스키너는 조작적 조건화를 통해 형성된 행동에 대한 소거(extinction)의 개념을 발견했는데, 이는 비둘기 프로젝트 실험 시스템에서 우연히 음식 제공 기계가 고장 난 사건을 계기로 정립되었다. 비둘기 프로젝트 실험에서 목표 반응은 폭탄의 핀을 제거하기 위해 공을 쪼는 행동이었다. 그런데 어느 날, 기계 고장으로 인해 강화물인 음식이 제공되지 않게 되면서 강화된 반응(공을 쪼는 행동)이 점차적으로 줄어드는 현상이 관찰되었다.

제2차 세계대전 비둘기 프로젝트

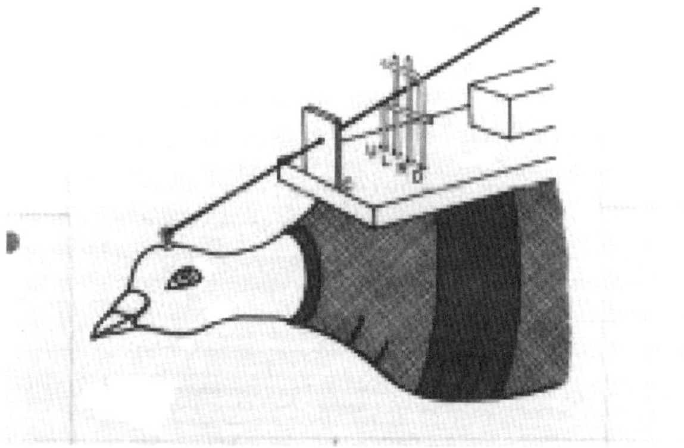

제2차 세계대전 당시 비둘기 프로젝트에 대한 Skinner의 그림
출처:https://www.independent.co.uk/news/science/research-nobel-university-of-minnesota-paris-france-b2612008.html

소거 격발의 사례, 유아의 문제행동

흥미롭게도, 이 과정에서 초기에는 비둘기의 행동 빈도가 급격히 증가하는 초기 소거 격발(extinction burst) 현상이 기록되었다. 이 현상은 학습된 행동이 더 이상 강화되지 않을 때, 강화물을 다시 얻기 위해 이전보다 더 빈번하고 강렬하게 행동이 나타나는 단계를 의미한다. 스키너는 이러한 현상이 소거 과정의 핵심적 특징임을 밝혔으며, 강화가 사라지면 행동이 점차 약화되고 결국 중단된다는 소거의 과정을 체계적으로 설명하였다. 소거의 개념은 강화와 학습 과정에서 행동 변화의 역학을 이해하는 데 중요한 기여를 했으며, 이

는 행동 수정과 학습 설계의 기본 원리로 활용되고 있다.

> 장난감 가게에서 장난감을 사달라고 떼를 쓰며 우는 아이가 있다. 부모가 만일 아이가 울면서 떼를 쓰더라도 장난감을 사 주기를 거부한다면, 아이는 점진적으로 울음을 그치게 될 것이다. 그러나 처음에는 울음이 더 심해지는 현상(extinction burst)이 나타날 수 있다. 이전에 강화되었던 반응에 대한 강화물을 제한하는 것은, 아이가 장난감 가게에서 장난감을 얻기 위해 나타내는 그 행동(즉, 울음, 떼쓰기)을 중단하도록 만들 것이다.

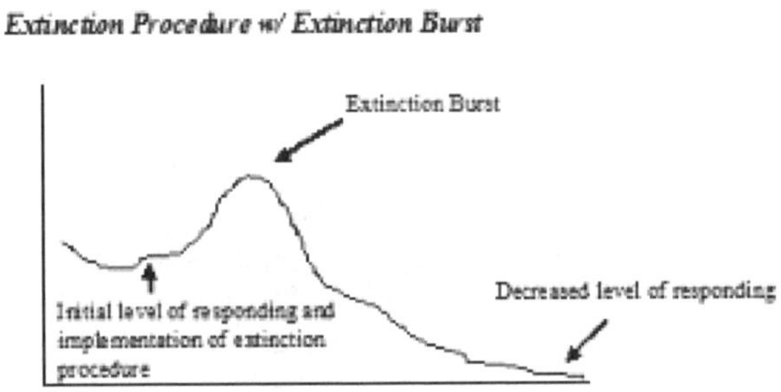

https://blsolutionsaba.blogspot.com/2011/07/potential-effects-of-extinction.html

6) 수반성

수반성 개념의 교육적 적용

수반성(contingency)은 행동주의 심리학에서 특정 행동과 그 행동의 결과 간의 관계를 설명하는 핵심 개념으로, 학습과 행동 변화를 이해하는 데 필수적이다(Skinner, 1969). 이는 특정 자극이 행동을 유발하고, 그 행동이 결과를 초래하는 과정을 체계적으로 정의하며, 이 관계가 반복되면서 행동의 빈도와 강도가 변화하게 된다. 예를 들어, 유아가 특정 질문에 올바르게 대답했을 때 칭찬(긍정적 강화)을 받으면, 유아는 해당 행동을 반복할 가능성이 높아진다. 학습 과정에서 이러한 수반성이 일관되게 유지될 때, 행동과 결과 간의 **명**

확한 연결이 학습자의 행동을 강화하며, 목표 행동의 습득과 유지가 촉진된다. 반대로, 결과가 불규칙하거나 행동과의 연결이 명확하지 않을 경우, 학습자는 혼란을 느끼고 행동의 형성이 지연될 수 있다.

교육 현장에서 수반성은 행동 학습과 정서적 반응에 중요한 영향을 미친다. 연구에 따르면, 수반성이 높은 환경에서는 행동 학습이 촉진되고 교사와 학습자 간의 긍정적 상호작용이 강화되었으나, 수반성이 낮은 환경에서는 학습 동기와 정서적 반응이 둔화되는 경향이 있다(Raab et al., 2009). 이러한 결과는 수반성이 유아교육에서 학습, 동기부여, 행동 수정, 그리고 교사-유아 관계 개선에 중요한 역할을 할 수 있음을 보여준다. 따라서 수반성은 학습자가 자신의 행동이 긍정적 결과로 이어진다는 점을 인식하도록 돕는 구조를 제공함으로써 학습의 효과를 높인다. 따라서 수반성은 행동을 설계하거나 수정하는 데 있어 핵심적인 원리로 활용될 수 있으며, 유아가 목표로 하는 행동을 성공적으로 습득하고 이를 지속적으로 유지하도록 돕는 데 매우 유용한 개념으로 자리 잡고 있다.

마. 피아제(Jean Piaget, 1896~1980)

1) 생애와 업적

어린 시절 호기심과 탐구심

장 피아제(Jean Piaget)는 1896년 스위스 뇌샤텔에서 태어나 개신교 가정에서 성장했다. 그의 어머니 레베카 잭슨(Rebecca Jackson)은 정치 활동가였고, 아버지 아서(Arthur) 피아제는 대학에서 역사 교수로 재직했다. 피아제는 어린 시절부터 학문적 재능을 발휘했으며, 10세 때 희귀 참새와 연체동물에 대한 연구를 시작으로 자연과학에 대한 강한 호기심과 탐구심을 드러냈다. 이후 이러한 연구를 바탕으로 자연과학 분야에서 학문적 경력을 본격적으로 시작하게 되었다. 그는 스위스 뇌샤텔 대학교(University of Neuchâtel)에서 자연과학을 전공하여 박사학위를 받았다. 그 과정에서 생물학과 철학에 깊은 관심을 보였으며, 이에 대한 학문적 열정을 드러냈다. 그의 이러한 통합적 학문 경험은 이후 그의 인지발달 이론 형성에 중요한 밑거름이 되었다.

1925년, 피아제는 뇌샤텔 대학으로부터 교수직을 제안받았다. 그의 학문적 여정은 매우 빠르게 진행되었지만, 이 과정에서 철학, 종교, 진화론의 새로운 관점들을 인식론(epistemology, 지식에 대한 학문)에 어떻게 적용할지를 깊이 탐구하였다. 피아제는 서로 상반되는 견해들을 분석하며, 이들을 초월해 서로 충돌하지 않는 제3의 대안적 관점을 제시하는 데 탁월한 능력을 발휘했다. 그는 또한 뛰어난 글쓰기 능력을 바탕으로 자신의 아이디어를 지속적으로 발표함으로써 다른 이들이 이를 검토하고 논의하도록 장려했으며, 이러한 지적 대화와 상호작용을 적극적으로 환영하고 고무시켰다(Waite-Stupiansky, 2022). 현재 제네바 대학교의 장 피아제 센터에는 공동연구를 포함한 1,500편 이상의 논문과 저서가 보관되어 있으며, 이는 그의 방대한 학문적 업적을 보여준다.

대학 시절, 스위스 취리히의 심리학 실험실에서 일하는 동안 융(Carl Gustav Jung, 1875~1961), 프로이트(Sigmund Freud, 1856~1939), 아들러(Alfred Adler, 1870~1937) 등의 정신분석 이론에 깊은 관심을 갖게 되다. 그는 이들 이론 간의 관계를 탐구하며 이를 주제로 한 논문을 발표하고 강의를 진행함으로써, 당시 심리학과 정신분석학 분야에서의 지적 대화를 활발히 이끌었다. 이러한 경험은 피아제의 초기 학문적 성과뿐만 아니라, 이후 발달심리학 연구에 영향을 미친 중요한 계기가 되었다.

21세에 심리학에 대한 관심으로 인해 파리의 Binet-Simon(최초의 지능검사를 개발하고 시행한) 연구소에서 일하던 피아제는, 많은 아동이 연령에 따라 **비슷한 수준과 패턴**의 실수를 범한다는 사실을 발견했다. 이러한 관찰을 바탕으로 아동의 추론 방식을 심층적으로 이해하기 위해 그는 아동의 응답을 기반으로 추가 질문을 던지는 임상면접법(clinical interview)을 개발하였다. 이 접근법은 아동의 사고과정을 체계적으로 탐구하고, 아동의 지적 발달 단계에 대한 심리학적 통찰을 얻는 데 크게 기여했다(Lascarides & Hinitz, 2000).

국제적인 연구 네트워크를 통한 협업

1929년, 그는 제네바 대학 교수로 재직하며 인지발달 이론을 구체화하고 교육학과 심리학 분야에서 점차 영향력을 확장하기 시작했다. 1954년, 그는 미국으로 건너가 심리학 교수로 활동하며 자신의 이론을 국제적으로 발표하며, 2년 후 제네바에 교육과학 연구소를 설립하고 소장으로 취임하며 연구에 더욱 박차를 가하였다. 이 연구소에서 이루어진 많은 연구들은 유아의 인지발달에 대한 독창적인 아이디어를 포함하여 학문적, 교육적 실천의 새로운 길을 열었다는 평가를 받고 있다. 1950년대 후반, 피아제의 주요 저작이 영어로 번역되면서 그의 이론은 국제적으로 더욱 널리 알려지는 기회를 얻는다. 특히 그는 하버드 대학의 심리학자 제롬 브루너와의 인터뷰를 통해 미국 학계에서도 그의 연구가 큰 주목을 받게 된다. 이후 옥스퍼드 대학과 하버드 대학에서 명예 학위를 수여받고, 여러 국제학회에서 강연을 하고 발달 관련 회의에 참석하며 학문적 교류를 이어갔다(Saravanan & Murphy, 2023). 피아제는 자신의 연구를 통해 유아의 인지발달 이론에 기여했으며, 그의 업적은 현대 심리학의 기반을 다지는 데 큰 영향을 미쳤다.

2) 사상과 교육활동

장 피아제는 동료와 학생들에게 깊은 영향을 미치며, 학문적 활동뿐만 아니라 토론, 모임, 식사, 단체 여행 등 다양한 사회적 활동을 통해 인간관계를 구축하였다. 그의 학문적 네트워크는 빠르게 확장되었으며, 연구 방법론의 활용과 학제 간 관점의 대립을 통한 협업으로 많은 학술적 교류를 이루었다. 1912년부터 1916년 사이에 피아제는 스위스, 프랑스, 이탈리아, 독일, 덴마크, 스웨덴, 폴란드, 미국의 연구자들과 서신을 주고받으며 국제적인 연구 네트워크를 형성하였다.

유아의 능동적 지식 구성

피아제는 학문적 경력의 대부분을 보낸 제네바의 루소 연구소(Jean-Jacques Rousseau Institute)에서 발렌타인 샤트네를 만나 결혼하였고, 세 자녀를 두었다. 부부는 자녀들의 발달 과정을 관찰하고 이를 체계적으로 기록하여 발달 심리학의 중요한 이론적 기초를 제공하였다. 자녀의 발달 관찰은 피아제의 인지발달 단계 이론을 뒷받침하는 경험적 데이터를 제공하였으며, 이는 『아동 지능의 기원』(1936)의 토대가 되었다. 이 책에서 피아제는 유아가 기본적인 반사 작용에서 복잡한 정신 과정으로 전환하는 과정을 탐구하고 지능이 일련의 단계를 거쳐 발달하며, 각 단계는 특정한 인지적 특성을 가진다고 설명하였다.

관찰을 통한 경험적 데이터

피아제는 『아동의 현실 구축』(1937), 『유아기 놀이, 꿈과 모방』(1945/1962) 등의 저서를 통해 유아 발달과 관련된 심화 연구를 이어갔다. 현재 제네바대학교의 장 피아제 센터는 피아제가 약 350명의 공동 연구자와 함께 발표한 약 1,500편의 출판물(논문, 기사, 연설문, 보고서 등)을 체계적으로 보관 및 정리하고 있다. 이 센터[5)]는 피아제의 학문적 업적을 보존하고 이를 바탕으로 한 연구를 촉진하는 데 중점을 두고 있다.

3) 구성주의(Constructivism) 이론

아동이 어떻게 사고하고, 학습이 어떻게 이루어지는지에 대한 피아제의 **발생학적 인식론**(genetic epistemology)은 심리학, 철학, 교육학 전반에 큰 영향을 미쳤다. 그는 영유아의 인지발달 과정을 깊이

5) Université de Genève Centre Jean Piaget: https://www.unige.ch/ centre-piaget/

탐구함으로써, 인간의 지식획득 과정이 외부 지식의 단순한 전달이 아닌 복잡한 인지 구조의 생성과 발달의 과정임을 제시하였다. 피아제는 그의 이론을 명명하기 위해 구성주의(constructivism)의 용어를 사용하였다(Waite-Stupiansky, 2022). 피아제의 관점에 의하면 학습자는 그의 내적 실재와 외적 실재에 대한 변화를 능동적으로 일으키는 **주체(agent)**이다. 피아제는 유아를 주변 세계에 대한 호기심을 가진 실험가로 보았으며, 이들의 학습은 사물과의 탐색 및 실험을 통한 능동적인 지식구성 과정을 통해 이루어진다고 보았다(김희연, 2001).

인지적 평형 상태와 지적 불균형

지식구성 과정에 대한 그의 인식론은 학습자가 환경에 적응하면서 자신의 인지 구조(스키마, mental structure)를 변화시키는 과정을 설명하는 동화와 조절의 개념에서 명확히 드러난다. 피아제는 학습자가 환경과의 적극적인 상호작용을 통해 세계에 대한 지식과 이해를 구축한다고 보았다. 동화(assimilation)는 새로운 정보를 기존의 스키마에 통합하는 과정으로, 기존의 사고 틀을 유지하면서 환경을 이해하려는 시도이다. 반면, 조절(accommodation)은 새로운 경험을 수용하기 위해 기존 스키마를 수정하거나 변형하는 과정을 포함한다. 이러한 과정은 학습자가 이미 알고 있는 지식과 새로운 환경 사이의 균형, 즉 인지적 평형 상태(equilibrium)를 유지하도록 돕는다.

특히, 동화의 과정에서 나타나는 **지적 불균형**(disequilibrium)은 유아들의 내면에 강력한 학습 동기를 유발한다. 이 동기는 환경과의 상호작용을 촉진하고, 이를 통해 점차 평형화 상태에 도달하게 된다. 이러한 과정은 유아가 새로운 정보를 기존의 인지 구조에 통합하거나, 기존 구조를 조정하여 새로운 정보와 조화를 이루도록 하는 지적 발달의 핵심 메커니즘으로 작용한다. 학습자의 현재 지식 구조와 새롭게 배운 사실 사이에 불일치가 발생할 경우, 이러한 불일치를 해결하고 자신의 생각을 재조직하기 위한 과정에서 지적 활동(인지적 노동, 학습)이 요구된다. 그러나 이 과정이 반드시 지루하고 고된 경험으로만 여겨지는 것은 아니다. 오히려 이러한 인지적 도전은 새로운 탐구와 발견의 즐거움을 통해 동기부여를 강화할 수 있다.

4) 놀이, 동화 우세적인 활동[6)]

피아제(1962)에 따르면, 놀이는 동화 우세한 활동으로, '진정한 놀이'의 순간에는 새로운 지식의 구성이 발생하지 않는다. 그는 놀이와 학습 또는 노동과 같은 일상적인 활동을 명확히 구분할 필요가 있다고 보았는데, 이 구분의 핵심은 지적 구조의 평형화와 관련이 있다. 파아제는 사고의 발달과 학습이 동화와 조절의 상호작용을 통해 이루어지는 평형화 과정에 기반한다는 가정을 바탕으로, '진정한 놀이'를 자기 목적적이며 즐거움 자체를 위한 활동으로 정의하였다. 그는 이러한 놀이를 논리적이고 합리적인 사고 과정이 아닌, 체계성이 부족하고 몽상적이거나 상징적인 게임과 같은 **동화 우세적 순간**으로 특징지었다. 이러한 관점은 프로이트의 **무의식적 상징** 이론에 영향을 받은 것으로, 놀이의 순간에 자아는 현실적 제약이나 갈등 문제로부터 자유로워야 하며, 이를 적절히 수용하거나 제어한 상태에서 유희적 동화(ludic assimilation)의 순간을 즐길 수 있어야 한다고 보았다(Piaget, 1962).

상징 놀이의 교육적 의미

특히, 상징놀이(symbolic play)는 기존의 도식과 지식 간의 연결이 유연한 상태에서 이루어지며, 이는 확산적 사고와 창조적 상상의 원천이 된다(Dansky, 1980). 상징 놀이는 특별한 인지 작용과 관련될 수 있으며, 아동이 상징적 사고를 통해 현실을 재구성하고 새로운 의미를 창조하는 과정을 촉진한다. 이는 놀이가 단순히 현실에서

6) 본 장의 일부 내용은 김윤희(2019)의 「놀이와 창조성에 관한 고찰: 놀이 속 물리적 세계와 상상의 연결」 논문의 일부를 기초로 재구성되었다.

벗어난 도피적 활동이 아니라, 현실과의 긴장 속에서도 창의적이고 상징적인 사고를 통해 무의식을 표현하고 심리적 조화를 이루는 중요한 과정으로 간주한 것이다.

놀이, 꿈과 상징, 모방, 지식 구성 과정에 관한 피아제의 생각은 그의 저서 『Play, Dreams and Imitation in Childhood』에 잘 드러나 있다.

놀이 중심 유아교육과정 의미 확장

이처럼 영유아의 놀이는 단순히 즐거움을 주는 활동을 넘어서 심리적·인지적 성장의 기회로 작용한다. 놀이를 통해 유아들은 자율적으로 세상과 상호작용하며, 이를 통해 내적 갈등을 해결하고 외부 환경을 이해하는 능력을 발달시킨다. 이러한 관점을 놀이 중심 교육과정에 적용해 보면, 놀이가 강제되거나 성인 주도의 활동으로 변질될 경우, 유희적 동화의 상태가 쉽게 무너질 것이다. 유아가 스스로 선택할 수 없는 활동이나 지나치게 학습을 강요받는 환경에서는 유희적 동화의 순간에 도달하기 어렵고, 이로 인해 놀이의 본질적 가치가 약화될 위험이 있다. 따라서 놀이 중심 유아교육은 유아의 자율성과 창의성을 보장하며, 놀이의 본질적 가치를 지켜야 한다는 점이 강조된다.

오늘날 놀이 중심의 유아교육과정은 유희적 동화의 순간과 지적 활동의 순간이 조화롭게 통합되도록 조직하려는 교육의 움직임을 반영한다. 피아제는 놀이를 유아 발달 과정에서 필수적인 요소로 간주하며, 유아들이 놀이를 통해 세상을 이해하고 탐구하는 과정에서 스스로 지식을 구성한다고 보았다. 이러한 놀이와 학습의 융합은 아동의 지적, 정서적, 사회적 발달에 중요한 역할을 하며, 이를 바탕으로 한 유아교육은 아동의 전인적 발달을 효과적으로 지원할 수 있다.

5) 사물놀이와 구성놀이

구성주의 교육자들에게 구체물에 대한 탐색과 실험은 아동 발달에 매우 중요한 의미를 가진다. 사물에 대한 탐색 과정은 아동이 통제 가능한 변인을 다루며, 이를 통해 사고, 예측, 가설 설정 및 검증과 같은 풍부한 사고 과정을 경험하도록 한다. 이러한 탐색은 단순히 우연적이고 비계획적인 활동에서 시작되지만, 점차 복잡한 사고와 의도적 계획이 포함된 유목적적인 활동으로 발전한다. 사물과의 상호작용은 아동이 세상을 이해하고 자신만의 지식을 구성하는 데 필수적인 과정으로, 이를 통해 논리적 사고와 문제해결 능력을 강화하며 학습의 깊이를 더한다(Waite-Stupiansky, 2022).

사물놀이(object play)는 어린 영아가 놀이 활동을 시작할 때 주로 나타나는 단순 기능 놀이로 시작되며, 이는 영유아의 기본적인 신체 움직임과 감각을 활용하여 주변 환경과 상호작용하는 가장 기초적인 놀이 형태이다. 피아제(1962)에 따르면, 이러한 단순 기능 놀이는 약 2세가 되면서 점차 더 복잡한 행태로 발전하며, 구성놀이(constructive play)로 전환되는 과정을 거친다. 이 과정에서 영유아는 사물을 단순히 탐색하는 단계를 넘어, 사물 간의 관계를 이해하고 이를 조합하거나 변형하는 활동을 통해 더 높은 수준의 인지적 능력을 발달시킨다.

구성놀이는 쌓기, 조형 놀이와 같이 다양한 자료를 활용하여 무언가를 만들거나 쌓는 활동을 포함하며, 점차 조직적이고 구조적인 형태로 진화한다. 이 단계에서 유아는 사물과 사물 간의 관계를 탐구하고, 이를 창의적이고 목적지향적으로 구성하는 데 중점을 둔다. 이러한 놀이 활동은 유아가 사물 간의 상호작용과 조합을 이해하는 동시에, 이를 통해 자신만의 창의적 표현을 발달시킬 수 있는 기회를 제공한다. 피아제는 이러한 구성놀이의 특성을 설명하면서, 사물놀이를 놀이와 비놀이(학습)의 중간에 위치한 경계선 활동(boundary class)으로 명명하였다(Piaget, 1962). 이는 놀이가 단순한 오락적 활동을 넘어서 학습과 성장의 중요한 매개체로 작용한다는 점을 강조한 것이다. 이러한 관점은 놀이를 통한 학습과 성장을 추구하는 교육자들에게 중요한 이론적 토대를 제공하며, 놀이와 학습이 상호보완적으로 작용하여 유아의 인지적, 정서적, 사회적 발달을 촉진할 수 있음을 시사한다(이종희, 2002).

피아제의 관점을 통해 생각해 볼 수 있는 또 다른 시사점은, 유아의 놀이는 발달적으로 진보한다는 것이다. 상징놀이는 초기의 단순한 상징적 활동에서 출발해 복잡한 스토리 구조를 갖춘 이야기 짓기의 수준으로 진보한다. 사물놀이는 단순 기능놀이로 시작하여, 고도의 집중력과 인지과정이 요구되는 복잡한 구성놀이로 진행되며, 나아가 추론과 탐구가 요구되는 추상적인 활동으로까지 확장될 수 있다. 중요한 점은 아동이 주변 세계에 대한 호기심을 가진 실험가이자 지식 구성자로서 스스로 학습하고 탐구한다는 것이다. 이에 따라 교사는 아동과 동일한 호기심을 공유하며, 아동과 함께 지식을 탐구하는 공동 탐구자로서의 역할을 수행해야 한다. 이는 교사가 단순한 지식 전달자가 아닌, 아동의 학습 과정을 지원하고 함께 성장하는 동반자임을 강조하는 관점이다.

바. 비고츠키(Lev Vygotsky, 1896~1934)

1) 생애와 업적

레프 비고츠키(Lev Vygotsky, 1896~1934)는 피아제와 같은 해인 1896년 러시아 오르샤에서 유대인 혈통의 부유한 가문에서 태어났다. 그의 아버지는 은행원이었으며, 가족은 이후 고멜로 이주하여 비고츠키는 유대인 사립 김나지움에서 교육을 받았다. 아동기부터 문학, 시, 철학 등 언어예술 분야에 깊은 관심을 보였고, 대학에서 문학, 철학, 예술, 심리학 등을 폭넓게 공부하였다. 모스크바 대학에 재학하며 법학을 전공해 1917년에 졸업했다. 소비에트 연방 혁명 이후, 마르크스주의 관점에서 심리학을 재건한 주요 인물이 되었다. 그는 인간 의식의 형성 과정에서 사회·문화적, 역사적 요인이 미치는 영향을 심도있게 연구하였다. "심리학의 모차르트"라 불린 러시아의 천재 심리학자인 그는 1934년 결핵으로 짧은 생애를 마감하였다. 비록 짧은 생애였지만, 그는 사회문화이론(sociocultural theory)을 통해 인간 심리 과정과 사회적 상호작용을 이해하기 위한 포괄적인 접근법을 제시하며 심리학과 교육학의 발전에 지대한 영향을 미쳤다(Bodrova & Leong, 2007/2024).

비고츠키는 모스크바 대학교에 입학하여 의학을 공부했으나, 곧 법학으로 전과하였다. 이와 동시에 비공식적으로 샤니아프스키 대학에서 언어학, 문학, 철학, 심리학, 그리고 유대인 역사와 문화에 대해 폭넓게 학습하였다. 이 과정에서 그는 가능한 한 많은 강좌를 수강하고, 지역 극장을 방문하며 자신의 흥미를 탐구하였다. 이러한 배움의 과정을 통해 그는 법학이나 의학보다는 인간에 대해 더 폭넓은 관심사를 가지고 있었음을 깨닫고 자신의 관심을 문학, 예술, 창의성에서 궁극적으로는 일반적인 심리학까지 이르게 되었다(Van, 2007). 1917년 대학을 졸업한 이후에는 고향으로 돌아가 예술, 문학을 가르치며 연구를 지속하였다. 이때 다양한 작가들의 작품을 연구하며 문학 비평에 관한 다수의 논설을 발표하였다. 또 그는 저널리스트로 활동하며 학문과 실천의 영역에서 중요한 역할을 수행하였다.

1924년 비고츠키는 모스크바 대학 심리학 연구소에 심리학 관련 연구들을 진행하였으며, 이듬해 예술심리학을 철학 박사학위 논문으로 제출하였다. 이후 모스크바 대학의 심리학과 교수로 가르치며 심리학 연구소에서 연구 활동을 진행하면서 그는 심리학의 주요 인물이 되었다(Britannica, 2024). 그는 언어와 학습 과정 간의 관계를 지속적으로 연구하며 중요한 성과를 이루고 근접 발달 영역 개념을 구체화하였다. 그의 연구는 학습과 발달의 사회적 본질을 밝혀내며, 현대 교육학에서 발달과 교육 환경의 중요한 이론적 기초가 되었다.

2) 사상과 교육활동

비고츠키는 심리학의 자연주의적 접근법과 철학적 접근법을 통합하려는 시도를 하였으며, 연구를 통해 인간 심리를 이해하는 관점을 제시하고자 하였다. 1925년, 비고츠키는 결핵의 재발로 병원에 입원하면서도 연구를 지속하였고, 그 결과로 『예술심리학』이라는 논문을 완성하였다. 이 논문에서 그는 예술이 인간의 감정과 사고에 미치는 영향을 분석하며, 예술 작품이 사회적 맥락에서 어떻게 이해되고 수용되는지를 탐구하였다. 이를 통해 비고츠키는 예술이 단순한 개인적 표현을 넘어 사회적 상호작용의 산물임을 강조하였다. 하지만, 『예술심리학』은 생전에 출판되지 않았으며, 『교수심리학』(1926)을 시작으로 약 100편에 달하는 다양한 글을 발표하며 심리학과 교육학에 초점을 맞추어 연구를 이어갔다(박현진, 2009). 이후 그는 『사고와 언어』(1934)를 통해서 언어와 사고의 관계를 살펴보는 심층적 연구를 전개하였다.

뿐만 아니라, 언어 이해, 논리 기억, 선택적 주의, 의사 결정 등 고등 인지 기능의 발달에 관한 연구를 진행하며 근접 발달 영역(ZPD) 개념을 발전시켰다. 이는 학습자가 독립적으로 해결할 수 없는 과제를 성인이나 더 숙련된 동료의 도움을 통해 수행할 수 있는 영역을 의미한다. 비고츠키는 이러한 사회적 상호작용이 학습과 발달에 필수적이라고 보았으며, 이를 통해 유아가 점진적으로 자율성을 획득한다고 주장하였다. 그는 1924년부터 약 10여 년간 학습과 유아 발달에 관한 방대한 연구를 수행하고, 많은 저서와 논문을 발표하였다. 그러나 그의 연구는 그가 사망한 후 오랜 시간 동안 주목받지 못했다. 그의 저작과 이론은 1960년대에 이르러 서양 심리학계에 번역되고 널리 알려지기 시작하였으며, 이후 교육학 및 심리학 분야에서 큰 영향을 미쳤다. 비고츠키의 이론은 인간의 발달 과정을 사회적 상호작용과 역사문화적 맥락 속에서 이해하는 데 중요한 틀을 제공하며, 오늘날에도 학문적 논의와 실천적 적용에서 핵심적인 역할을 한다. 비고츠키의 이러한 사상과 연구는 현대 교육학에 큰 영향을 미쳤으며, 특히 협력 학습, 비계 설정(scaffolding), 학습자 중심 교육 등의 교육 방법론에 이론적 기반을 제공하였다. 그의 이론은 학습자가 사회적 맥락에서 상호작용을 통해 지식을 구성하고, 이를 통해 인지 발달이 촉진된다는 점을 강조하며, 이는 오늘날 교육 현장에서 널리 적용되고 있다.

3) 정신의 도구(Tools of the Mind)

고등정신 기능(higher mental function)은 교육을 통해 획득되는 고차원적 인지과정으로, 하등 정신 기능과의 주요 차이는 정신의 도구(mental tool)의 사용 여부에 있다. 비고츠키는 고등정신 기능의 핵심을 정신의 도구로 보고, 이 도구들이 인간의 행동을 단순히 환경에 종속된 상태에서 벗어나 자신의 행동을 스스로 조절하고 환경을 통제할 수 있는 주체로 변화시키는 주요 능력으로 설명하였다(Bodrova & Leong, 2007).

호모 파베르로, 도구적 인간

호모 파베르(Homo Faber)는 '도구를 사용하는 인간'이라는 뜻으로, 도구의 사용은 인간으로 하여금 신체, 공간, 시간적 한계를 넘어설 수 있게 해주었다.

정신의 도구(mental tool)의 사용은 보다 높은 수준의 고등정신의 기능을 사용하여 현재의 발달 수준을 뛰어 넘어 자신의 행동을 통제하고 독립심을 획득 할 수 있도록 도와준다.

'도구의 사용'-AI생성 그림

고등정신 기능(Higher mental functions)을 이해하기 위해 Bodrova & Leong (2007/2024)서는 초등(하등) 정신 기능은 인간과 고등 동물에게 공통적으로 나타나는 정신적 과정을 의미한다.

초등 정신 기능은 눈 깜빡임, 침 흘림, 불수의적 주의 반응, 연상 기억과 같은 감각 체계의 자동적이고 본능적인 반응으로 구성되며, 주로 선천적 능력과 생물학적 성숙에 의존하여 발달한다. 초등 정신 기능은 학습과 경험에 의존하지 않고, 환경의 자극에 대한 본능적 반응을 기반으로 한다는 점에서 고등정신 기능과 차이를 보인다.

<표> 초등 정신 기능와 고등정신 기능의 차이

초등(하등) 정신 기능 (Lower mental functions)	고등정신 기능 (Higher mental functions)
• 감각(Sensations) • 반응적 주의(Spontaneous attention) • 연상적 기억(Associative memory) • 감각 운동 지능(Sensorimotor intelligence)	• 매개된 지각(Mediated perception) • 의도적인 주의 집중(Focused attention) • 의도적인 기억(Deliberate memory) • 논리적 사고(Logical thinking)

출처: Bodrova & Leong (2007) p.52

초등 정신 기능은 인간 발달의 초기 단계에서 중요한 역할을 하지만 습득되는 고등정신 기능과는 달리 본능적이고 자연적인 과정을 기반으로 작용한다. 이는 인간이 환경과 상호작용하고 발달하는 초기 단계를 이해하는 데 중요한 개념으로 자리 잡고 있다. 비고츠키에게 고등정신 기능은 유아의 발달에서 점진적으로 형성되는 것으로, 초등 정신 기능의 재구조화를 통해 이루어진다고 본다. 고등정신 기능은 태어나면서부터 완성된 상태로 나타나는 것이 아니라, 유아가 환경과 상호작용하고 학습하는 과정에서 초등 정신 기능이 점차 재편성되고 발전함으로써 형성된다.

고등정신 기능에는 매개된 지각, 집중된 주의, 의도적 기억, 논리적 사고와 같은 고급 인지 활동이 포함된다. 즉 고등정신 기능은 단순히 본능적이고 반응적인 하등 정신 기능과는 달리, 학습과 교육이라는 과정 속에서 형성되고 발전되는 인지적 능력이다. 이러한 기능들은 정신적 도구의 사용을 통해 더욱 정교화되며, 유아가 더 높은 수준의 자기 조절과 의식적인 행동을 수행할 수 있도록 돕는다.

비고스키는 고등정신 기능을 숙고에 의한, 중재된, 내재화된 행동으로 묘사했다. **숙고(deliberate)**에 의한 사고는 환경에 의해 통제되기 보다 스스로의 사고와 선택에 기반하여 통제되는 정신을 의미한다. 숙고에 의한 사고는 지각되는 환경에 바로 반응하지 않고 정신의 도구의 사용에 의해 **중재된**(mediated) 방식으로 선택된다. 특히, 정신의 도구는 유아가 환경과의 상호작용을 심화시키고, 논리적 사고 및 문제해결 능력을 발달시키는 데 중요한 역할을 한다. 비고츠키는 이러한 고등정신 기능이 유아의 학습과 성장에 핵심적이며, 유아가 자신의 행동을 **의도적**으로 설계하고 중재할 수 있는 능력을 키우는 데 필수적이라고 보았다.

〈표〉 의도적 행동과 비의도적 행동의 예

의도적 행동의 예	비의도적 행동의 예
주의를 분산시키는 그림은 무시하고 체계적이고 의도적인 방법으로 숨겨진 모양을 찾는다.	체계적인 방법을 사용하지 않고 다른 그림 때문에 주의가 분산되어 그림 속에 숨겨진 모양을 발견하지 못한다.
교사의 말에 귀를 기울이며 다른 소음을 차단한다.	다른 유아들이 말하고 있을 때 교사의 말에 귀를 기울이지 못한다.
블록으로 쌓기 전에 머릿속으로 미리 계획을 세우기 때문에 계획한 구조에 가장 적합한 블록을 선택한다.	지으려고 하는 빌딩의 구조와 관계없이 가장 가까이에 있는 블록으로 짓기 시작한다.

출처: Bodrova & Leong (2007) p.54

〈표〉 정신의 도구를 사용하여 중재된 행동의 예

중재된 행동	중재되지 않는 행동
"오른쪽으로 두 번 가고, 왼쪽으로 세 번 가고, 발로 차고"와 같이 혼자서 순서를 중얼거린다.	방금 본 복잡한 춤의 순서를 기억하려고 노력한다.
물건의 숫자를 세어본다.	물건의 숫자를 눈으로 어림잡아 세어본다.
질문에 답한 준비가 되었다는 표시로 손을 든다.	교사의 질문에 불쑥 말한다.

출처: Bodrova & Leong (2007) p.54

고등정신 기능이 완전히 발달하면, 외부 도구를 사용하는 단계를 넘어 내부 도구를 활용하는 방식으로 전환된다. 예를 들어 연상법과 같은 내부화된 도구가 주요한 학습 수단으로 자리 잡으며, 이러한 도구를 사용하는 과정 자체도 유아의 내면화(internalized) 과정을 통해 이루어진다.

비고츠키는 이 내면화를 인간의 고등정신 기능이 사회적 상호작용을 통해 개인의 내적 심리 구조로 전환되는 과정, 즉 '마음 속으로 성장하는 과정'으로 설명한다(Vygotsky, 1934), 외부 행동과 내면화된 행동은 구조와 기능 면에서 동일성을 유지한다고 강조하였다. 이러한 과정을 통해 유아는 단순한 정보 습득을 넘어, 자신만의 독립적이고 창의적인 사고를 바탕으로 학습을 이끌어나갈 수 있다.

제IX장

현대의 유아교육

1. 현대 철학과 유아교육

가. 시대적 배경

2. 대표적인 사상가

가. 부버(Martin Buber,1878~1965)

나. 들뢰즈(Gilles Deleuze,1925~1995)

1. 현대 철학과 유아교육

가. 시대적 배경

칸트(Immanuel Kant, 1724~1804)의 인식론은 인식의 대상인 객체가 주체 내부에 표상(representation)됨으로써 객관세계로 인식된다는 데카르트적 이원론을 극복하고, 반성적 주체로서 의미를 구성할 수 있는 능동적 주체를 강조하는 구성주의적 인식론의 관점에 크게 영향을 미쳤다. 칸트의 철학은 현대 철학 전반에 지대한 영향을 미쳐 현상학, 실존철학, 미학 등 다양한 분야에서 여전히 수요한 논의의 기반으로 남아 있다. 현상학(Phenomenology)의 창시자 후설(Edmund Husserl, 1859~1938)은 칸트의 주체적 인식론을 확장하여 의식의 지향성과 경험의 본질을 탐구했고, 실존주의 철학자 하이데거(Marin Heidegger, 1889~1976)는 이를 인간 존재와 세계와의 관계 속에서 이해하려 했다.

마르틴 부버(Martin Buber, 1878~1965)의 철학은 현대 실존주의(existentialism)의 핵심 주제인 주체와 타자, 그리고 관계의 본질에 대한 깊은 통찰과 시사점을 제공해 준다. 현대 교육이론은 구성주의 인식론에 기반한 주체의 능동성과 반성적 사고의 중요성을 강조할 뿐만 아니라 주체와 세계, 그리고 실존적 인간으로서의 성장을 강조한다. 부버의 실존철학은 교육 현장에서 교사와 유아의 관계를 수평적이고 상호적인 관계로 이해하며, 교사가 단순히 지식을 전달하는 존재가 아니라 유아 스스로 실존적 성장을 이루도록 돕는 동반자로서의 역할을 해야 한다는 중요한 통찰을 제시한다. 이러한 점에서 부버는 현대 실존주의 교육이론에 영향을 미친 대표적인 학자 가운데 한 사람으로 주목할 만한 가치가 있다.

들뢰즈는 현대 유아교육 이론에서 자주 거론되는 철학자 중 한 사람으로, 그의 인식론은 난해하기로 유명하다. 그러나 2019 개정 누리과정의 성격과 방향성이 들뢰즈의 차이, 생성 이론과 잘 접목되는 측면이 있어 국내외 유아교육 연구에서 자주 인용되고 있다. 특히, 유아의 놀이는 고정된 본질이나 규범에 얽매이지 않고, 끊임없이 변화하고 생성하는 역동적인 과정으로 해석될 수 있다는 점에서 현대 교육이론가들의 관점과 잘 부합한다.

부버와 들뢰즈의 철학은 현대 유아교육이론에서 강조하는 놀이와 관계 중심의 철학의 적용을 위한 통찰을 제시하며, 유아가 자유롭게 탐구하고 창조하며 타인과 연결될 수 있는 물적·사회적 환경조성의 중요성을 강조한다. 이러한 철학적 기반은 유아의 전인적 성장과 공동체적 삶을 지향하는 현대 유아교육의 본질과도 잘 부합한다. 따라서 본 장에서는 현대 실존주의 철학자 가운데 한 사람인 부버와 후기구조주의 철학 사조의 대표적인 인물로 인식되고 있는 들뢰즈의 생애와 주요 관점을 살펴보고자 하였다.

2. 대표적인 사상가

가. 부버(Martin Buber, 1878~1965)

1) 생애와 업적

상실의 경험

마르틴 부버는 1878년 오스트리아-헝가리 제국의 비엔나에서 태어났으며, 그의 유년기는 불안정한 가정환경에서 시작되었다. 그가 세 살이 되던 해, 그의 부모는 별거를 선택했고 어머니는 이별의 인사조차 없이 사라져 버렸다. 부버는 이 사건이 평생 그의 내면에 깊은 상처를 남겼다고 회상하며, 그로 인해 "무한한 상실감(infinite sense of deprivation and loss)"을 경험했다고 말했다(Mendes-Flohr, 2019).

이후 그는 조부모가 살고 있던 리비우로 보내져 성장하였으며, 그의 조부 살로몬 부버는 유대교 율법과 전통에 해박한 학자로서 마르틴의 정신적, 학문적 성장에 큰 영향을 미쳤다. 부버는 어린 시절부터 학문과 문학에 열정을 보였으며, 조부로부터 히브리어와 유대교의 고전 문헌을 배우는 한편, 독일어, 폴란드어 등 다양한 언어에 능통한 모습을 보였다. 그는 또한 동유럽 유대인 사회에서 중요한 종교·문화적 전통인 하시디즘(Hasidism)에 관심을 가지게 되었으며, 이는 그의 후반기 연구에 중요한 기반이 되었다. 1900년대 초반, 부버는 대학 교육을 위해 비엔나와 취리히 등지로 떠났으며, 특히 철학, 역사, 심리학을 집중적으로 연구했다. 이 시기 그는 여성운동가이자 문학적 재능을 가진 파울라 윙클러를 만나 결혼하였고, 두 자녀를 두었다.

로젠츠바이크와의 만남과 대화를 통한 학문적 지평의 확대

프란츠 로젠츠바이크는 독일의 유대인 철학자이자 신학자로, 마르틴 부버의 일생동안 지적 동반자로서 중요한 역할을 했으며, 두 사람의 만남은 부버의 인간에 대한 주요 관점에 큰 영향을 미쳤다(Putnam, 2008). 이 둘은 1914년 베를린에서 처음 만났으며 로젠츠바이크는 유대인의 교육개혁을 주제로 한 초안을 부버에게 보여주었다. 부버는 그의 진지한 신앙 탐구와 학문적 열정을 높이 평가하며, 이후 지속적으로 인격적인 관계를 유지했다. 로젠츠바이크는 젊은 시절 기독교로 개종을 진지하게 고려했으나, 유대교의 깊은 영적 의미를 발견하고 개종 결정을 철회했다. 프란츠바이크의 신학적 통찰과 철학적 깊이는 부버에게 깊은 인상을 남기며, 두 사람의 지적 교류에 중요한 영향을 미쳤다. 1919년, 로젠츠바이크는 자신의 저서『구원의 별』에 대해 부버의 도움을 요청했고, 이듬해 헤펜하임에서의 재회는 그들의 우정을 한층 깊게 만들었다. 이러한 만남은 부버가 대화철학 사상을 정립하는 데 중요한 계기로 작용했다. 부버의 인생에서 로젠츠바이크와의 만남은 학문적 협력과 논쟁을 통해

서 서로의 사상을 심화시키는 중요한 관계로 발전하였다. 로젠츠바이크는 부버의 자유로운 대화식 교육을 지지했으며, 부버의 저서 『나와 당신(Ich und Du)』에 대한 비판적 검토를 통해 중요한 피드백을 제공했다. 그러나 실존에 대한 서로의 입장 차이는 논쟁을 불러왔다. 부버는 계시에 대해 인간과 신의 직접적인 만남에서 발생하는 사건으로 이해한 반면, 로젠츠바이크는 율법의 실천을 통해서만 계시를 경험할 수 있다고 주장했다. 로젠츠바이크는 루게릭병으로 고통받으면서도 부버와의 지적 교류를 이어갔다. 1929년 로젠츠바이크의 죽음 이후에도 부버는 그와 나눈 대화를 바탕으로 자신의 사상을 심화시켰고, 인간과 신의 관계를 새롭게 해석하는 철학적 유산을 남겼다. 두 사상가는 서로 다른 입장을 가졌음에도 대화와 상호 존중을 통해 깊은 지적 동반자로서의 관계를 유지하며, 현대 철학과 교육에 큰 발자취를 남겼다.

2) 사상과 교육활동

부버는 인간관계의 본질을 탐구하며 '나와 너'의 철학을 발전시켰고, 이는 그의 대표적 저서 『나와 너』(Ich und Du, 1923)에 잘 나타나 있다. 그는 개인과 개인, 인간과 세계의 만남 속에서 진정한 존재 의미가 형성된다고 믿었으며, 이를 통해 관계와 대화를 철학의 중심에 두었다. 『인간의 문제』(Das Problem des Menschen, 1948)는 인간 존재의 본질과 의미를 철학적으로 고찰한 작품이다. 이외에도 철학과 사회에 대한 다수의 글을 남겼다.

1923년 부버는 프랑크푸르트 대학 교수로 초빙되었으나, 히틀러 집권 이후, 교수직을 사임하고, 예루살렘으로 이주하여 히브리 대학교에서 강의를 시작하였다. 부버는 이스라엘의 설립을 지지하면서도 아랍과 유대인의 평화 공존을 주장하며 인류애와 평화의 가치를 강조했다. 제2차 세계대전과 나치 독일의 등장 이후, 그는 독일 유대인 공동체의 정신적 지주로 활동하며 유대 문화와 종교의 회복을 위해 노력했다. 부버의 사상은 실존주의와 깊은 연관이 있으며, 그의 철학은 인간 존재와 관계의 의미를 중심으로 전개되었다. 말년에는 예루살렘에 정착하여 학문과 저술 활동을 지속하였으며, 많은 강연과 저술을 통해 현대 철학과 유대교 신학에 큰 영향을 미쳤다. 그는 1965년에 세상을 떠났으나 그의 사상은 여전히 현대 교육과 철학에 중요한 유산으로 남아 있다.

3) 실존적 만남의 교육

부버의 철학에서 만남과 실존은 핵심 개념으로서 인간 존재의 본질을 규명하고 타자와의 관계를 통해 실존적 의미를 형성하는 과정을 강조한다. 부버에게 실존이란 고립된 개인이 아닌, 타인과의 진정한 관계 속에서 존재하는 인간 실체의 상태를 의미한다. 이는 단순히 물리적 존재로 살아가는 것을 넘어, 타자와의 관계를 통해 자기 존재의 의미를 발견하고 실현해 나가는 과정이다. 부버의 만남은 주체와 타자가 서로를 있는 그대로 인정하고 객체화하지 않는 관계를 의미한다. 실존적 만남은 상대의 존재를 수용하고 존중하는 동시에, 나의 존재 역시 변화하고 성장하게 만드는 상호적 경험이다. 교실에서 교사와 유아는 진정한 만남을 통해 서로를 이해하고 공감할 때, 이는 교육의 본질이 되는 실존적 만남으로 이어진다.

4) 대화의 철학[7)]

부버의 **대화철학**(dialogical philosophy)은 진정한 관계를 만들어 나가기 위해 대화를 통해 전달되는 진정성과 태도가 중요하다고 강조한다(Fulford, 2016).

---

7) 본 장의 일부 내용은 김윤희 외(2019)의 「이야기나누기 시간 교사-유아의 대화적 관계 탐색: Martin Buber 의 대화철학을 중심으로」 논문의 일부를 기초로 재구성되었다.

관계적 실존의 장으로써 교육 현장 적용

교사는 일방적인 지식 전달자가 아니라 관계의 동반자로서, 유아의 존재를 존중하고 그들의 자발적 성장을 도와야 한다. 이러한 교육적 대화는 유아의 실존적 성장을 촉진하며, 대화적 실존의 관계를 통해 진정한 교육의 의미가 구현된다. 부버의 대화철학에서 경청과 포용은 '나와 당신(Ich und Du, I-Thou)'의 진정한 만남의 관계를 위한 핵심 요소로 작용한다. **경청(listening)**은 피상적이고 단편적인 주고받기가 아니라, 상대방의 존재 전체를 받아들이는 깊은 이해의 태도를 의미한다. 진정한 경청은 상대의 언어적 표현뿐만 아니라, 비언어적 표현, 감정, 내적 경험까지 이해하려는 적극적인 참여를 요구한다. **경청을 통해 '나'는 '너'의 세계를 인정하고 그 속으로 들어가려는 노력을 기울이게 된다**. 이 과정에서 나와 너의 경계가 허물어지고 서로의 존재가 동등하게 존중되는 진정한 만남이 가능해진다.

부버에게 있어 경청은 타자를 도구화하거나 판단하려는 태도에서 벗어나, 상대를 있는 그대로 수용하는 열린 마음을 의미한다. **포용(inclusion)**은 상대방의 존재를 판단 없이 인정하고 수용하는 태도로, 이는 부버의 철학에서 '나와 너' 관계의 핵심을 이룬다. 포용이란 상대를 나의 기대나 욕망에 따라 해석하거나 제한하는 것이 아니라, 고유한 존재로서 인정하며 존재의 의미를 함께 공유하는 것을 의미한다. 이를 통해 상대는 자신을 있는 그대로 표현할 자유를 얻고, 나와 너는 서로의 고유성을 존중하며 진정한 만남을 경험하게 된다. 부버는 경청과 포용이 실천될 때 비로소 대화적 만남이 가능하며, 이러한 만남은 상대의 삶을 깊이 이해하고 상호 성장할 수 있는 계기가 된다고 보았다. 이는 단순한 언어적 상호작용을 넘어 서로의 존재를 깊이 인식하고 존중하는, 인간 존중의 실천적 태도를 의미한다.

특히 부버는 교육에서 관계의 독립성과 자유를 강조하며, 대화를 통해 타자의 존재를 인정하고 '나와 너'의 관계를 형성해야 한다고 보았다. 그는 교실을 단순한 교육 공간이 아닌 **관계적 실존의 장**으로 바라보았으며, 교사와 유아가 상호작용을 통해 함께 성장하고 진정한 인간다움을 실현하는 교육 공동체를 형성할 수 있다고 보았다.

5) 나와 너 (Ich und Du, I-Thou 관계)

관계를 통한 존재의 이해

부버(1985)의 대화철학은 주체와 객체를 구분하는 데카르트의 이원론적 주체론과 개인주의 철학의 한계를 넘어서는 관점이다(김진웅, 2016). 부버는 실존적 관계를 통해 **존재의 본질**을 이해하는 것이 진정한 만남에서 가능하다고 보았다. 부버는 인간의 관계를 '나-너(Ich und Du, I-Thou)' 그리고 '나-그것(Ich und Es, I-It)'으로 구분하며, '나-너'의 관계는 상대를 객체화하지 않는 대화적, 인격적, 상호호혜적 관계로 이해하였다. 이 관계는 부버 대화철학의 핵심 개념으로, 상대를 인격적 존재로 대하고 존중하는 관계를 의미한다. '나-너'의 관계는 상호성을 기반으로 하며, 타자의 존재를 있는 그대로 수용하고 포용하는 데서 출발한다. 부버는 이러한 관계 속에서만 인간의 실존이 진정으로 드러난다고 주장하며, 독립된 주체로서의 개인이 아닌 관계적 존재로서의 인간을 강조했다.

반면, '나-그것' 관계는 타인을 객체화하고 수단으로 여기는 관계로, 기능적이며 목적 지향적이고 이중적이며 피상적이다. 이 관계는 상호작용보다는 일방적인 통제에 초점을 맞추는 경향이 있다. 현대의 교육 현장에서 '나-그것'의 관계는 기능적 대화나 목적 중심적 상호작용의 형태로 나타날 수 있으며, 이는 타자의 인격적 존재를 외면하고 주체적 상호작용을 가로막는다. 교실에서는 일방적인 교수활동보다 교사와 유아, 유아와 유아 간의 다양한 대화가 이루어질 때, 부버의 대화철학에서 말하는 포용적이고 공감적이며 '나와 너'의 대화가 가능해진다. 그러나 이러한 대화가 일방적이거나 독백적일 경우, '나와 그것'의 대화로 전락할 수 있다. 부버는 만남이 교육에 선행되어야 한다고 강조하며, 유아는 교사와의 관계적 실존 속에서 '나와 너'로 서로 만나고 성장할 때 비로소 교실에서 진정한 실존의 의미를 발견할 수 있다고 보았다.

균형과 진리 추구의 태도

좁은 능선(narrow ridge)은 마르틴 부버에게 매우 중요한 표현으로, 상반된 것들을 양자택일로 나누지 않고 긴장을 유지하면서 통합하는 의미를 지닌다. 일반적으로 사람들은 이분법적 사고에 익숙하지만, 부버는 이러한 대립을 넘어 그 균형과 긴장을 유지하는 것이 진정한 사고의 본질이라고 주장한다. 좁은 능선은 삶의 균형을 유지하면서도 관계와 대화를 통해 깊은 진리를 추구하는 태도를 실천하라는 의미를 가진다. 이를 통해 개인과 사회 모두 진정한 이해와 화합을 이룰 수 있다(Kramer, 2013).

부버는 교육에서 교사의 중점 역할이 학생의 목소리를 이끌어내는 것이라고 보았다. 이 과정에서 교사와 학생 사이에 형성되는 '나-당신' 관계는 단순한 지식 전달을 넘어 깊은 교육적 의미를 담고 있다. 부버는 이러한 관계를 더욱 심화하고 진정한 유대를 맺기 위해 교사가 자신이 배운 기존의 방식에서 벗어나야 한다고 강조한다. 이는 교사의 목소리와 관점에만 의존하지 않고, 상호적 대화를 통해 서로를 이해해야 함을 의미한다. 부버는 진정한 교육의 본질이 대화에 있다고 보며, 이를 일방적인 지식 전달 방식과 구분한다. 파울로 프레이리(Paulo Freire, 1921~1997)는 교사의 일방적인 지식 전달 방식을 '뱅킹 시스템'이라 부르며, 은행에 예금하듯 일방적으로 지식을 주입하는 당대의 교육방식을 강하게 비판하였다. 부버는 대화를 서로를 향한 온전한 상호적 움직임으로 정의하며, 이러한 대화는 부버의 철학에서 **"관계가 교육한다"**는 통찰로 요약된다. 부버는 진정한 학습이 교사의 설명이나 학생의 과제 수행에서 오는 것이 아니라, 교사와 학생 사이의 상호적 유대에서 발생한다고 주장한다. 그의 교육 모델은 학습자들(교사와 학생 모두)에게 통합적이며 반성적인 대화의 구현을 요구하며, 이는 현대 교육에서도 여전히 중요한 시사점을 제공한다.

나. 들뢰즈(Gilles Deleuze, 1925~1995)

1) 생애와 업적

질 들뢰즈(Gilles Deleuze)는 1925년 파리에서 태어나 보수적인 중산층 가정에서 성장했다. 그는 어린 시절부터 전쟁의 영향을 깊이 받았으며, 특히 제2차 세계대전 중 그의 형이 레지스탕스로 활동하다 나치에게 체포되어 아우슈비츠로 이송되던 중 사망한 사건은 그의 삶과 철학에 큰 영향을 미쳤다. 들뢰즈는 노르망디와 파리에서 초등 및 중등 교육을 받으며 문학과 철학에 깊이 매료되었다. 노르망디에서 피에르 할바흐스라는 선생님을 만나 기드와 보들레르 같은 작가들을 소개받으며 그의 사상적 기초를 형성해 나갔다. 전쟁이 끝난 후 파리로 돌아온 들뢰즈는 소르본 대학에서 철학을 전공하며, 장 이폴리트, 조르주 캉길렘, 페르디난트 알퀴에 같은 저명한 철학자들과 교류하며 가르침을 받았다(Zalta et al., 2022). 또한, 당시 프랑스 철학계를 주도하던 장 폴 사르트르의 실존주의를 접했지만, 이를 수용하기보다 자신만의 독창적인 철학적 방향을 모색했다.

들뢰즈는 1953년에 그의 첫 번째 저서인 『경험주의와 주체성』(Empiricism and Subjectivity)을 출간하면서 학문적 활동을 본격적으로 시작했다. 이 책은 그의 학위 논문을 바탕으로 작성된 것으로, 데이비드 흄(David Hume)의 철학을 독창적이고 급진적으로 해석하며 철학적 전통에서 벗어난 새로운 접근방식을 제시했다. 그는 기존의 철학적 정통성을 따르기보다 경험주의와 주체성의 관계를 창의적이고 급진적으로 탐구하며 학계에 새로운 시각을 제시했다. 이후 『니체와 철학』(Nietzsche and Philosophy, 1962)을 발표하며 니체 사상을 재해석했고, 이는 학계에서 큰 주목을 받으며 그의 명성을 확고히 했다. 이러한 성공은 『칸트의 비판철학』(1963), 『프루스트와 징후』(1964), 『베르그송주의』(1966) 등의 저서로 이어지며 그의 철학적 입지를 더욱 공고히 했다.

말년의 들뢰즈는 건강 악화로 인해 고통받다 1995년 생을 마감했다. 들뢰즈의 철학은 서양의 형이상학적 전통을 비판하며 차이와 다양성을 철학적 사유의 중심으로 끌어왔다. 또한, 문학, 예술, 정치, 정신분석 등 다양한 분야를 넘나드는 다학문적 접근을 통해 현대 철학에 지대한 영향을 미쳤다(Holdsworth, 2006). 그의 사상은 현대 철학적 논의에서 중요한 위치를 차지하고 있으며, 여러 학문 분야에서 활발히 연구되고 있다. 특히, 이러한 논의는 유아교육학적으로도 재해석되며 새로운 관점을 제시하고 있다.

2) 사상과 교육활동

들뢰즈의 대표작, 천 개의 고원

들뢰즈는 1968년에 발표된 박사학위논문 『차이와 반복』(Difference and Repetition)에서 본질을 우발적으로 발생하는 차이 구조로 제시했다. 이를 통해 철학의 중심 주제를 차이와 반복으로 설정하며, 기존의 **동일성 중심**의 지배적 사유 방식을 비판하였다. 그는 차이를 철학적 사유의 중심에 두고 이를 통해 기존 형이상학을 재구성하고자 했다. 이후, 스피노자를 주제로 한 두 편의 논문을 발표하며 자신의 철학적 기반을 확장하는 시도를 이어갔다. 들뢰즈는 파리 8대학 뱅센 캠퍼스에서 종신 교수직을 맡으며 혁신적인 철학 세미나를 운영하기 시작했다. 이 시기 그는 정치 활동가이자 정신분석가인 **펠릭스 가타리**(Félix Guattari)와 만나 협업을 시작했으며(Protevi, 2006), 이들의 첫 번째 공동 저서인 『안티 오이디푸스』(Anti-Oedipus, 1972)는 프랑스와 전 세계에서 큰 성공을 거두었다. 이 책은 정신분석학과 자본주의를 비판하며 당시의 급진적 지식인 담론을 주도했다. 이어서 『천 개의 고원』(A Thousand Plateaus, 1980)을 포함한 여러 저서를 통해 철학, 정치, 예술을 아우르는 리좀적 사유를 제안하며 들뢰즈 철학의 정수를 선보였다. 1980년대에는 독립적인 연구를 통해 영화와 예술에 대한 철학적 탐구를 심화하며 그의 사유를 더욱 확장시켰다. 시네마 I: 운동-이미지』(Cinema I: The Movement-Image)와 『시네마 II: 시간-이미지』(Cinema II: The Time-Image)에서 영화를 시간과 움직임의 철학적 형식으로 분석하며 영화 철학의 새로운 지평을 열었다. 또한 『프란시스 베이컨: 감각의 논리』(1981)에서는 베이컨의 예술을 감각적이고 철학적인 관점에서 해석하며 미학적 사유를 확장했다. 들뢰즈는 1991년에 가타리와 마지막으로 협력하여 『철학이란 무엇인가?』(What is Philosophy?)를 집필했다. 이 책에서 Deleuze와 Guattari는 철학을 단순한 사색이나 논쟁의 대상으로 보지 않았으며, 새로운 개념을 창조하는 활동으로 정의하였다(Butler, 2015). 철학이 기존 질서에 안주하거나 소비 가능한 상품으로 축소되는 것을 거부하였으며, 비판적이고 대안적인 사고를 통해 세상을 새롭게 이해하고 변화시키는 실천적 역할을 수행해야 한다고 강조하였다. 즉, 이들이 정의한 철학의 본질은 기존 사고의 틀을 넘어서는 창의적이고 혁신적인 개념을 창조하는 활동이라고 정의할 수 있다.

3) 차이의 철학

들뢰즈에게 차이의 철학은 서양의 전통적 사유 방식이 정체성에 종속시키며 본질적으로 부차적인 것으로 간주했던 '차이'의 개념을 해방시키려는 철학적 시도로 볼 수 있다. 그는 차이를 독립적이고 신험적인 원리로 간주하며, 정체성을 차이에 의해 생성되는 산물로 재정립하였다. 그의 관점에서 차이는 더 이상 두 개체 간의 단순한 경험적 관계가 아니라, 경험적 다양성을 형성하는 충분 이유로 작용한다(Patton, 1994). 들뢰즈의 차이 철학은 차이를 동일성에 종속시켜

온 지배적 관점을 비판하는 데서 출발한다. 기존 철학은 차이를 동일한 것의 반복이나 복제로 간주하며, 동일성을 중심으로 한 '재현(representation)'에 초점을 맞추었다. 이에 반해, 들뢰즈는 차이를 단순히 동일성으로부터 벗어난 결여나 변형이 아닌, 존재의 근본적이고 발생적인 힘으로 본다.

차이를 통해 생성과 변화를 사유한 철학

들뢰즈는 '**반복**'의 개념을 통해 차이를 설명하는데, 반복은 단순히 '동일한 것'을 되풀이하는 것이 아니라 반복을 통해 차이를 드러내고 생성하는 과정이다. 반복은 단순한 재현이 아니라 '차이의 반복'으로 이해된다(김재춘, 배지현, 2016). 예를 들어, 매일 놀이하던 천 인형을 집어 들고 손가락으로 부속물을 잡아당기다가 입에 물기를 반복하는 0세 영아의 놀이는 동일한 행위가 반복되는 것처럼 보이지만, 그 과정에서 내적 발현 요소는 끊임없이 변이하고 새로운 차이를 창출해 내고 있는 것이다. 이는 반복이 외형상 같아 보일지라도 본질적으로는 끊임없이 새로운 차이를 만들어내는 동적 과정임을 보여준다. 들뢰즈는 반복을 동일한 것을 재현(representation)하는 것이 아니라, 차이를 **생성**하는 과정으로 설명하며, 이를 통해 동일성 중심의 사고를 넘어서는 새로운 존재론을 제시하였다.

동일한 멜로디가 여러 번 반복될 때에도 각 반복은 시간, 환경, 감정 상태에 따라 다르게 경험되듯이 이 과정에서 반복은 동일성을 넘어서 차이를 드러낸다. 또한, 강조(intensity)의 차이는 단순한 물리적 수치를 넘어 질적 변화를 핵심으로 본다. 예를 들어, 물이 끓어오르는 온도처럼, 특정 강도가 임계점을 넘으면 액체에서 기체로 새로운 상태가 생성된다. 이처럼 들뢰즈는 차이를 사유의 근본 원리로 삼아 전통 철학의 동일성을 해체하고 새로운 존재론을 제시한다. 차이는 반복을 통해 끊임없이 발생하고 생성되며, 이는 존재의 변이성과 유동성을 강조하는 들뢰즈 철학의 핵심이다(김재춘, 배지현, 2012).

고정된 정체성을 넘어 '되어감'의 의미

『차이와 반복』에서 들뢰즈는 '되어감(becoming)'을 유동적이고 생성적인 변화를 이루는 개념으로 제시한다(Benedicto Krejsler, 2016). 이는 고정된 본질이나 정체성이 아니라, 다차원적이고 지속적인 변화와 관계의 흐름 속에서 새로운 형식을 창출하는 능력을 의미한다. 되어감은 과거의 기억에서 벗어나 창조적 전환을 이루는 과정으로, 기존 정체성의 틀을 넘어 새로운 존재 방식과 관계를 만들어낸다. 이는 특정 방향이나 고정된 목적을 따르지 않고, 변화하는 맥락과 관계 속에서 스스로를 조정하고 재구성하는 과정으로 이해된다. 교육에서 되어감은 단순히 어른이 되는 고정적 목표를 향하는 것이 아니라, 삶의 다양한 순간에서 발현되는 생성적 움직임으로 해석된다(여수현, 2019). 특히, 되어감은 '사이(between)'라는 유동적 공간 속에서 존재들이 상호작용하며 창조되고 변모하는 과정을 강조한다

몸이 마주치는 순간에 대한 포착

들뢰즈와 가타리는 되어감을 이해하기 위해 몸이 외부 세계와 어떻게 상호작용하며 의미를 생성해 가는지를 **감응(affect)**의 개념으로 설명하고자 했다(Hickey Moody, 2013). 감응은 개인적인 감정이나 특정한 느낌을 초월하여, 몸이 외부 요인과의 상호작용을 통해 비물리적 상태의 변화를 경험하는 과정, 즉 몸과 힘이 마주치는 순간을 의미한다(동풀잎, 신미영, 2024). 들뢰즈와 가타리는 이를 단순한 감정의 표현이 아닌, 몸이 특정한 환경 속에서 영향을 받고 변화하는 역량이 실현되는 과정으로 보았다. 감응은 구체적인 동기나 목적 없이도 발생하며, 새로운 기술을 배우고자 하는 열망이나 특정 행동에 대한 내적 충동이 그 사례가 될 수 있다. 이러한 감응은 몸과 외부 환경이 상호작용하며 발생하는 잠재적 흐름으로, 특정 감각적 경험을 통해 몸의 변화를 유발하는 중요한 요인으로 작용한다.

3) 기호와의 마주침으로서의 배움

기호와 마주침으로 알아가는 역동적인 배움의 과정

들뢰즈에게 **기호(sign)**는 단순히 표현이나 상징 이상의 개념으로, 의미와 존재를 생산하는 핵심적인 역할을 한다(Deleuze, 1990). 기호는 언어적, 비언어적 형식 모두를 포괄하며, 세계와 인간의 관계를 매개하는 동시에 새로운 사고를 촉발하는 중요한 계기가 된다. 들뢰즈는 기호와의 마주침을 통해 배움의 본질에 다가가는 새로운 관점을 제시한다(송혜린, 노상우, 2014). 그는 배움을 단순히 지식의 축적이나 고정된 의미의 해석으로 보지 않으며, 기호와의 **마주침(encounter)**으로 감각적 경험을 통한 새로운 이해와 변화의 과정으로 설명한다. 이러한 마주침은 단순한 인식의 대상이 아니라, 몸과 감각을 포함한 전인적 경험을 요구한다. 따라서 배움은 기호를 통해 이루어지는 지적 활동뿐만 아니라, 그 **기호가 불러일으키는 감각**과 이를 통해 형성되는 새로운 사고의 가능성에 의해 완성된다. 들뢰즈는 이러한 배움의 과정을 통해 학습자가 기존의 틀에서 벗어나 새로운 차원의 이해와 사고로 진입할 수 있다고 주장하며, 이를 통한 **배움의 본질**을 다층적이고 역동적인 과정으로 설명한다(Bogue, 2004). 이러한 이유로 인간은 자신의 신체와 무의식의 영역이 함께 작동하면서 다양한 관계를 읽어나가는 감각적 마주침을 포착하게 된다.

4) 리좀(Rhizome)

리좀의 얽힌 관계에 대한 관점

들뢰즈와 가타리의 **리좀**(rhizome) 개념은 중심 없이 수평적으로 확산되는 비선형적 구조로 생물학적 뿌리줄기에서 착안하여 다양한 현상을 설명하는 철학적 은유이다. 리좀은 땅속 줄기식물의 '뿌리줄기'에서 유래한 개념으로, 뿌리가 없이 서로 연결된 '다양체들의 네트워크'를 뜻한다(Deleuze & Guattari, 1980). 리좀은 연결성, 다질성, 비의미적 단절, 탈영토화와 재영토화 등의 특성을 지닌다(강주희, 이진화, 2021). 리좀의 첫 번째 특성인 연결성은 모든 지점이 다른 지점과 무한히 연결될 수 있음을 의미한다. 이는 지식이나 의미가 특정 중심에 종속되지 않고 다양한 방식으로 연결되며 생성되는 과정을 나타낸다. 또한, 리좀의 다질성은 하나의 요소가 단일한 의미나 역할에 머물지 않고 여러 층위와 차원을 가로지르며 새로운 관계를 만들어낸다는 점을 의미한다. 두 번째 특성인 비의미적 단절과 탈영토화는 기존의 체계에서 벗어나 새로운 흐름을 만들어가는 과정을 설명한다. 여기서 비의미적 단절은 특정 지점에서 기존 의미나 연결이 끊어지지만, 그 단절이 새로운 흐름이나 체계로 전환되는 계기가 된다. 반복되고 안정화된 경향의 영토화에서 벗어난 탈주된 움직임으로 탈영토화(deterritorialization)는 새로운 틀을 만들어내는 과정으로, 끊임없는 변화와 생성의 움직임을 나타낸다(Pires, 2014). 이처럼 리좀은 고정된 구조를 거부하고 무한한 변이와 생성의 가능성을 강조하는 이론으로 사회·문화 영역의 다양한 현상에 적용될 수 있다.

리좀의 다질성

5) 노마디즘(Nomadism)

노마디즘은 들뢰즈가 가타리와 함께 지은 저서『천 개의 고원』의 내용을 함축하고 있는 개념으로 생성을 사유하게 하는 삶의 모습을 제시한다(Deleuze & Guattari, 1987). 노마디즘은 유목주의로 해석이 가능하며, 정착하지 않고 떠돌아다니며 생활하는 유목민적인 삶과 사유, 성장의 과정을 말하는 관점이다. 노마디즘은 특히 획일적이고 선형적인 발달을 강조하는 철학과 차별화되며, 특정한 가치와 방식에 얽매이지 않고 끊임없이 자신을 부정하며 새로운 자기와 삶을 창조하려는 유목적 삶의 태도를 강조한다. 노마디즘의 사유 방식은 유연한 사고와 창조적인 삶의 태도를 강조하는 교육적 실천과 연결될 수 있다(Semetsky, 2008). 노마디즘은 디지털 환경에서 다

특정 가치에 얽매이지 않는 삶을 지향하는 노마디즘

양한 네트워크를 통해 정보를 공유하고 관계를 맺는 새로운 방식으로 확장되며, 현대 사회와 미래교육에서 점차 중요한 의미를 지니고 있다.

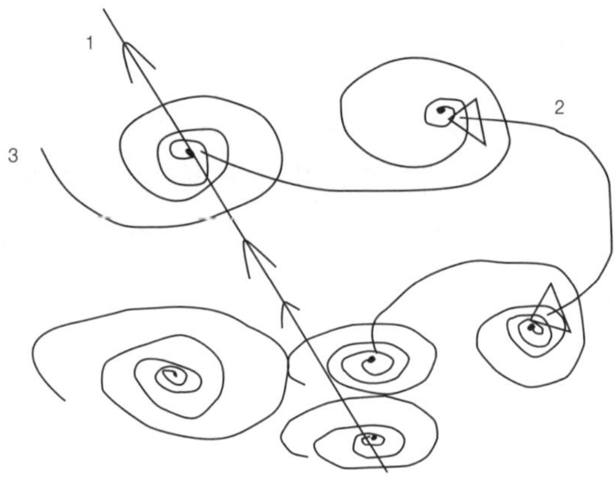

[그림] 들뢰즈의 배움의 노마디즘(그림 출처: Cole, 2014, p.87)

들뢰즈의 리좀적 관점과 노마디즘은 탈영토화를 통해 연결된다. 리좀은 끊임없는 연결과 탈영토화를 통해 새로운 사고를 가능하게 하고, 노마디즘은 이러한 리좀적 연결 속에서 고정된 중심을 거부하고 끊임없는 이동과 변화를 통해 새로운 정체성을 구축한다. 한 장소에 터전을 만들어 정착하고 살아가는 시점(순환운동)과 현재의 안정된 순간에 안주하지 않고 생각지도 못한 사건과 가능성을 통해 훌쩍 떠나 탈주하게 되는(수평운동) 성장의 과정을 그린다(아래 그림 참조).

유아교육 현장에서 안주하며 반복하는 '**순환운동**'이 지속되는 순간은 언제일까? 놀이 속에서 반복적으로 경험하게 되는 언어, 수, 과학적 지식과 경험, 교육 실제가 반복하여 안정감과 신뢰를 주는 활동들을 말할 것이다.

탈주선(a nomadic line of flight)을 타듯 빠르고, 새롭고, 놀랄 만한 이동을 가능하게 하는 '**수평운동**'이 가리키는 것은 무엇일까?

이는 특이한 반응, 생각하기, 실험하기, 새롭고, 놀랄 만한 흥미로운 순간들을 말할 것이다(Lenz Taguchi, 2009).

이처럼 들뢰즈의 사유 방식을 유아교육에 적용하는 접근은 예측 불가능한 미래 사회를 살아갈 유아들의 창의적 역량의 배양하는데 적합해 보인다. 특히, 형이상학적 앎의 개념에 익숙한 우리의 사유 방식에 '순간의 사건이나 만남'을 통한 존재론적 변화(becoming)와 성장이 지니는 결정적 의미를 강조하며, 이를 통해 사유의 확장된 관점을 제시한다. 이러한 사유 방식은 또한 기존의 정형화된 문화, 규칙, 윤리와 이론뿐만 아니라 유아의 놀이와 교육을 바라보는 관점에도 유연성과 창의성을 더해 준다.

제 X 장

우리나라의 유아교육

1. 조선시대의 유아교육

가. 조선의 시대적 배경

조선시대는 고려 말 이성계가 정권을 장악하고 나라를 세운 1392년부터 일제의 강점으로 국권을 상실한 1910년까지 518년간 지속되었다. 조선은 왕실과 왕조만 바뀌는 정권교체와 고려적인 기반 위에서 서서히 개혁과 재조직을 하고 9대 성종대에 이르러 왕권이 확립되고 새로운 체제가 정비되었다.

조선시대의 사회·문화적 특징은 국왕을 정점으로 하는 신분사회, 유교중심적인 특징, 성리학과 실학사상이 발달되었다는 점이다. 조선시대의 신분은 양반, 중인, 양인, 천민의 계층으로 분류되었는데, 양반은 관직을 가질 수 있는 지배계층인 상층계급의 사대부였으며, 중인은 보통문관의 하위직과 기술직에 종사하는 사람들이었다. 양인은 흔히 말하는 평민으로서의 백성이나 상인 등이었으며, 농민의 대부분이 양인층으로 과거에 응시할 수 있고 교육을 받을 수 있었으나 많은 제약이 있었다. 천민은 대부분의 노비를 지칭하는 계급으로서 최하층에 속하였다(임창재, 2010).

조선시대에 지배세력들은 충(忠)·효(孝)를 근본도덕으로 삼강오륜(三綱五倫)에 힘쓰며, 상하계급과 질서를 존중하는 유교(儒敎)가 국가이념으로는 적합한 것으로 믿었다. 그리하여 국가적으로 전력을 다하여 유교를 장려하였다. 결국 유교는 전국에 퍼지게 되었고, 학계와 사상계 및 교육계에 군림하여 전성기를 이루게 되었다. 조선 500년의 교육은 완전히 유학중심(儒學中心), 유교주의(儒敎主義)가 지배하였다고 해도 과언이 아닐 것이다.

삼강오륜(三綱五倫)의 도덕관에 입각한 도덕교육과 주자가례(朱子家禮)의 예의범절(禮儀凡節)을 국가에서 장려하였고, 그것을 본받아

실행함으로써 미풍양속(美風良俗)을 이루기도 하였다. 그리하여 주자가례의 규범이 우리의 생활양식과 일상용어에서 주류가 되었다(장찬익·노진호, 1998).

수기치인(修己治人)을 교육의 목표로 하고, 교육이념을 유교주의로 일관하여 온 조선의 교육은 크게 보아 4단계로 구분할 수 있다(안상원, 1981). 1단계는 조선 전기의 교육으로서 태조(太祖)로부터 연산군까지(1397~1506)의 교육체제 확립기이고, 2단계는 조선 중기의 교육으로서 중종에서 경종까지(1506~1724)의 교육사상의 발전 및 난숙기에고, 3단계는 조선 후기의 교육으로서 명조에서 고종 13년까지(1725~1876)의 교육쇠퇴 및 실학사상 성립기이고, 4단계는 조선 말기의 교육으로서 고종 13년에서 순종 4년까지(1876~1910)의 교육근대화의 노력과 근대학교가 탄생한 시기라고 구분해 볼 수 있다.

한편 국가에서는 조선시대의 최고 교육기관인 성균관을 태종 7년(1407)년에 복원하였으며 선조 25년에 임진왜란으로 불탄 것을 선조 34년에 대성전을, 39년에 명륜당을 재건하였다.

성균관의 문묘에는 대성전과 동서무가 있는데 대성전에는 공자의 제사를 지내고, 동무와 서무에는 공자의 제자 혹은 대유학자의 제사를 지냈다. 명균당에서는 유생을 교육하고 동서로 유생들이 기숙하는 제가 있었다(임창재, 2010).

나. 교육의 특징

조선시대의 교육이념은 고려시대까지 불유공존이 아닌 배불숭유(排佛崇儒)였으며, 그것도 주자의 사상인 이른바 수기치인이라고 할 수 있다. 여기서 말하는 수기(修己)란 선현의 유교사상을 배우고 닦는 것을 뜻하며, 치인(治人)은 학문에서 익힌 인생관과 세계관을 교육의 정치를 통해서 실현하였다. 이러한 사상을 바탕으로 후에 퇴계, 율곡과 같은 동방의 대성리학자를 낳게 된다(김성혜·김춘일, 2005).

조선시대의 관학은 중앙의 성균관과 사학(四學), 지방의 향교가 있었다. 사학(私學)으로는 서원과 서당이 대표적이었으며, 조선시대의 유아교육은 서당에서의 교육이 대부분이었다.

서당은 거의 마을마다 있을 정도로 서원보다 더 널리 세워진 초등 정도의 사설 유아교육기관이었다. 서당은 교사인 훈장이 있었으며 훈장은 자신이 설립 운영하는 경우가 있었고, 마을의 유지가 설립하고 훈장을 초빙하는 경우도 있었다. 혹은 마을의 유지 몇이나 마을 사람들이 세워서 운영하는 경우도 있었다. 서당은 마을의 학동을 모아 가르치는 학교 기능과 부락의 웃어른들을 모셔 춘추로 향회를 여는 등의 사회교육 기능을 했다(김성혜·김춘일, 2005).

서당은 조선시대 서민의 자녀가 쉽게 교육을 받을 수 있는 교육기관으로서, 대중의 문자교육과 유교 중심의 국민윤리 교육의 역할을 폭넓게 수행했다. 이는 이미 삼국시대의 '경당'에서 비롯된 것으로, 14세기부터 조선시대에 폭넓게 대중의 저변에 자리 잡은 학교의 교육이었다. 이는 세계교육사에서도 그 예가 드물 정도의 선진 유아교육이었다. 그러나 시대의 변화를 반영하지 못하는 중국 유교 고전을 중심으로 한 실용적이지 못한 내용과 주입식 교육방법에 그쳤다는 폐단이 있었으며, 국가의 적극적인 개입과 지원이 부족하였기 때문에 19세기 말 서구식 학교 교육제도의 도입에 의해 무너지고 말았다.

서당을 다니기 전의 어린 유아들을 대상으로 하는 교육은 기록에는 거의 나와 있지 않다. 이 시기는 가정에서 비형식적인 교육이 이루어진 시기였으며, 이 후 조선 후기에 이르러서는 수운의 시천주, 해월이 사인여천, 의암의 인내천 사상에서 도출되는 동학의 인간평등, 인간존중 사상을 바탕으로 한 동학사상이 발달하였으며 이를 계기로 천도교의 아동관이 널리 퍼지게 되었다(김성혜·김춘일, 2005).

2. 대표적인 유아교육사상가

가. 율곡 이이(栗谷 李珥, 1536~1584)

1) 생애와 업적

율곡은 중종 31년(1536) 12월 26일 강릉 외가의 별채인 오죽헌에서 아버지 이원수(당시 중좌찬성)와 어머니 사임당 신씨 사이에서 셋째 아들로 태어났다. 이곳에서 6세까지 지낸 후 서울 본가로 왔다.

율곡은 소년시절 학문수업은 외부로 나가서 수학하기 보다는 주로 어머니 사임당 신씨가 교육을 했다. 8세 때는 부모를 따라 임진강가 지금의 화석정이 있는 경기도 파주시 파평면 율곡리로 왔다. 그의 호인 율곡은 이 동네이름에서 딴 것이다. 그의 생애와 관련이 깊은 곳은 강원도 강릉 오죽헌, 처가가 있던 황해도 해주의 석담, 덕수 이씨가문의 본거지인 경기도 파주시 율곡리이다.

1548년(13세, 명종 3년) 진사시에 합격했고 16세 때 어머니 신사임당이 사망했다. 어머니 사망에 충격 받은 그는 삼년상을 치른 후 19세에 금강산에 입산하여 불교연구에 몰두했다(손인수, 1997). 20세(1555)에 하산하여 다시 유학에 몰두했다. 이 해에 『자경문』을 집필하여 좌우명으로 삼았다. 22세 때 성주목사 노경린의 딸과 혼인하였다. 23세 때 안동 도산으로 가서 당시 58세인 퇴계 이황(1501~1570)을 방문하였다. 이 해에 겨울에 별시에서 『천도책』(天道策)을 지어 장원급제 하였다. 26세 때 어버지가 돌아가셨고 29세에 호조좌랑에 처음 임명된 후 이조좌랑, 홍문관 교리, 청주목사, 우부승지, 대사간, 대사헌, 홍문관대제학 그리고 호조판서, 이조판서, 형조판서 등을 지냈다.

42세(1577) 『격몽요결』을 지었다. 48세(1588)에는 형조판서로서 '10만 양병설'을 주청하였으나 홍문관,사간원,사헌부의 삼사의 탄핵을 받아 사직하고 파주시 율곡리로 낙향하였다. 후에 부당함이 조정에서 받아들여져 복직하였으나, 1584년(49세) 1월 16일에 세상을 떠났다. 그는 정실인 노씨부인에게는 손이 없었고 두 측실에서 2남 1녀를 두었다. 경기도 파주시 천현면 동문리에 자운산에 부모님이 있는 곳에 묻혔으며 사액사원인 자운서원에 그의 위폐가 모셔져 있다.

율곡 이이는 중종에서 선조대의 성리학의 대가인 유학자이며 교육자였다. 관직에서 물러나 해주 석담에 서당을 세워 교육에 전념하고 저술를 통해 조선 중기의 성리학적 교육이념의 방향을 정립하였으며 향악을 통해 유교적 생활 공동체의 모범을 보여주기도 하였다(임창재, 2010).

그는 심오한 형이상학적 순수철학(純粹哲學)에도 큰 업적을 남겼고, 정치가로서도 독특한 경론(經論)을 폈으며, 교육에 관해서는 위로는 왕도 교육(王道敎育)과 학교 교육, 아동교육, 사회교육 등에 지대한 공을 세웠다. 『성힉집요』(聖學輯要), 『학교모범』(學校模範), 『학규』(學規), 『격몽요결』(擊蒙要訣), 『소아수지』(小兒須知) 등의 저술은 모두 그의 교육에 대한 이론과 방법을 논한 것이다. 율곡은 철학사상 이기론(理氣論)에서 기발이승설(氣發理乘說)로 특출했듯이 그는 교육사상가로서도 특출한 업적을 남겼다(장찬익·노진호, 1998).

또한 그는 인간의 천인합일한 지선의 자기완성을 주장하며 부단한 자기 정진과 확신과 용기있는 결단을 촉구하였다. 또한 지성(至誠)이면 저절로 입지(立志)한다고 하여 지성을 그 근본으로 삼았다. 일용처사 역시 성(誠)에서 말미암아야 하므로 매사에 실심(實心), 실언(實言), 실공(實功)이어야 함을 강조하였다(임재윤, 2011).

2) 율곡의 사상과 교육활동

율곡의 교육목적은 성인(聖人)이 되는 것이었으며 교육의 이상과 현실을 조화하여 학문에의 길을 현실로서의 학문과 이상으로서의 학문으로 조화하려고 하였다. 그의 교육목적관은 성인이 되는데 있고, 성인이 되기 위해서는 먼저 뜻을 크게 세우고 그 성인이 되려는 뜻을 가지고 열심히 공부하여 인간의 내부에 있는 본연의 성품을 회복하기만 하면 누구라도 다 성인이 될 수 있다고 하였다(고벽진 외, 2010).

율곡의 교육목적관은 위와 같이 철두철미한 '성인'이 되는 공부에 있고 성인이 되기 위해서는 먼저 '입지(立地)'가 견고하며 확실해야 한다고 주장했다. 『격몽요결』(擊蒙要訣)에서도 "입지(立志)보다 앞설 것이 없다. 뜻이 서지 못하고 성공할 수 있었던 사람은 없다. [학막선어입지(學莫先於立志), 불입이능성공자(不立而能成功者)]"라고 하였으며, 교육입문서요 국민독본인 『격몽요결』(擊蒙要訣)에서도 "처음 배우는 이는 먼저 모름지기 뜻을 세워 반드시 성인(聖人)이 될 것은 스스로 기약할 것이요, 털끝만큼이라도 스스로를 작게 여겨 물러서려는 생각을 해서는 안 된다"고 했다. 또 성균관 유생을 위하여 쓴 『학교모범』(學校模範)의 첫 머리에 "배우는 자는 모름지기 입지하여 도(道)로써 자임(自任)하여야 한다. 도는 높고 먼 것이 아닌데 사람이 스스로 행하지 않는다. 온갖 선한 것이 다 나에게 갖추어 있으니 달리 구할 필요가 없다[만선비아(萬善備我) 불대구타(不待求他)]"라고 하여 입지의 중요성을 언급하였다(장찬익·노진호, 1998).

상기에서 보듯이 율곡의 교육사상은 입지(立志)로 일관하고 있음을 알 수 있다. 인성은 본래 다 선한 것이라는 맹자의 성선설에 동의하였으며, 본성의 회복으로 인한 인간의 참다운 모습, 즉, 성인으로 성취해야 하는 원리는 자연주의적 철학과도 유사한 점이다.

율곡은 교육의 목적을 성인(聖人)을 준칙으로 하고, 일용당행(日用當行)의 도를 밝히는 것으로 삼았다. 성인이란 '천리(天理)의 자연' 그대로의 인간이므로 본연적, 본래적 인간성을 완전히 구현한 인간인 것이다.

율곡은 『격몽요결』(擊蒙要訣) 입지장(立志章)에서 대개 중인(衆人)도 그 본성은 성인(聖人)과 같다. 비록 기질은 청(淸), 탁(濁), 수

(粹), 어(馭)와 다름이 없으나 진실로 능히 참되게 알고 실지로 받아서 그 구습(舊習)을 버리고 그 본성을 회복하면 털끝만큼 보태지 않아도 만선(萬善)이 구족(具足)할 것이다(장찬익·노진호, 1998).

"인성(人性)은 본디 선하여 고금지우(古今智愚)의 구별이 없거늘 성인은 왜 혼자 성인(聖人)이 되며, 나는 왜 홀로 중인(衆人)이 되는가? 진실로 뜻이 서지 못하여 앎이 밝지 못하고, 행함이 독실하지 못한 까닭이다. 뜻이 설 것과 앎이 밝을 것과 행하기를 독실히 할 것은 모두 나에게 있는 것이니 어찌 다른 데서 구하리오. …… 대개 지(智)보다 더 좋은 것이 없고 현(賢)보다 더 귀한 것이 없는데 무엇이 괴로워서 현과 지가 되지 아니하며, 하늘이 내려 주신 본성을 손상시키랴. …… 진실로 나의 뜻이 학문에 있으면 인(仁)을 하는 것이 나에게 있는지라. 하려고 하면 될 것이니 왜 남에게 구하며, 왜 후일을 기다리랴?"(장찬익·노진호, 1998)

서구의 자연주의가 사회적 구속을 해체하여 자연에로 복귀하는 원리임에 반해 율곡은 사회적 규범을 보다 엄격히 실천함으로써 본능을 회복하게 된다는 점이 서로 다르다.

교육내용과 방법은 '소학'을 먼저 읽어 그 근본을 읽히고 그 다음으로 '대학'과 '근사록'으로 그 규모를 정하여 '논어', '맹자', '중용' 등 5경을 읽고 '사기'와 선현의 '성리서'를 읽어 식견을 넓히는 방법이었다(임재윤, 2011).

3. 근대의 한국 유아교육[1)]

한국에서 현대적 의미의 유아교육이 도입되기 시작한 것은 1876년 일본과의 강화도 조약의 체결과 함께 일본이나 미국 계통의 선교회

1) 본 장은 홍순정·곽노의(1995) 『아동교육사』의 내용을 바탕으로 재구성하였다.

에 의해서이다. 한국의 유치원 발달과정은 대개 아래와 같이 네 단계로 구분할 수 있다. 1단계는 일제강점기(초기 유치원 설립~1948년)로 한국 사회에 초기 유치원의 설립부터 해방 후 교육법을 제정·공포하기 이전까지의 시기이고, 2단계는 교육제도에의 진입기(1949년~1968년)로 광복 이후 최초의 「교육법」이 제정·공포되고 유치원 교육과정에 대한 법적 규정이 마련됨으로써 유아교육이 정규 교육제도로 진입하는 시기이며, 3단계는 유치원 교육과정 형성기(1969년~1980년)로 유아교육에 대한 중요성이 우리 사회에 널리 인식되고 공립유치원의 기초가 형성되었으며, 「유치원 교육과정」이 제정·공포되고 국가수준의 교육과정이 정착된 시기이고, 4단계는 유치원 교육의 양적·질적 발전기(1981년~현재)로 유아교육진흥법이 제정·공포되고 정부가 유아교육에 대한 적극적인 행·재정적 지원을 함으로써 유아교육이 양적·질적으로 발전된 시기이다.

가. 일제강점기의 유아교육(최초의 유치원 설립~ 대한민국 정부 수립 전까지)

한국에 세워졌던 최초의 유치원은 1897년 일본 거류민단의 자녀들을 위해 부산에 설립되었던 '부산 유치원'이었다. 그 후 인천 기념공원 내에 일본인 자녀들 위한 인천 기념 공립 유치원(1900년)과 경성 공립 유치원(1900년)이 설립되었으나 모두 일본인 자녀들을 교육시키기 위한 것이었다. 한국인의 자녀를 위해 설립된 최초의 유치원은 1913년 경성부 인사동에 조중응이 세운 '경성 유치원'이었다. 그러나 이 유치원은 당시의 고급 관리들의 자녀들만을 교육대상으로 삼았고, 한국인을 일본인에게 동화시키기 위한 시범 유치원의 성격을 띠고 있었다. 즉, 유아교육을 통해 한국인을 어려서부터 일본의 문화나 사상에 동화시킴으로써, 성인이 된 후에도 자연스럽게 일본의 정책에 순응하도록 만들기 위한 식민지 문화 정책 중 하나였던 것이다. 따라서 이러한 유치원들이 비록 한국에 세워졌고, 우리나라 유아들이 그 교육적인 혜택을 받았다 할지라도, 엄밀한 의미에서 한국 유아들을 위해 설립·운영한 유치원으로 볼 수 없다.

한국인 자녀들을 교육하기 위한 유치원은 1914년 1월 서울의 이화 학당에서 시작한 '이화 유치원'과 '정신 유치원'(1915), '중앙 유치원'(1916), '배화 유치원'(1917), '영화 유치원'(1919)등 기독교 계통의 재단에 의해 설립된 유치원이었다. 그 후 유치원의 설립은 급증하여 1920년대에 우리나라에 설립된 유치원 수는 30개소, 원아 수는 3,094명이던 것이 1930년에는 유치원 206개소, 원아 수 11,252명으로 늘어남으로써 약 10년 동안 유치원의 수는 약 7배, 원아 수는 6배가 증가되었다.

이와 같이 유치원이 급증한 이유는 당시 중등 사학의 경우와 마찬가지로 대부분 민족적 요구에 부응하려는 교육열과 함께 일제에 대항해 민중교육을 실현시키고자 하는 의지와도 연결되어 있었다. 사람들은 기독교를 통해 한편으로는 현실에 대한 어려움과 불만을 극복하고자 했고, 다른 한편으로는 신지식을 통해 민족정신을 강화함으로써 국권을 회복하려는 노력을 기울였던 것이다. 결국 이 시기에는 기독교 선교나 식민지 문화 정책의 일환으로 유치원이 설립되었고, 당시 유치원은 초·중등학교와 달리 교육 제도권 밖에서 어떠한 규제나 지원도 없이 사립 유치원 주도로 운영되었다.

이상과 같이 한국 초기 유치원의 발달은 산업사회의 발달에 따른 여성 노동자들의 자녀교육에 대한 문제를 국가적·사회적 차원에서 해결하기 위한 목적으로 유아교육기관이 발생하고 발달하게 된 유럽의 경우와는 아주 다른 목적에서 시작되었다. 즉, 한편으로는 일본의 식민지 정책의 일환으로 다른 한편으로는 기독교를 선교하기 위한 목적에서 설립된 유치원이 당시의 항일 독립정신과 연결됨으로써 오히려 민족의 정신을 강화시키고 국권을 회복하기 위한 힘을 형성할 수 있는 곳으로 여겨져 그 발달을 이룰 수 있었던 것이다.

나. 광복 이후의 유아교육(1949년~1968년)

1945년 우리나라가 일본으로부터 광복된 이후 1948년 대한민국 정부가 수립되었다. 정부의 수립에 발맞추어 유아교육도 새로운 도약을 맞이하게 된다. 유치원 교육의 역사적 발전 제2기는 유치원 교육의 대상이나 방향 등에 관한 법적·제도적 규정이 마련된 시기로서 1949년 12월 31일「교육법」의 제정·공포와 함께 시작되었다. 교육법 제148조에서 유치원 취원 시기를 만 4세부터 국민학교 취학시기에 달하기까지로 명시하였으며, 유치원 교육의 목적, 목표, 내용 및 교원의 임무에 관한 규정을 두어 유치원 교육에 대한 최소한의 법적 근거가 마련되었다. 이어 1953년「교육공무원법」이 제정·공포됨으로써 유치원 교원의 자격이 가시화되기 시작하였으며, 1962년에는 유치원의 위치, 원사, 시설, 설비, 교구, 소방시설 등에 관한 기준을 명시한「유치원 시설기준령」이 공포됨으로써 그동안 무질서하게 설치·운영되었던 유치원의 환경을 교육적으로 개선하는데 큰 영향을 미쳤다. 그 당시 유치원 현황을 보면 다음과 같다.

〈표 1〉유치원 현황 (1950~1968)

구분 \ 연도	1950	1955	1960	1965	1968
유치원수	159	192	297	423	470
원아수	6,779	11,561	16,315	21,856	21,658
교원수	474	582	1,150	1,402	1,632

자료 : 문교요람, 1955, 대한교육연감, 1961, 문교통계연보, 1962-1968.

〈표 1〉에서 볼 수 있는 바와 같이 1950년 이후 유치원과 원아 수

는 꾸준히 증가하여 1968년에는 각각 3배 이상의 증가를 보였다. 이 시기 동안 유치원 교원 수도 꾸준히 증가하여 약 3.5배의 증가율을 보였다. 그러나 정부에서 유치원 교육을 진흥하기 위한 정책이나 지원을 적극적으로 펴지 못했고, 교사자격에 대한 규제도 없어 자격교사와 무자격교사에 대한 정확한 수도 파악되지 못했다. 이에 문교부에서는 유치원 교육의 정상화를 위한 시도로 유자격 교사 확보를 위한 특수 강습회를 열어 무자격 교사에게 자격을 부여하였고, 1963년 이후는 무자격 유치원 교사를 정비하여 전원 유자격 교사로 대치하는 시책이 강력히 추진되었다.

이렇듯 이 시기에는 유치원 교육의 외형적인 면을 정비해 주는 제도나 행정적 측면에서는 미약한 발전을 이루었으나 유치원 교육의 질을 결정짓는 교사자격에 대한 관리가 미흡했을 뿐만 아니라 유치원 교육의 전체적인 방향을 제시해 주는 국가수준의 교육과정도 제정되지 않아 진정한 의미에서 유치원 교육의 발전은 기대할 수 없었다.

다. 오늘날의 유아교육(1969~현대)[2)]

유치원 교육의 혼란을 바로잡고 유치원 교육을 정상화시키기 위해 1966년 7월 15일 문교부는 유치원 교육과정을 마련하기로 결정하고 이 분야의 전문가와 문교부 교과과정 운영회의 심의를 거쳐 1969년 2월 29일 제1차 유치원 교육과정을 공포하였다(1969. 2. 19. 문교부령 제207호). 자라나는 어린이들의 바람직한 성장발달을 조성하는 유치원 교육의 특수한 목적과 기능을 소중히 여기고 이를 구현하기 위하여 교육과정을 제정하게 된 것이다.

제1차 유치원 교육과정의 제정취지는 바람직한 인격 형성을 위하

2) 본 장은 곽노의·김경철·김창복(2010)『유아교육개론』의 내용을 바탕으로 재구성하였다.

여 어린이의 심신발달에 알맞은 조건을 주어야 하며 이를 위해서 어린이의 흥미와 욕구에 맞는 환경을 주어 어린이들로 하여금 즐거운 가운데서 도움이 될 수 있는 경험을 몸에 익혀 나아갈 수 있도록 하는 것이다.

제1차 유치원 교육과정은 유치원 교육은 건강한 신체와 건전한 정신으로 행복하게 생활할 수 있는 유능한 한국 국민이 될 기초를 닦음을 목적으로 한다.

유치원의 교육일수는 연간 200일 이상으로 하고, 하루의 교육 시간은 3시간(180분)을 기준으로 기후, 계절, 어린이의 발달 정도, 학습 경험, 내용의 성질 등을 감안하여 각 유치원 실정에 맞도록 시간 단위를 조절한다.

이 교육과정은 건강, 사회, 자연, 언어, 예능 등 초등학교의 교과적 요소를 내포하고 있으면서도 초등학교와 같은 교과중심의 교육은 피하고, 생활중심을 강조하고 있다. 이른바 생활중심·경험중심·아동의 흥미중심 교육을 주류로 하고 있으며, 바람직한 인격 형성, 건강과 위생, 신체발달을 강조하며, 5개 영역 모두 습관과 태도를 중요하게 취급하고 있어, 미국의 1920년 이후 아동연구 운동과 진보주의 개념에 의해 형성된 개혁 유치원의 교육과정과 같이 생활중심 교육과정을 나타내고 있다고 볼 수 있다.

제1차 유치원 교육과정은 미국에서 발달된 유치원 교육내용을 그대로 수용해왔고, 특별한 이론 구성의 단계를 밟지 않고 이미 성립된 내용을 그대로 받아들였기 때문에, 내용 구성에 있어서 발달과정을 설명할 자료를 갖지 못하였다. 뿐만 아니라 세부운영 지침 및 교수학습 자료를 충분히 마련하지 못해 교육과정 제정취지를 충분히 구현할 수 없었으며, 일선 유아교육기관에서는 형식적으로 이 교육과정령을 따르고 있었기 때문에 교육과정 운영에 많은 문제점을 내포하게 되었다.

또한 일부 서술내용의 모순점도 지적되고 있다. 예를 들어 지도상의 유의점 7을 보면 '투철한 계획을 세워 일관된 교육을 실천함으로써 자율적으로 유치원 생활을 즐길 수 있도록 한다.'고 되어 있는데 투철한 계획을 세워 일관된 교육을 밀고 나가면 결국 어린이의 자율은 약화된다는 비판을 받았다. 일반적으로 생활중심에서는 우발성과 돌발성 때문에 엄격한 계획을 세우지 않는다. 다만 가능한 몇 개의 대안을 갖는 신축적인 계획을 세운다.

제1차 유치원 교육과정 제정 이후 10년 만에 개정된 제2차 유치원 교육과정은 국민적 자질의 함양, 인간교육의 강화, 지식·기술 교육의 쇄신을 기본 방침으로 하고 있으며, 자아실현, 국가발전, 민주적 가치의 강조를 일반목표로 삼고 있다.

조국 근대화의 성취, 평화적인 국토 통일, 민족 중흥의 사명 완수라는 국가 이념하에 국민적 자질의 함양, 인간교육의 강화, 지식·기술 교육의 쇄신을 기본방침으로 한다. 구체화된 학교 교육의 일반목표는 자아실현, 국가 발전을 위한 주체 의식과 사명감 인식, 민주적 가치의 강조 등이다.

제2차 유치원 교육과정에서의 유치원 교육활동은 교과별 편제를 지양하고, 발달 과업을 중심으로 사회정서 발달 영역, 인지발달 영역, 신체발달 및 건강 영역 등 4개 발달 영역별로 편성한다. 여기서 발달 영역별 편성이란 발달 영역별 지도를 의미하는 것이 아니라 내용 진술의 편의를 위한 것에 불과하다.

유치원의 연간 교육일수는 200일로 하고 주당 교육시간은 18~24시간으로 한다. 하루 학습시간은 3~4시간으로 한다. 유치원의 한 시간의 지도시간은 지역사회의 특성, 유아의 발달수준, 기후, 계절, 학습과제의 특성, 아동의 흥미 등을 고려하여 그 실정에 맞도록 조절한다.

이 유치원 교육과정은 제1차 때의 교과적 분류와는 달리 사회정서, 인지, 언어, 신체발달 및 건강에 관한 유아발달이론을 체계적으로 도입했다는 것이 특징이다. 특히 정서발달과 인지발달을 새롭게 강조하였으며, 국가발전을 강조한 것도 특이한 점이다.

그 후 제3차 유치원 교육과정(1981. 12. 31. 문교부 고시 제442호)이 고시되었다.

이는 제2차 유치원 교육과정이 제정된 지 2년 만에 다시 개정되었으며, 1982년 3월 1일부터 시행되었다. 이는 그동안 유치원 교육과정을 단독으로 제정 혹은 개정하는 데서 벗어나 문교부가 유치원을 초등학교, 중학교, 고등학교 교육과정을 동일선상에 놓아 이들 교육과정을 전반적으로 개정하기 위한 일환으로 이루어졌다는 긍정적인 요소가 있다. 그러나 한편으로는 교육과정의 개정이 일반적으로 현행 교육과정이 부적당하거나 문제점이 발견되었을 때, 혹은 사회 여건의 변화로 교육과정의 수정이 요구될 때 필요하다는 점을 고려하면 다소의 문제점도 제기된다.

이런 점에서 제3차 유치원 교육과정은 제2차 유치원 교육과정을 개정한다기보다는 수정·보완한다는 취지에서 이루어졌으며, 근본적으로는 차이가 없다. 사회정서발달 영역을 사회와 정서 영역으로 분리하였으며, 인지발달 영역의 자연과 사회현상에 대한 개념도 자연현상과 사회현상으로 분리하였다.

제3차 유치원 교육과정은 민주, 복지, 정의 사회의 건설에 적극적으로 이바지할 수 있는 자주적이고 창의적인 국민을 길러내는 것을 목적으로 하며, 따라서 학교 교육은 건강한 사람, 심미적인 사람, 능력 있는 사람, 도덕적인 사람, 자주적인 사람으로 자라게 도와주어 전인적 발달이 이루어지도록 하는 데 목적이 있다. 이를 위해 건전한 심신의 육성, 지력과 기술의 배양, 도덕적인 인격의 형성, 민족 공동체 의식의 고양 등에 역점을 두어 구성한다.

유치원 교육과정은 발달 영역별로 편성하며, 발달 영역은 신체발달 영역, 정서발달 영역, 언어발달 영역, 인지발달 영역, 사회성발달 영역으로 한다.

연간 교육일수는 180일 이상으로 하며, 하루 교육시간은 3~4시간을 기준으로 지역사회의 특성, 아동의 발달수준, 흥미, 기후, 계절 및 과제의 특성 등을 고려하여 조정할 수 있다.

제4차 유치원 교육과정(1987. 6. 30. 문교부 고시 제87-9호)은 주기적인 교육과정 개정의 필요성과 제3차 유치원 교육과정의 내용 및 운영상에 나타나는 문제점 개선을 위하여 문교부의 위촉으로 한국 교육개발원이 주축이 되어 개정하였다.

우리나라 교육은 홍익인간의 이념 아래, 모든 국민으로 하여금 인격을 완성하고 자주적 생활능력과 민주시민으로서의 자질을 갖추게 하여, 민주 국가발전에 봉사하며, 인류공영의 이상실현에 기여하게 함을 목적으로 하고 있다. 이러한 목적에 따라 이 교육과정은 건강한 사람, 자주적인 사람, 창조적인 사람, 도덕적인 사람을 기르는 데 역점을 두어 구성했다.

교육과정 영역은 제3차와 마찬가지로 신체, 언어, 인지, 정서, 사회성 등 다섯 개의 발달 영역으로 편성하고 각 영역별 일반 목표에 하위목표를 두었다. 하루 교육시간은 3시간, 연간 180일 이상의 교육일수를 기준으로 유아의 발달수준, 지역사회의 실정, 유치원의 특성, 활동내용 및 계절 등에 따라 조정, 운영할 수 있다. 과거의 교육과정에서는 각 발달 영역이 교과로 오인되는 소지가 많아 이러한 문제를 없애기 위하여 내용 영역을 없애고 목표수준만을 제시하였다. 제5차 유치원 교육과정(1992. 9. 30. 교육부 고시 제1992-15호)은 교육부가 한국 유아교육학회에 위촉하여 개정하였다.

건강한 사람, 자주적인 사람, 창의적인 사람, 도덕적인 사람이라는 인간상을 구현하기 위한 교육과정의 구성방침은 민주시민 육성, 창의적인 능력 개발, 발달 특성을 고려한 교육내용과 방법의 다양화, 편성·운영체제를 개선하여 교육의 질 관리 강화 등이다.

제5차 유치원 교육과정의 구성중점은 기본생활교육 강조, 유아의 요구와 흥미, 개별성 존중, 놀이 중심의 교육, 유아의 전인적 성장·발달 돕기 등이다. 교육과정은 건강생활, 사회생활, 표현생활, 언어생활, 탐구생활로 편성된다. 교육일수는 연간 180일을 기준으로 하되, 유아의 연령을 고려하여 조정할 수 있다. 하루의 교육시간은 180분을 기준으로 한다.

1991년에 개정된 교육법에서 1992년 3월부터 유치원 입학 연령을 기존의 4~5세에서 만 3~5세로 조정함으로써 이를 반영하여 교육과정의 내용을 I수준과 II수준으로 구분하여 제시하였다. 또한 시·도 교육청의 교육과정 편성 운영 지침을 작성하였다. 즉, 각 지역의 특수성, 유치원의 실태, 유아들의 발달 정도를 고려하여 국가수준의 교육내용을 융통성 있게 변화시킬 수 있도록 구성하였다.

그 밖에도 발달 영역과 생활 영역을 통합하였으며 기본생활교육 및 사회적 관계를 강조하였다. 건강, 사회, 표현, 언어, 탐구 생활 등 전 영역에서 기본습관과 태도를 형성시킬 수 있는 내용을 강조하였다. 이는 유치원 교육이 기초교육인 동시에 통합교육이므로, 어느 한 영역에서만 교육이 이루어지는 것은 아니기 때문이다.

그 박에도 문자교육에 대한 방향 제시, 교수-학습방법 제시, 취업모의 증가로 인한 반일제, 종일제등 유치원의 일과 운영시간을 다양화하였다.

제6차 유치원 교육과정(1998. 6. 30 교육부 고시 제1998-10호)은 교육부가 제5차에 이어 한국유아교육학회에 위촉하여 개정이 이루어졌다.

홍익인간의 이념 아래 모든 국민으로 하여금 인격을 도야하고, 자주적 생활능력과 민주시민으로서 필요한 자질을 갖추게 하여 인간다운 삶을 영위하게 하고, 민주국가의 발전과 인류공영의 이상을 실현하는 데 이바지하게 함을 목적으로 하고 있다.

이런 목적 아래 유치원 교육의 구체적인 목표는 다음과 같다.

- 몸과 마음이 건강하게 자랄 수 있는 경험을 가진다.
- 기본 생활습관을 기르고, 다른 사람과 더불어 생활하는 태도를 가진다.
- 생각과 느낌을 창의적으로 표현하는 경험을 가진다.
- 바르게 언어를 사용하는 경험을 가진다.
- 일상생활의 문제에 대하여 스스로 궁리하는 태도를 가진다.

제6차 유치원 교육과정이 추구하는 인간상은 다음과 같다.

- 전인적 성장의 기반 위에 개성을 추구하는 사람
- 기초 능력을 토대로 창의적인 능력을 발휘하는 사람
- 우리 문화에 대한 이해의 토대 위에 새로운 가치를 창조하는 사람
- 민주시민의식을 기초로 공동체의 발전에 공헌하는 사람

제6차 유치원 교육과정 개정의 중점 사항은 ① 학습내용의 정선 및 수준별 적절성 도모 ② 교육시간 운영의 다양화 추구 ③ 기본생활습관 및 협동적인 생활태도 강조 ④ 감성 개발 교육의 강조 ⑤ 창의성과 정보 능력 함양 교육의 강화 등이다. ⑥ 세계화에 대비한 전통문화 교육의 충실 등이다.

2007 개정 유치원 교육과정은 제6차 교육과정 고시 이후 9년이 경과함에 따라 사회 환경의 변화를 반영한 교육내용 개편이 필요하게 된 점과 종일제 운영의 확대 실시 및 유아교육법 제정(2004.1.)을 계기로 개정이 이루어졌다. 이는 2009년 저학년에서부터 실시되기 시작했다.

유치원 교육과정은 유아에게 알맞은 교육환경을 제공하여 유아를 교육하고 심신의 조화로운 발달을 돕는 것을 목적으로 한다. 2007 개정 유치원 교육과정의 개정 중점 사항은 ① 사람-자연존중의 가

치관 창조 ② 다양한 교육시간 운영 강화 ③ 교육과정 문서의 실효성 강화 ④ 수준별 교육내용의 적정화 ⑤ 기본생활습관, 전통문화, 창의성의 강조 ⑥ 문자 기초교육의 강화 ⑦ 유치원 교육과정과 초등학교 교육과정의 연계성 강화 등이다.

2012년에는 유치원과 어린이집의 공통 교육과정인 만 5세 누리과정이 도입되고 2013년에 3~4세까지 전면 확대되었다. 3~5세 연령별 누리과정은 유치원과 어린이집 3~5세 유아에게 동일한 교육·보육과정을 제공해 출반선 평등을 보장하기 위한 목적으로 제정되었으며 유아교육의 전반적인 질적 수준의 향상에 기여하였다(김영옥, 2020).

2019 개정 누리과정은 총론 해설에서 '유아와 함께 만들어나가는 교육과정'이라는 표현을 통해 교사와 유아 모두를 교육과정 실행의 주체로 바라보았다. 2019 개정 누리과정은 유아중심·놀이중심을 핵심 가치로 삼아 개정되었으며, 교육과정 문서를 간결화하고 수준이나 연령에 구분 없이 통합적으로 제시한 점이 주요 특징이다. 또한, 교육과정을 적용하고 재구성하는 과정에서 교사의 자율성을 특히 중시하였다.

이처럼 국가 수준의 유아교육과정의 변천은 국가와 사회의 변화, 그리고 유아교육 사조의 변화에 발맞춰 이루어져 왔다. 유아교육의 근간이 되는 역사와 철학에 대한 깊이 있는 이해는 교육과정의 이해와 실행 능력에 중요한 영향을 미친다. 실제로, 2019 개정 누리과정의 실행 과정에서 현장 교사들이 철학적·심리적 혼란을 경험했다고 보고된 바 있으며(김윤희, 박건령, 2024), 이는 교육철학에 대한 이해 부족이 실행 과정에서 어려움을 초래했음을 시사한다. 현대 유아교육의 기초가 되는 역사와 사상에 대한 이해 없이는 유아교육과정 전문가로서 심화된 역량을 갖추기 어렵다. 본 교재에서 다룬 유아교육 사상의 시대적 배경과 주요 사상가들에 대한 이해를 통해,

유아교육과정 전문가로 성장할 수 있는 전문적 역량이 강화되기를 기대한다.

참고문헌

강상희(1993). 발도르프교육학에 관한 연구. 연세대학교 대학원 석사학위 논문.

강승규(2008). **학생의 삶을 존중하는 교사: 교직소양**. 서울 : 동문사.

강주희·이진화(2021). 들뢰즈 (Deleuze) 와 가타리 (Guattari) 의 리좀 (Rhizome) 특성으로 살펴 본 유아 상상놀이 경험. **교육과학연구, 52**(2), 104-130.

고벽진·이인학·윤선오·이위환·이경혜·안현주(2010). **교육사 및 교육철학**. 서울: 교육과학사.

고후순·김동일·조옥희(1996). **유아교육사상사**. 서울: 양서원.

곽노의 역, 헬무트 하이란트 저(2005). **모든 어린이들의 아버지 프뢰벨**. 서울: 낙심.

곽노의(1990). **프뢰벨의 유아교육이론**. 서울 : 학민사.

곽노의(1996). 발도르프 유치원의 교육이론과 활동. **유아교육연구**. **16**(1), 5-22.

곽노의(1996). **프뢰벨-생애와 교육**. 서울 : 양서원.

곽노의(1999). **자유 발도르프유아교육**. 서울 : 밝은누리.

곽노의·홍순정(2003). **유아교육사상**. 서울: 문음사.

김규성(1993). **존·록크의 교육사상을 이해한다**. 서울 : 학문사.

김규수(1995). 프뢰벨과 듀이의 유아교육사상 비교연구. 중앙대학교 박사학위논문.

김동일(2004). **Rousseau의 유아교육사상**. 경기 : 양서원.

김성혜·김춘일(2005). **유아교육사**. 서울:교육과학사.

김영옥(2020). 국가수준 유아교육과정 변천과 개정 누리과정의 과제 탐색. **열린유아교육연구**, **25**(2), 75-103.

김옥련(1991). **유아교육사**. 서울 : 정민사.

김유경(2014). 대학(大學: University)의 어제와 오늘: 그 역사적 이해. 한국열린유아교육학회 2차 학술포럼집.

김유원·송승석(1996). **한국·서양교육사**. 서울 : 교육출판사.

김윤희·문인경·김연정·신셈나(2019). 이야기나누기 시간 교사-유아의 대화적 관계 탐색: Martin Buber 의 대화철학을 중심으로. **유아교육연구**, **39**(5), 53-83.

김윤희·박건령(2024). 2019 개정 누리과정의 주요 성과와 개선 방안 분석: LDA토픽 모델링과 질적 메타분석의 활용. **구성주의유아교육연구**, 11(3), 5-29.
김재춘·배지현(2016). **들뢰즈와 교육: 차이생성의 배움론**. 학이시습.
김정임(1998). 자유발도르프 유치원의 유아교육론과 실제. 한국 슈타이너 교육예술협회 발표 자료.
김정환(1982). **페스탈로치의 교육사상**. 서울 : 고려대학교 출판부.
김진웅(2016). 마틴 부버의 커뮤니케이션철학: '실체론'을 넘어 '관계론'으로. **커뮤니케이션학 연구: 일반**, 24(1), 61-81.
김희연(2001). 구성주의와 유아교육: Piaget의 구성주의의 분석을 통한 구성주의 유아교육론의 개념적 확장. **유아교육연구**, 21(4), 157-188.
노만 가이슬러 편, 박일민 역(1994). **어거스틴 사상**. 서울 : 성광문화사.
동풀잎·신미영(2024). 욕망으로 흐르는 영아 놀이: 들뢰즈(Deleuze)와 가타리(Guattari)의 욕망이론을 중심으로. **열린유아교육연구**, 29(1), 1-25.
레버, 슈테판(1998). 창의적인 인간교육의 현장-자유발도르프 학교, 한국 슈타이너 교육예술협회, 발도르프교육-세계적인 교육개혁, 초청 강연 발표자료.
마리엘레 자이츠·우르슐라 할바흐 편, 곽노의·이명환 역(2001). **몬테소리 교육학과 발도르프 교육학**. 서울: 밝은누리.
박외수·상승규·정영수·강선보(1993). **교육의 역사와 철학**. 서울 : 동문사.
박의수(1995). 발도르프교육과정과 운영방법. **교육철학**, 13, 121-138.
박재문·서영현 역(1987). **플라톤과 교육**. 서울 : 문음사.
박재환(2002). **북한의 유치원 교육**. 서울: 양서원.
박현진(2009). 비고츠키 예술심리학의 도덕교육학적 해석. 한국교원대학교 대학원 박사학위논문.
성기산 역(1997). **교육받은 사람 I**. 서울 : 집문당.
성기산(1993). **서양교육사연구**. 서울 : 문음사.
손인수(1997). **율곡사상의 교육이념**. 서울 : 문음사.
송준식·사재명(2014). **유아교육의 역사와 사상**. 서울:학지사.
송혜린·노상우(2014). 노마디즘에 나타난 '감응'의 교육. **교육철학연구**, 36(4), 143-164.
신차균·안경식·유재봉(2013). **교육철학 및 교육사의 이해**. 서울 : 학지사.
신화식·김헌수 공저(1995). **몬테소리교육모형**. 서울 : 서원.
안인희 편(1992). **교육 고전의 이해**. 서울 : 이화여자대학교 출판부.
여수현(2019). 들뢰즈와 가타리의 '되기' 개념에 기반한 '독자 되기' 고찰. **한국초등교육**, 30(3), 157-168.

연세대학교 교육철학연구회편(1996). **위대한 교육사상가들Ⅰ**. 서울: 교육과학사.
연세대학교 교육철학연구회편(1998). **위대한 교육사상들Ⅱ**. 서울: 교육과학사.
연세대학교 교육철학연구회편(1999). **위대한 교육사상들Ⅲ**. 서울: 교육과학사.
오금희(1994). **몬테소리의 유아교육**. 서울: 문음사.
오인탁(1983). 발도르프학교-교장이 없는 부모들에 의하여 운영되는 학교. **사학 가을**, 92-98.
오인탁(1993). 소크라테스의 교육철학의 탄생. **연세교육과학**. 39-52.
오인탁(1994). **고대그리스의 교육사상**. 서울: 종로서적.
오인탁·헤르만 울리히(1982). **현대교육철학의 전망**. 서울: 교육과학사.
윌킨슨, 로이(1997). **루돌프 슈타이너의 교육론**. 고려대학교 교육사·철학연구회편, 내일을 여는 책.
이용성·안효진(2024). 영유아 교사의 생태놀이-되기: 들뢰즈의 차이와 반복을 통해. **환경교육**, 37(1), 110-125.
이홍우·박재문·유한구 역(1994). 교육학번역총서(4). **윌리암 보이드 서양교육사**, 서울: 교육과학사.
임재윤(2011). **교육의 역사와 사상**. 서울: 문음사.
임창재(2010). **교육철학 및 교육사**. 서울: 양서원.
정영근·정혜영·이원재·김창환(2011). **교육학적 사유를 여는 교육의 철학과 역사**. 서울: 문음사.
정영수(1997). 발도르프 교육학의 이론과 실제. **한독교육학연구**, 1, 33-49.
정혜영(1997). 발도르프학교의 초등교육 실제 탐색. **초등교육학연구**, 11, 5-26.
홍순정·곽노의(1995). **아동교육사**. 서울: 한국방송통신대학교 출판부.
Archambault, R. D. (1964). *John Dewey on Education Seleted Writings*. New York: Randan House, Inc.
Barrow, R.(1976). *Plato and education*. London: Routledge and Kegan Paul Ltd.
Barz, H.(1991). *Der Waldorfkindergarten*. Weinheim und Basel: Beltz.
Behr, M.(1988). *Freie Schulen und Internate*. Düsseldorf: ECON Taschenbuch Verlag, 47-91.
Benedicto Krejsler, J.(2016). Seize the opportunity to think differently! A Deleuzian approach to unleashing becomings in education. *Educational Philosophy and Theory*, 48(14), 1475-1485.
Bodrova, E., & Leong, D. J.(2007). *Tools of the Mind: The Vygotskian approach to early childhood education* (2nd Ed.). Columbus, OH: Merrill/Prentice Hall.

Bodrova, E., & Leong, D. J.(2024). *Tools of the Mind: The Vygotskian approach to early childhood education* (3rd Ed.). Taylor & Francis.

Bogue, R.(2004). Search, swim and see: Deleuze's apprenticeship in signs and pedagogy of images. *Educational philosophy and Theory*, 36(3), 327-342.

Bollnow, O. F.(1977). *Die Pädagogik der deutschen Romantik*. von Arndt bis Fröbel, klettcotta.

Boyd, W.(1910). *He minor educational writings of Jean-Jacques Rousseau*. Gleasgow.

Boyd, W.(1957). *Rousseau's Emile*. London.

Braun, S. J., & Edwards, E. P.(1972). *History and Theory of Early childhood Education*. California: Wadsworth Publishing co., Inc.

Britannica(2024). L. S. Vygotsky. Encyclopedia Britannica. https://www.britannica.com/biography/L-S-Vygotsky

Buber, M. (1985). **나와 너** [ICH UND DU, Heidelberg: Verlag Lambert Schneider]. (표재명 역). 서울: 문예출판사(원저 1954년 출판).

Buber, M. (1992). **사람과 사람사이**[Between Man and Man]. (남정길 역). 서울: 전망사(원저 1947년 출판).

Bund der freie Waldorfschulen e. V.(Hrsg)(1990a). *Lehrerbildung am Seminar für Waldorfpädagogik*. Sttutgart.

Bund der freie Waldorfschulen e. V.(Hrsg.)(1990b). *Zur wirtschaftlichen Lage und Entwicklung der freie Waldorf-und Rudolf Steiner Schulen*. Sttutgart.

Butler, R. (2015). *Deleuze and Guattari's' What is Philosophy?': A Reader's Guide*. Bloomsbury Publishing.

Butts, R. F. (1947). *A Cultural History of Education*. McGraw-Hill Book Co.

Carlgren, F. (1972). *Erziehuhg und Freiheit*. Sttutgart : Verlag Freies Geistleben Gmbh.

Carlgren, F. (1975). *Rudolf Steiner und Anthroposophie*. Philosophisch Anthro- posophischer Verlag, Goetheanum, Dornach/Schweiz.

Cole, D. (2014). *Inter-collapse. Educational Nomadology for a Future Generation. In book: Deleuze and Guattari, Politics and Education*(pp. 77-95).

Comenius, J. A. (1967). *The great didactic of Jone Amos Comenius*. Edited and translated by M. W. Keativge, New York: : Russell and Russell.

Curtis, S. J., & Boultwood, M. E. A.(1975). *A Short History of Educational Ideas*. London: University Tutorial Press.

De Guimps, R. (1890). *Pestalozzi His Life and Work*. New York: D Appleton and Company.

Deleuze, G., & Guattari, F.(1980). *Mille Plateaux. Les éditions de Minuit.* 김재인 역(2002). 천개의 고원. 서울: 새물결.

Deleuze, G. (1968). *Différence et Répétition.* 김상환역(2004). 차이와 반복. 서울: 민음사.

Deleuze, G. (1990). *The logic of sense* (M. Lester & C. Stivale, Trans.). New York: Columbia University Press. (Original work published in 1969).

Deleuze, G., & Guattari, F. (1987). *A Thousand Plateaus: Capitalism and Schizophrenia* (B. Massumi, Trans.). University of Minnesota Press. (Original work published in 1980)

Demisch, E. C. et al. (1989). *Die Waldorfschule Heute*. Hamburg : Rowohlt Taschenbuch Verlag GmbH.

Dewey, J. (1933). *How we think*. Boston : D. C. Heath and Company.

Dewey, J. (1967). *School and Society*. Chicago : The University of Chicago Press.

Eby, F. (1964). *The Development of Modern Education in Theory, Organization, and Practice*. New Delhi : Prentice-Hall of India.

Emerson, C. (1983). The outer word and inner speech: Bakhtin, Vygotsky, and the internalization of language. *Critical Inquiry*, 10(2), 245-264.

Feeley, K. M. (2022). *The Work of B.F. Skinner: Effective Practices within Early Childhood Settings*. In L. E. Cohen & S. Waite-Stupiansky (Eds). Theories of early childhood education(pp. 131-144). Routledge.

Flinspach, J. (1983). *Waldorfkindergarten : Zum Bauen im sozialen Bereich Plan, Grunden, Zusammenarbeiten*. Studienheft 12. Sttutgart : Internationalen Vereinigung der WAl dorfkindergarten e.V.

Fröbel, F. (1968). *Menschenerziehung*. Hrsg. von E. Hoffmann 3. Aufl. Düsseldorf.

Fröbel, F. (1973). *Menschenerziehung*. Hrsg. von Herman Holstein, Verlag Ferdnand Kamp Bochum.

Frorn (1928). *Luther on Education by F. U. N. Painter, by concordia*. publishing House. used by permission.

Fulford, A. (2016). Education: Expectation and the unexpected. *Studies in Philosophy and Education*, 35(4), 415-425.

Fullev, B. A. C.(1959). *History of Philosophy*(2nd Ed.), New York.

Grossmann, W. (1994). *Kindergarten.* 2. Auflage Weinheim und Basel : Beltz Verlag, 148-158.

Grunelius, M. E. (1988). *Erziehung im Frühen Kihdesalter der Waldorfkindergarten.* Novalis Verlag.

Hailand, H. 1982). *Friedrich Fröbel.* Rowohlt Taschenbuch Verlag.

Halfter, F. (1930). *Der Junge Fröbels.* Beitrage Zur inneren Entwicklung Friedrich Fröbels 1782-1811, Langesalza.

Heydebrand, C. V. (1990). *Vom Lehrplan der freien Waldorf- schule.* Stuttgart : Verlag Freies Geistleben. Schriften und Briefs, Düsseldorf.

Hickey, M. A. C. (2013) Deleuze's children, Educational

Hoffmann, E. (1971). *Vorschulerziehung in Deutschland.* Witten : Luther Verlag.

Hoffmann, E. (Hrsg)(1964). *Friedrich Fröbels Ausgewälte Schriften.* Bd. 1, Kleine Schriften und Briefs, Düsseldorf.

Holdsworth, D. (2006). Becoming interdisciplinary: making sense of DeLanda's reading of Deleuze. *Paragraph*, *29*(2), 139-156.

Internationalen Vereinigung der Waldorfkindergarten e.V.(Hrsg.)(1991), *Vom Waldorfkindergarten.* Sttutgart.

Jaffke, F. (1991). *Spielen und Arbeiten im Waldorfkindergarten.* Sttutgart : Verlag Freies Geistesleben.

Kramer, K. P. (2013). *Learning through dialogue: The relevance of Martin Buber's classroom.* R & L Education.

Kranich, E. (1984). *Die Freien Waldorfschulen* Sttutgart : Bund der Freien Waldorfschulen.

Kügelgen, H. (Hrsg.)(1991), *Plan und Praxis des Waldorfkindergarten.* Sttutgart : Verlag Freies Geistesleben.

Kugler, W. (1991). *Rudolf Steiner und Anthroposophie.* Köln.

Lange, W. (1966). *Friedrich Fröbels gesammelte Pädagogische Schriften.* Berlin 1862-63, Osnabruck.

Lascarides, V. C., & Hinitz, B. E. (2000). *History of Early childhood Education.* New York: Falmer Press.

Leber, S. (Hrsg)(1993). *Waldorfschule Heute.* Sttutgart : Verlag Freies Geistleben.

Lillard, P. P. (1996). **몬테소리교육에 대한 현대적 접근**. 조선희 역, 서울 : 학문사.

Lindenberg, C. (1992). *Rudolf Steiner.* Hamburg : Rowohlt Taschenbuch Verlag GmbH.

Lindenberg, C. (1993). *Waldorfschule : Angstfrei lernen Selbstbewusst handeln.* Hamburg : Rowohlt Taschenbuch Verlag Gmbh.

Mendes-Flohr, P. (2019). *Martin Buber: A life of faith and dissent.* Yale University Press.

Patton, P. (1994). Gilles Deleuze difference and repetition. London: Athlone. *Philosophy and Theory*, 45(3), 272-286.

Pires, M. (2014). De-territorializing the child: towards a theory of af-fect in educational philosophy and research.

Protevi, J. (2006). Deleuze, Guattari and emergence. *Paragraph*, 29(2), 19-39.

Prüfer, J (Hrsg.)(1927). *Mutter-und Koselleder.* Leipzig.

Putnam, H. (2008). *Jewish philosophy as a guide to life: Rosenzweig, Buber, Levinas*, Wittgenstein. Indiana University Press.

Raab, M., Dunst, C. J., Wilson, L. L., & Parkey, C. (2009). Early Contingency Learning and Child and Teacher Concomitant Social-Emotional Behavior. *International Journal of Early Childhood Special Education*, 1(1), 1-14.

Rousseau, J. J. (1962). *Emile.* Trans and ed. William Boyd, New York : Teachers College Press by arrangement With William LTD, London.

Saravanan, A., & Murphy, B. (2023). Jean Piaget and His Studies on Cognitive Development and Contributions to the Field of Psychology. *Journal of Student Research*, 12(3), 1-5.

Schmutzler, H. J. (1968). *Spiel, Phantasie und Arbeit bei Fröbel und Montessori.* Dissertation, Monster.

Semetsky, I. (2008). *Nomadic Education: Variations on a theme by Deleuze and Guattari* (Vol. 18). Brill.

Seminar für Waldorfpädagogik(Hrsg.). *Lehrerbildung* Sttutgart : Verlag Freies Geistleben.

Shabani, K., Khatib, M., & Ebadi, S. (2010). Vygotsky's zone of prox-imal development: Instructional implications and teachers' pro-fessional development. *English Language Teaching*, 3(4), 237-248.

Skinner, B. F. (1938). *The behavior of organisms: An experimental analysis*. New York: Appleton-Century-Crofts

Skinner, B. F. (1951). How to teach animals. Scientific American, 185, 26-29.

Skinner, B. F. (1953). *Science and human behavior*. New York: Macmillan.

Skinner, B. F. (1969). *Contingencies of Reinforcement: A Theoretical Analysis*. New York: Appleton-Century-Crofts.

Skinner, B. F. (1974). *About Behaviorism*. New York: Alfred A. Knopf.

Steiner, R. (1961). *Die Erziehung des Kindes/ Die Methodik des Lehrens.* Sttutgart : Verlag Freies Geistleben.

Steiner, R. (1984). *Spiritulle Psychologie.* Sttutgart : Verlag Freies Geistleben.

Steiner, R. (1988). *Die Erziehung des Kindes.* Dornach/Schweiz : Rudolf Steiner Verlag.

Ullrich. H. (1986). *Waldorfpädagogik und okkulte Weltanschauung.* Mainz, Weinheim, Münschen : Juventa.

Van der Veer, R. (2007). *Lev vygotsky*. A&C Black.

Vygotsky, L. S. (1930). *Mind in Society: The Development of Higher Psychological Processes*. Cambridge, MA: Harvard University Press.

Vygotsky, L. S. (1934). *Thinking and Speech*. Cambridge, MA: MIT Press.

Vygotsky, L. S. (2011). The dynamics of the schoolchild's mental development in relation to teaching and learning. *Journal of Cognitive Education and Psychology*, 10(2), 198-211. 원본 (1935). Dinamika umstvennogorazvitija schkol'nika v sviazi s obucheniem. In L. V. Zankov, Zh. I. Shif, & D. B. Elkonin (Eds), Umstevennoerazvitie detej v processe obuchenija (pp. 33-52). Moscow-Leningrad: Uchpedgiz.

Waite-Stupiansky, S. (2017). Jean Piaget's Constructivist Theory of Learning. In L. E. Cohen & S. Waite-Stupiansky(Eds). *Theories of Early Childhood Education*(pp. 3-18). Routledge.

Weber, E. (1969). *The Kindergarten : It's Encounter with Educa- tional Thought in America.* New York : Teachers college Columbia University, Teachers College Press.

Zalta, E. N., Nodelman, U., Allen, C., & Anderson, R. L. (2022). Stanford encyclopedia of philosophy. https://plato.stanford.edu/

유아교육의 시대적 흐름

B.C.470~B.C.399
소크라테스(Socrates)
독배 마시고 죽음

B.C.428~B.C.347
플라톤(Platon)
《소크라테스의 변명》
《파이돈》《향연》
《국가론》 등을 저술

B.C.384~B.C.322
아리스토텔레스
(Aristoteles)
《오르가논》
《니코마코스윤리학》
《순수이성비판》 등
저술

B.C. 221
진시황제
만리장성 건축

B.C.4~A.D.29
예수(Jesus Christ)

1592년
임진왜란 발발

1658년
코메니우스
(Comenius)
《세계도회》 발간

1690년
로크(Loke)
백지설 주장

1693년
로크 (Loke)
《교육에 관한 고찰》
출판

1762년
루소(Rousseau)
《에밀》
《사회계약론》 발간

1768년
영국 산업혁명

1774년
페스탈로치
(Pestalozzi)
노이호프
빈민학교 시작

1789년
프랑스혁명

1801년
페스탈로치
(Pestalozzi)
《게르트루트는
어떻게 그녀의
자녀를 가르치나?》
발간

1818년
오웬(Owen)
런던에서 첫 번째
영아학교 설립

1826년
프뢰벨(Froebel)
《인간교육 (Die
Menschenerzie-
hung)》 발간

1837년
프뢰벨(Froebel)
'유치원(Kindergarten)'
설립 (명칭은 1840년부터
사용.

1921년
니일(Neill)
자유학교(Free
School) 설립

1922년
색동회(방정환)
"어린이날" 창립

1939년
제2차 세계대전 발발

1944년
NAEYC에서
아동(Young
Children)
잡지 발간

1957년 10월 4일
구소련
세계 최초의
인공위성 스푸트닉
(Sputnik) 호 발사

1965년
미국정부
헤드스타트
(Head Start)
운동 시작

1969년
미국
아폴로 11호 달 착륙

1969년
제1차 유치원
교육과정 재정

1979년
제2차 유치원
교육과정 개정

1981년
제3차 유치원
교육과정 개정

1987년
제4차 유치원
교육과정 개정

1991년 1월 14일
영유아보육법 제정

95년
퀸틸리아누스(Quintillianus)
《웅변교육론》출간

105년
후한의 채륜
종이 발명

318년
콘스탄틴(Constantine)대제
영아 살인 금지 공포

396년
고구려 광개토대왕
영토 확장

~400
로마시대
포팅(potting) 제도 성행 (유아를 내다버림)

600년
영국교황 성 알드헤름(St. Aldhelm)
최초의 아동도서 제작

1437년
세종대왕
세계 최초의 측우기 발명

1443년
세종대왕
훈민정음 창제

1492년
컬럼부스(Columbus)
신대륙 발견

1517년
루디(Luther)
95개조 발의

1520년
마젤란
세계일주

1537년
칼빈(Calvin)
제1차 「제네바 교리문답」 통해 제네바 종교개혁 확산

1856년
슐츠(Schurz)
미국 내 최초의 유치원 설립 (독일어 사용)

1860년
피바디(Peabody)
보스턴에 영어를 사용하는 최초의 유치원 설립

1896년
제1회 아테네 올림픽 개최

1897년
듀이(Dewey)
《나의 교육 신조》 발간

1897년
부산유치원 설립 (일본어 사용)

1900년
앨렌케이(Ellen Key)
《아동의 세기》발간

1907년
몬테소리(Montessori)
어린이집(Casa Dei Bambini) 설립

1911년
맥밀란(MaMillans)
유아원(Nursery) 설립

1913년
경성유치원 설립 (4.7.)

1914년
제1차 세계대전 발발
이화유치원 설립 (1.7.)

1916년
중앙유치원 설립 (10.17.)

1917년
배화유치원 설립 (4.17.)

1995년
제5차 유치원 교육과정 개정

2004년 1월 29일
유아교육법 제정

2005년 9월 30일
유아정책 개발센터 (현재 유아정책 연구소) 설립

2007년
2007년 개정 교육과정

2012년
누리과정 시행

2019년
2019 개정 누리과정 시행

곽 노 의

중앙대학교 사범대학 외국어교육과(독일어 전공) 졸업
중앙대학교 대학원(문학석사, 문학박사)
독일 Tübingen 대학교 교환교수
미국 CSULA(캘리포니아 주립대학) 교환교수
현재 : 서울교육대학교 명예교수

〈저서〉
『유아교육사상』, 『비교유아교육론』, 『프뢰벨의 유아교육이론』, 『자유발도르프 유아교육』, 『몬테소리교육학과 발도르프교육학(공역)』, 『자연주의 유아교육프로그램』, 『누리과정과 연계한 숲체험교육활동』 외 다수

김 윤 희

덕성여자대학교 유아교육과 졸업(교육학사)
이화여자대학교 대학원(문학석사)
미국 Indiana University Bloomington 대학원(Ph.D.)
현재: 덕성여자대학교 유아교육과 부교수, 한국어린이미디어학회 회장

〈저서 및 연구〉
『놀이하는 유아: 호모루덴스를 향하여』, 『Essentials of WPPSI-4 Assessment (공역)』, 『Integrating infant sleep/wake state framework into the infant -caregiver interaction in the childcare context』, 『유아의 동시성 증진을 위한 리드믹 동작·음악 통합 프로그램 개발 연구』 외 다수

김 혜 영

덕성여자대학교 아동가족학과 졸업
서울교육대학교 교육대학원 유아교육학과 석사
덕성여자대학교 일반대학원 유아교육학과 박사
현재: 덕성여자대학교 유아교육학과 강사

〈연구〉
『유아-인공지능 스피커 상호작용에 관한 사례연구』, 『유아 컴퓨터 상호작용(CCI)과 대화형 AI에 대한 교육적 고찰』, 『소셜 로봇을 활용한 2세 영아의 놀이 상호작용과 교사 지원에 관한 질적 사례연구』 외 다수

유아교육의 역사와 철학
유아교육사조

지은이 곽노의·김윤희·김혜영
2015년 9월 1일 초판 1쇄
2024년 3월 15일 초판 3쇄
2025년 2월 28일 개정증보판 1쇄

펴낸이 징후녕
펴낸곳 문음사
㊐16914 경기도 용인시 기흥구 구성로279번길 3-32
전화 031-282-5875
Fax 031-624-5875
E-mail moonumsa@moonumsa.co.kr
등록 1977. 8. 30.
가제3-15호

ISBN 978-89-8168-556-9 93370

파본된 책은 바꿔드립니다.

정가 23,000원